21世纪本科应用型经管规划教材

物流与供应链管理

（第3版）

Logistics and Supply Chain Management

骆温平◎编著

電子工業出版社
Publishing House of Electronics Industry
北京·BEIJING

内 容 简 介

本书第 1 版于 2002 年出版后，受到了高校师生及其他读者的高度好评，此次更新为第 3 版，保留了前两版的基本框架与主要内容，分 3 篇介绍物流与供应链管理的理念、物流运作功能与过程管理、物流与供应链战略管理与控制。为了体现物流与供应链管理的理论和实践发展，本版增加了 4 个企业案例，这些案例都来自作者近年主持的实际咨询项目，并且每个案例后都有针对性很强的思考题，能帮助读者更加深刻地体会物流管理理论和方法在实际中的应用。

图书在版编目（CIP）数据

物流与供应链管理 / 骆温平编著. —3 版. —北京：电子工业出版社，2013.3
21 世纪本科应用型经管规划教材
ISBN 978-7-121-19600-3

Ⅰ. ①物… Ⅱ. ①骆… Ⅲ. ①物流－物资管理－高等学校－教材②供应链管理－高等学校－教材 Ⅳ. ①F252

中国版本图书馆 CIP 数据核字(2013)第 029071 号

责任编辑：马晓云
印　　刷：北京虎彩文化传播有限公司
装　　订：北京虎彩文化传播有限公司
出版发行：电子工业出版社
　　　　　北京市海淀区万寿路 173 信箱　邮编 100036
开　　本：787×980　1/16　印张：23.5　字数：487 千字
版　　次：2003 年 4 月第 1 版
　　　　　2013 年 3 月第 3 版
印　　次：2021 年 1 月第 9 次印刷
定　　价：43.00 元

凡所购买电子工业出版社图书有缺损问题，请向购买书店调换。若书店售缺，请与本社发行部联系，联系及邮购电话：（010）88254888，88258888。
质量投诉请发邮件至 zlts@phei.com.cn，盗版侵权举报请发邮件至 dbqq@phei.com.cn。
本书咨询联系方式：（010）88254199，sjb@phei.com.cn。

第3版前言

随着我国经济发展转型要求及企业竞争压力的日益加剧，物流与供应链管理领域已经从理念的引入消化，迅速发展到了企业的实际应用。许多公司都设立了类似物流与供应链管理的部门，雇用供应链总监与物流经理等专业人才，把原来分散的物流活动与环节进行整合管理。企业以物流与供应链管理为切入点，改造与提升了传统的采购、生产与分销活动的组织管理方法及信息系统，企业的竞争力也通过降低供应链成本并提升客户服务水平得到了提高。

《物流与供应链管理》第1版于2002年出版，到现在已经10年多了，这10年正好见证了物流与供应链管理领域从引进理念与方法，到企业尝试与应用的过程。

本书第1版的出版受到了高校师生及其他读者的极度好评，为了满足广大读者的需求并体现物流与供应链管理理论和实践的发展，作者于2008年对本书进行了修订更新。这次第3版的修订，主要考虑该领域当前实际应用的需要，增加了我国企业实际物流与供应链提升与优化的案例，这些案例是作者本人近年来主持完成的实际咨询项目的浓缩。增加的案例有4个：A公司供应链需求预测的提升；X制造企业的物流与供应链战略开发；G公司物流与供应链组织优化；C公司物流与供应链绩效管理体系建立。

由于篇幅的限制，增加的案例反映的内容广度与深度还是不够的，但是这些实际案例很好地说明了我国企业在物流与供应链管理提升方面正在积极地向前推进。作者也希望本书及这些实际的案例能够使得读者更加注重理论与实际的联系。

本书的总体结构没有做更多调整，原来的结构设计基本得到了读者的认可，即根据物流与供应链管理学科的知识构成要素，分为3篇，第1篇为物流与供应链管理理念，主要讨论物流与供应链管理发展的过程、推动因素与实施的阻力等。第2篇为物流运作功能与过程管理，内容涉及物流功能领域管理的各个方面。第3篇为物流与供应链战略管理与控制，讨论了物流与供应链的战略性问题及物流与供应链的控制等。

教材体例的设计不做更多的调整，采用管理类教材国际流行的编写体例，以引导案例、正文及插入式窗口、练习等作为每章的安排，给读者带来学习上的方便性与直观性。同时，在每篇之后，安排3~4个案例，使得读者能针对企业实际物流与供应链管理的问题，综合应用相关知识，提出解决方法。

限于作者的水平，本书不当之处，敬请批评赐教。

电子信箱：wluocn@yahoo.com.cn

骆温平

目　录

第 1 篇　物流与供应链管理理念

第 2 篇　物流运作功能与过程管理

第 1 篇

物流与供应链管理理念

第1章

物流是经济领域的"黑暗大陆"

◆ 引导案例

海尔在连续保持高的增长速度之后，近来又悄然进行着一场重大的管理革命，这就是建立企业现代物流体系。这使海尔的运营效益发生了奇迹般的变化，资金周转达到一年15次，实现了零库存、零运营成本、与顾客的零距离，突破了构筑现代企业核心竞争力的瓶颈。

那么，物流管理为什么会有如此大的潜力呢？物流的概念是怎样被不断地认识与提升的？物流的发展有哪些促进因素？我国物流发展的背景又如何呢？

物流管理作为引进我国不久的一门新兴学科，近年来在我国得到了很大的发展，一些新的物流理念与方法不断地被引进与吸收，如供应链管理（SCM）、第三方物流（3PL）、企业资源计划（ERP）等。物流领域的潜力无论是在发达国家还是在中国，还远远没有被开发。相信随着新理念与新技术的发展，特别是信息技术的发展，物流领域将得到进一步的发展。

本章将讨论以下几方面的内容

- 物流价值的发现与再发现
- 物流的定义
- 物流的作用
- 现代物流兴起的原因

1.1 物流价值的发现与再发现

1.1.1 物流领域是一块"黑暗大陆"

最近一二十年来，物流领域在国内受到了很大的重视，包括政府、企业与学术界对物流都产生了很大的兴趣。其实，物流并不是我们去研究它才存在的，可以说物流伴随着人类的经济活动，早就存在于农业与工业社会。但是物流领域价值的发现并明确地被提出，是在20世纪60年代的事。

1962年4月，被称为管理学大师的彼得·德鲁克（Peter Drucker）在《财富》杂志上发表题为"经济领域的黑暗大陆"的文章。这篇文章被公认为首次明确提出物流领域的潜力，具有划时代的意义。文章认为"我们对物流的认识就像拿破仑现在对非洲大陆的认识。我们知道它确实存在，而且很大，但除此之外，我们便一无所知"。从此标志着企业物流管理（Business Logistics Management，或简称Logistics）领域的正式启动。

严格地说，当时德鲁克并没有用物流（Logistics）这个词，而是用配送（Distribution），它是指产品生产出来后到消费者手中的这一段的物流。或者说是产成品物流领域。但是不久人们认识到原材料这一段的物流同样存在很大的潜力，并且，产品物流与原材料物流可以综合起来管理，即出现了综合物流（Integrated Logistics）的概念。到20世纪90年代，又提出了供应链管理（Supply Chain Management）的概念。企业的物流管理，要考虑上游原材料的供应商，及下游的分销商到客户的协调与配合。

对物流价值的不断发现，不但使物流在管理的范围上不断扩大，企业把越来越多的功能综合到物流的管理之下。而且，对物流潜力的认识，也从节约成本的概念上升到物流的战略重要性的高度。因此，可以说物流的价值自从20世纪60年代以来，在不断地被发现与再发现。下面详细讨论物流价值不断地被发现的过程。

1.1.2 物流价值的发现过程

物流价值的发现大致可以分为三个阶段，第一阶段（20世纪60年代和70年代）是产品物流阶段（或称为产品配送），主要是对产品生产出来到消费者这一段物流过程中潜力的发现与挖掘。第二阶段（20世纪70年代和80年代）是综合物流阶段，企业认识到原材料物流与产品物流的综合管理，可以带来很大的效益。第三阶段（20世纪80年代以后）人们认识到市场的竞争是供应链之间的竞争，提出供应链管理的概念。

1．产品物流阶段（Physical Distribution）

20 世纪 60 年代和 70 年代，企业开始重视产品物流（见图 1-1），其目的是把图 1-1 中所示的一系列活动进行管理，以最低的成本确保把产品有效地送达顾客。企业重视产品配送的主要原因，一是为了扩大市场份额，满足不同层次顾客的需求，扩张其生产线。当时，在发达国家不仅同一基本产品增加了不同品牌，而且在产品的尺寸大小、形状、色彩等方面都实行了多样化，这就大大增加了库存单位（Stock-keeping Units，SKU），导致库存成本，订单处理成本及运输成本的增加。二是企业为了对付内部与外部的压力，倾向于生产非劳动密集型的高附加值产品，因为存货成本、包装成本及运输成本的增加，导致物流总成本增加。

图 1-1　产品物流

产品物流阶段物流管理的特征是注重产品到消费者的物流环节，这是由于市场环境的改变，即由卖方市场变为买方市场，使生产企业不得不把注意力集中到产品销售上。最早对物流的研究，在整个经济活动中仅限于销售的范畴。

2．综合物流阶段（Integrated Logistics Management）

到了 20 世纪 70 年代和 80 年代，企业越来越认识到把物料管理与产品配送综合起来管理可以大大提高效益（见图 1-2）。20 世纪 70 年代后，美国首先进行了运输自由化（deregulation），承运人和货主能自由定价，服务的地理范围也可以扩大了，承运人与货主之间建立了紧密与长期的合作，增加了企业系统地分析物流、降低成本和改进服务的可能。同时，全球性竞争加剧，使采用新的物流管理技术、改进物流系统成为必要。如零库存（Just In Time，JIT）、全面质量管理（Total Quality Management，TQM）等方法，大大地改进了物流系统管理。

3．供应链管理阶段（Supply Chain Management）

到了 20 世纪 80 年代和 90 年代，由于一系列外部因素的变化，企业开始把着眼点放开至物流活动的整个过程，包括原材料的供应商和制成品的分销商（见图 1-3）。这一概念同时又是基于制造商与供应商、分销商及物流服务公司的合伙及联盟的趋势。要实现供应链的概念不是一件容易的事，因为它涉及不同利益单位。对总体供应链最优的方案，对个别供应链成员可能其短期利益并不是最优的。虽然这样，供应链方法从节约成本与提高服务水平的观点看，具有很大潜力。

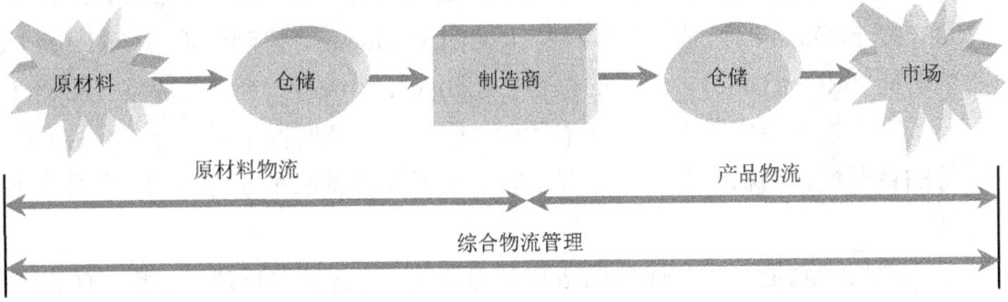

图 1-2　综合物流管理

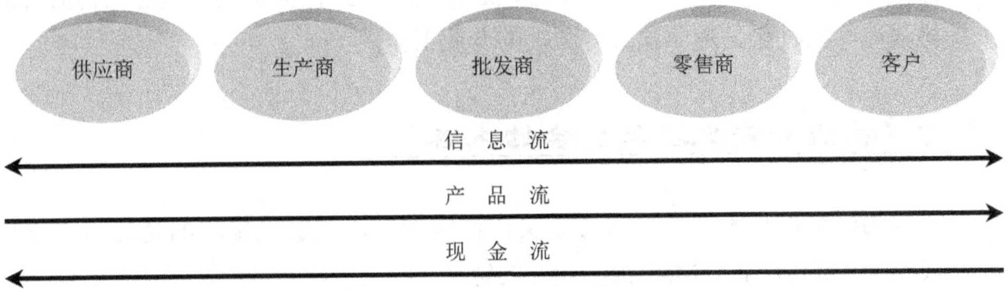

图 1-3　供应链管理

1.1.3　现代物流强调物流的战略作用

物流的战略重要性已越来越受到人们的重视。现代物流的新意，在于其系统整合（Integration）的概念，即整合传统的作业领域，并把它上升到一个综合的战略高度。物流管理者就像一个交响乐队的指挥家，指挥企业内部与企业外部的物流工作。在企业内部，物流管理的挑战是对分散的物流作业进行协调，形成以服务客户为主的综合能力。这种协调将跨越本企业，联系最终客户以及原材料及服务提供者。从战略角度看，物流管理指挥着跨越组织的物流作业，实现供应链的协调。现代物流的重要性在于使物流在企业内部与外部整合，从而形成企业在市场上竞争的能力。

1.2　物流的概念与定义

1.2.1　7 个"恰当"（7R）是物流概念的通俗表达

在西方，物流（Logistics）最早是指军事后勤。第二次世界大战后，物流这一概念被运用于经济领域。简单地说，物流是关于在需要的时候，在指定的地点，得到所需的物品，或者可用 7 个恰当（7R）来表示：恰当的产品（Right Product）、恰当的数量（Right Quantity）、恰当的条件（Right Condition）、恰当的地点（Right Place）、恰当的时间（Right Time）、恰当的顾客（Right Customer）、恰当的成本（Right Cost）。

7 个恰当指出了物流的基本活动，强调空间和时间的重要性，也强调了成本与服务的重要性。当物流系统发生变动时，物流管理者应不断评价成本与服务水平的合适性。

现代物流是一个挑战与机遇共存的领域，它包括对信息、运输、存货管理、仓储、物料搬运、包装等作业领域的综合管理。在这些作业领域内，又含有一系列不同的具体作业任务。物流管理的任务就是把这些具体作业任务有效地组合。物流管理既富有挑战性，同时它又是一项具有回报的专业工作。

1.2.2 物流的定义及其包含的内容

物流可以从不同角度进行定义，在国际上，最普遍采用的是美国物流管理协会（Council of Logistics Management）的定义：

“物流是为满足消费者需求而进行的对货物、服务及相关信息从起始地到消费地的有效率与效益的流动与存储的计划、实施与控制的过程。”

对物流的认识其实是一个不断深化的过程，对物流的定义也同样。上面物流的定义是 1992 年给出的，1998 年物流的定义中使用了供应链的概念。2001 年美国物流管理协会对物流的定义又进行了完善：

“物流是供应链运作中，以满足客户要求为目的，对货物、服务和相关信息在产出地和销售地之间实现高效率和低成本的正向和反向的流动和储存所进行的计划、执行和控制的过程。”

物流过程综合了运输、存货、管理、仓储、物料搬运系统及包装和其他相关活动，包括在整个供应链（从供应商开始，一直到客户）的流动的成本与服务水平的权衡（Trade-off）取舍。

物流包含效率（Efficient）和效益（Effective）两方面，物流管理的最终目的是满足客户的需求与企业的目标。

从物流的定义可知，物流管理包含一系列的活动，它可以包括运输、仓储、包装、物料搬运、存货控制、订单处理、需求预测、生产计划、采购、客户服务、工厂和仓库选址、物品回收、零部件及服务保障、废品处理。企业也可能把上列的一些活动不完全包括在物流部门之下，如强调产成品物流的企业，可以不把采购包括在物流部门之内。总的来说，随着对物流的重视，物流管理所包含的范围也在不断增加。下面简单介绍物流包含的活动及它们与物流管理的关系。

1．运输（Transportation）

运输是物流系统中非常重要的一部分，物流中最重要的是货物的实体移动及移动货物的网络。网络是由提供运输服务的运输及代理公司组成的。物流经理负责选择运输方式来运输原材料及产成品，或建立企业自有的运输能力。

2．存储（Warehousing and Storage）

存储与运输具有权衡关系，存储包括两个既独立又有联系的活动：存货管理与仓储。运输与存货水平及所需仓库数之间有着直接的关系。例如，如果采用相对慢速的运输方式，企业一般需要保持较高的存货水平和较多的仓库数，这就为采用快速运输方式而减少仓库数与存货水平提供了可能的选择。

许多重要的决策与存储活动有关（存货管理与仓储），包括仓库数目、存货量大小、仓库的选址、仓库的大小，等等。

3．包装（Packaging）

与物流相关的第三个领域是工业包装或称外包装。运输方式的选择将影响包装要求，包括产品的运输与原材料的运输。一般来说，铁路与水运因其货损的可能性大，而需支出额外的包装费用。在权衡运输选择时，物流管理人员要考虑运输方式的改变而引起的包装费用的变化。

4．物料搬运（Material Handling）

物流的第四个活动领域是物料搬运。在制造企业，除物流部门外，其他部门如生产部，也有物料搬运活动。物料搬运对仓库作业效率的提高是很重要的。物流经理负责货物搬运入库、货物在仓库中的存放、货物从存放地点到订单分拣区域的移动和最终到达出货区（dock）准备运出仓库的全部过程。物料搬运一般是货物通过机械设备做短距移动，所用机械设备包括：传送机、叉车、行吊和货物容器。生产经理可能会专门设计托盘与容器，但可能与物流的仓储活动不兼容。因此，物料搬运设计必须协调生产与物流两个部门，以保证各种设备协调一致。另外，企业会发现在工厂与仓库用同一叉车是经济实用的。

5．订单处理（Order Processing）

另一项可由物流部门负责的活动是订单处理，它包括完成客户订单的所有活动。物流领域之所以要直接涉及订单的完成过程，是因为产品物流的一个重要方面是前置期，也叫备货周期（Lead Time），它是指客户下达订单开始，至货物完好交于顾客为止的时间。如某一公司的前置期是6天，它包括用于传送订单、处理订单、订单准备与交货的时间，若订单处理用3天，订单准备用1天，这就意味着货物必须在2天时间内送达顾客。较短的允许送货时间，就意味着要采用较快的运输方式。如果订单处理是作为物流系统的一部分，企业就可以寻找改进的方法，比如用电话接单，电脑处理订单，而把订单处理时间减少到1天之内。这样就可以使企业采用便宜得多的运输方式，而仍能在6天的前置期内把货物送达顾客。从时间或者说前置期的角度来看，订单处理是非常重要的物流功能。

6．预测（Forecasting）

存货预测是另一项重要的物流领域。准确的存货和物料、零部件的预测是有效存货控制的基础，尤其是使用零库存和物料需求计划（Material Require Plan）方法控制存货的企业。物流管理人员应进行预测，以保证准确与有效的控制。存货需求预测与一般的市场营销预测不同，后者代表销售目标。

7．生产计划（Production Planning）

生产计划与物流的关系越来越密切。生产计划与存货预测有关。在已知现有存货量的条件下，一旦做出存货预测，生产经理便能确定必需的生产量，用以满足市场需求。然而，在生产多种产品的公司，生产过程的时间计划、生产线之间的关系需要与物流协调，通过物流对生产计划进行控制。生产计划与物流的整合，在大公司变得越来越普遍。

8．采购（Purchasing，Procurement）

这是另一项可以归入物流领域的物流活动。把采购归入物流是因为运输成本与生产所需的原材料、零部件的地理位置（距离）有关，采购的数量与物流中的运输与存储成本也有关。是否将采购归入物流领域，要看其是否对降低成本与协调各环节活动有益。在20世纪七八十年代，越来越多的公司将采购归入了物流领域。

9．客户服务（Customer Service）

物流的另一个重要领域是客户服务。客户服务是一个复杂的话题，它也与公司其他领域有关。客户服务水平与物流领域的各项活动有关，存货、运输、仓储的决策取决于客户服务需求。物流领域并不完全控制客户服务的决策，但在保证客户在恰当的时间、恰当的地点得到恰当的产品中起着极其重要的作用。产品的可得性（Availability）与备货期的物流决策对客户服务是关键的。

10．选址（Location）

物流另一个重要领域是工厂和仓库选址。位置的改变会改变工厂和市场、供应商和工厂之间的时间和位置关系，这种改变将影响运输的服务与价格、客户服务、存货要求和其他方面。工厂选址与仓库选址一样重要，运输成本是决定选址的重要因素。

11．其他活动

物流领域还可以包括零部件与服务支持、回收物品处理、废品处理等。

1.3 物流的作用

本节首先分析物流的增值作用，接下来讨论物流对宏观经济的影响及物流在企业中的作用与地位。

1.3.1 物流的增值作用

三种主要的经济效用增加了产品与服务的价值，它们是形态效用、地点效用和占用效用（见图1-4）。

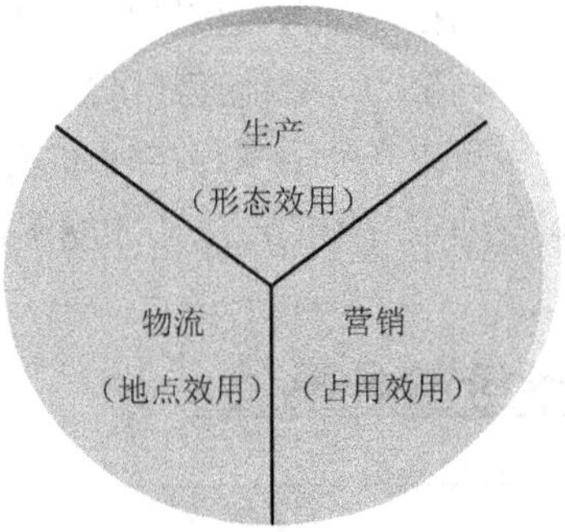

图1-4 经济领域基本效用的产生

1．形态效用（Form Utility）

形态效用是指以制造、生产和组装来增加产品的价值。某些物流活动也能产生产品的形态效用。当原材料通过一定方式组合成为一种产成品就产生了形态效用，如瓶装饮料公司把果汁、水和碳酸盐加在一起，制成软饮料。把原材料加在一起生产软饮料的简单过程，表明改变产品形态可以使产品增值。

在当今的经济环境中，一定的物流活动也能提供形态效用。例如，在物流中心，通过改变包装形态与发送批量等，可产生形态效用；把托盘上的米粉分装至每个顾客的容器中，就产生了形态效用。时间与地点效用是物流增加产品价值的主要方式。

2．地点效用（Place Utility）

物流活动通过把货物从生产地运送到消费地，提供了产品的地点效用。物流扩展了市场的边界，因而增加产品的经济价值，这就是地点效用。地点效用的产生主要是通过运输。例如，把农产品从农场通过铁路或公路运输到消费者需要该产品的市场，便产生了地点效用。同样，当把钢材运送到需要的工厂，也产生了地点效用。

3．时间效用（Time Utility）

货物不仅要送达消费者需要的地点，而且要在消费者所需的时间内送达，这就是时间效用。物流产生时间效用是通过保持库存和货物的战略位置来达到的。例如，公司通过广告，事先把产品信息发布出去，在信息发布规定的时间，把产品送达零售店以产生时间效用。运输也能在某种程度上产生时间效用，例如，为了快速地把货物送到消费地，采用航空运输来代替仓库，增加了时间效用。由于时间效用强调减少备货时间，使它在当今的商业环境下显得越来越重要。

4．占用效用（Possession Utility）

这与市场营销中的产品推销有关，推销是一种直接或间接地与顾客接触，增加顾客想拥有商品的愿望的一种努力。物流在经济活动中的作用取决于占用效用的存在与否，因为时间与地点效用只有产品需求存在时才有意义。反过来，市场营销也依赖物流，因为只有依赖时间与地点效用的产生，才能使占用效用得以实现。

1.3.2 物流与宏观经济的关系

◆ 物流窗口 1-1

中国与发达国家物流成本的比较

物流的作业要求，是将原材料、在制品和产成品以最低的成本送达指定的地点。正是通过物流过程，发达的商业社会才得以将原材料送达生产基地，而产品通过营销渠道，到达客户手中。物流作业相当复杂，在物流发达国家，其费用占国民生产总值的10%左右。对企业来说，其物流开支依据行业的种类，作业的地理范围和重量价值比的不同，在销售额的5%~35%。物流是商业活动中成本最高的活动之一，在制造业仅次于原材料，在批零业仅次于货物成本。因此，物流对企业经营的成败是非常关键的。

据估计，我国物流的费用占国民生产总值的比例大大高于发达国家。据国际货币基金组织估计在16%左右，国内物流专家认为实际可能还要高，在18%~20%。

在物流中，尽管就成本而言，它是非常重要的，但现代物流的重要性，不仅仅是节约成本，还在于企业如何选择物流策略来获取竞争优势。

物流与宏观经济的关系，可以从有利于专业化生产、使商品供应丰富多样、降低价格和使土地升值等方面来认识。

1. 有利于专业化生产

对生产活动效益的重视，导致了生产朝着专业化分工的方向发展，生产的专业化与降低成本的要求是经济发展的正常过程。公司如果不能出售专业化生产的成果，即把增加的产品出售给消费者，它就不能从专业化中最大程度地获利。增加的产品如不能从过剩点运送到需求点，就没有经济上的价值。因此，物流通过有效地将产品送达市场，使企业能专业化生产具有竞争成本优势的产品和服务，贡献于经济的发展。

2. 使商品供应丰富多样

物流的另一贡献是不论距离的近远、批量大小、品种多少，都能在产品生产出来后，送到消费者手中。要保证具有复杂品种的货物在需要的时候就能得到，在很大程度上取决于企业能否经济有效地履行货物的移动与存储功能，即物流。物流作业提供了连接与存储的网络，它对现代经济的运转是非常关键的。

3. 降低价格

通过产生时间和场所效用，物流活动也对降低价格做出贡献。如果物流扩展了货物的市场，包括时间与地点，外地运进的货物可以比当地生产的货物更便宜。企业常通过权衡规模经济效益和物流成本的增加，来降低价格。如果生产企业从技术与管理方面改善物流系统，人们一定能看到价格的下降和产品的丰富等好处。

4. 土地价值的升值

物流也影响经济系统的其他方面，例如，物流中的运输常常影响土地价值。当在某一地区建设一条主干公路或物流中心，或当现有设施明显改善时，公路旁或物流中心旁的土地价值会因进出比其他地区方便而增值。高速公路的交会点是吸引制造业与仓储业的良好地点。

物流供应链在经济发展中起着重要的作用。高效的物流系统，增加货物与服务的时间和地点价值。物流供应链也增加形态与占用效用，此外，物流供应链在一国经济中也提供了许多其他的经济、社会和国防等方面的利益。

1.3.3 物流与微观经济的关系

物流的另一方面是它的微观面，它涉及物流与企业中其他功能领域的关系，如营销、制造、财务等部门的关系。从本质上说，物流强调一个贯穿传统领域的过程，尤其在当今强调供应链的环境下。

1. 物流与生产制造的关系

物流与生产制造的关系表现在生产周期的长度，我们常把具有较长生产周期和较少的生产线数目与生产的规模经济联系在一起，然而，这容易引起某一产品的过多存货。因此，最终的生产决策需要管理层仔细权衡生产周期长短的优缺点。许多行业现在都趋于缩短生产周期并减少改变生产线的时间与费用。采用零库存（Just In Time，JIT）方法进行存储与计划的公司更是如此。这就是朝着“拉式”（Pull）系统发展的趋势。在该系统中，生产是以需求而“拉”动的，而非在需求产生前“推动”（Push）的。

生产经理感兴趣的是使生产的季节性需求影响最小化。但是，完全期望这样的需求是不现实的。然而，把需求量已知的产品在规定的时间送到规定的地方，这是可以做到的。例如，为了降低成本，避免需求高峰供货不足的发生，生产经理一般喜欢在旺季来临之前生产出所需产品。这种事先生产，由于成本的原因，有时是不可行的。生产经理必须降低成本，因此，物流部门必须与生产部门配合，准备接受季节性存货，这种季节性存货可以在销售前的3～6个月前就开始了。例如，年货或圣诞物品的生产，可能在夏季就已开始。

因为物流经理对原材料运输与仓储负责，物流与生产也在原材料供应方面相互交叉。如原材料发生短缺，则会引起生产的停顿，或增加生产成本。物流经理既要保证原材料和其他生产投入物能满足生产计划，又要注意尽量减少存货成本。因为需要这些协调，许多公司正把生产计划从制造管理转向物流管理。

物流与生产作业的另一交界点是包装。在许多公司，包装是作为物流活动之一。无论在生产作业还是物流作业中，包装的主要目的是保护产品，以免受损。

因为越来越多的原材料和生产投入是全球采购的，物流与生产作业的交叉变得越来越重要。越来越多的公司，也正在安排第三方制造或包装合作者来生产或装配部分或全部制成品。

2. 物流与市场营销的关系

物流有时被称为市场营销的另一半，这是因为公司物流系统中的产品物流负责产品到客户的运输与存储，因而对产品的销售起着重要的作用。在某些情况下，产品物流运作的好坏，可以是销售成败的关键。

在这里，我们以市场营销中的4P，即价格（Price）、产品（Product）、促销（Promotion）和地点（Place）为基础，简单讨论物流与营销的相关性。

（1）价格

从物流的角度，把托运量调整到与运量相关的价格点是很重要的。铁路运输有最小托运量，公路运输有针对不同托运量的运价等，运量越大，单位运价越小，一次性大批量托运可以获得折扣运价。

公司在销售产品时，也常对大批量采购者给予折扣，如果采购的批量能与运输折扣的批量相吻合，则可为公司或顾客节约大量的费用（取决于销售条款）。而价格计划要与运输重量要求相吻合，公司用较大的采购批量能得到较低的价格。因此，当公司计划以多少数量及价格向顾客销售时，应比较这些销售数量的重量与运价的要求。在多数情况下，为使单位运价降低而购买一定重量的产品，可获得成本优势。

此外，物流经理可能对在不同价格下出售一定的数量感兴趣，因这会影响存货需求、补货时间和其他与客户服务有关的方面。虽然这种分析有些困难，公司就确保物流经理在有吸引力的价格下保持足够的数量。

（2）产品

在市场营销领域，另一个经常涉及的决策是关于产品方面的，尤其是它的物理特征。产品的大小、形状、重量和包装等物理特性影响物流系统对产品的移动和存储。因此，物流经理应参与新产品的营销，物流经理可提供有关新产品的运输与存储信息。此外，公司也常会对老产品做一些改进，以促进销售。这种改变可能是包装设计，或包装的尺寸。产品物理尺寸影响存储与搬运系统，也影响对承运人的选择、设备的要求、破损率、存储能力、装卸设备的利用等物流的其他方面。

市场营销影响物流的另一面是消费包装。营销经理常把包装看成是不说话的推销员。在零售时，包装可以是影响销售的决定因素，市场营销经理将考虑包装的外观、提供的信息和其他相关方面。消费包装可以是决定销售的关键，消费包装对物流的重要性有以下几个方面：首先消费包装应适应工业包装，或称外包装，消费包装的大小、形状会影响工业包装的应用；消费包装对商品保护的作用也是物流经理所关心的；消费包装的物理特性影响物流系统，如运输、装卸和仓储。

（3）促销

促销是市场营销中的重要部分，促销的策略可分为两类：推进式和拉动式，拉动式促销是通过广告促俏，推进式策略则是与销售中间人合作来刺激销售，这两种策略对物流系统的要求是不一样的。拉动式策略引起的需求不平稳，难以预测，对物流系统的要求是具有救急能力。而推进式策略则需求模式较平稳，与零售商的合作使制造商可以事先发货。

（4）地点

地点或场所是指销售渠道，它包括交易渠道和产品配送渠道的决策。销售人员的决策是关于批发与零售，而物流人员必须满足不同销售决策对物流的要求，如批发商购买的批量大，对存货的预见性较好，而零售的物流要复杂得多。

本章小结

本章以物流领域的价值发现为开始，把对物流的认识划分为三个阶段：产品物流阶段、综合物流阶段和供应链管理阶段。对物流认识的发展，其实是不断扩大考察物流的效率与效益的系统范围的结果。对物流价值的发现，不仅仅限于节约物流的成本，物流的战略作用越来越受到重视。

简单地说，物流是关于在需要的时候，在指定的地点，得到所需的物品，或者可用 7 个恰当（7R）来表示：恰当的产品、恰当的数量、恰当的条件、恰当的地点、恰当的时间、恰当的顾客和恰当的成本。现代物流是一个挑战与机遇共存的领域，它包括对信息、运输、存货管理、仓储、物料搬运、包装等作业领域的综合管理。物流管理的任务就是把具体作业任务有效地组合。物流管理富有挑战，也是具有回报的专业工作。

物流与宏观经济与微观经济的关系密切。高效的物流系统，增加货物与服务的时间和地点价值。物流供应链也增加形态与占用效用。物流供应链在一国经济中也提供了许多其他的经济、社会和国防等方面的利益。在微观经济方面，物流在企业中与生产、营销等密切相关。

20 世纪 80 年代以来，物流的理念与应用得到了迅速的发展。物流的迅速发展得益于外部的法规环境、技术发展及市场竞争的压力。物流领域的潜力还远远没有被全部挖掘出来，物流已经成为企业之间竞争的焦点之一。

练习题

1. 试述物流的概念。
2. 物流价值的发现可以分为哪几个阶段？
3. 为什么企业的物流管理越来越重视从供应链的角度来考虑？
4. 结合中国实际，讨论物流在我国的发展过程及推动因素。
5. 结合中国实际，讨论物流对宏观经济的影响。
6. 讨论物流与生产制造的关系，最好以实际的例子来说明。
7. 讨论物流与市场营销的关系，最好能举一实际例子。

第2章

整合在提升企业物流能力中的作用

◆ 引导案例

成立于1903年的福特公司是世界第二大汽车公司。福特公司于1995年年底购买了江西南昌江铃汽车股份有限公司20%的注册股份。1996年江铃和福特合作后，开始推行并执行福特公司全球化的供应链体系，“三流”并进——信息流、物流、资金流，以物的流动为中心，统筹安排，改变“物流即运输或仓储”的传统概念，重整公司组织构架，重整各职能部门业务流程。利用因特网实现信息交流和共享，将零部件和整车等实物的实际流动程序及过程纳入供应链体系，上中下游有机连接。整合型的运作使江铃福特公司完成了以下的转变：从地区、国内采购转向全球采购，从无计划到按计划进行，从无质量管理到按国际质量标准，从标准不清晰到产品标准化，从工作多头无序到工作专业化，从缺乏信息沟通到实现交叉无边界、无时限的沟通。

第1章讨论了物流价值的发现与再发现的过程，物流管理的最终目的是要降低物流的成本与提高对客户的服务水平（包括内部与外部客户）。物流发展的三个阶段，即从重视产品物流的整合，到重视原材料与产品物流的整合，最后到重视供应链的整合。物流能力的提升，是靠整合不同功能部门的运作。本章讨论物流在一个企业内部的整合的基本概念与问题，下一章讨论供应链的整合。

本章将讨论以下几方面的内容

- 企业物流运作中的功能分类
- 企业物流整合的整体框架
- 企业物流整合能实现的作业目标
- 企业物流整合的阻力

2.1 企业物流运作中的功能分类

第 1 章讨论了企业物流包含的活动。企业物流的这些活动可以归结为五大功能，企业物流的能力是通过对五大功能的协调来实现的：

- 网络设计；
- 信息；
- 运输；
- 存货；
- 仓储、物料搬运和包装。

本节主要讨论物流的各项功能，以及各项功能是如何在企业内起作用的。

在讨论物流功能时，要记住以下两个条件：

1）任何企业都需要各个业务活动的支持和协调，才能完成其整个物流过程。这种协调是基于企业共同的目标、战略和计划等把企业连接起来的。从整个供应链的角度来考察（下一章将详细讨论），由于排除了重复作业使效率得到了提高，然而，组织间协调却又需要共同制定有关的计划和处理相互的关系。

2）有一些服务性公司可以为客户提供物流服务，如运输公司、仓储公司及第三方物流公司。这些外部的专业化公司在纳入物流系统中时，一般需要接受其客户的合理指导与控制。

2.1.1 网络设计

物流运作的设施在规模大小、数量及地理上的联系，直接影响客户服务的能力与物流成本。企业的设施结构是用于向客户提供产品及物料的，因此网络设计是物流管理的一项基本功能。典型的物流设施包括制造工厂、仓库、转运设施（cross-docking facility）及零售商店。网络设计的重要工作之一是确定所需各种设施的数量、地理位置及在各设施内所要开展的工作。在这里要强调的是，不论由谁承担实际工作，所有的设施都必须作为企业物流网络的一个不可分割的组成部分来加以管理。

物流网络设计要确定完成物流工作所需的各类设施的数量和地点，同时还要确定每一设施内应储备存货的种类、数量，以及安排应在何处交付客户订货。物流设施的网络形成了物流作业据以进行的框架结构，因此，此网络也融合了信息和运输功能，还包括了与订货处理、存货管理以及物料搬运等有关的具体工作。

进行物流网络设计时必须考虑地理因素这一变量。不同地区市场间存在很大差异，这是显而易见的。例如，在美国，其 50 处大城市的市场从人口上统计占据了全国产品销售的一半以上。因此，在全国范围内营销的企业，必须确立能为这些最主要的市场服务的物流能力。类似的地理上的差异也存在于原料和零部件的采购地上。当一家企业涉足全球物流时，有关物流网络设计的问题就会变得更加复杂。参见物流窗口 2-1：Laura Ashley 公司物流网络的重新设计，它充分说明了这种复杂性。

在动态的竞争性环境中，产品分类、客户供应量，以及制造需求等都在不断发生着变化，因此，必须不断修正设施网络以适应供求结构变化。尽管对全部的物流设施进行一次性重新定位是不够现实的，但具体设施的重新定位或重新设计还是具有相当大的考虑范围的。随着时间的推移，应对所有的设施重新进行评估以确定它们的定位是否仍令人满意。选择了具有定位优势的网络，就是向竞争优势迈出了第一步。物流的效率直接取决于物流的网络结构并受其制约。

◆ 物流窗口 2-1

Laura Ashley 公司物流网络的重新设计

Laura Ashley 公司是英国一家从事妇女儿童时装和家饰用品的企业。尽管该公司在产品设计与研发上一直是遥遥领先的，但由于其物流系统复杂、成本高昂及缺乏效率，效益出现了滑坡。公司发现，过多的客户与庞杂的体系导致了管理失控，因此公司开始着手进行物流运作的重构。

在重构前，Laura Ashley 公司拥有 5 个大型仓库、8 家主要承运商和 10 个互不相连的管理体系，这导致了大量的存货、极长的备货期和频繁的缺货情况。公司对网络重新进行分析后提出的建议是将所有的仓库关掉，仅保留英国的一处仓库，把该仓库从为区域性客户提供服务转变为为全球客户服务。这一处的仓库是全球“处理中心”，作为 Laura Ashley 产品的交换中心。尽管这一举措可能会带来较高的运输成本，但 Laura Ashley 公司认为这一成本可以由效率的增加来弥补。实际上，由于只采用单一仓库，减少了交叉运输使原运输成本降低。从位于英国的仓库直接向各零售店发运，备货期并未发生变化，但产品不再像以前那样在多个不同地点处理而是只运一次。

Laura Ashley 公司采取重构措施除降低成本外，还在寻求机会提高服务和灵活性，计划在 24~48 小时向任何一处商店补充所供应的产品。公司将采用先进的系统和完善的沟通机制对其全球存货进行监管与控制。联邦快递的全球承运网络将保证及时把产品运至目的地。Laura Ashley 公司还计划开展 48 小时送达的邮递业务。

2.1.2 信息

在过去，信息对物流作业的重要性一直未能得到足够的重视。一方面是由于缺乏产生所需信息的适当技术，另一方面则是由于管理部门对快速、准确的信息是如何提高物流绩效这一问题缺乏足够的认识。而物流发展到现在，绝大多数的所需信息都有足够的技术来加以支持。只要需要，人们随时都能在第一时间获得有关信息。目前管理人员也正在学习如何使用此类信息技术去设计创新的物流解决方案。

信息的质量很关键，如果信息质量上有问题，就会在实际作业中产生问题。信息质量上的问题可以分为两大类：一类是趋势预测信息的不准确性。由于大量的物流活动是根据未来需求发生的，不准确的判断或预测就会引起存货短缺或过剩。过分乐观的预测会导致不恰当的存货。一类信息质量问题是有关订单处理的信息不准确。处理不准确的订单时，会引发所有的物流成本，但最终销售却并没有完成。显然，有关客户需求的信息不准确时就会发生货物退回，退货费用往往会增加物流成本；而另有其他销售机会，设法向其他客户提供所需的服务也会再次产生费用，这同样会增加物流成本。由此可见，信息中的每个错误都可能成为整个供应链的隐患。

信息快速流动直接关系到工作程序的整体平衡性。对一家企业来说，可采用两种方法实现快速交付。一是在各地的销售办事处一周集结一次订单，把它们汇交至总部，批量处理订单后把订单分配给配送仓库，然后再通过航空进行装运以实现快速交货。二是通过来自客户的电子订单，随时可取得订单，然后使用速度较慢的陆上运输。两者相比，后者显然可以在更低的总成本下，较前者实现更快的全面交付。由此可见，物流信息功能关键的目标是要平衡物流系统的各个组成部分。

物流中依赖于信息的工作主要是物流预测和订单管理。物流预测要估计未来的需求，以指导存货定位，满足预期的顾客需求。预测中，物流经理主要是想利用信息来达到主动控制物流作业的目的，以便在诸如零库存、快速客户响应以及连续补货等控制概念方面对顾客的需求做出更快的反应。这些控制概念作为主动进行物流控制的方法，在近来不断发展的信息技术推动下，已经成为可能。要将预测和运作控制进行理想地结合，有关这一方面的公司战略加以计划和执行是物流经理所要从事的一项主要工作。

订单管理部门的工作是处理具体客户的需求。客户下订单是物流活动中的一项主要交易活动。物流既为外部客户服务，也为内部客户服务。外部客户就是那些消费品或服务的顾客，以及先购买产品或服务，然后再行出售的贸易伙伴。内部客户是指企业内部需要物流支持以便承担其指定工作的组织单位。订单管理的过程涉及从最初的接受订单到交付、开票以及通常的托收等有关管理顾客需要的方方面面。企业的物流能力实际上同它的订单管理功能密切相关。

企业的物流系统设计越有效，它对信息的准确性就越敏感。构筑良好的物流系统不必用过度的存货来适应作业上出现的差错，因为安全库存已被控制在最低限度。信息流反映了一个物流系统的动态形态，订单处理过程中出现的不正确的信息和信息延误都会削弱物流表现。因此，物流信息的质量和及时性是物流运作的关键因素。

2.1.3 运输

在既定的网络设施和信息能力下，运输就是从地理上给存货定位的一个物流功能领域。由于运输具有十分重要的意义和可见成本，多年来，运输始终得到管理部门的普遍重视。几乎所有的企业，无论大小，都安排了经理人员专职负责运输业务。

运输功能可通过三种基本方式实现——自有车队的运输、合同运输和公共运输。从物流系统的观点来看，影响运输的三大因素是成本、速度和一致性。

运输成本是指为两个地理方位间的运输所支付的款项，以及与在途存货有关的行政管理费和维持费。物流系统的设计应考虑能把系统总成本降至最低的运输，当然，成本最低的运输不一定会将总成本降至最低。

运输速度是指完成特定的运输所需的时间。运输速度和成本的关系，主要表现在以下两个方面。一方面，运输速度越快，收取的运费也会更高；另一方面，运输速度越快，在途存货就越少，货物完成消费准备的时间就越短。因此，选择最理想的运输方式时，关键问题在于如何权衡运输服务的速度和成本。

运输一致性是指在完成某一具体订货时，若干次装运所需时间的变化性，它反映了运输的可靠性。如果运输缺乏一致性，就需要储备安全存货，以防不测。由于时间价值是一项重要因素，因此与时间密切相关的运输速度和运输一致性要相互结合，以作为创造优质运输的关键条件。

2.1.4 存货

企业的存货需求取决于网络结构和期望的客户服务水平。存货的目的是在总成本最低的基础上，向顾客提供商品以实现预期的客户服务水平。存货管理的基本任务之一就是在履行对客户所承担的义务的同时实现最大限度的周转。良好的存货管理政策基于五方面内容，即客户细分、产品需求、运输一体化、时间上的要求，以及竞争性作业表现。

向不同的客户出售产品的每一家企业都会面临一系列不同的收益率，有的客户可以令企业获得高额利润并大有潜力，而从另外一些客户那里却得不到。企业从客户那里获取的收益率取决于客户所购产品的种类、销量、所需的增值服务和为发展与巩固某种客户关系而必须追加的活动。高收益率的客户构成企业的核心市场，有效进行物流细分的关键就在于为这些核心客户优先安排存货权，以满足他们的需求。

对绝大多数企业而言，它们的不同产品有着不同的产量和收益率。如果不存在限制性因素的话，企业会发现，它们的产品中有不到20%的产品占到了全部利润的80%，这就是所谓的80/20定律，或称帕累托（Pareto）定律。尽管这一现象很普遍，但物流经理可以执行与赢利性高的产品相关的存货策略，以此来避免额外的成本。避免额外成本的关键是要对低赢利性或低产量的产品进行实际评估。毫无疑问，企业会对较具赢利性的产品提供高度的可得性和一致性。当然，有时对于低赢利性的产品同样给予高度支持，以便向核心客户提供全方位的服务也是必要的。应避免向那些次要客户或非核心客户购买的低赢利性产品承担高水平的服务。因此，在选择存货策略时，必须考虑不同产品的赢利性。许多企业认为，在中心配送仓库里储存运输较慢或利润率较低的产品是可取的，因为实际的交付作业可以在收到订单时，再根据客户的重要性做出适当的安排——对核心客户可通过迅捷、可靠的航空运输来提供服务，而对其他客户则可采用较低廉的陆上运输完成交付。

在仓库中具体选择储存何种产品会直接影响运输作业。绝大多数的运输费率是以具体的装运数量和规模为基础的，因此，在一处仓库中储存足够的产品以便向某个客户或地区安排统一装运，应该说是一大良策。尽管维持大量存货会增加费用，但统一安排运输产生的成本节约会抵消存货费用的增加。

物流运作的关键驱动力在于承诺快速交付产品以满足客户需求。基于时间的安排主要是想通过提高对制造需求或零售商需求的反应速度，来减少总体存货量。如果能够迅速交付产品和原料，就没有在制造工厂维持存货的必要性。同样，如果零售商能够迅速得到补货，那么就可以减少供应链中的安全存货量。虽然这种按时间要求做出的规划，可以减少为满足顾客需求而持有的存货，但是，必须将存货成本的节约与对时间敏感的其他物流作业发生的成本增加加以权衡，因为物流的总体目标是在总成本最低的情况下提供预期的客户服务水平。

最后要说明的是，在一个与竞争隔绝的市场中是无法产生存货策略的。一个完善的存货策略可以获得客户服务优势，也可以抵消当前竞争对手的实力。对设施、网络、运输以及存货决策之间关系的理解是物流整合的基础。

2.1.5 仓储、物料搬运和包装

物流的四个功能领域——网络设计、信息、运输和存货——可以被设计成各种不

同的作业安排。实际上，这四项功能的组合形成了物流整合系统的解决方案。而物流的第五项功能仓储、物料搬运和包装，同样也是物流整合的组成部分，但这些功能并不具备前述四项功能的独立性。例如，在物流过程中，商品实际上需要在选定的时段入库储存，运输车辆需要通过物料搬运进行有效的装卸，有些产品打包装入某种容器时，才能以最有效的方式加以搬运。

物流系统中需用仓库时，企业可以选择自己经营仓库，也可以从外部获得专业仓储服务。在对产品进行存储时，许多对整个物流过程至关重要的活动会在这一环节上发生，如货物分类、排序、订单分拣、联合运输，有时还包括产品的修改与装配。

物料搬运是仓库中的一项重要活动。搬运会产生货损，产品搬运的次数越少，产品受损的可能性就越小，仓库内的整体运作效率就会较高。现在的仓库中大多备有机械化和自动化的设备用于辅助进行物料的搬运。实质上，仓库及其所具备的搬运能力是整个物流过程中的一个小型系统。

为提高搬运效率，通常把罐装、瓶装或盒装的产品装入更大的包装内。最基本的包装单位称为马斯特箱（Master Carton），它起到了两方面的作用：一是在物流过程中起到保护产品的作用；一是将零散的商品予以大包装的形式，这方便了产品的搬运。提高运输与装卸效率的途径之一就是将马斯特箱装入更高一级的集成单元中，如托盘和各类集装箱。

仓储、物料搬运和包装整合进物流运作中时，它们的功能就会使物流系统的运作速度提高，产品流动更加通畅。

2.2 企业物流整合的整体框架

物流整合的概念可以用图 2-1 表示。企业要以自身所具有的物流能力与其客户和供应商之间相联系。来自客户和有关客户的信息，通过销售活动、预测及其下订单等各种形式在企业内流动，进而，这些信息形成具体的制造计划和采购计划。在采购产品和原料时，增值存货流开始流动，并最终将制成品的所有权移交至客户手中。因此，物流可以分解为货物流和信息流两大流。

2.2.1 货物流

物流的作业管理涉及原料和制成品的运输和储存，它始于从供应商那里装运原料或零部件，终于将产成品交付给客户。物流是企业管理部门最值得重视的领域，它是产品经过一系列的作业后实现增值。为便于理解，我们把物流作业划分为三大部分：

产品配送、制造支持和采购，在图 2-1 中间部分表示。

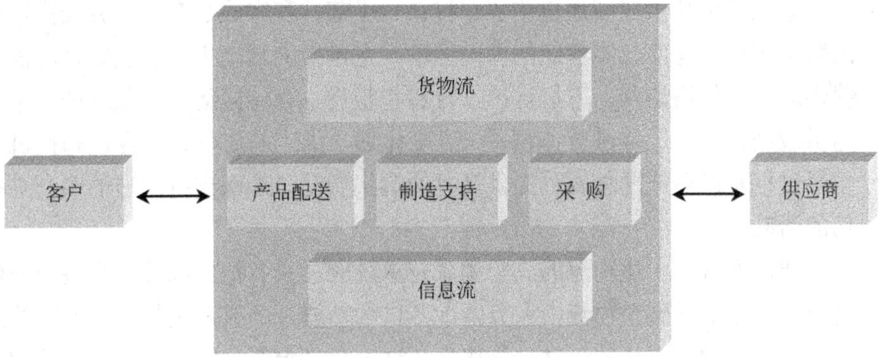

图 2-1　物流整合

1．产品配送

产品配送是指将产成品运至客户手中的过程。在产品配送中，客户是营销渠道的终点。产品配送活动主要是指提供客户服务相关的一些活动，主要包括接收订单、订单处理、安排存货、仓储和搬运，以及配送渠道内的货物外运。负责在以下方面与营销计划相协调——定价、促销、客户服务水平、运送标准、处理退货和产品生命周期支持。产品配送的主要目标是在总成本最低的基础上战略性地提供预期的客户服务水平，从而最终实现收益。

产品配送把营销渠道与客户联系起来，这使产品配送系统具有一个普遍特征，即它们把制造商、批发商和零售商与营销渠道联系在一起，使那些营销渠道所提供的产品可得性成为整个营销过程的综合部分。

2．制造支持

对制造的支持主要表现为，当产品在制造过程的各阶段间流动时，对在产品存货进行的管理。在制造阶段，物流最基本的功能是参与制定主生产计划，安排及时获得所需的原材料、零部件和在产品存货。制造支持与产品配送相比最大的不同在于，产品配送是为满足客户的需要，因此必须适应客户和行业需求的不确定性，而制造支持则涉及制造企业控制之下的运输需求。从全面计划的观点看，制造支持与外向活动（产品配送）和内向活动（采购）分离，使得企业更具有专业化，效率更容易得到提高。

制造支持活动主要包括对制造作业进行计划、安排作业进度和其他一些支持性活动。如进行作业计划进度安排，对在产品存货进行存储、搬运和运输，以及各作业部分加以时间规划。制造支持过程应完成以下内容——在产品制造处存放存货；在产品制造到产品配送的中间过程中，使延迟装配达到最大限度的灵活性。

3．采购

采购是指从供应商那里购买原材料、零部件和产成品存货，并安排运往制造工厂或装配工厂、仓库、零售店的内向运输。它包括的活动主要有制定资源需求计划、寻找供应商、价格谈判、下达订单、收货和验货、存储搬运和质量保证。采购过程中应与供应商在如下领域进行协调——进度计划、供应的连贯性、保值和投机等。采购的主要目标是以最低的总成本提供及时的购买活动，从而支持制造的顺利进行或转售部门的活动。

通常而言，上述物流的三个领域是重叠的。只有把各部分作为整个增值过程的整合部分，才能在整个物流中充分发挥各自的功能，凸显其优势。三方面的结合使原材料、半成品和产成品的流动一体化，从这一意义上讲，物流同整个运输和仓储的战略性管理有着密切的联系。

2.2.2 信息流

物流中的信息主要是用来分析、辨别需求的。发现需求并确定需求的主要目的是对一体化的物流进行计划和执行。不同的物流作业中，有关订货的规模大小、存货的可得性和运输的时间性要求方面存在不同的需求。信息共享的主要目的就是要对需求差别进行协调。前述货物流的三大领域所包含的各项具体工作都有赖于信息来协调日常作业的计划和控制。

物流中的信息流分为两大部分——计划/协调流和作业流，它们之间的关系如图2-2 所示。这里主要介绍推动物流整合所需要的基本信息。

1．计划/协调流

在价值链参与者之间构成的整个信息系统结构中，协调起到支柱性的作用。根据信息进行协调产生的计划可以明确以下内容：战略目标、能力限制、物流需求、存货安排、制造需求、采购需求和预测。

（1）战略目标

整个价值链的主要动力来自由营销目标和财务目标相结合产生的战略目标。战略目标中的营销部分主要说明客户的性质及其所处地理位置，提供与之相适应的产品和服务。战略计划中的财务部分则说明了所需的资源、应收账款、设施、设备和运作能力等。

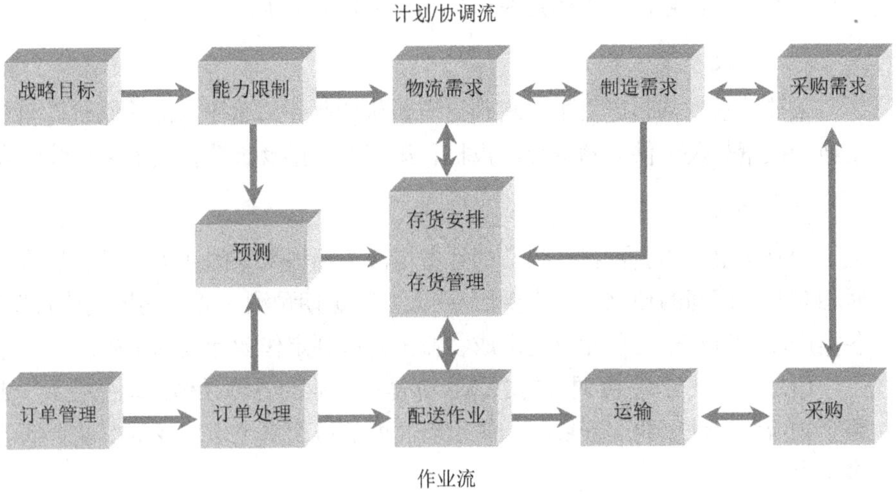

图 2-2　物流信息需求

（2）能力限制

能力限制协调内部与外部的制造需求，即发现自身能力上的限制所在，从而有目的地对企业内外制造需求加以协调。当然，对价值链中的非制造业者而言可忽略这一部分内容。在给定战略目标的前提下，能力限制方面的信息用于明确制造过程中能力上的各种限制、障碍和瓶颈并决定外协的需求。例如，在给定的战略目标下，详细制定出分阶段的实施战略计划，以及各阶段所需要的设备、财务资源及人力资源。

（3）物流需求

物流需求将执行作业计划所需的配送设施、设备和劳动力具体化。从预测、促销计划、客户订单和存货情况等资料中获取有价值的信息，明确物流需求，使价值链中的作业具体化。

（4）存货安排

存货安排是介于计划/协调与作业之间的一个连接面，它详细说明了安排存货的时间和地点问题。从信息的角度看，存货安排将整个物流过程中何时、何地安排何种存货的问题具体化；而从作业的角度看，存货管理则是一项日常的工作。这种关系可以从图 2-2 中看出。

（5）制造需求

在生产中，制造计划来源于物流需求，并产生存货安排。最初提交的是按不同时间段做出的存货需求报告，据此产生主生产计划（Master Planning Schedule，MPS）和物料需求计划（Material Requirement Planning，MRP）。这种产生于制造需求的计划是一份日常生产计划，用于确定原材料和零部件的需求。

（6）采购需求

采购需求支持制造需求，它确定需要从企业外部运往内部的原材料和零部件。采购协调决策是关于供应商选择、投机、第三方安排及长期合同的可行性研究。

（7）预测

预测是根据历史资料、当前的业务情况等预估未来的业务水平。物流预测一般是对相对较短期间的预测（通常少于 90 天）的定期预测（通常为周度或月度预测）。对各类产品销售水平的预测，是形成物流需求和制定作业计划的基础。

信息流中的计划/协调流的总体目标是把企业的各项具体活动整合到一起，以利于整个物流整合性作业的开展。如果没有高度的协调水平，作业效率就会低下，产生过多的存货。

2. 作业需求

物流信息需求的另一方面内容就是指导对实体货物的接收、处理和装运。作业信息需求主要用于处理以下内容：① 订单管理；② 订单处理；③ 配送作业；④ 存货管理；⑤ 运输；⑥ 采购。

（1）订单管理

订单管理是指产成品配送过程中，在价值链中有关各成员间传递信息需求。订单管理的主要活动是对客户所下订单进行准确登记并加以确认。价值链中各成员间传递有关需求方面的信息通常采用的方式是电话、传真和 EDI，现在随着因特网的普及，通过网络下达订单越来越多。技术的发展已使订单管理进入一个全新的基于 IT 的时期。

（2）订单处理

指安排存货并分配执行任务以满足客户需求。传统上，企业是按照事先已确定好的先后次序向客户安排存货或制品。订货处理系统中随处需要技术的支持，企业应保持与客户间的双向交流，在自身物流作业能力的限制范围内形成双方协商达成的订单。

（3）配送作业

配送作业中的信息流主要是为方便和协调在物流设施中的物流作业。物流设施主要作用是对原材料和产品分类，从而满足客户的订单需求。配送作业强调尽量避免重复性工作和无用工作，在满足客户需要的前提下，尽可能减少货物的存储和搬运。

（4）存货管理

存储管理是利用信息执行特定的物流计划。利用人力资源和信息技术，对存货进行配置并加以管理，从而满足计划中设定的各种需求。存货管理的工作就是要确保整个物流系统拥有执行计划所需的资源。

（5）运输

运输信息指导存货如何流动。要实现高效率的运作，一方面应集中订货以充分利用运输能力，另一方面应确保能随时取得所需的运输设备。此外，由于运输通常会带来物权转移方面的问题，因此运输中就需要有关单证。

（6）采购

采购中的信息通常指为完成采购订单的准备、修改及发放所必需的信息。有关采购的信息在很多方面与有关订单处理的信息是类似的。这两方面信息的交换有助于把企业与其客户和供应商联系到一起，从而方便作业。两者之间的主要区别在于产生于需求传递的作业类型不同。

2.2.3 制造企业内部的物流整合

图 2-1 中的阴影部分就是企业内部物流的整合。制造企业从 20 世纪 60 年代开始逐步广泛采用制造资源计划软件对内部的货物流和信息流进行整合，从 MRP（Material Requirement Planning）到 MRPII（Manufacturing Resource Planning）再到 ERP（Enterprise Resource Planning），这些计划软件逐步使企业内部的物流整合程度加深。尤其是 ERP 软件，它支持和加快订单的整个执行过程，使业务和生产过程管理实现数据共享和集成，实现事务处理自动化和对财务、制造和分销资源进行跟踪。ERP 近年来在我国企业中的应用越来越多。

ERP 是 Enterprise Resource Planning 的英文缩写，它在传统的制造资源计划（MRPII）的基础上扩展了管理范围，给出了新的结构，把客户需求和企业内部的业务活动以及供应商的制造资源组合在一起，体现了完全按用户需求制造的思想。它将制造业企业的制造流程看做一个紧密连接的系统，其中包括供应商、制造工厂、分销网络和客户等，将企业内部划分成几个相互协同作业的支持子系统。ERP 是一种面向企业内部的管理，可对诸如订单、采购、库存、计划、生产制造、质量控制、运输、分销、服务与维护、财务管理、人事管理、实验室管理、项目管理、配方管理等进行有效管理。它可以将企业所有的制造场所、营销系统、财务系统紧密结合在一起，实现全球范围内的多厂、多地点的跨国经营运作。其主要宗旨就是将企业各方面的资源充分调配和平衡，使企业在激烈的市场竞争中全方位地发挥足够的能力，从而取得更好的经济效益。

ERP 是整合了企业管理理念、业务流程、基础数据、人力物力、计算机硬件和软件于一体的企业资源管理系统。ERP 借助现代网络通信技术，可以对整个集团的资源进行整合，实现集成化应用，建立企业决策完善的数据体系和信息共享机制。所以说，ERP 可以实现企业集中式管理、集中监控、规模经济。目前，越来越多的企业，尤其是大型集团企业，如联想、海尔、一汽大众、长虹、康佳、华为、小天鹅、美的等在近几年内大规模实施 ERP，并取得了可喜的成效。参见物流窗口 2-2：华纺股份有限公司成功实施 ERP 系统。从中可以看出 ERP 是如何通过对企业物流进行整合来提高效益的。

◆ 物流窗口 2-2

华纺股份有限公司成功实施 ERP 系统

作为纺织印染企业的华纺股份有限公司，面临着诸多管理挑战：信息化建设缺少整体规划；印染行业工序多、劳动力密集、信息不畅使市场预测管理、客户管理等失去客观数据支撑，无形中给企业带来了不可挽回的损失；要迎接企业外部环境对企业提出的新挑战，必须建立保持产品竞争力的管理信息系统，提高客户满意度；严格控制企业运营成本，细化产品成本核算；华纺的上市计划也迫切需要企业实行信息化的现代企业管理模式。

针对在企业管理中遇到的问题，华纺股份决定加快信息化建设，提升企业管理水平。安易公司结合华纺公司的具体需求，为华纺公司提出了以物流信息化为基础，以物流、资金流一体化、集成化、协同化为目标，以电子商务为先导的整体解决方案。

采用安易 2000ERP 系统后，华纺实现了一系列的直接效益：建立了企业整体信息化规划，降低了企业经营成本，提高了企业的工作效率和客户满意度，规范了企业基础管理工作，提高了企业的运营效率。华纺 ERP 系统的上线运行，为华纺上市铺平了道路。

由于管理组织体系的存在形式依据于其所要实现的功能，是由集团战略管理思想决定的。因此，企业管理组织体系要适应 ERP，而不是 ERP 适应管理体系，否则必然导致应用失败。如果集团企业现有的组织模式不适用 ERP，那么就有必要进行业务流程重组（Business Process Reengineering，BPR），依据整合性管理思想构建新的组织模式。一般来说，ERP 的具体实施有以下三个步骤。

1. 准备工作

（1）企业管理诊断

企业管理诊断是指认识行业可能出现的挑战，分析竞争环境，明确自身管理存在的问题，从而确定企业近远期的发展和经营战略。

（2）企业信息技术规划

一个全面的ERP系统包含了很多模块。企业应该根据自身实际需求来进行规划，不能奢望一朝一夕就能实现，也不一定非要实现ERP的全部功能。而且，市面上的ERP软件都是考虑了其通用性的，要有预先的思想准备，可能会存在某些部门不满意的情况，信息技术规划就是要最大限度地减少这种情况发生。

（3）人力和物力的准备

以目前的企业规模，估计引进ERP系统所需的人力和物力，确定实施队伍人员。管理层的参与格外的重要，依企业的不同，需要10~40人。参与受训的人组成一个专案小组，将来扮演企业内部训练师的角色，训练内部人员。

2. 业务流程重组

BPR是美国迈克尔·哈默（Micheal Hammer）于1990年在《哈佛商业评论》上提出来的。他认为，BPR的核心就是面对激烈的市场竞争，企业要加强过程控制，要不断对原有的业务流程进行根本性的思考和彻底重组，从而使成本、质量、服务和速度这些反映企业竞争能力的要素得以明显的改善和提高，以适应市场竞争的需求。

大量实践表明，企业ERP只有在成功实施BPR的基础上才能获得最佳经济效益。实施BPR是为了保证企业在管理上与ERP全面接轨，而大部分的ERP实施失败其实就是源于BPR的。当然，成功的例子也不少，如福特汽车公司的“采购—收货—付款”过程经过重组后，公司的会计部门减少了75%的工作人员。同时，该过程在速度、成本、质量上也都有极大的改善。IBM信贷过程重组后，使历经6~14天的过程减少至4小时。其他如柯达、宝洁等公司都是BPR实施成功的典范。国内企业在这方面也开始取得一些成效。

3. ERP系统的应用

ERP系统的应用是在上述步骤的基础上，结合企业的具体运作，在业务流程的各个环节进行ERP软件具体实施，如软件初始化设置、数据准备和转换、应用指导和培训、软件试运行和实施等。

在这个过程中，对ERP系统实施进行有效的监督和控制是极为重要的。实施过程中的实施质量、投入和产出及是否按计划进行等，都是需要监控好的。另外，实施ERP

系统的各组织机构包括指导委员会、项目经理、咨询公司、IT 部门、职能部门，它们之间的协调运作将直接影响 ERP 应用的质量。

当然，ERP 只是对企业内部进行的整合，它还无力承担企业之间的集成和协同。20 世纪 90 年代中期，ERP 虽然增强了与客户和供应商业务的交互和因特网能力，但无论在计划技术基础还是功能方面都不具备协调多个企业间资源的观念和能力，ERP 仍旧是面向企业内部的一个事物处理系统。直至 90 年代中期，寻求克服 ERP 缺点的努力开始有了成果，这就是物流的进一步整合，即将整合扩展至独立企业之间的协调和企业外部的物流和信息流的集成和优化——高级计划与排产技术（Advanced Planning and Scheduling，APS）的实用化和供应链管理（SCM），这将在接下来的第 3 章中详细讨论。

2.3 物流作业的目标

在物流系统设计和管理方面，企业必须同时实现最少 6 个不同的作业目标。这些作业目标构成了物流的主要方面，包括快速响应、最小变异、最低库存、集中运输、质量，以及生命周期支持。本节将对以上 6 个作业目标进行解释。

1．快速响应

快速响应关系到一个企业能否及时满足客户的服务需求。信息技术的发展提高了物流操作的能力，从而实现所需货物的快速交付。这样可以减少传统上根据预期的客户需求而储备的过多的存货。快速响应的能力将物流作业强调的根据预测和存货情况做出计划，转向了以小批量运输的方式对客户需求做出反应上来。通常，在不知道客户需求和尚未承担作业任务之前，存货不会移动，因此作业上不应存在缺陷。

2．最小变异

变异是指破坏系统作业表现的任何未预期到的事件，它可以产生于物流作业的任何地方。客户收到的订货发生延误、制造过程中出乎意外地发生中断、商品运至客户处发现受损，以及货物交付地点发生差错等，这些情况都将使物流运作出现时间上的中断，必须予以解决。减少变异可以从两方面入手——内部作业和外部作业。物流系统中的作业领域都极易受到变异的影响，传统的解决办法是建立安全存货，或是使用高成本的运输方式。考虑到以上两种方法的成本和风险性，目前多采用信息技术以实现主动的物流控制，变异在某种程度上被减少到了最低，低成本的作业提高了物流生产率。因此，整个物流运作的基本目标是将变异降至最低。

3．最低库存

最低库存的目标同资产占用和相关的周转速度相关。物流系统中存货的财务价值，是企业资本占用中相当大的一部分内容。在一定时间内，存货周转率与存货使用率相关。存货周转率高、可得性高，意味着投放到存货上的资产得到了有效利用。企业的目标是以最低的存货满足客户需求，从而实现物流总成本最低。随着物流经理将注意力更多地放在最低库存上，类似“零库存”之类的概念已变得越来越流行。系统再造中，存货只有减少到最低可能的水平时，作业上的缺陷才能较为明显地看出来。取消存货这一目标对企业而言是极具吸引力的，但必须记住，在物流系统中保存一定的存货，能够并且的确有助于实现某些利益。当存货在制造和采购中达到规模经济时，它能提高投资报酬率。企业目标是要将存货减少和控制在最低可能的水平上，同时实现所期望的作业目标。为实现最低存货的目标，物流系统设计必须是对整个企业的资金占用和周转速度进行控制，而不是对每一个单独的业务领域进行控制。

4．集中运输

运输成本是物流中一项最重要的成本项目。运输成本与运输产品的种类、运输规模和运输距离直接相关。许多具有一流服务特征的物流系统都采用的是高速度、小批量运输，这种运输通常成本较高。为降低成本，可以将运输整合。一般而言，运输量越大、运距越长，单位运输成本就越低。因此，将小批量运输集中起来以形成大规模的经济运输不失为一种降低成本的途径。

5．质量

物流的第五大目标是寻求不断的质量改善。全面质量管理（Total Quality Management, TQM）已成为各行各业工作关注的重点。TQM 是物流得以发展的主要动力之一。如果产品存在缺陷、服务承诺未能得到履行，物流过程就不会产生任何增值价值，即使有，也是微不足道的。物流成本一旦支出就无法收回。事实上，一旦质量上出现问题，物流的运作就要重新来过。如运输出现差错或运输途中导致产品损坏，厂商不得不对客户订货重新操作，这会导致成本的大幅增加。物流本身就需要按一定的质量标准进行操作。实现零缺陷物流作业这一管理上的挑战可以具体表现为无时限、跨地域的物流活动。而质量上的挑战则表现为大多数物流工作不需监督即可完成。可以说，物流是保证和促进 TQM 不断提高的主要组成部分。

6．生命周期支持

物流的最后一个目标就是生命周期支持。绝大多数产品在出售时都会说明其使用期限，有时，必须将流向顾客的增值货物回收回来。之所以将产品回收回来是出于严格的质量标准、产品有效期、产品可能出现的危害后果等方面的考虑。当产品潜藏有危害人身健康的因素时，这时不论成本大小与否，反向物流必然发生。反向物流的作业同样要求总成本最低，如可以对回收回来的空瓶再利用。要制定出优秀的物流战略就必须了解反向物流的需求。

有些产品，如复印机，利润主要产生于出售复印机所需的纸张、墨盒等，以及提供的售后服务。对不同的产品和不同的买主，物流服务各有不同。对于销售耐用消费品和工业设备的企业来说，对产品生命周期的支持构成了全方位、多要求的作业需求，这也是物流中最大的作业成本之一。因此，企业必须认真看待物流系统对产品生命周期支持的能力。如先前提到的那样，由于全球对环境问题的重视，反向物流应能够对产品的组成成分和包装材料进行再循环。用现代话来说，生命周期支持就是“从摇篮到摇篮”的物流支持。

2.4 物流整合的阻力

任何企业都不可能在真空环境下实行内部整合，因此有必要对企业内部物流整合所面临的阻力、障碍或瓶颈进行探讨。物流整合的阻力主要来自以下方面：组织结构的性质、绩效衡量体系、存货所有权问题、信息技术和知识相互传递的能力。本节将对以上各方面的阻力进行讨论。

1. 组织结构的性质

传统的业务组织结构会影响任何一项跨职能部门作业的执行。多数传统的组织结构都是按照不同的职能工作划分权利和责任的。事实上，组织结构和预算同所要执行的工作是紧密相连的。传统上，执行同一项工作的所有人员会被集中成为一个职能部门的，如存货控制部门、仓储部门和运输部门等。各职能部门由于分工，通常只考虑如何获得本部门的职能优势，这同企业内部物流整合的要求目标相悖，物流整合要求在各职能领域间进行合作与协调。一个成功的物流系统需要各相关职能部门的领导者超越组织结构的限制，使跨职能部门的协调顺利实现。实现这种职能间的协调，建立新的组织结构可能是最好的解决途径，当然，这并非绝对。但无论组织结构重建与否，物流整合成功的关键在于企业就如何协调跨职能部门工作所做出的重大调整。

2. 绩效衡量体系

传统的绩效衡量体系也会使跨职能部门工作的协调产生困难，因为大多数的衡量体系是组织结构的反映。要成功促进物流功能整合的实现，必须开发出新的衡量计分卡。要鼓励经理人员把他们所处部门承担的业务作为一个整合过程的一部分，而并非各自独立的业务活动。有些情况下，为实现整个过程总成本较低这一目标，通常会考虑增加某一职能部门的个别成本。除非建立一个对职能部门经理不做惩罚的绩效衡量体系，否则物流整合仍将是停留在理论层面上而并非实践层面上。

3．货物所有权问题

存货可以有效帮助物流的某一功能的实现。获得存货所有权的传统方法是保持足量供应，以备安全起见，应同时避免需求及作业中的不确定因素。例如，存货的可得性能够支持制造商长期经营，从而产生最大限度的规模经济。在区域性市场中，能否得到存货也会影响销售。尽管保持存货会带来经济效益，但它同样也会带来相关的成本。关键问题在于成本收益率、存货储放地点错误或存货过期所承担的相关风险。

4．信息技术

信息技术是实现物流整合的关键因素。然而，同绩效衡量体系一样，信息系统传统上也是按照组织结构的思路来进行设计的。许多数据库仅限于在特定的职能部门内使用，在涉及跨职能部门时，信息难以共享。信息共享这一要求导致了用于系统间数据共享这一目的的数据库开发。倘若重要的数据无法在物流的各项功能间共享，物流的整合就很难得以实现。因此，无法实现共享性能的信息技术无疑是物流整合的一大阻力。

5．知识相互传递的能力

俗话说知识就是力量，这在物流领域同样适用。物流整合的另一大阻力来自分享经验的能力受到限制。 如果知识上有所限制或信息未能传递，通常就会成立一个专家工作组，利用工作组中专家们的经验对物流各项职能加以指导。当富有经验的工人因退休或其他原因离开企业时，无法对知识进行转化也会对物流整合形成阻力。在很多情况下，后来替补的工人是不可能向已离厂的工人学习有关经验的。而且，许多企业并没有开发有关的程序和系统来传递跨职能部门方面的知识。值得注意的是，物流是一项综合性的业务，涉及众多职员和各功能领域，因此在物流领域中知识和经验的传递是很难标准化的。

本章小结

本章主要讨论了物流整合的一系列相关内容。物流主要有网络设计、信息、运输、存货、仓储、物料搬运和包装等方面的功能。这些功能的实现要求企业与其客户和供应商间彼此联系，形成一个整合的物流过程。在这一整合的物流中，包括物流和信息流两大并行部分。货物流可分解为三大部分——产品配送、制造支持和采购。这三个领域相互重叠，只有作为整个增值过程的整合部分，才能充分发挥各自功能，使产品的实体流动一体化。信息流则分为计划/协调流和作业流。对信息进行协调、计划可明确企业的战略目标、物流能力上的限制、物流需求、存货安排、制造需求、采购需求和预测；有关作业的信息流则可以具体处理诸如订单管理、订单处理、配送作业、存货管理、运输和采购等工作。目前对企业内部物流的整合采用 ERP 作为主要管理手段。作为一种面向企业内部的管理，ERP 可对诸如订单、采购、库存、计划、生产制造、质量控制、运输、分销、服务与维护、财务管理、人事管理、实验室管理、项目管理、配方管理等进行有效管理。ERP 可将企业所有的制造场所、营销系统、财务系统紧密结合在一起，实现全球范围内的多厂、多地点的跨国经营运作。

物流整合要注意实现物流作业的六大目标：快速响应、最小变异、最低库存、集中运输、质量和生命周期支持。同时，还应关注物流在整合使会遇到的阻力，如传统的业务组织结构和绩效衡量体系使各职能间的协调产生困难；储备存货时，成本—收益率的高低及风险性；信息、知识和经验能否实现共享等。

练习题

1. 物流的功能主要有哪些？各项功能在物流中的重要意义是什么？
2. 物流网络设计应确定哪几方面内容？为何要考虑地理因素？
3. 影响运输的因素是什么？
4. 简述物流整合的概念。
5. 物流作业三大领域各自承担了哪些活动？
6. 物流中的信息流是如何起到驱动作用的？
7. 什么是 ERP？ERP 是如何具体实施的？ERP 的不足之处是什么？
8. 物流作业应当实现哪些目标？这些目标具体指什么？
9. 物流整合中存在的阻力有哪些？应如何克服？

第3章

物流的最新理念：供应链管理

◆ 引导案例

在不到 20 年的时间内，戴尔计算机公司的创始人迈克尔·戴尔，从白手起家把公司发展到250亿美元的规模。即使面对美国经济目前的低迷，在惠普等超大型竞争对手纷纷裁员减产的情况下，戴尔仍以两位数的发展速度飞快前进。那么，到底是什么使得戴尔如此成功？答案是戴尔公司实行的“订单生产模式”(Build to Order Model)。而在背后支撑这种模式的，则是公司先进的基于现代信息技术基础上的供应链管理。

通过前面两章的讨论，我们知道整合是物流管理的灵魂。从开始对产品物流的整合到物流在企业中的整合（包括原材料物流、制造和产品物流的整合），供应链管理的理念是物流管理中最新的发展。供应链管理的实质就是在更大的系统（整个供应链）中，考虑实体流、信息流与资金流的协调与配合，以在更高的层次上、更大的范围内，提高物流过程的效率与效益。

本章将讨论以下几方面的内容

- 什么是供应链管理
- 为什么要进行供应链管理
- 供应链管理中的一些关键问题
- 供应链成员间的关系
- 第三方物流在供应链中的作用
- 供应链战略发展趋势

3.1 什么是供应链管理

第 1 章已经讨论了物流在 20 世纪 80 年代以来经历了空前飞速发展，特别是在经济全球化、市场竞争更加激烈、产品生命周期缩短及顾客期望提高的形势下，使企业不得不关注其传统企业物流之外的整个供应链的效率。通信技术和运输技术的发展，使供应链管理技术不断得以发展。

典型的供应链中，厂商先进行原材料的采购，然后在一家或多家工厂进行产品的生产，把产成品运往仓库做暂时储存，最后把产品运往零售商或顾客。为了降低成本和提高服务水平，有效的供应链战略必须考虑供应链各环节的相互作用。供应链，也称物流网络，包括供应商、制造中心、仓库、配送中心和零售点，以及在各机构之间流动的原材料、在制品库存和产成品。由图 3-1 可以看出，供应链由所有加盟的节点企业组成，其中一般有一个核心企业，节点企业在需求信息的驱动下，通过供应链的职能分工与合作（生产、分销、零售等）实现整个供应链的不断增值。

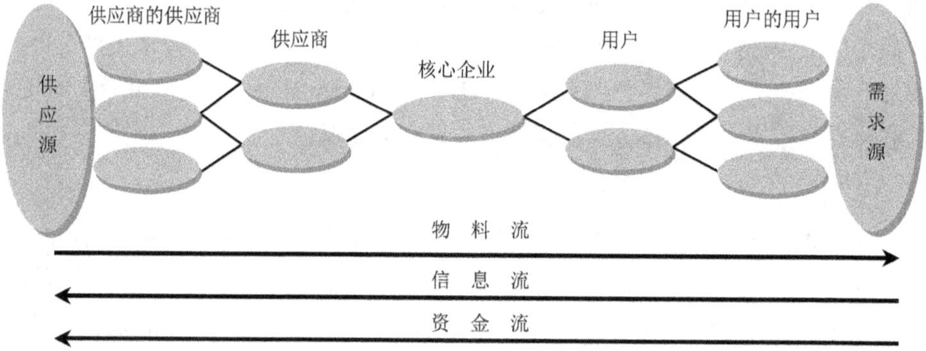

图 3-1 供应链结构

供应链管理可以定义为：在满足服务水平需要的同时，为使系统成本最小而把供应商、制造商、仓库和商店有效地结合成一体来生产商品，并把正确数量的商品在正确的时间配送到正确地点的一套方法。

这个定义中包含下面三个方面的内容。

1）供应链管理把对成本有影响、在产品满足顾客需求的过程中起作用的每一方都考虑在内，从供应商和制造工厂经过仓库和配送中心到零售商和商店。实际上，在一些供应链分析中，有必要考虑供应商的供应商及用户的用户，因为它们对供应链的业绩是有影响的。

2）供应链管理的目的在于追求效率和整个系统费用的有效性，使系统总成本达到最小。这个成本包括从运输和配送成本到原材料、在制品和产成品的库存成本。因此，供应链管理的重点不在于简单地使运输成本达到最小或减少库存，而在于采用系统方法来进行供应链管理。

3）因为供应链管理是围绕着把供应商、制造商、仓库和商店有效率地结合成一体这一问题来展开的，因此它包括公司许多层次上的活动，包括战略层次、战术层次和操作层次。

关于供应链管理与物流管理有什么区别，不同的人回答会有所不同。实际上，我们可以把供应链管理看成物流管理的最新理念。美国物流管理协会给出的定义也说明了这个问题。从 1998 年起，美国物流管理协会对物流管理的定义中就加入了供应链的概念。在实际物流管理中，只有通过供应链的整合，公司才能显著地降低成本和提高服务水平。但是，供应链的理念不难理解，大家都认识到市场中的竞争已经不是企业与企业的竞争，而是供应链与供应链的竞争。但是，在实践中供应链的整合是很困难的，主要的原因在于以下两个方面。

1）供应链中的不同成员存在着不同的、相互冲突的目标。例如，供应商一般希望制造商进行稳定数量的大量采购，而交货期可灵活变动。与供应商愿望相反，尽管大多数制造商愿意实施长期生产运转，但他们必须对顾客的需求及其变化做出灵活反应。因此，供应商的目标与制造商追求灵活性的目标有矛盾。实际上，因为制造商一般是在缺乏准确的顾客需求信息的条件下做出生产决策的，因此，制造商在使供应与需求相匹配方面的能力很大程度上依赖其随需求信息而变动供应量的能力。同样，制造商进行大批量生产的目标与仓库和配送中心降低库存的目标相冲突。更不幸的是仓库和配送中心降低库存水平通常意味着运输成本的增加。

2）供应链是一个动态系统，随时间而变化。事实上，不仅顾客需求和供应商能力随时间而变化，而且供应链成员之间的关系也会随时间而演变。例如，随着顾客购买力的提高，制造商和供应商面临更大的压力来生产多种多样的高质量产品，最终生产定制化产品。同样，即使顾客对于特定产品的需求没有多大变化，供应链中的库存水平和延期交货水平也会有相当大的波动。

前些年，大多数分析人员会争辩改善服务和降低库存水平这两个目标不可能同时实现。实际上，传统库存理论告诉我们，为了提高服务水平，企业必须增加库存，从而导致成本的增加。令人惊奇的是，信息与通信技术的新发展以及人们对于供应链战略更深刻的理解，导致了创新方法的产生，使企业能够同时实现这两个目标。

有效的供应链管理能够使供应链上的企业获得并保持持久的竞争优势，从而提高供应链的整体竞争能力。据有关资料统计，供应链管理的实施可以使企业总成本下降 10%，供应链上的节点企业按时交货率提高 15%以上，订货到生产的周期时间缩短 25%~35%，供应链上的节点企业生产率增值提高 10%以上。越来越多的企业意识到实施供应链管理的战略意义，著名企业，如惠普、IBM、沃尔玛、宝洁、戴尔、通用汽车等公司在供应链实践中取得的成就，更使人坚信供应链管理是进入21世纪后企业适应全球竞争的一个有效途径。正如英国著名供应链专家马丁·克里斯托夫（Martin Christopher）所言，“21世纪的竞争不是企业和企业之间的竞争，而是供应链和供应链之间的竞争”，“市场上将只有供应链而没有企业”。

3.2 传统管理与供应链管理的区别

供应链管理与传统管理的区别可以从存货管理的方式、货物流、信息流、风险、计划及组织之间的关系方面来讨论。

从存货管理与货物流的角度来看，在供应链管理中，存货水平是在供应链成员中协调，以使存货投资与成本最小。传统的管理方法是把存货向前推或向后延，根据供应链成员谁最有主动权而定。例如，汽车制造时采用零库存（JIT）存货管理时，供应商的存货水平大大地提高了，以满足汽车制造商强加的JIT送货计划。把存货推向供应商并降低管道中的存货投资，仅仅是转移了存货。解决这个问题的方法可通过提供有关生产计划的信息（透明度），共享有关预期需求、订单、生产计划等信息，减少不确定性，并使安全存货降低。让公司共享信息需要克服一些困难，比如共享方担心竞争对手知情太多会降低其竞争优势等。

另外，供应链管理是通过注重产品最终成本来优化供应链的。最终成本是指实际发生的到达客户时的总成本，包括采购时的价格及送货成本、存货成本等，个别公司一般只注重本公司发生的成本，不太注重它们与供应商的关系如何影响到最终产品的成本。不能向供应商提供备货时间的信息，或要求顾客大批量购买，会增加它们的存货成本，最终此成本沿着管道传递到最终客户中去。但是，信息共享是一个难处理的问题，尤其是在供应商或顾客也与它的竞争对手有业务往来的情况。但信息共享是成功的关键因素。

风险是供应链管理中另一个值得注意的问题。供应链管理的思想需要风险共担才能实现。例如，与第三方物流公司共担风险的方法有：保证在规定的时间提供一定的业务量，以减少失去业务的风险，以及共同投资固定资产，共担风险。

供应链计划在许多行业正越来越普遍，尤其在汽车制造业，随着零库存计划的成熟，供应商正成为设计成员之一，在开发模型阶段提供工程专业知识。供应商已越来越多地参与到汽车制造的零库存计划之中。客户也通过对调查表的反馈等形式参与到汽车制造中，甚至销售商也正在提供设计方面的反馈意见，在与客户服务相关的方面起作用。

与共同计划相关的还有组织之间关系的问题，如战略联盟与合作。这种关系包括供应商、承运人、渠道成员和第三方物流提供者，公司通过减少供应商和相互间紧密合作的方式，来取得降低成本和提高质量的目的。

综上所述，传统的管理与供应链管理的特征有表 3-1 所示的区别。

成功的供应链整合关系是基于对下列三个目标的追求之上的：

- 认识最终客户的服务需求水平；
- 决定在供应链中存货的位置和每个存货点的存货量；
- 制定把供应链作为一个实体来管理的政策和程序。

表 3-1　传统管理与供应链管理的主要特征比较

类别	传统管理	供应链管理
1. 存货管理	公司为主	供应链成员间协调
2. 存 货 流	间断	平衡/可见
3. 成本	公司最小	最终客户成本
4. 信息	公司控制	分享
5. 风险	公司为主	分担
6. 计划	公司内	供应链成员间
7. 组织间关系	公司内降低成本	基于最终成本的合作

第一个目标看来很明显，但在决策时往往会疏忽这一目标。最终客户需求是在渠道中确定存货的关键，成功的制造商能辨认客户及它的需求，进而在制造商自己的范围及整个渠道中协调存货流。

第二个目标是物流管理的基本作业原则，即满足客户需求的内容应包括需要什么、哪里需要和需要多少存货。传统的做法是将存货推向供应商或销售商，以减少公司自己的存货。而供应链管理则认识到，传统做法虽然优化制造商的成本，但必定使渠道的成本次优，最终还是影响了制造商。

第三个目标提出在供应链中，应当有某些政策与程序来协调各自利益，这可通过建立综合性的物流组织来实现。

以上是对有效供应链管理的讨论，供应链的特征与目标是相互联系的，要取得有效的供应链的目标，具有很大的挑战性。至少，并非所有场合下都能取得这些目标。

◆ 物流窗口 3-1

沃尔玛公司的供应链管理

美国零售业的著名企业沃尔玛公司（Wal-Mart）与服装制造企业 Seminole 制造公司是两家众所周知的实力强大的公司，彼此之间有着广泛而长期的业务往来。沃尔玛公司与 Seminole 制造公司的供应链合作分以下三个阶段。

1. 初期阶段

沃尔玛公司1983年开始采用销售时点系统（Point of Sales，POS系统），1985年开始建立系统，并于1986年与Seminole制造公司开展合作。当时合作的领域局限

于订货业务与付款通知业务。通过电子交换数据系统发出订货明细单和受理付款通知，来提高订货速度和准确性，以及节约相关业务的作业成本。

2. 发展阶段

为了促进行业内电子化商务的发展，沃尔玛公司与行业内的其他商家一起成立了VICS委员会（Voluntary Inter-Industry Communications Standards Committee）来协商确定行业统一的EDI标准和商品识别标准。VICS委员会制定了行业统一的EDI标准，并确定商品识别标准采用UPC商品识别码。沃尔玛公司基于行业统一的标准设计出POS数据的输送格式，通过EDI系统向供应方传送POS数据。基于沃尔玛公司传送来的POS信息，Seminole制造公司可以及时了解沃尔玛公司的商品销售情况、把握商品的需求动态，并及时调整生产计划和物料采购计划。

Seminole制造公司利用EDI系统在发货之前向沃尔玛公司传送预先发货清单(Advanced Shipping Notice，ASN)。这样，沃尔玛公司可以事先做好进货准备工作，同时可以省去货物数据的输入工作，实现商品检验工作的高效化。沃尔玛公司在接收货物时，用扫描机器读取包装箱上的物流条形码SCM（Shipping Carton Marking），并将获取的信息与预先储存在计算机中的进货清单ASN进行核对，判断到货和发货清单是否一致，从而简化了检验作业。在此基础上，利用电子支付系统EFT向供应方支付货款。同时只要把ASN数据与库存数据相比较，就能迅速知道商品库存的信息。这样做的结果使沃尔玛公司不仅节约了大量事务性作业的成本，而且还能压缩库存，提高商品周转率。

3. 供应商管理库存阶段（Vendor Managed Inventory，VMI）

在实现了与供应商初步合作的基础上，沃尔玛公司进一步将进货和库存控制的职能转移给供应方（生产厂家）。Seminole制造公司在向沃尔玛公司发货前保持货物的所有权，并进行相关的库存控制。它通过一体化的信息系统获取沃尔玛公司的POS信息和ASN信息，通过分析把握商品的销售和沃尔玛公司的库存动态。在此基础上，Seminole制造公司根据事先与沃尔玛公司达成的协议决定发货时间、发货数量以及运输方式。发货的信息预先以ASN形式传送给沃尔玛，以高频率、小批量进行连续库存补充。

由于采用VMI，不仅可以减少供应方的库存，还能减少需求方的库存，实现供应链整体库存水平的降低。此外，这一合作显著改善了Seminole制造公司对沃尔玛公司的按时发货率和库存周转率。通过实施VMI，按时发货率提高了约40%，库存周转率提高了30%左右，而相关商品的销售量则上升了20~50个百分点。

◆ 物流窗口 3-2

上海通用汽车公司的供应链管理

上海通用汽车有限公司（SGM）由美国通用汽车公司和上海汽车工业总公司联合投资建立，是迄今为止最大的中美合资企业。作为世界上最大的汽车制造商，美国通用汽车公司拥有世界上最先进的弹性生产线，能够在一条流水线上同时生产不同型号、不同颜色的车辆，每小时可生产 27 辆汽车。在如此强大的生产力支持下，SGM 在国内首创订单生产模式，根据市场需求控制产量。同时生产供应采用标准的 JIT 运作模式，由美国 RYDER 物流咨询公司为其设计实行零库存管理，即所有汽车零配件（CKD）的库存存在于运输途中，不占用大型仓库，而仅在生产线旁边设立再配送中心（RDC），维持 288 套的最低安全库存。这就要求采购、包装、海运、港口报关、检疫、陆运、拉动计划等一系列操作之间的衔接必须十分紧密。

中国远洋运输（集团）公司（COSCO）承担了该公司全部进口 CKD 的运输，负责从加拿大的起运地到上海交货地的全程门到门运输，以及进口 CKD 的一关三检、提箱和内陆运输。

上海通用汽车公司在物流供应链方面的进一步要求包括：

- 缩短备货周期，降低库存。SGM 物流供应链安全运作的前提建立在市场计划周期大于运输周期的基础上，只有这样，CKD 运输量才能根据实际生产需要决定。而目前 CKD 的运输周期是 3 个月，而市场计划周期为 1 周，所以只能通过扩大 CKD 的储备量来保证生产的连续性周期，造成库存费用很高。COSCO 的木箱配送服务虽然为其缓解了很大的仓储压力，但并非长久之计，还要通过各种办法改进订货方式、改进包装等缩短备货周期，真正实现零库存。
- 改进信息服务，即提供和协助 SGM 收集、整理、分析有关的运作信息，以改善其供应链的表现。因为 SGM 的整车配送、进口 CKD 和其他零配件的供应，分别由 ACS、上海中货、大通及其他供应商自行组织有关的运输，各服务提供商之间的信息无法有效地沟通。如通过整车配送，以协助 SGM 的销售部门改善营销预测的准确性和提前量，根据改善的预测信息来确定随后的生产和原料采购（进口）计划，可使每批进口 CKD 的品种构成更为合理化，从而可相应减少在途和在上海 RDC 中不必要的库存积压。

3.3 供应链管理的一些关键问题

上面的物流窗口描述了若干供应链管理的例子。如果这些公司通过建立战略伙伴、利用集中型仓库管理方法或实施直接转运（Cross-docking）战略改善了供应链业绩，那么是什么因素制约其他企业采用同样的技术来改善他们的供应链业绩的呢？供应链管理的复杂性主要有以下几个原因：

1）供应链是一个复杂的网络，这个网络是由具有不同冲突目标的成员和组织构成的。这意味着要为某个特定企业寻找相称的供应链战略会面临着巨大的挑战。

2）使供应与需求相匹配是一个很大的挑战。困难在于在需求实现之前，制造商必须以某种生产水平进行生产，这意味着巨大的财务和供应上的风险。

3）系统随时间而变化也是一个重要的考虑因素。即使能够准确地预测需求（例如，存在长期供货合同），计划过程也需要考虑在一段时间内由于季节波动、趋势、广告和促销、竞争者的定价策略等因素引起的需求和成本参数的变化。这些随时间而变化的需求和成本参数使确定最有效的供应链管理战略变得很困难。最有效的供应链管理战略，就是使系统成本达到最小和满足顾客需求的战略。

4）许多供应链问题是新问题，因此无法对所有涉及的问题做出清楚的解释。例如，在高技术产业中，产品的生命周期正在变得越来越短。尤其是许多计算机和打印机型号只有几个月的寿命，所以制造商可能只有一个订单或生产机会。遗憾的是，因为这些产品是新产品，不存在能使制造商对顾客需求做出准确预测的历史数据。同时，在这些行业中产品的快速增加使预测某一特定产品的需求变得越来越难。最后，这些行业大幅度降价的现象是很普遍的，这降低了产品在其生命周期内的价值。

在某些行业中，供应链管理可能是决定企业成败的唯一最重要的因素。事实上，在计算机和打印机行业中，大多数制造商采用同样的供应商和相同的技术，企业在成本和服务水平方面进行竞争，而成本和服务水平是我们所给出的供应链管理定义中的两个关键要素。

供应链管理中的问题涉及许多方面的活动，从战略层次到战术层次一直到作业层次。战略层的问题的是对公司有着长远影响的决策。这包括关于仓库和制造工厂的数量、布局和能力大小，以及物料在物流网络中流动等方面的决策。战术层的决策一般每季度或每年都要进行更新，这些决策包括采购和生产决策，库存策略和运输策略。作业层次上，包括日常活动的决策，如计划、估计备货期、安排运输路线、装车等。

以下是供应链管理中一些关键的问题。

（1）配送网络的重构

配送网络重构是指采用几个工厂生产的产品来服务一组在地理位置上分散的零售商。例如，目前的一组仓库可能是不合适的，管理层希望重新组织和设计配送网络。这可能由于需求模式的改变，或者由于现有的几个仓库租赁合同的终止。另外，需求模式的变化可能要求改变工厂的生产水平，选择新的供应商，设计商品在配送网络中的新的流动方式。管理层如何在最小化总生产、库存、运输成本和满足服务水平的条件下，选择各仓库的地点和容量，确定每一个工厂的生产水平，安排各设施之间（从工厂到仓库或从仓库到零售商）的运输。

（2）库存控制问题

例如，一个零售商对某一特定的产品应该持有多少库存。因为顾客需求随时间而变化，零售商只能用历史数据来预测需求。零售商的目标在于决定在什么点上再订购一批产品，以及为了最小化库存订购和保管成本，应订多少产品。更基本的问题是，零售商为什么要保留库存？是因为顾客需求的不确定性，供应过程的不确定性，还是其他一些原因？如果是因为顾客需求的不确定性，那么是否可以采用一些措施来减少这种不确定性？零售商的订货量是否应该大于、小于或等于需求的预测值？最后，应该采用多大的库存周转率？不同行业是否有不同的库存周转率？

（3）配送战略问题

大家知道沃尔玛公司的成功与采用直接转运的配送战略有关。直接转运一种配送战略，在这个战略中商店由中央仓库供应商品，中央仓库充当供应过程的调节者和来自外部供应商的订货的转运站，而其本身并不保留库存，我们把这样的仓库称为直接转运点。我们需要考虑以下问题：需要多少直接转运点？采取直接转运战略是否比仓库中持有库存的经典战略更好？某个特定的企业应采用哪个战略：直接转运战略还是在仓库中保留库存的经典配送战略，或者把物品直接从供应商运往商店的直接运输战略？

（4）供应链集成和战略伙伴

前面的讨论已经指出了由于供应链本身的动态性及不同机构和伙伴有着相互冲突的目标，对供应链进行集成是相当困难的。但不管怎样，成功事例表明集成供应链不但是可能的，而且它能够对企业的业绩和市场占有率产生巨大的影响。当然，有人会认为这些成功的例子是各自行业中最大的公司的例子，这些公司能够实施其他公司无法实施的技术和战略。然而，在当今竞争激烈的市场中，大多数公司别无选择，他们是被迫集成其供应链并忙于寻找战略性合作伙伴的，这种压力来自顾客和供应链伙伴。集成如何取得成功？显然，信息共享和作业计划是成功的集成供应链的关键。但是问题是什么信息应该共享？如何共享？信息如何影响供应链的设计和作业？在组织内部和外部合作人之间需要什么层次的集成？最后，可以实施哪些类型的伙伴关系，以及在给定的情况下，应实施哪种类型的伙伴关系？

（5）产品设计

有效的设计在供应链中起着多方面的关键作用。最明显的是，某些产品设计相对于其他设计会增加库存保管成本或运输成本，而其他一些设计可能有利于缩短制造周期。但是，产品重新设计通常是代价昂贵的。什么时候值得对产品进行重新设计来减少物流成本或缩短供应链的周期？通过产品设计的作用来弥补顾客需求的不确定性是否可行？能否对战略导致的成本节约额定量化？为了利用新产品设计，对供应链应做什么样的修改？最后，诸如大量定制化等新概念越来越流行，在成功地实施这些新概念的过程中，供应链管理扮演着什么样的角色？

（6）信息技术和决策支持系统

信息技术是促成有效供应链管理的关键因素。实际上，目前对于供应链管理的许多兴趣是因为有了大量数据而出现机遇，以及通过对这些数据进行复杂分析能够取得成本节约所引起的。供应链管理的基本问题不在于是否可以获取数据，而在于应该传递什么数据，即哪些数据对于供应链管理是重要的，哪些数据是可以忽略的？应该如何进行数据的分析和利用？因特网的影响是什么？电子商务的作用是什么？在企业内部和供应链伙伴之间需要什么样的基础设施？最后，因为能够获得信息技术和决策支持系统，能否把这些技术看做用来获取市场竞争优势的主要工具？如果可以的话，那么是什么因素阻止其他企业采用同样的技术？

（7）顾客价值的衡量

顾客价值是衡量一个企业对于其顾客的贡献大小的指标，这一指标是根据企业提供的全部物品、服务以及无形影响来衡量的。最近几年来，这个衡量指标已经取代了质量和顾客满意度等指标。显然，如果一个企业希望满足顾客需要和提供价值，那么有效的供应链管理是很关键的。但是在不同的行业中，是什么因素决定顾客价值的呢？顾客价值是如何衡量的呢？在供应链中，信息技术如何用来增强顾客价值？供应链管理如何作用于顾客价值？顾客价值中出现的趋势，如关系的培养和经验的积累，是如何影响供应链管理的？

3.4 第三方物流在供应链中的作用

这一节中，将讨论供应链整合（Supply Chain Integration）中的相关的一个问题：第三方物流供应商在客户供应链运作中扮演或应该扮演什么样的角色。当第三方物流提供者成为供应链整合的推动力时，第三方物流提供者在这些作业中有足够能力吗？供应链管理的目的是通过提高整个供应链活动的效率，取得竞争优势。其基本原理包括两个方面：

1）最终产品到达最终客户，只有一个真正起作用的市场。所有的其他市场是原材料转变成产成品中的供应链的一部分，它们都取决于最终市场。只有最终市场才是所有收益的来源。

2）如果所有的供应链参与方都朝着相同的目标努力，那么它们对最终市场的影响会达到最大。较大的影响导致较大的收益，因此所有的供应链参与方都可以通过合作而不是竞争得益。合作与整合将导致可供各供应链参与方分享的收益大增，因为当不必要的交易成本和不确定性避免以后，提供给市场的服务将更具有竞争力。

物流是供应链中不同事物综合的过程。如果要把整个供应链运作得像一个整体一样，整个物流过程必须作为一个统一过程来运作。狭义地说，这意味运入、运出活动必须在一个地点协调起来。从供应链角度，这将导致合作和所有整条供应链的制造、存货、运输、选址等一系列活动的有序安排。

供应链管理与整合可以用以下的运作方式：

- 运入、运出物流的协调；
- 在供应链信息系统和网络中处理信息（销售、跟踪、成本、表现、衡量等）；
- 存货及能力在供应链中协调；
- 供应链成员人力资源管理与培训的协调。

如果供应方要成为供应链管理和整合的推动力量，就必须有能力运作所有的这些活动。另一个重要方面是他们必须具备设计和重新设计供应链相关的能力。设计与重组供应链管理或整合的活动如下：

- 设计整合的过程与程序；
- 为整合设计的产品；
- 为整合设计的包装；
- 设计点（不同的地址）的数量与位置；
- 标准与基准（benchmarking）。

对于供应链管理或整合活动管理的改变或创新包括：

- 管理改变或创新的程序；
- 剩余资源的配置；
- 不断改进和学习。

依照设计和改变管理提供服务的市场的参与者由来已久。这些参与者一般是咨询公司，咨询性第三方物流服务供应者必须取得咨询公司具备的物流咨询能力。供应链管理与整合的其他咨询类型活动是：

- 收集行业信息和最佳实践；
- 在供应链伙伴中的配送和安排活动；
- 供应链问题的解决和学习；
- 供应链的模拟与建模。

整个供应链的范围也许是很难在市场上找到的，但第三方物流供应者服务于一个客户的物流系统中的多个节点是很有可能的。供应链的角度包括从多个节点一直到整个供应链考虑问题。在多个节点和整个供应链作业之间，有一个很大的区别，那就是合同中客户数目的不同。整个供应链作业一般是提供多个客户服务，而多个节点（地点）的作业可能是单个客户范围的作业。有效运作多个节点对于整个供应链的成功运作是非常重要的。

其他供应链管理整合的促进因素是增值活动（Value-adding Activity）。增值活动通常是指非传统物流的活动，即物流以外的增加价值的活动，它可以是任意类型的活动。从供应链的角度，增值活动可以是物流服务提供者以外的供应链成员提供的活动。由于第三方物流提供者的物流基础，增值活动可能在连接或者支持物流功能领域，比如，制造、订单管理、采购等。在传统与非传统物流活动的交界处的增值活动越来越受到重视，这些活动是设计用来增加物流网络的效率和连接存货状况。例如，延期（postponement）、排序与及时送货（sequencing/JIT delivery）等。其他类型的增值活动也能成为供应链管理或整合的动力或源泉，如维修服务、服务中心等。

由于外部的各种压力与动力，近来供应链整合出现了新的形式，即采用第四方物流（Fourth Party Logistics）。第四方物流是从外包的第三方演变成分享协作（Share-sourcing）而来的。由于来自速度、灵活性、全球性压力等的增加，第四方物流起到了功能整合的更大作用，并承担了更多的操作职责。

第四方物流可定义为综合供应链解决方案的整合和作业的组织者。它负责传统的第三方之外的职责，和传统第三方安排以外的功能整合。

为获得速度与全球性的供应链能力，有必要采用新的方法来获得能力。必须采用合作而不是采购，必须分享权利而不是直接控制。为达到此目的，需要单个组织以外的知识与资源进入第四方物流。

第四方物流的成功是基于下列基本原则的：

- 形成分享协作组织；
- 整合供应链功能；
- 组织最好的能力来运作供应链；
- 给第四方组织作业上的自主。

形成卓越的第四方组织对成功是关键的，卓越的第四方组织专注于供应链。强调分享资源是因为成功的第四方物流组织是在分担风险与分享回报的原则下成立的。这个组织经常以客户与第四方组织之间合资的形式出现。

当今业务的着眼点需要更大的供应链整合。整合对于取得速度、精确的服务、成本的优化是关键的。外包间断的功能已不能满足要求。

供应链的每个环节都需要评估。如果某一个环节不是最佳的，需要找出一个方法来获得最佳的能力。总之，供应链的强度等于其最弱的一个环节。当建立了目标与标准，让第四方组织去实施。成功的第四方物流是以此基础来衡量并取得回报的。

安达信咨询公司在全球已组织了许多第四方物流。例如，福特公司在西班牙的 Valencia 工厂的运作。该厂是福特公司在欧洲的第一大生产厂，生产 KA 和 New Escort 汽车，年产量为 345 000 辆，排列欧洲的第四大生产厂，该厂每年也生产 400 000 台发动机。

在 1996 年，福特公司决定在 Velancia 工厂引进 KA 生产线。该生产线的引进，使福特公司可以重新评估工厂的采购物流。安达信咨询公司承担对该零部件的供应链开发和第四方物流解决方案，包括引进供应商工业园区和物流中心概念的新的供应链形式。

第四方物流安排的做法包括三个物流供应商和安达信咨询公司，安达信咨询公司在安排中起到了知识合作伙伴的作用。第四方物流组织通过最佳实践和技术的物流战略的转型与实施阶段，已成为实施过程中的支持者，结果是对功能的更大整合。

福特公司对物流中心运作指派安达信公司和它的合作者 Clasa 公司。安达信咨询公司负责管理采购物流过程。对各个第四方物流参与者的回报是与第四方组织的表现相连的。

这些活动的结果是 Velancia 工厂的表现大大改善，物流成本每年减少 600 万美元，而同时增加了工厂的灵活性。

第三方物流企业在物流供应链运作中通过下列基本活动为供应链的运作提供支持和保障，包括：

- 供应链产品需求预测；
- 供应链的设计，如供应链节点企业、资源、设备等的评价、选择和定位；
- 企业内部与企业之间物料供应与需求管理；
- 战略性合作伙伴关系管理；
- 基于供应链管理的产品设计与制造管理、生产集成化计划、跟踪和控制；
- 基于供应链的用户服务和物流（运输、库存、包装等）管理；
- 企业间资金流管理（汇率、成本等问题）；
- 基于 Internet/Intranet 的供应链交互信息管理等。

只要积极探索，第三方物流企业在物流供应链管理中是大有可为的，第三方物流企业与厂商合作的方式及潜力有待进一步深入开发。通过案例 A，可以看出第三方物流企业对物流供应链管理的拓展。

练习题

1．试述供应链管理的基本思想。
2．讨论供应链管理与传统物流管理的异同。
3．有哪些原因导致供应链管理变得复杂与困难？
4．试述第三方物流在供应链管理中有哪些作为。
5．第四方物流的实质是什么？

案例 A

案例A1　A 电脑公司的获胜之道

案例分析背景

2001 年，对于许多 IT 企业来说不是一个好年头，但 A 公司却像一枝独秀，在风吹雨打中岿然不动。据美国 IDC 公司的权威报告，A 公司 2001 年第一季度的电脑销售额已经在全球独占鳌头，市场占有率达到了 13.1%。A 公司到底凭什么赢得了市场？答案是该公司实行的“直线订购模式”（Build-to-order Model）。而在背后支撑这种模式的，则是公司先进的基于现代信息技术的供应链管理。

从 1984 年 A 公司成立开始就一直采用直线模式，这种模式如今已经成了美国电脑业的一个典范。A 公司不是以技术见长的公司，然而通过这个模式，把公司从原来的一个小作坊式的小企业，发展成为如今全球领先的计算机公司。需要指出的是，直线模式并不等于直销，直线模式的真正核心在于直销背后的一系列包括采购、生产、配送等环节在内的快速反应。直销可以被模仿，但直线模式确实很难被模仿，这也是为什么 A 公司能在竞争激烈的电脑市场中保持领先的原因所在。

A 公司利用一切先进的方法和自己的顾客保持联系，了解每一名顾客的独特需求，细分产品以满足不同顾客的不同要求。网络是公司用来直接面对顾客的好工具，顾客可以在网上直接定制自己需要的电脑类型和电脑零部件，还可以定制送货和实际付款方式。通过网络，该公司可以全面地了解和把握市场需求，这种了解和把握会贯穿公司的每一个业务部门，从研发、生产到销售都需要考虑顾客的喜好，这样才能做到和顾客的需求同步。许多公司的生产过程都是优先于销售，在接到订单时早已经生产好了产品，等着顾客来购买，这样很容易形成产品积压。而 A 公司的方式则是先了解顾客的需求，然后再生产。实现这种方式需要有一套很好的供应链管理系统，一旦解决了供应链系统，直线模式就能发挥最大的威力，使得顾客得到最大的满意度，同时也可以大大降低产品的积压。A 公司的存货期只有 6 天，而中国最优秀的电脑生产企业的存货期要 30 天，这个对比可以很好地说明直线模式的强势。在电脑技术日新月异，电脑价格直线下跌的时代，库存管理几乎成了电脑制造企业的财务生命线，产品库存给企业造成的压力越来越大。A公司的直线模式是根据客户的具体需求，而不是根据市场的预测制定生产计划的，这种现做现卖的方式使该公司在库存上占有很大的优势，这是A公司之所以能保持良好的财务状况的主要原因之一。

A公司的供应链管理有两个难点，一是客户服务，一是物料配送。怎样解决这两个难题，是整个供应链管理的关键。

客户服务要面对面地处理好所有客户的要求，这对一个公司来说是有很高的难度。A公司充分利用了网络的特点，通过网络，公司能和大部分的客户建立联系，并且能够和每一名客户都维持一对一的详尽对话，尽可能多地收集到客户信息和客户要求；客户也能通过网络发送各自的订单，提出自己的服务要求。在该公司内部，有一个专门处理客户信息的系统，它能对不同的客户信息进行分类，对客户的订单进行处理，并且自动传递到采购和生产部门。网上订单处理，既加快了速度，又加强了数据处理的准确性，为公司下一步的采购和生产做好铺垫。

在客户服务这一点上，还要提到的是售后服务和技术支持。在这一点上，A公司采取的是外包的方式，并且用一系列的制度来保证服务品质，控制外包厂商的技术水平。外包可以有效地节约公司成本，对公司的业务重点做出细分。

A公司和供应商建有非常严密的网络，每个供应商都和公司在网上相联系。通过电子网络，公司和上游配件制造商组成了一个虚拟企业，在这个虚拟企业，供应商变成了A公司的一个零件提供部门，相互之间联系紧密。当A公司接到客户从网上发出的购买电脑的电子订单以后，公司的配置中心会把整张订单分解成一张张的零件采购订单，通过网络发给配件供应商，各个供应商在收到订单以后，马上会组织生产，在规定的期限内发货给A公司，收到零件以后，该公司只需在生产车间进行组装，就可以把成品包装发送了。

思考题

1. A公司是如何保证库存量始终保持在低水平的？

2. A公司的供应链管理与传统企业管理的主要区别是什么？

3. A公司用外包的方式解决售后服务、技术支持，这种方式有何利弊？

4. 从案例中可以看出，A公司与其供货商之间是一种双赢的合作关系，建立这种关系对于A公司来说有什么好处？

案例 A2　某纺织厂的供应链重组

案例分析背景

工厂 A 是一家较大的面料生产商，近几年来，随着市场竞争的加剧，该厂市场份额和利润不断下降，面临破产的危险。为了摆脱困境，该厂引进了供应链管理模式——和行业内的上下游厂商建立合作关系，但效果不佳。该厂委托咨询公司对供应链作了详细的调查研究，研究结果令人担忧：供应链太长且协调性太差，以致无法有效地应对市场需求。原料从纺织机到商店货架上的成品所需的时间平均是 1.25 年，这种无效率所导致的成本大约为 500 万元，几乎是总营业额的 20%，供应链无法承受这些成本，所以被迫转嫁给客户——产品售价上升，失去竞争力，市场份额不断下降。

如果要想继续生存，就必须找到新的工作方法。该厂进行了几项试验性研究以确定是否可以通过和少数几个供应商、服装生产商、零售商进行更紧密的合作——建立战略联盟关系，将渠道缩短。

在开始试验之前，该厂的基本情况如下：通过邮件收到订单——很慢，纺织通常在棉纱备齐 8 周后才完成；染色和后期整理还要花 4~5 周；库存直到客户要求时才会转到中心仓库；从收到订单起生产周期将近 18~20 周；使工厂的运作保持最大的生产能力占据了压倒一切的优先地位；和上下游的厂商保持一定的合作关系，但这种合作关系是很松散的，厂商之间的联系仅仅是通过合同来维持，没有合同的时候相互之间就几乎没有什么联系；生产、技术、财务和会计、销售和营销等各职能部门分工很明确，相互之间很少沟通。

在该厂的下游，服装生产商从收到布料开始会花 18~20 周将服装交付给零售商。零售商由于害怕缺货，经常过多地订货，使它们的库存持有成本增加，并导致多余库存必须通过削价处理。如果零售商库存太高，就会削减采购量，导致生产商多余库存的增加，后者随后将会取消面料订单，导致该厂持有不想要的库存。

在实验研究中，该厂和少数几家服装生产商以及另外几家零售商结成联盟关系。咨询公司对一个单独的产品系列（普通宽紧带）实行监测，衡量通过实施快速反应对销售和利润的改进，结果表明销售增长了 31%，库存周转改善了 30%。

这一实践使该厂意识到应该将视野扩展到直接客户——支付面料发票的服装生产商——之外，对最终客户的需求做出回应。如果销售点的信息能够在伙伴之间共享，长期预测就不再是必要的了，存货过多和订单取消的现象就不会再出现。该厂开始寻求有类似想法的供应链伙伴，它们愿意将短期的自身利益放在一边，共同创造一体化的供应链。

从服装行业学到的经验教训，后来被应用于改善该厂其他的服装业务领域。例如，该厂对它的一个客户，一个东方格调地毯的零售商，提出用快速反应的方式按订单生产地毯，并由信誉良好的快递公司直接送到客户家里。零售商必须将它的客户按订单每天转发给该厂，并充分告知所计划的促销活动。

零售商开始有些犹豫，但后来同意了。该举措使零售商取消了所有产品库存，只保留展示品；同时因为地毯不再经过配送中心，从而缩短了发货时间，节约了成本。

通过对供应链作出这样的重组，该厂迅速扭亏为盈，但是该厂也意识到：在竞争日趋激烈的今天，必须不断创新，才能立于不败之地。工厂也正在考虑是否要对工厂内部进行改革。

思考题

1. 该纺织厂首次引进的供应链管理模式为什么没有使公司的经营状况发生明显的改观？

2. 请问如何避免“牛鞭效应”？（当最终用户的需求发生波动，引起库存的波动，这种波动会沿着供应链逐级往上传递并被放大，这种现象叫“牛鞭效应”。）

3. 你认为该纺织厂哪些地方还可做进一步的尝试？

4. 结合本案例，谈谈如何使供应链真正达到降低库存和成本，提高客户服务水平的目的？

案例 A3　某化工企业的供应链问题

案例分析背景

A 公司是一家化工企业，产品包括食品及个人护理用品。公司内部各职能部门分工明确，很少有互相推诿的事情发生。总经理定期和公司高层管理人员商议运作策略。每次会议主要是回顾满足客户需求的重要性、存货控制在满足这些需求中所起的作用、生产线改装过程中发现的问题以及公司资产的约束。以下片断摘自他们的一次会议的谈话。

商务与财务经理：我在对公司绩效的最近一次分析中发现，我们在降低成本上取得了一些进步。但是，我们仍旧没有尽可能地管理我们的资产，在这一点上，我再也不能更多地强调我们所承受的压力了。

物流经理：在这一方面，我们最新实施的物流系统对我们帮助很大。这个系统使我们能直接同客户对话，帮助我们向客户提供他们所需的产品，但是，还有一些遗留问题存在。就在上星期，我们碰到了一个原本可以避免的问题。我们正在生产一种编号为 1 761 的产品(一种销售给少量顾客的特殊产品)，我们请销售人员预测在接下来的几个月里客户对这种产品的需求量。从销售部门返回的答案为 10 吨，于是我们就生产了 10 吨，清理了设备，为生产另一批产品做好了准备。几天后，一位我们极为重要的客户打电话来订购 40 吨 1761 号产品，而且要求尽可能地快。为了满足他们的需要，我们不得不改装生产线，因此损失了两天的生产量，这当然会导致成本的增加。我们必须要想办法避免此类不愉快的意外再次发生。

销售经理：我同意我们应该响应并预料到客户的需要，但我们总要面对不愉快的意外事件。只要我们能够保留更多的存货或增加生产上的灵活性，我们就应该能处理好这些情况。另外，我感到忧心的是，物流部门与客户之间正在发展直接的联系，这使得销售部门正在成为多余。我认为，应该由销售部门主要负责与客户的交流，这样才能确保持续性的良好关系。

总经理一边思索着公司业务的变化，一边研究着每位经理的发言。响应客户的需求仍然应该摆在第一位，同时还有对于资产的合理利用，但是如果要在估计这些事项与获得令人满意的生产量及利润之间找到平衡点，那么就不可能不影响整个公司的运作方式。思索了一段时间后，总经理说："各位，你们的这些顾虑并不是没有理由。但是，使现实变得复杂的原因是，我们的一些大客户看来已经明确表现出在业务中使用准时供货（JIT）方式的兴趣。他们意识到，应该在投入的资产上获得更高的回报，并将减少库存视为达到此目标的重要方式之一。我们的任务就是明确如何才能最好地满足这种需要……当然同时，在我们自己的资产投入上取得更高的回报。"

通过这次会议，该公司的管理人员决定对他们的经营方式进行根本性的评估。物流部和财务部的分析都显示，真正可能削减的支出来自库存方面的原材料成本和投入成本。很快地，管理人员将焦点集中在物流计划和库存管理上，他们发现，如果提高这两个环节的工作效率，就可以削减开支。然而，问题在于仅仅依靠削减成本还不足以获得期望中的资本收益率。在做了大量的工作后，他们开始相信，削减成本可以将资本收益率提高 6~7 个百分点，而公司的目标是 15 个百分点的上升幅度。只有当市场情况有所起色，这个目标才能实现。否则，仅靠削减成本是不可能达到最终目标的。公司必须更多地关注客户的需要——增加产量，并且/或者向客户提供新的产品及服务。在明确如何才能最好地满足这些新的要求时，该公司意识到必须对客户的业务需求、产品需求及信息需求有更多的了解。

在准时制和物流系统实行的过程中，该公司还发现，在高效率生产单位上，软件所起的作用非常关键——目的在于将生产计划与客户的实际需求更有效地契合——它能提供对生产车间里发生的问题进行分析及自我修订所必需的数据。

为了加快对客户需求的响应速度，该公司和一些信誉良好的运输商建立伙伴关系，这使得该公司与运输商之间建立起一种以客户为中心的关系。该公司对与某些客户建立伙伴关系更感兴趣，只要知道了每位客户使用其产品的准确信息和问题所在，它就能更高效地为每位客户量身提供产品（解决问题的方法）。同时，这种伙伴关系也能使它了解到哪一种产品对哪一位特定的客户来说是最为关键的。该公司还致力于同供应商之间达成伙伴关系，这样，它们可以共同考虑解决问题的方法。这些伙伴关系包括了共享有关生产计划、需求期望和关键产品的信息，该公司内部的问题也能由大家一起商议。

思考题

1. 该公司和运输商、客户、供应商之间建立的伙伴关系对它有什么好处？

2. 请评价一下销售经理的谈话。

3. 如何避免物流经理所说的“不愉快的意外”的发生？

4. 怎样既考虑客户的需求，又合理利用资产并且获得令人满意的生产量及利润？

第 2 篇

物流运作功能与过程管理

第4章

需求预测与库存管理

本章讨论物流管理中的需求预测及库存决策与控制。预测技术一般在有关预测方法的书上有介绍，本书不做详细介绍。

本章将讨论以下几方面的内容

- 物流需求预测考虑的因素
- 预测方法与流程
- 预测的支持系统及组织与管理
- 存货的定义与作用
- 独立需求条件的库存模型
- 存货控制方法

4.1 物流管理中的需求预测

物流管理中，预测可以对物流信息进行计划和协调。物流中的存储、运输等各项业务活动的计划都是以预测的资料为基础制定的。

为计划和协调设施的生产能力，需要精确的预测。物流经理可以使用预测和预测产生的计划在成本最低的前提下对资源进行合理分配。精确的预测可以使物流经理有效安排资源需求，以期最大程度地减少生产能力与库存能力波动造成的经济支出。预测主要是通过信息的交换和协调来提高物流效率的，这不同于以增加库存来提高效率的做法。先进的通信技术已使物流经理有更多的机会与顾客和企业内各预测部门分享预测成果。根据战略目标预测，物流经理可以计划现金流量和商业活动；根据能力预测，则可以在限制条件内安排生产需求和设施能力需求。此外，通过物流需求预测可以确定产品是如何向配送中心和仓库进行分配的，更进一步地讲，还可以确定如何向零售商分配。制造需求预测会影响生产计划，进而影响采购需求。显然，要实现供应链一体化，就需要通过共同预测来推动物流中的各项活动。例如，物流需求应考虑大规模的营销和促销活动，以便使物流能够在生产能力约束之内进行作业。过去，各项活动通常只对自身进行预测，所以彼此间很难进行交流以建立共同预测。然而，降低库存的要求和信息技术的进步，都在努力超越厂商之间的障碍促进预测向遍及整个供应链的一体化方向发展。显然，结合财务、营销、销售、生产和物流理念来开发预测程序已势在必行。

4.2 预测需要考虑的因素

物流预测是为物流作业计划而对货物需求的地点、品种（SKU）以及时间进行的预计。物流经理在进行预测前，先要理解需求的性质和预测对象的组成部分。

4.2.1 需求的性质

预测的需求可以分成相关需求和独立需求。相关需求是指某种物资的需求量与其他物资有直接的配套关系，当其他某种物资的需求量确定后，就可直接推算出来。企业内的各种在制品、零部件等都属相关需求。如轮胎装配到汽车上，轮胎的需求取决于汽车装配计划。相关需求关系可以分为垂直相关和水平相关两种。需求的垂直相关分为若干层次，如原材料供应商、零部件制造商、装配商和配送商等。而水平相关需求则是指在每种物资中包括的附属物、促销品等。例如，购买一副羽毛球拍免费提供的羽毛球。

对基本物资的需求估计最初是通过使用预测、存货状况和需求计划来确定的。一旦采购或制造计划被确定，对零部件的需求（例如，在先前例子中的轮胎和羽毛球）便可以直接进行计算，不需要分别地进行预测。因此，零部件项目的预测可以直接产生于基本物资的预测。如果基本物资的需求发生了实质性的变化，那么就有必要调整零部件的需求。一般而言，这种相关需求关系不会改变，所以通常说来没有必要对一种相关需求项目进行预测，因为它的有关内容最好还是通过基本物资来确定。

独立需求是指某种物资的需求量是由外部市场决定的，与其他物资不存在直接的连带关系。例如，对冰箱的需求有可能与对牛奶的需求无关。所以，对牛奶进行的预测对冰箱的预测不起任何作用。独立需求物资包括大多数产成品形式的消费品和工业物资，对它们应单独进行预测。

预测既强调时间，也强调数据。然而，当存在从属需求时，预测者应该利用这种情况，仅预测基本物资的需求。通常说来，只要有可能，应尽量利用相关性。

4.2.2 预测内容的组成

物流需要用预测数量进行计划和协调。这种预测一般是每个库存单位和配送地点的月度数字或每周的数字。虽然这种预测数量一般是一个单一数字，但是该数值实际上由六部分组成，包括：

- 基本需求；
- 季节因素；
- 趋势因素；
- 周期因素；
- 促销因素；
- 不确定因素。

假定基本需求是平均销售水平，而其他部分则是乘以基本水平，并进行了正负调整的指数或因素，由此产生的预测模型是：

$$F_t = (B_t + S_t + T + C_t + P_t) + I$$

式中 F_t ——时期 t 的预测数量；

B_t ——时期 t 的基本需求水平；

S_t ——时期 t 的季节因素；

T ——趋势因素，每一时期的增减数量；

C_t ——时期 t 的周期因素；

P_t ——时期 t 的促销因素；

I ——不确定变数或随机数量。

虽然预测不一定都包含以上所有的内容，但是了解每项内容的特性，对于能够跟踪它们，并适当地结合进预测中是很有帮助的。各项内容的特征如下。

基本需求是不考虑其他所有的因素时的数值。它预测的是没有季节因素、趋势因素、周期因素和促销因素等成分的数量。基本需求以整个时期内的平均值表示。

季节因素通常以年度为基础。例如在圣诞节前玩具需求量较大，而在一年的前三个季度中需求量则相对较低。因此，可以说玩具的需求类型是在前三个季度中季节因素较低，最后一个季度呈现季节因素的峰值。当然，上述讨论的季节因素是指在零售层次。批发层次的季节因素先于消费需求大约一个季度。对于整个时期（如月份）季节因素的平均值为 1.0，但是，单个的月度季节因素的范围可以从 0 到 12。如果季节因素值为 1.2，则表明预计销售高于平均值 20%。

趋势因素的定义为在一个时期内，销售的长期总趋势。这种趋势值可以是正的、负的，也可以是正负不定的。正的趋势值意味着销售量随时间增加，负的则表示销售量随时间推移而减少。例如，个人电脑的销售趋势是增长的；出生率的下降，意味着随之而来的一次性尿布的需求将减少；由于人们的饮用习惯的变化，啤酒消费从增长趋势变化到一种不确定趋势。不像其他的预测成分，趋势值会在以后各期影响到基本需求。这种特殊的关系表现如下：

$$B_{t+1} = B_t \times T$$

式中 B_{t+1}——在时期 t+1 内的基本需求；

B_t ——在时期 t 内的基本需求；

T ——趋势指数。

趋势指数值大于 1.0，意味着定期需求是增长的；而趋势指数值小于 1.0，则意味着下降趋势。

周期因素的特点是其需求模式中的波动超过一年。这种周期因素可以是上升的，也可以是下降的。例如，经济周期，一般每隔 3~5 年有一次经济从衰退到扩张的波动。住房需求通常就与经济周期以及由此产生的电器产品的需求联系在一起。

促销因素的特点是需求波动是由厂商的市场营销活动引起，如广告、促销等。这种波动的特点是促销期间销售量增加，此后随着促销售出库存后销售量下跌。促销可以是有规则的，如在每年的同一时间发生。从预测的角度来看，有规则的促销因素成分，它类似于季节因素成分。不规则的促销因素成分是在不同的时期内发生促销，所以必须对它进行分别跟踪。促销因素成分对于跟踪消费品行业来说特别重要，因为它对销售量具有很大的影响。在某些行业中，促销销售量甚至会占年度销售量的 50%~80%。促销因素成分不同于其他预测成分，在很大程度上，厂商在时间和规模上可以控制促销因素。

不确定因素成分包括随机的或无法预计的、不适合归在其他类别的成分中的数量。由于它的随机性质，这种成分不可能事先预计。在展开一项预测过程时，其目标是要通过跟踪和预计其他成分，使随机成分的数量减少到最低限度。

4.3 预测方法与流程

4.3.1 预测方法论

预测从方法论上可以分为自顶向下方法（top-down approach）和自底向上方法（bottom-up approach）。

1．自顶向下方法

自顶向下方法也称分解法。如图 4-1 所示，先展开全国层次的 SKU 预测，然后按照历史的销售模式把量分摊到各地。假定全国家月度预测总计为 10 000 单位，厂商使用 4 个配送中心历史上所占份额分别为 40%，30%，20%和 10%，预计每个配送中心的预测值分别为 4 000，3 000，2 000 和 1 000 单位。

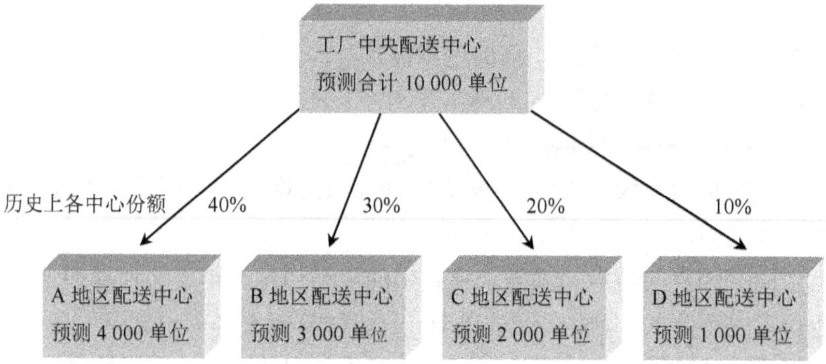

图 4-1　自顶向下方法

预测部门必须根据实际情况选择最佳的方法。自顶向下方法对于稳定的需求环境或当需求水平在整个市场统一变化时是适合的。

2．自底向上方法

自底向上方法是一种分权化预测方法，每个配送中心可独立地展开预测。每一预测都能更精确地跟踪和考虑在特定市场内的需求波动。然而，自底向上方法需要更详细的记录，并且更难结合进系统的需求因素，如一次大型促销的影响。

预测部门对这两种方法做出选择，可以结合两种方法的优点。自底向上方法需要详细跟踪，而自顶向下方法的比例分配有难度。

4.3.2　预测流程

物流计划和协调要求尽可能准确估算各地区产品的各种品种（SKU）的需求。虽然预测还不是一门精确学科，但是越来越多的企业正在实施综合预测流程，它综合各种数据、高级的数理统计技术和决策支持工具，以及经过培训的预测人员。

正常的物流作业预测的时间一般是 1 年或 1 年以下，它取决于计划的预期用途。预测是以每天、每周、每月、每季、半年以及年度为基础的，最常见的是月。

有效的预测流程由若干个部分组成，图 4-2 显示了这些组成部分及相互关系。预测过程的基础是预测数据库，它包括了订单、订单历史，以及获得订货的战术，如促销等。其他如经济状况等环境也应考虑在内。为了有效地支持预测，数据库必须包括定时的历史与计划数据，它能够使得数据的处理、概括、分析和报告更便利。这一特定的数据库要求满足灵活性、精确性、可维持性以及及时性的要求。

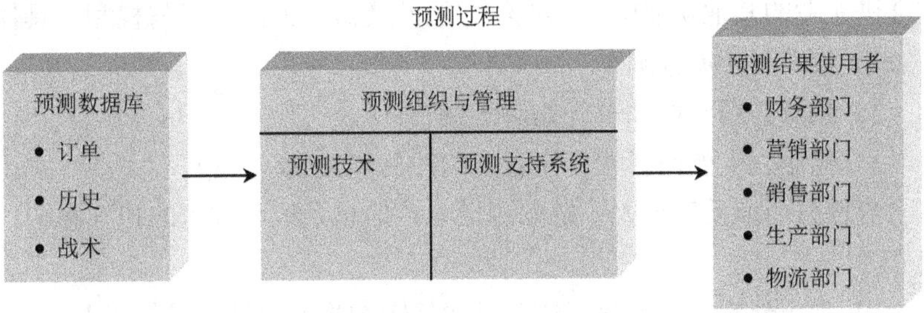

图 4-2　有效的预测过程

其次，有效的预测过程必须开发一种支持用户需要（如财务、营销、销售、生产和物流等部门）的综合的和一致的预测。预测的用户特别要求精确的、一致的和详细及时的结果。

最后，开发有效的预测需要一个能结合了三个组成部分的流程：预测技术、预测支持系统及预测组织与管理。

4.4　预测的支持系统及组织与管理

4.4.1　预测支持系统

预测支持系统包括收集和分析数据、进行预测，以及把预测结果传送到相关人员和计划系统的数据处理能力。它能对数据的维持和处理起到支持作用，并允许考虑外部的预测因素，如促销、罢市、价格变化、产品线变化、竞争对手的活动，以及经济条件等的影响。该系统的设计必须能够考虑这些变化。如营销经理也许知道下一个月的促销计划有可能使销售量增加 15%。然而，如果对下个月的预测数据很难进行改变的话，调整工作就不能进行。因此，一个有效的预测过程必须包括一个支持系统，能够维持、更新和处理历史的以及预测的数据库。虽然不难理解具备这种调整的能力是必要的，但是，对于在多重地点的成千个 SKU 来说，很难进行操作。不同 SKU 与地点的组合意味着有成千个数据点必须维持在一种有规则的基础之上。为了有效地实施这个功能，预测支持系统必须包括自动化的流程和处理例外情况的流程。

4.4.2 预测的组织与管理

预测行政管理包括预测功能的组织、流程激发以及人事等方面的工作，并把它们结合进企业的其他功能中去。组织方面涉及每个人的责任与权利。具体包括：

1）谁负责开展预测？

2）预测的精确性和表现如何衡量？

3）预测表现如何影响工作表现的评估和奖励？

流程方面涉及每个人了解预测活动、信息系统和技术的相互影响。具体的问题包括：

1）预测分析人员了解其活动是如何影响物流协调需求的吗？

2）预测人员是否知道预测系统的能力，以及如何有效地使用这些能力？

3）预测分析人员是否知道技术的差别？

在确定预测行政管理的职能时，详细地回答这些问题是很重要的。如果这些问题不提出来，预测的责任和衡量往往很“松散”，导致缺乏相关责任人。

例如，如果营销、销售、生产和物流等都各自独立展开预测的活，就不存在综合预测，也不会有全面的责任性。如果要进行综合性的预测，就必须具体地明确各小组的预测责任，然后由他们负责具体的衡量。有效的预测行政管理需要很好地明确组织上和程序上要考虑的因素。没有这些条件，即使有充足的预测技术和预测支持系统，整个预测过程也将缺乏最佳的表现。

4.5 预测技术

4.5.1 预测技术分类

有三大类预测技术：定性预测、时间序列预测和因果关系预测。定性技术采用专家意见和特殊的信息对未来进行预测。定性技术可能会考虑过去的情况，也可能对过去根本不予考虑；时间序列技术则完全把注意力集中在历史模式和模式的变化上来产生预测；因果关系技术，如回归方法，则是使用明确而又特定的有关变量的信息，来展开主导事件与预测活动之间的关系。

1．定性预测

定性预测主要依赖专家的意见，既费时又费钱。在缺少历史数据和需要做出管理性判断的情况下，这类技术是理想的。以销售人员提供的数据为基础对一个新地区或一个新产品进行预测就是一个例子。然而，定性方法并不普遍用于对物流的预测，因为它需要时间。定性预测需要通过调查、座谈和协商会议来展开。下面主要对时间序列预测和因果关系预测进行较为详细的讨论。

2．时间序列预测

时间序列技术是一种利用历史销售数据的统计方法，这些历史销售数据中应当具有相对清楚而又稳定的关系和趋势。时间序列分析主要用于识别：① 由于季节性因素使数据发生的系统性变动；② 周期模式；③ 趋势值；④ 这些趋势的增长率。一旦确定各项预测成分，时间序列技术就假定未来的变动类似于过去的变动，这意味着现有的需求模式将在未来得到延续。从短期来看，这种假定应该说是正确的。因此，这类技术最适合做短期预测。然而，这一技术的应用需求模式相当稳定，否则，无法保证始终得出精确的预测。

当增长率或趋势值变化很大时，需求模式就会出现拐点（turning point）。因为时间序列使用历史的需求模式和各数据点的加权平均数，所以它们一般对拐点不敏感。因此，在有可能出现拐点的情况下，就必须结合使用其他的方法。

时间序列技术包括分析历史数据类型和动态的各种方法。根据具体特征，可以使用各种变化复杂的技术。下面我们将讨论四种时间序列技术，移动平均、指数平滑、外延平滑和适应性平滑，四种方法的难度渐次加深。

（1）移动平均

移动平均（Moving Average）预测法使用最近时期销售量的平均数。该平均数可以包含任何数目的前期时间，最常见的是一期、二期、三期、四期和十二期。一期移动平均通过上一期销售量进行预计产生下一期的预测。十二期的移动平均，诸如每月，使用的是前十二期的平均数。每次可以得到一个新时期的实际数据，用它来替代最老时期的数据。因此，包括在平均数里的时期次数被看做一个常数。

尽管移动平均数很容易计算，但它们有几个限制。其中最重要的是，它们对变化反应迟钝或行动迟缓，而且必须维持和更新大量的历史数据来计算预测。如果历史的销售量变化很大，就不能靠平均数或平均值来做出有效的预测。除了基本成分，移动平均数不考虑前面所讨论的预测成分。

为了部分地克服以上缺陷，引入了加权移动平均，以此作为一种更精确的方法。该权数更强调最新的观测数值。指数平滑代表了加权移动平均的一种形式。

移动平均可以表示为如下的数学公式：

$$F_t = \sum S_{i-1} / n$$

其中　F_t——时期 t 的移动平均数；

S_{i-1}——时期 $i-1$ 的销售量；

n ——总时期次数。

（2）指数平滑

指数平滑（exponential smoothing）是根据以前的需求水平和预测水平的加权平均数估算的未来销售量为基础的。新的预测是因以往预测与实际实现的销售量之间的差别，而形成的老预测的增加部分的函数。调整的增量叫做α因素。该模型的基本公式如下：

$$S_{t+1}=\alpha Y_t+(1-\alpha)S_t$$

其中　S_{t+1}——时期 $t+1$ 的销售量预测值；

S_t ——时期 t 的预测值；

Y_t ——时期 t 的实际需求；

α ——α因素或平滑常数（$0<\alpha<1.0$）。

指数平滑的主要优点在于它可以快速计算新的预测，无须大量的历史记录和更新资料。因此，指数平滑高度适用于计算机化的预测。根据平滑常数的值，它还有可能监督和改变技术敏感性。

使用指数平滑法的关键在于选择恰当的α因素。如果使用的因素为 1，实际上是将最近时期的销售量用做下一时期的预测值。如果使用非常低的值，例如 0.01，产生的预测效果是将预测下降到几乎是一种简单移动平均。大的α因素使预测对变化非常敏感，因而具有高度的敏感性；而小的α因素则对变动反应迟缓，因此对随机波动的反应降到最低限度。因此，指数平滑并不排除需要通过判断做出决策。在选择α因素的值时，预测者面临着排除随机波动，与让预测对需求变化做出充分反应之间的优选问题。

（3）外延平滑

外延平滑（extended smoothing）可以外延到包括趋势值和季节波动等要考虑的因素。这类技术分别被称做趋势指数平滑和季节性指数平滑。

外延指数平滑在能够识别这些成分的具体数值时，便结合进了趋势和季节的影响。外延平滑的计算类似于基本平滑模型的计算，除非存在三种成分和三种平滑常数来表现基本、趋势和季节成分。

类似于基本指数平滑，外延平滑可以用最低限度的记录保存，迅速地计算新的预测。做出反应的技术能力取决于平滑常数值。较高的数值提供快速的反应，但会导致过度反应。外延技术的主要特点是，它们直接考虑趋势值和季节因素成分。虽然这肯定是一种优点，但它也是一种弱点。外延技术常常被认为过分敏感，因为人们没有能力正确地细分每一项预测成分。这种过于敏感的反应会产生预测精度的问题。

（4）适应性平滑

适应性平滑（adaptive smoothing）对α因素的有效性进行定期考察。α因素可以在每一次预测结束时进行考察，以便确定能产生完美预测的精确数值。一旦得到确定，用于产生预测的α因素就相应被调整到将会产生精确预测的一个数值。于是，管理上的判断部分地被一种系统而又一致的α因素更新方法所取代。

更复杂的适应性平滑法还包括了一种自动跟踪信号，以控制误差。当误差过大而启动信号时，该常数就自动增加，使预测对近期的平滑做出更大的反应。如果近期的销售量变动较大时，所增加的反应将会减少预测的误差。随着预测误差的减少，跟踪信号会自动地将平滑常数返回到其原始数值上去。

适应性平滑技术可以对当前形势的敏感性进行调整。虽然适应性技术被用来对误差做出系统化调整，但缺点是，它们有时反应过度，把随机误差解释成为趋势值或季节因素。这种误解会进一步加大以后预测的误差。

3. 因果关系技术

因果关系分析法是基于市场营销活动中存在着各种变量之间的因果联系而提出的。它包括一元线性回归、多元线性回归、一元非线性回归等多种模型。这里只讨论一元线性回归法。

一元线性回归法，是指只有一个自变量对因变量产生影响，而且两者之间的关系可用回归直线来表示。

$$\hat{Y} = a + bX$$

其中，Y是因变量，即预测对象；X为自变量，即影响因素；a、b是回归系数，为两个待定参数。a与b的数值可用最小二乘法求解。求解公式为：

$$L_{xx} = \sum_{i=1}^{n} x_i^2 - n\overline{x}^2 \qquad L_{xy} = \sum_{i=1}^{n} x_i y_i - n\overline{xy}$$

$$L_{yy} = \sum_{i=1}^{n} y_i^2 - n\overline{y}^2$$

$$b = \frac{L_{xy}}{L_{xx}} \qquad a = \overline{y} - b\overline{x}$$

4.5.2 预测技术的选择

物流预测需要选择适当的数学和统计方法以得出阶段性预测。而有效地使用这些技术方法则需要结合实际特点与预测技术的能力。下面的标准可以评估一项预测技术是否适用。

- 精确性；
- 预测的时间范围；
- 预测值；
- 数据的可得性；
- 数据的类型；
- 预测者的经验。

可选择使用的各种预测技术都必须从定性和定量两个方面用以上标准来评估。

预测技术的正确选择，与其说是一门科学，倒不如说是一门艺术。简单地说，物流管理应选择能提供最佳结果的技术。例如，移动平均法和指数平滑法基本上属于短期预测方法，我们可以利用这些方法对下一个时期的经济变量做出预测。当使用时间序列时，描点有助于预测方法的选择。一些定性方法可以很好地用于做出长期预测。有时，经理人员可能会使用不只一种预测方法来得到相互独立的预测结果。如果不同的预测方法得出大致相同的结果，经理人员就会对预测结果更加信任；相反，若得到的预测结果彼此相差较大，就表明还需要做出进一步分析以便查明原因。

4.5.3 预测误差

实际工作中，由于存在大量的复杂特性，以致在正常范围内准确地预测某些经济变量是不可能的。因而，必须给定一个可以接受的偏差范围。如果误差超出合理范围，就有必要采取措施予以纠正。预测误差是指在给定的时间间隔内实际值与预测值之间的差异，所以：

$$\text{预测误差}=\text{实际值}-\text{预测值}$$

$$e_t=A_t-F_t$$

式中 e_t——第 t 时刻的预测误差；

A_t——第 t 时刻的实际值；

F_t——第 t 时刻的预测值。

预测意味着对决策的影响有两方面。一方面，它为预测者提供了一个判断预测成功与否的评价标准；另一方面，预测者根据误差计算及产生的原因可调整决策，从不同的预测方法中选择出最为合适的方法。预测误差的确定除上述的公式外，还有以下几种。

（1）平均误差（MD）

平均误差是指几个预测值的误差的平均值，用 MD 来表示。

$$\text{MD} = \frac{\sum(\text{实际值} - \text{预测值})}{n}$$

（2）绝对平均偏差（MAD）

绝对平均偏差是指几个预测值的误差绝对值的平均值，通常用 MAD 表示。

$$\text{MAD} = \frac{\sum|\text{实际值} - \text{预测值}|}{n}$$

（3）均方差（MSE）

均方差是几个预测值误差平方和的平均值，通常用 MSE 来表示。

$$\text{MSE} = \frac{\sum(\text{实际值} - \text{预测值})^2}{n}$$

通常情况下采用 MAD 和 MSE 来表示预测误差，因为 MD 在求代数和时会因误差值的或正或负而相互抵消，无法精确地显示误差。对于 MAD 和 MSE，它们的区别在于 MAD 给予所有误差以同样的权重，而 MSE 则根据误差的平方值赋予它们各自相应的权重。

4.6 存货的定义及作用

4.6.1 存货管理中的基本术语

周期库存（cycle inventory），又称**基本库存**（base stock）。指企业在正常的经营环境下为满足日常需要建立的库存，它是企业总库存的重要组成部分。

安全库存（safety stock）。指企业除了基本库存之外而设立的缓冲库存，其目的是防止与减少因不确定因素（如大量突发性订货、交货突然延期等）而造成的负面影响。这种库存在企业的库存总量中占有很大的比例，据有关资料统计，安全库存在零售业总库存中所占的比例高达 1/3 左右。

在途库存（in-transit stock），又称**中转库存**（transit inventory）。指尚未到达目的地、正处于运输状态或等待运输状态而储备在运输工具中的库存。这部分库存对于企业而言十分重要，它们的地点、状态以及预计到达时间等将对企业的订货计划与库存控制工作造成重要的影响。

经济订购批量（EOQ）。从经济的观点出发制定库存策略，使库存总成本最低的订货批量，它是对库存实行定量控制和定期控制的一个最基本的参数。

再订货点（reorder point）。库存随着每日的需要而不断减少，当库存量降低到某一水平时，就要启动订货程序来进行库存补充，达到这个临界状态时的库存量就是所谓的再订货点。

前置期（或备货周期）（lead time）。从发出订单到收到该批新订购货物之间所花费的时间叫做订货前置期，它与订单完成周期的含义是基本一致的。

存货成本是指货物从订购、购入、储存，直至出库所发生的各种费用，以及因缺货造成的经济损失。研究存货成本，寻求可获最低存货成本的购货数量及其控制的方式与方法，是研究库存控制的中心内容。

有关存货成本的内容具体可详见第 15 章内容。在本章，为计算出 EOQ，我们对存货成本做如下划分：取得成本、储存成本、缺货成本。

取得成本包括订购成本和购入成本。订购成本是指为了订购货物所发生的成本，它包括手续费、催货跟踪费（如有关催促、跟踪所订货物的电话、传真、差旅费及押运费等）、收货费（如有关货物的验收、入库费和货款支付的手续费等）、有关人员的工资费用等。每次订货的订购成本称为订购费率，它的大小基本上与每批货物的订购数量无关，相对于订购批量而言，它是相对固定的。购入成本是指为了在预定地点（如仓库）获得货物的所有权和使用权而发生的成本，即，货物本身的成本，也称货物成本或购置成本。它包括货物的售价、运输装卸费及装运过程中的损耗等。

储存成本是指为了保持存货而发生的成本，即，货物从入库到出库期间所发生的成本。它包括存货占用资金应计的利息、存货保险费、仓库保管费（仓储设施的运行费、维修费、折旧费、仓库工作人员的工资以及仓库的其他日常管理费等）、存货损耗费（货物的各种有形损耗和无形损耗）。储存成本相对于订货批量而言是可变的。

缺货成本是指因存货用尽、供应中断而使生产经营上的需求不能得到满足所造成的经济上的各种损失。对于原材料而言，就是因供应不足（储备不够）而造成的停工待料损失费，或调整生产的损失费，或为补充因缺料所短欠的产量而加班加点的损失费。对成品来说，则是指因产品脱销而损失的利润，因交货误期而应付的罚金，以及相应的名誉损坏。缺货成本的高低与储备量的大小有关，储备量大时（订购批量大，保险储备量大），缺货的次数和数量就相对较少，缺货成本就可能较低，但储存成本必然很高。储备量小时，缺货成本可能较高，而储存成本可以较低。

若以 TC 表示存货总成本，则有

$$\mathrm{TC} = DU + \frac{D}{Q}K + \frac{1}{2}QC + \mathrm{TC}_S$$

式中 D——年需求量；

U——单位产品成本（单价）；

Q——订购批量；

K——每次订购成本；

C——单位存货年储存成本；

TC_s——缺货成本。

4.6.2 存货的作用

对于企业而言，库存主要有以下几个作用。

（1）调节供求差异，保证生产、经营活动的正常需要

对物品的需求，是随生产、经营活动的进行而不断发生的，但需求与供应在时间和数量上又往往是不同步的。因此，只有保持一定的库存量，才能保证企业生产、经营活动的正常需要。库存保证生产经营的持续性，防止因缺货而发生非正常中断。

（2）稳定生产、经营的规模，获取规模经济效益

企业只有按照适当的数量（一定的规模）组织产品生产和货物供应，才能够利用规模经济效应，获取良好的经济效益。一方面，在采购过程中，批量采购可以分摊订货费用；另一方面，在生产过程中，采取批量加工的方式，可以分摊调整准备费用。

（3）缩短订货提前期，加快市场反应速度

当工商企业维持一定量的成品库存时，一旦客户需要就可以迅速供货，缩短客户的订货提前期，增强企业对客户需求的快速响应的能力。

（4）缓冲不确定性因素的影响

在企业生产经营的实践中，由于某些主观或客观的因素（如预测、计划不准确、生产事故、运输故障等），出现作业失误，往往是难以完全避免的。这个时候，如果企业保持有一定的库存，就可以缓冲作业的失误，保证生产经营按预定的要求继续进行。

可见，维持适当的库存，对于调节工序，保证生产经营活动正常而有效地进行，并获得良好的经济效益，都是十分必要的。

4.6.3 库存控制的内容及目标

库存控制是以控制库存为目的的方法、手段、技术以及操作过程的集合，它是对企业的库存（包括原材料、零部件、半成品以及产品等）进行计划、协调和控制的工作。库存控制的内容，主要是根据市场需求情况与企业的经营目标，决定企业的库存量、订货时间以及订货量等。具体地说，库存控制的核心内容就是要解答以下问题：何时补货（订货）？补充（订货）多少？库存系统的基本库存、安全库存、周转率等各是多少？

库存控制的目标有两个：一是降低库存成本，二是提高客户服务水平。这两个目标之间存在权衡关系。在其他条件相同的情况下，保持高水平的服务就必须付出高额的成本；同样，降低成本必然以服务水平的下降为代价。库存控制就是要在两者之间寻求平衡，以达到两者之间的最佳结合。传统的库存控制方法往往更注重成本目标的实现，而随着买方市场的形成和竞争的日趋激烈，越来越多的企业开始重视客户服务水平的提高。

4.7 独立需求条件下的库存控制模型

在库存理论中，人们将库存分为两种：独立需求库存与相关需求库存。所谓独立需求是指需求变化独立于人们的主观控制能力之外，因而其数量与出现的概率是不确定的、模糊的。而独立需求的库存控制模型又根据其主要参数（如需求量、前置期等）的确定与否，分为确定型与随机型两种。

4.7.1 确定型库存控制模型

所谓确定型库存控制模型，是指需求量、前置期都是确定的条件下的库存控制模型，其基本管理方法就是经济订购批量法（EOQ）。用经济订购批量法来制定库存策略，不但可以确定订货量，而且还可以确定订货周期，既解决了“什么时候订货”问题，又解决了“订多少”的问题。它又分为以下五种模型。

1．不允许缺货、瞬间到货的库存控制模型

假设条件：① 企业能够及时补充存货，即需要订货时便可立即取得存货；② 能集中到货，而不是陆续入库；③ 不允许缺货，即无缺货成本；④ 需求量稳定，并且能够预测，即 D 为已知常量；⑤ 存货单价不变，不考虑现金折扣。

如图 4-3 所示，对于这样的库存过程，为使存货总成本最小，订购批量必须适中。批量过大则增大了在库货物的储存成本，批量过小，增加了订货次数，也就增加了订货成本。必须设法找到一个经济订购批量，使得总成本最小。

$$\min \mathrm{TC}=DU+\frac{D}{Q}K+\frac{1}{2}QC$$

对其求导，可得：

$$\mathrm{EOQ}=\sqrt{\frac{2DK}{C}}$$

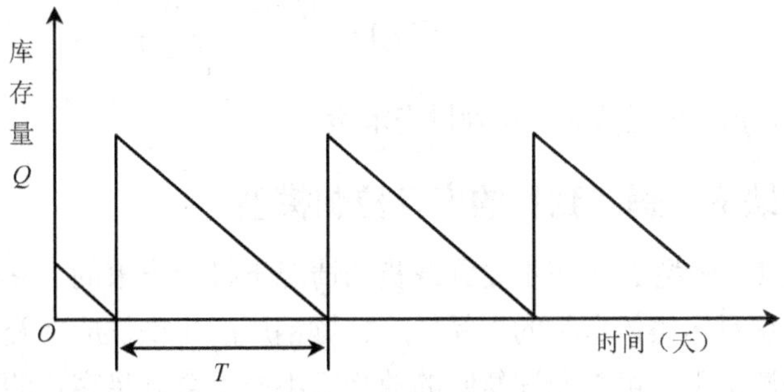

图 4-3　不允许缺货、瞬间到货的库存控制模型

2．不允许缺货、持续到货的库存控制模型

本模型的假设条件，除进货需持续进行的条件以外，其余皆与模型 1 相同。

该模型的库存曲线如图 4-4 所示。当进货批量比较大，或是供货商的交货能力比较低时，每次的订货不是一次全部到达，而是在一定时间内依次连续到达。库存量的变化不是由零瞬时增至最大，而是按一定速率逐渐增至最大。

$$\min \mathrm{TC} = DU + \frac{D}{Q}K + \frac{1}{2}(pt_1 - dt_1)C$$

$$t_1 = \frac{Q}{p}$$

所以

$$\min \mathrm{TC} = DU + \frac{D}{Q}K + \frac{1}{2}QC(\frac{p-d}{p})$$

其中，t_1 为送货期。

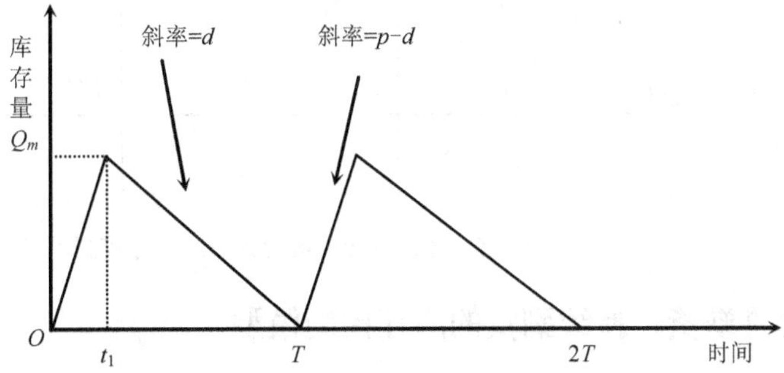

图 4-4　不允许缺货、持续到货的库存控制模型

根据同样的方法，可得：

$$\mathrm{EOQ}=\sqrt{\frac{2DK}{C}\cdot\frac{p}{p-d}}$$

其中，p 为日送货量；d 为日需求量。

3．允许缺货、瞬间到货的库存控制模型

模型 1、模型 2 是在不允许缺货的情况下推导出来的，它们能绝对保证向客户提供商品，这对于集体食堂的食品供应、炼钢厂的生铁供应之类的库存情形是必需的。但在有些情况下，可以允许暂时的缺货而不必完全满足客户的需求。由于允许缺货，所以企业在库存量降至零的后，还可以等一段时间再订货。这样一来，一方面，由于订货周期的延长使一定时间内的订货次数减少了，因而节省了订货成本；另一方面，缺货时的库存量为零，使得整个库存周期的平均库存量也减少了，因而又降低了储存成本。当然，这种情况会造成缺货损失，例如，违反合同的罚金、丧失销售机会、企业声誉受损等。只要缺货损失小于因缺货而带来的各项成本的节省，这种库存控制模式还是可取的。

本模型的假设条件除允许缺货外，其余条件皆与模型 1 相同，如图 4-5 所示。

同理，可得：

$$\mathrm{EOQ}=\sqrt{\frac{2DK}{C}\cdot\frac{C_s+C}{C_s}}$$

式中，C_s 为单位缺货成本。

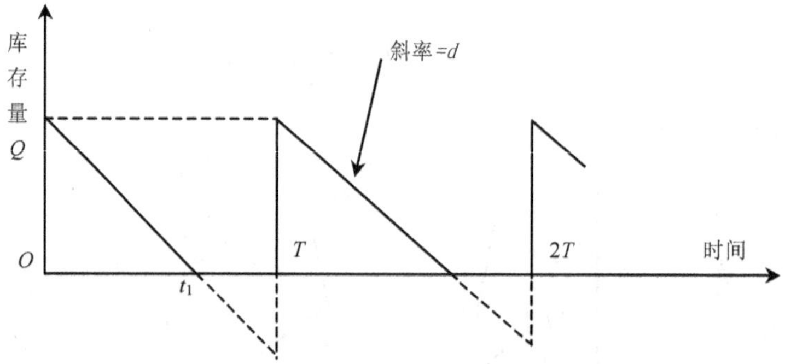

图 4-5　允许缺货、瞬间到货的库存控制模型

4．允许缺货、持续到货的库存控制模型

将模型 2 与模型 3 结合起来，就是允许缺货、持续到货的库存控制模型，如图 4-6 所示。该模型的假设条件除允许缺货、到货需一定时间之外，其余条件与模型 1 相同。

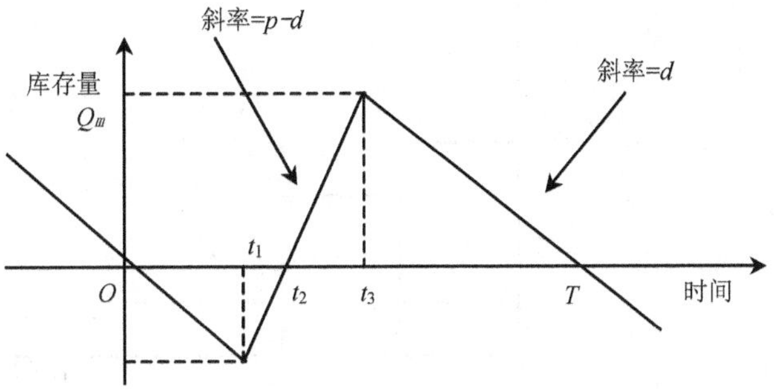

图 4-6　允许缺货、持续到货的库存控制模型

可得：

$$\mathrm{EOQ}=\sqrt{\frac{2DK}{C}}\sqrt{\frac{p}{p-d}}\sqrt{\frac{C_s+C}{C}}$$

5. 价格有折扣的库存控制模型

以上模型所讨论的货物单价均是常量，得出的库存策略都与货物单价无关。然而，在现实生活中，我们经常可以看到一种商品有所谓的零售价、批发价和出厂价，购买同一种商品也有可能因购买数量的不同而有不同的价格。一般情况下，购买数量越多，商品单价越低。在少数情况下，某种商品限额供应，超过部分的商品单价要提高。如图 4-7 所示，在该模型中，除货物单价随订购数量而变化外，其余条件皆与模型 1 相同。

如图 4-7 所示，记货物单价为 $U(Q)$，设 $U(Q)$按三个等级变化。

$$U(Q)=\begin{cases}U_1 & 0\leqslant Q\leqslant Q_1\\ U_2 & Q_1\leqslant Q\leqslant Q_2\\ U_3 & Q_2\leqslant Q\end{cases}$$

$$\mathrm{TC}=DU+\frac{D}{Q}K+\frac{1}{2}QC$$

U 的水平在不同的订购量范围内有所变动。在这种情况下，计算 EOQ 的步骤如下：

1）计算通常的经济订货批量；

2）每个单位价格只在各自的可行范围内有一个经济订货批量，因为各范围不能重叠。

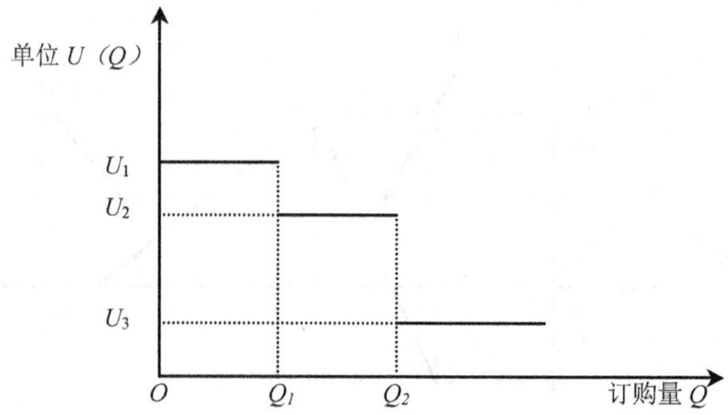

图 4-7　价格有折扣的库存控制模型

a．如果上一步计算出的 EOQ 落在最低价格范围内，则该 EOQ 为最优之选；

b．如果上一步计算出的 EOQ 在其他范围内，以该价格范围内的最低订购量和该单位价格计算 TC。其中 T 最小所对应的数量即为最优的 EOQ。

为说明起见，我们下面举一个具体例子。

例：一家大型公司的维修部每年耗掉约 732 罐液体清洁剂。订货成本是每次 45 元，储存成本为每年每罐 15 元，价格如表 4-1 所示。

表 4-1　某公司不同订货范围的产品单价

订货范围（罐）	单价（元/罐）
1~49	22
50~79	20
80~99	18
100 以上	17

则确定最优订货批量的过程如下：

1）计算通常的 EOQ：

$$\text{EOQ}=\sqrt{\frac{2DK}{C}}=\sqrt{\frac{2\times732\times45}{15}}\approx66\,(\text{罐})$$

2）由于 66 落在 50~79 的订货范围内，66 罐应按 20 元的单价进购。则一年进购 732 罐的总成本以每批 66 罐计，应是：

$$\text{TC}_{66}=732\times20+\frac{732}{66}\times45+\frac{1}{2}\times66\times15\approx15\,634(\text{元})$$

由于存在更低的单价，应继续计算单价为 18 元和 17 元的总成本，以做出比较。以 18 元进购，每次最少批量订购 80 罐，则 80 罐的总成本为：

$$\text{TC}_{80}=732\times18+\frac{732}{80}\times45+\frac{1}{2}\times80\times15\approx14\,188(\text{元})$$

以 17 元进购，每次最少批量订购 100 罐，则 100 罐的总成本为：

$$\mathrm{TC}_{100}=732\times17+\frac{732}{100}\times45+\frac{1}{2}\times100\times15\approx13\,523(\text{元})$$

由此可得，订购 100 罐时总成本最低，所以 100 罐是最佳经济订购批量。

6. 考虑运费率的库存控制模型

前面讨论的 5 种 EOQ 计算均未考虑不同订购批量下运费率的问题。如果是自选提货的订购，在确定订购批量时就需要考虑从货源地到存货储放地之间的运输成本。一般而言，每笔订单的批量越大，单位运输成本就越低。卡车和铁路运输一般都对较大规模的运输实行折扣政策。在其他条件相同的情况下，企业会追求运输规模所带来的经济性。而为实现运输规模经济所订购的批量可能会比我们前面所计算出的 EOQ 大，这会产生两方面的影响：一方面，因订购批量增加会使存货储存成本上升；另一方面，由于每次订购的批量变大，订购次数会减少，订货成本因而下降，同时运输成本也会减少。

下面举例说明。

基本资料如表 4-2 所示。

表 4-2 考虑运费率时的 EOQ

年需求量	2 400SKU
单价	5 元 / SKU
储存成本	20% / 年
订购成本	19 元 / 次
小批量运费率	1 元 / SKU
大批量运费率（480SKU 以上）	0.75 元 / SKU

按传统计算法，则

$$\mathrm{EOQ}=\sqrt{\frac{2\times2400\times19}{20\%\times5}}\approx300\mathrm{SKU}$$

表 4-3 对每次订购 300SKU 和每次订购 480SKU 所耗总成本进行了比较：

表 4-3 不同运费率时总成本的比较

单位：元

	方案 I 订购批量=300SKU	方案 II 订购批量=480SKU
储存成本	$\frac{1}{2}\times300\times5\times20\%=150$	$\frac{1}{2}\times480\times5\times20\%=240$

续表

	方案Ⅰ 订购批量=300SKU	方案Ⅱ 订购批量=480SKU
订购成本	$\frac{2400}{300}\times 19=152$	$\frac{2\,400}{480}\times 19=95$
运输成本	$1\times 2400=2400$	$0.75\times 2\,400=1\,800$
合计	2 702	2 135

4.7.2 随机型库存控制模型

在一般情况下，管理者在进行库存决策时会面临种种不确定因素：订货完成周期内需求量可能超过或低于预测数，由于生产或运输故障导致前置期加长等。所谓随机型库存控制模型，就是指在库存需求量、前置期以及订货完成时间等因素存在不确定性的条件下所采用的库存控制模型。事实上，绝对的确定性是不大可能存在的，库存需求量、前置期以及订货完成时间等方面多多少少总会有一些变动。只要变异的程度在一定的范围之内（变异系数小于 0.1～0.2），我们就可以将它当做确定型问题来处理。

在随机型库存控制模型中，EOQ 的计算是十分复杂的，它是订购成本、储存成本与缺货成本的总期望值最小时的订货批量。而为了计算相关成本的数学期望必须了解需求的概率分布规律，并利用概率密度函数与分布函数进行一系列复杂的运算。相比确定型库存控制模型，随机型库存控制模型要决定的参数是再订货点库存量和安全库存量。

在随机型库存控制模型中，当库存量低于或等于再订货点库存量时就发出订货信号，每次订货量为 Q。再订货点库存量公式如下：

$$Q_0=dt+\mathrm{SS}$$

式中 Q_0——再订货点库存量；

d——平均日需求量；

t——平均订货完成周期；

SS——安全库存量。

其中，d 和 t 是已知的，它们往往通过以往的经验积累而得出。关键的问题在于 SS，使年缺货成本与安全库存的年储存成本的总期望值最小的安全库存量就是我们要求的最佳 SS 值。安全库存量在需求量和前置期发生变化时才予以考虑，并要控制在最低限度。

有三种情况可能会发生：

a. 前置期不变，需求量发生变化；

b．前置期变动，需求量不变；

c．前置期与需求量均发生变化。

以上三种情况可以用图 4-8 来表示。

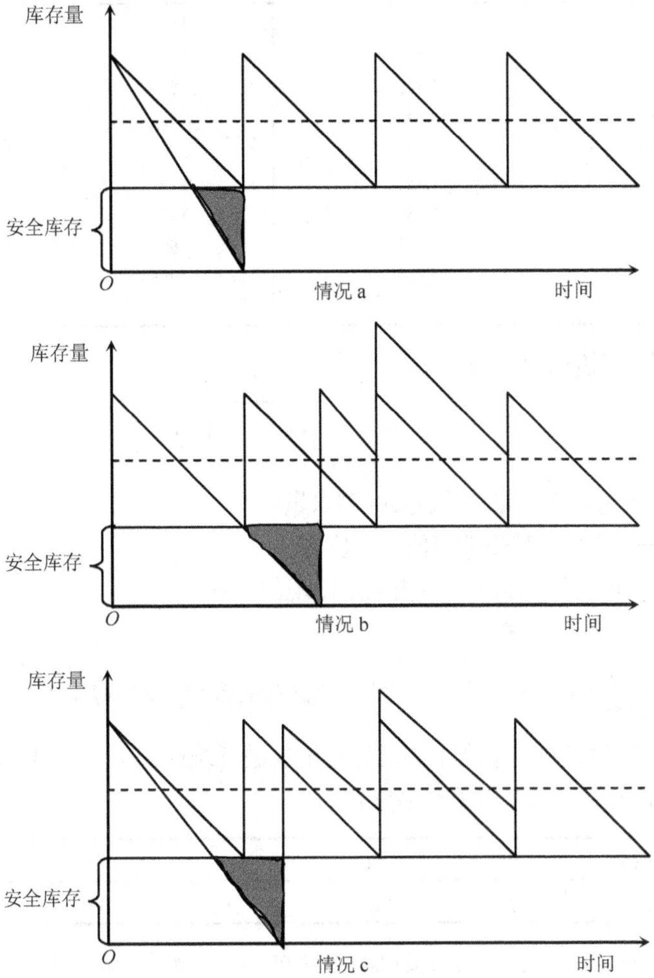

图 4-8　随机型库存控制模型

通常，在计算随机型库存模型的安全库存量时，设定需求量与前置期均服从正态分布。在此假设前提下，对上述三种情况进行详细讨论，确定安全库存 SS。

a．需求量变化，前置期不变

$$SS=\alpha\sigma_d\sqrt{t}$$

式中，α 为库存安全系数；σ_d 为前置期内日需求量的标准差；t 为前置期天数。

α 的计算可根据既定的服务水平（不缺货率），查正态分布表得出。表 4-4 列出了一些常用的服务水平所对应的安全系数。

表 4-4　安全系数表

服务水平	安全系数	服务水平	安全系数
1.00	3.9	0.92	1.41
0.999 0	3.1	0.91	1.34
0.998 0	2.88	0.90	1.28
0.99	2.33	0.85	1.03
0.98	2.05	0.80	0.84
0.97	1.88	0.75	0.67
0.96	1.75	0.70	0.52
0.95	1.645	0.60	0.25
0.94	1.545	≤0.50	0
0.93	1.48		

σ的计算则根据下列公式：

$$\sigma_d = \sqrt{\sum_{i=1}^{n}(d_i - \text{Ed})^2 q_i}$$

式中　d_i——前置期内第 i 天的实际需求量；

Ed——日需求量的期望值（均值）；

q_i——前置期内第 i 种日需求量出现的概率；

n——n 种日需求量。

式中，$\text{Ed} = \sum_{i=1}^{t} d_i q_i$，Ed 可以根据统计数据对前置期内 i 种概率不同的需求量求期望。

例：一家建筑材料配送中心对历史记录进行统计分析，得出混凝土在前置期（备货期）20 天内的日库存需求概率分布如下。

日需求量 d（吨）	30	40	60	70	80	90
概率 q_i	20%	10%	15%	25%	20%	10%

如果管理者愿意承担的缺货风险不超过 3%，那么该配送中心应持有的安全库存量求解如下：

1）确定α，根据服务水平=1-缺货风险率=1-3%=97%，由表 4-1（或正态分布表）可查得：

$$\alpha=1.88$$

2）计算σ_d

$$\text{Ed} = 30\times20\% + 40\times10\% + 60\times15\% + 70\times25\% + 80\times20\% + 90\times10\% = 61.5$$

$$\sigma_d = \sqrt{\sum_{i=1}^{6}(d_i - \mathrm{Ed})^2 \cdot q_i}$$

$$= \sqrt{(30-61.5)^2 \times 20\% + (40-61.5)^2 \times 10\% + \cdots + (90-61.5)^2 \times 10\%} \approx 20.3$$

3）安全库存为：$SS = 1.88 \times 20.3 \times \sqrt{20} \approx 171$ 吨

b．需求量不变，前置期变动

$$\mathrm{SS} = \alpha\sigma_t d$$

其中，安全系数α计算同前；σ_t为前置期的标准差；d为日需求量。

例：一家厂商的原材料库对材料 A 的日需求量为 35 件，前置期的变化据统计如下。

前置期天数	10	11	12	13	14	15
出现的概率 q_i	10	20	35	20	10	5

在既定的服务水平 98%的情况下，安全库存的计算如下：

1）确定α，由表 4-1 可知，服务水平为 98%时，安全系数α=2.05

2）计算σ_t

$$\mathrm{Et} = 10\times10\% + 11\times20\% + 12\times35\% + 13\times20\% + 14\times10\% + 15\times5\% = 12.15$$

$$\sigma_t = \sqrt{(10-12.15)^2\times10\% + (11-12.15)^2\times20\% + \cdots + (15-12.15)^2\times5\%} \approx 1.28$$

3）则安全库存确定为：

$$SS = 2.05 \times 1.28 \times 35 = 92(\text{件})$$

c．需求量与前置期均变动

$$SS = \alpha \cdot \sigma_c$$

其中，α 计算同前；$\sigma_c = \sqrt{\mathrm{Et}\cdot\sigma_d^2 + (\mathrm{Ed})^2\cdot\sigma_t^2}$ 。

例：卡顿公司销售一种儿童艺术套具 OT-05，根据历史数据，卡顿公司得到前置期内日需求量的相关数据如下，在服务水平不低于 98%时，应保有多少安全库存？

日需求量（件）	40	50	60	70	80	90	前置期（天）	5	6	7	8
概率	0.1	0.2	0.2	0.2	0.2	0.1	概率	0.1	0.3	0.4	0.2

解：

$$\mathrm{Et} = 5\times0.1 + 6\times0.3 + 7\times0.4 + 8\times0.2 = 6.7(\text{天})$$

$$\mathrm{Ed} = 40\times0.1 + (50+60+70+80)\times0.2 + 90\times0.1 = 65(\text{件})$$

$$\sigma_d = \sqrt{(40-65)^2 \times 0.1 + (50-65)^2 \times 0.2 + \cdots + (90-65)^2 \times 0.1} = 15$$

$$\sigma_t = \sqrt{(5-6.7)^2 \times 0.1 + (6-6.7)^2 \times 0.3 + (7-6.7)^2 \times 0.4 + (8-6.7)^2 \times 0.2} = 0.9$$

服务水平为98%时，查表得安全系数α=2.05

则安全库存为：

$$\mathrm{SS} = 2.05 \times \sqrt{6.7 \times 15^2 + 65^2 \times 0.9^2} \approx 2.05 \times 70 \approx 144(\text{件})$$

4.8 存货控制系统

物流经理必须根据战略需要来制定和实施存货政策，他需要完善的存货管理系统。本节重点解决有关存货控制系统的开发和实施问题。

存货管理是一个把厂商的存货政策和价值链的存货政策进行了综合的具体操作过程。反应性或拉式系统方法是利用顾客需求，通过配送渠道来拉动产品的配送。另一方法称为计划方法，它是按照需求量和产品可得性来安排产品在渠道内的运输和配送。第三种方法是对二者的综合。

4.8.1 存货控制

存货控制就是对库存量变化的掌握和调整，通过控制库存数量，使库存量经常保持在一个经济合理的水平上。库存控制的目的包括两个方面：一是使库存订储总费用合理，即，订购成本和存储成本要低；二是库存的数量合理，即保证库存货物不会产生因预想不到的缺货而造成停产损失。

为了实施存货管理政策，必须制定存货控制方法，它包括间隔多久对存货进行盘点，并与有关存货参数进行对照，以便确定何时订货和订购多少。下面对这些盘点方法逐一进行讨论。存货控制方法可以是永续的，也可以是定期的。此外，我们还将介绍一种修正方法。

1. 永续盘存方法

永续盘存存货控制方法是检查日常的存货状态，以确定补给需要量。采用这类控制系统要求所有库存单位都必须有精确数值，因此，通常需要借助计算机来实施永续盘存。

永续盘存法是通过再订货点和订货批量来实施的：

$$\mathrm{ROP} = DT + \mathrm{SS}$$

式中　ROP——再订购点（SKU）；

D——平均日需求量（SKU）；

T——平均完成周期（天）；

SS——安全储备或缓冲储备（SKU）。

可用EOQ，EOQ展延等方法来确定订购批量。

永续盘存要将现有存货与已订购存货的合计与产品的再订货点进行比较。现有存货是指实际储存在特定的配送设施中的数量。已购存货是指已向供应商订购的数量。如果现有存货加上已订购存货的数量低于已确定的再订货点，那么，存货控制流程将被启动，这可以表述为：

$$\text{如果 } I+Q_0 \leq \text{ROP}，\text{则订购批量为 } Q$$

式中　I——现有存货；

Q_0——向供应商订购的存货；

ROP——再订货点单位数；

Q——订货批量单位数。

永续盘点系统的平均存货水平可用下式计算：

$$\overline{I} = Q/2 + \text{SS}$$

式中　$\overline{I}$——平均存货（SKU）；

Q——订货批量（SKU）；

SS——安全存货量（SKU）

再订货公式基于以下两点假设：① 当达到再订货点时，存货控制下的产品项目将发出采购订单；② 控制方法能对存货状态进行持续监控。如果以上假设未能得到满足，则确定永续盘点的控制参数（ROP和Q）必须重新修正。

2. 定期盘存方法

定期盘存法按一定的间隔时间（如月、周）对存货状态进行检查，以确定货物补充的系统。

再订货点计算公式如下：

$$\text{ROP} = D(T + P/2) + \text{SS}$$

式中　ROP——再订货点；

D——平均日需求量；

T——平均订货周期（备货周期）；

P——盘点周期（天）；

SS——安全存货。

因为存货状态的计算要在特定的时间内才能完成，在定期检查前，任何产品项目都有可能下降到期望的再订货点以下。因此，假设在接近定期盘点时间的一半时，存货下降到理想的再订货状态以下。对定期盘存来说，平均存货公式如下：

$$\overline{I} = Q/2 + (PD)/2 + SS$$

式中　$\overline{I}$ ——用单位数表示的平均存货；

Q ——订货批量；

P ——用天数表示的盘存周期；

D ——平均日需求量；

SS ——安全存货。

由于定期盘存引入了时间间隔，定期控制系统一般需要比永续控制系统更大的平均存货。

3．修正控制系统

为了适应特定的情况，定期盘存控制系统和永续盘存控制系统的组合方法得到了发展。最常见的是补给水平系统和可选补给系统。

补给水平系统的目标水平是建立一种固定订货间隔系统，它可以提供短期间隔的定期检查。类似于永续概念，该系统确定了再订货的上限或补给水平。将检查周期加上备货期，目标补给水平（TGT）就可被确定。

$$TGT = SS + D(T + P)$$

式中　TGT ——补给水平；

SS ——安全存货；

D ——平均日需求量；

T ——平均完成周期长度；

P ——盘存周期（天）。

于是，一般的补给规则就是：

$$Q = TGT - I - Q_0$$

式中　Q ——订货批量；

TGT ——补给水平；

I ——盘存期间的存货状态；

Q_0 ——已订购数量。

在目标补给系统下，确定订货大小无须考虑订货批量，需要强调的是将存货水平维持在最高限度之下，这是目标水平或订货的上限水平。之所以将最高限度作为一种上限水平保护，是因为存货绝不会超过补给水平，并且只有在启动补给订货与随后的检查周期之间没有可销售的单位时，才能到达补给水平。在这些条件下，平均存货表示为：

$$\overline{I}=(DP)/2+SS$$

式中　$\overline{I}$——平均存货；

D——平均日需求量；

P——用天数表示的检查周期；

SS——安全存货。

目标补给系统可以变化成可选补给系统，它有时被称为（s，S）系统或极大极小系统。可选补给系统类似于目标水平补给系统，它以可变的订货量替代特定的订货批量。然而，可选补给系统引入调整机制，限制可变订货量的下限。结果，存货水平永久地保持在上下限之间。上限是为了确保最大限度的存货水平，而下限则可保证补给订货将至少等于最高水平（S）与最低水平（s）之间的差额。基本的订货规则表示为：

$$\text{如果 } I+Q_0<s\text{，则 } Q=S-I-Q_0$$

式中　I——盘存期间的存货状态；

Q_0——已订购数量；

s——最低限度的储备水平；

Q——订货批量；

S——最大限度的储备水平。

最低限度的水平，或 s 水平，类似于 ROP。当存在不确定因素时：

$$s=DT$$

式中　s——最低限度的储备水平；

D——平均日需求量；

T——平均完成周期。

当存在需求不确定因素和完成周期不确定因素时，最低储备水平（s）中必须增加安全存货。

极大极小系统可以以产品的绝对单位数、供给天数，或两者的结合来运用。在绝对单位数的情况下，极大值和极小值都可以按照具体的单位数来确定。

本章小结

本章主要讨论了有关物流管理中的需求预测及库存控制的内容。要进行需求预测首先应了解需求的性质和预测对象的组成部分：需求分为相关需求和独立需求，而预测内容则由六部分组成——基本需求、季节因素、长期趋势、周期因素、促销因素和不确定性因素。在进行预测时，从方法论上讲，主要有两种，一是自顶向下法，一是自底向上法，每种方法各有其特点，可选择使用。同时，简单说明了预测的支持系统及组织与管理。

本章重点介绍了预测技术和库存控制方法。预测技术可分三大类：定性预测、时间序列预测和因果关系预测。在时间序列法中，主要介绍了四种方法——移动平均、指数平滑、外延平滑和适应性平滑。各种预测技术有各自不同的特点和应用要求，可视具体情况的不同，从定性和定量两个方面用一定的标准选择使用。

库存控制理论中有两大类模型：确定性库存控制模型和随机型库存控制模型。在确定性模型中，又可分为五种不同情况的模型。模型主要用于计算 EOQ（经济订货批量）和 SS（安全存货量），由模型得出的数据可指导进行库存控制。存货控制方法有永续盘存法、定期盘存法和修正方法。

练习题

1. 综合性预测流程由哪些部分组成，它们之间的关系是什么？
2. 需求预测的性质如何影响预测的准确性？
3. 除了出发点的不同，自顶向下法和自底向上法预测方法有什么区别？
4. 对各种预测技术进行理解，在实际运作中，如何选择预测方法？
5. 预测误差的计算由有哪几种方法？各有何优缺点？
6. 简述以下存货的有关定义：周期库存、安全库存、在途库存、经济订购批量、再订货点、备货期（前置时间）、订购成本。
7. 对企业而言，库存起到了什么作用？
8. 存货控制的内容与目标？
9. 什么是经济订购批量？
10. 解释独立需求与相关需求。
11. 在独立需求的库存控制模型中，如何确定不同的情况下的 EOQ？
12. 什么是随机型（不确定）库存模型？
13. 什么是永续盘存系统？
14. 什么是定期盘存系统？

◆ 案例讨论

A 公司供应链需求预测的提升

1. 公司需求预测现状与问题

在大多数供应链中，企业为了满足客户需求，就不可避免地要进行需求预测。然而，准确地预测需求在实际中是一个很大的挑战。由于预测往往不准，有些企业认为预测是无用的，甚至采取了消极放弃的态度。

然而企业的供应链计划，包括生产、供应、物流等计划的制定，必须建立在供应链各环节的需求预测基础上。通过不断努力，需求预测是可以逐步改进的。

多数情况下，企业中没有人愿意对预测的准确性负责，因此拒绝预测在企业中也很普遍。所谓拒绝预测，就是企业没有为提高预测准确性做任何努力。

通过在公司的现场调研，A 公司目前的状况是处于拒绝预测的边缘。

首先，公司对预测还没有建立正确的认识，在与公司相关业务人员的访谈过程中，咨询方发现公司有不少人是反对或者拒绝预测的（见表 4-5）。由于对预测认识的误区，造成了不好的结果。

表 4-5　公司对预测认识的误区及产生的结果

误　区	结　果
公司产品品种多，没有人能够准确预测 客户多，没有规律，不可能预测 预测就是要求业务员提前报货	放弃对预测的不断改进 销售与业务人员拒绝预测 生产中心认为预测就是准确地提前报订单，如果报得不准确，业务员要承担责任，因此提前报货不能推行
只要预测准确，生产……采购……	没有把预测工作作为一项跨部门合作的工作，把责任推到前一个环节，而最前面的环节（业务员与销售部）拒绝预测
销售（业务员）是代表客户的，生产要满足客户的需求，因此，生产需要承担需求的预测	预测工作不在市场营销前端开展，而在不了解市场与客户一线的生产与供应部门展开

由于公司缺乏积极的预测理念，没有有效构建企业预测过程的管理体系，在整个预测过程管理，包括预测技术应用（预测方法及误差计算）、预测支持系统及预测组织与管理三方面都不健全，并且没有形成闭环的持续改进的管理体系。这些问题最终导致公司的预测不准确、不系统，某些预测结果最终对生产与供应的指导意义不大。

也就是说，公司预测的问题，其根源在于对预测技术应用、预测支持系统及预测管理三方面系统整合与实施，以及这三方面组成的闭环体系的缺失。具体分析如下：

目前公司月销售计划主要根据市场部年初制定的年销售目标，在历史销售数据的基础上做一定的调整后作为预测结果。缺乏多种预测方法的应用，预测的是产品系列的需求，没有落实到品种的需求（SKU），预测结果实际参考意义不大。

在生产与采购两个部门都有各自的周预测，生产部门由调度根据历史数据进行估算，每周一次预测（没有进行滚动预测进行调整）。

短期的是三天预测（报货），生产调度凭经验进行（结合了业务员的报货）。

由于市场前端（销售）没有开展预测工作，预测主要由生产调度进行，公司需求预测缺乏完整的信息基础，周预测是由后端（生产）根据历史数据预测的（历史数据已经部分地过滤了没有被满足的需求），市场部收集的行业发展趋势信息、产品经理掌握的产品变化信息也没有提供给预测人员，业务员掌握的客户需求变化等信息都没有有效渠道传递给预测人员。

预测人员在预测过程中与销售公司、市场部和产品经理之间没有联系，这三个部门不参与预测，也不关注预测结果，所以预测也没有根据市场变化进行修订与调整。

公司没有专门的预测人员及绩效考核，也没有对相关部门与人员（业务员、销售分公司等）提出要求并进行考核。

公司当前预测问题的原因归纳如图 4-9 所示。

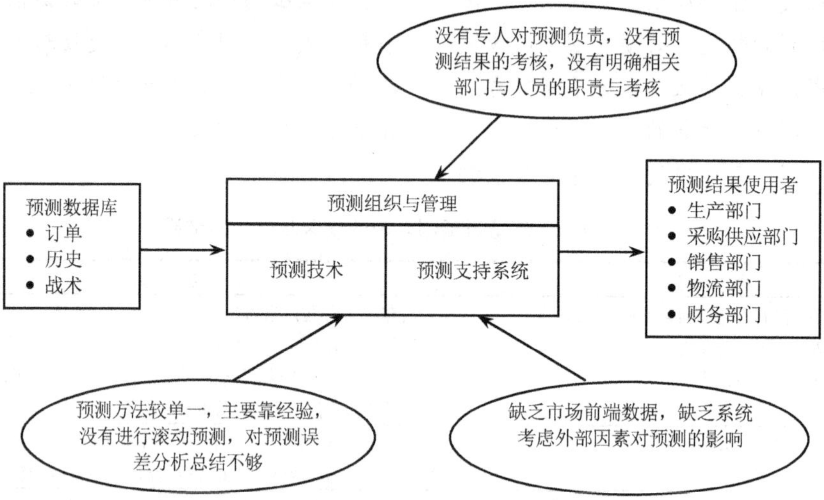

图 4-9 公司当前预测问题的原因

2. 公司需求预测改进具体方案

（1）建立需求管理流程

通过建立需求管理流程，使得预测成为一个包含上述三方面（预测技术、预测支持系统、预测组织与管理）的持续改进的闭环预测系统。

需求预测流程的建立过程如图 4-10 所示。

需求预测流程的建立主要优化了以下几方面。

① 设立预测岗。 建立专人负责、各部门有效配合的、整合性预测体系。设置预测专员，专门负责与各部门联系，收集前端市场动态信息。预测由专门人员负责，易于考核，促使预测人员更好地完成预测工作。

产品经理、业务员、市场部等掌握的市场动态信息，按流程规定有效地传递给预测专员，并建立修正环节，为提高预测准确性提供了保障。

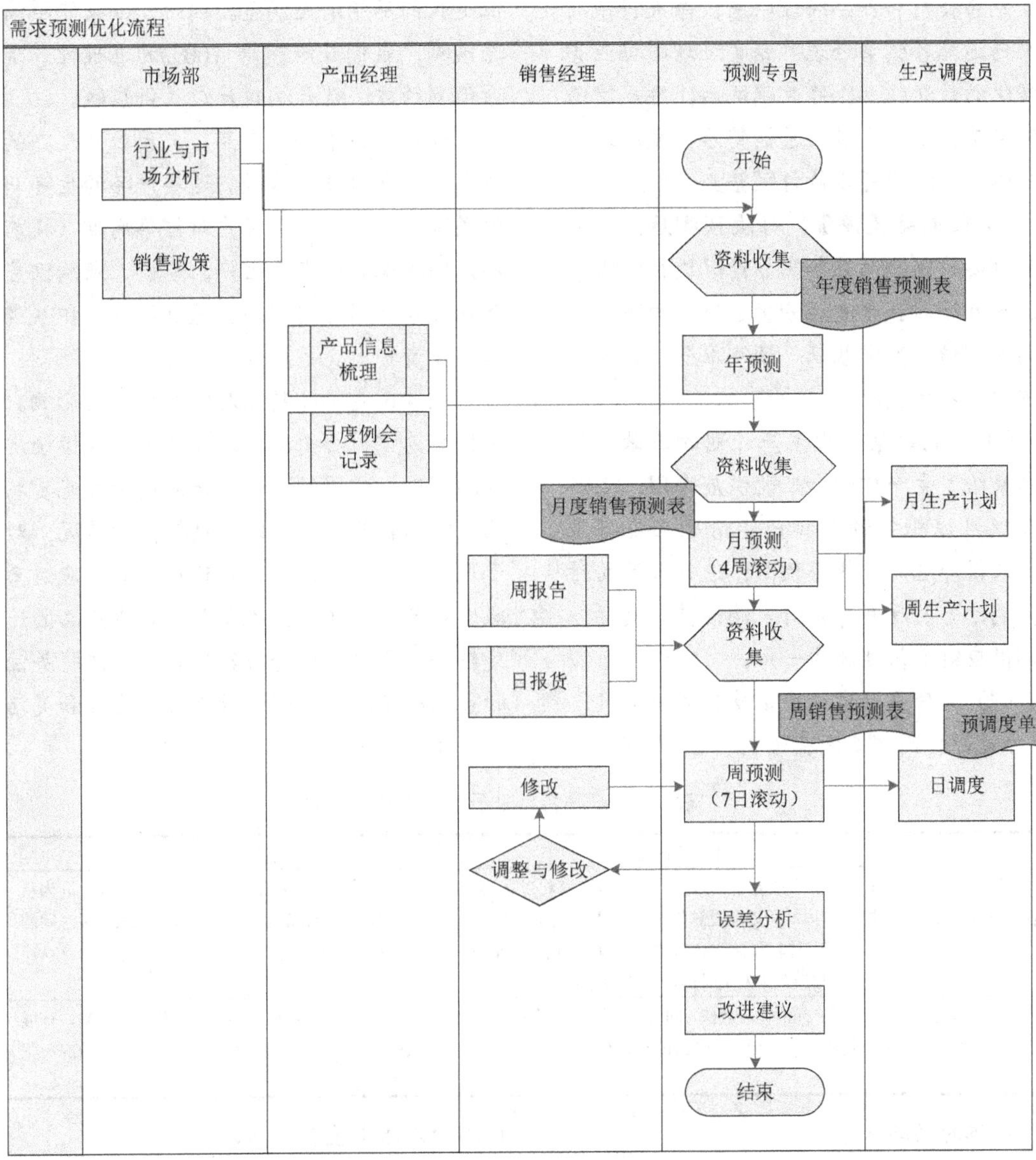

图 4-10　需求预测流程的建立

② **持续动态预测。**在预测过程中，年度预测用于销售人员下达指标、生产预算、采购预算，细化到系列；月度预测采用周滚动预测，即每次都预测接下来四周的销售量，细化到产品；周预测采用日滚动预测，即每周预测都预测接下来 7 天的销售量，细化到产品。

需求预测采用“由下至上、再由上至

下”的方式。在预测过程中，预测专员主动与各销售公司和产品经理联系，每天将预测结果传递给各销售经理，销售经理根据业务员提供的最新信息，修改确认后，再反馈给预测专员，预测专员汇总调整后，发送给生产中心。预测中可以修订调整。

③ **预测结果评价。**每次预测后，预测专员都要将预测结果和实际情况进行对比，找出差异原因。预测后分析总结，为下一次提高预测精度奠定基础。预测准确性作为考核依据和考核指标。

④ **预测结果作为生产计划的基础。**预测结果给了生产中心和采购供应部门，生产调度就可以根据预测和产能情况来安排生产，采供部也可以根据预测，选择合适的时机采购适当的原料，做好采购预算。这样，内部供应链更好地合为一体。

（2）部分产品尝试应用反应式供应链

“最好的预测是没有预测”，因为预测总是有误差的，我们能够通过努力减少误差，但是我们不能消灭误差。因此，如果能够消除预测，我们就能获得 100%的准确性。消除预测的方法就是构建反应式供应链。

部分符合条件的产品，采用拉式生产的方式，减少对预测依赖。这些产品的生产与配送时间，可以满足客户对订单周期（提前期）的要求。这需要生产、质检、采购供应及物流等部门协同配合。通过试点，积累经验，逐步扩大。

表 4-6 是产品特点对需求预测的影响。根据咨询方对公司生产时间及生产规模经济性的调查，公司的大部分产品属于补充货物响应时间较短，规模经济性较低的情况，对于这种情况，可以通过构建反应式供应链来减少对预测的依赖。也就是当获得产品的速度较快，同时规模经济较低时，应该将关注的重点从预测转移到设计具有响应性和灵活性的流程上来。

表 4-6　产品特点对于需求预测的影响

	规模经济较低	规模经济较高
补充货物的响应时间较长	并不需要详细准确的预测，因为企业具有相当高的生产柔性。例如，可以通过延迟来实现最终产品的客户化定制，因而只需要对标准产品做出预测，如维持较高的总量，在临近需求发生时再进行客户化生产	在这种情况下，准确预测显得非常重要。因为从生产和运输的经济性出发，必须对未来一段时间的需求进行预测
补充货物的响应时间较短	当获得产品的速度较快，同时规模经济较低时，应该将关注的重点从预测转移到设计具有响应性和灵活性的流程上来	关键问题在于：根据市场情况和竞争策略，开展准确的短期预测，较少甚至不用考虑历史情况对预测的影响

具体的思路如下：

① **建立根据订单生产的模式。**根据订单生产的拉式生产方式，已经被许多企业采用。这不仅可以消除对预测的依赖，还可以降低库存。但是，这种模式要求生产与配送时间较短。公司在生产上时间并不长。有部分产品可以当天生产、当天发货。另外需要解决的是质量检查的瓶颈。

公司目前配送时间的缩短也是有潜力的，如果仓库集中，就能改变目前多点提货的配送方式。

② **缩短原材料的提前期。**另一个对消除预测有很多帮助的方面是原材料供应的保障，特别是缩短原材料供应提前期，目前公

司原材料供应的提前期偏长。

缩短原材料提前期的方法包括：严格管理供应商的提前期；与供应商发展战略合作关系。

具体措施包括：供应商在公司建立仓库，供应商快速反应，供应商管理库存（寄售）等。

对于缩短采购提前期，需要供应部的配合，也需要进一步对供应商及其历史订单进行分析及对供应商的调研。

从提前期可以缩短的原材料能够支持的产品入手，开展拉式生产的试点，逐步积累经验，并不断创造拉式生产的条件，扩大拉式产品种类，达到降低库存及减少对预测依赖的目的。

问题讨论

1. A 公司对预测采取了消极放弃的态度，请问是由哪些误区造成的，带来什么后果？

2. 请归纳 A 公司当前预测存在问题的原因是什么。

3. 案例中公司需求预测改进具体的方案是什么？请评价这些方案实施的难度。

第5章

采购与物料管理

◆ 引导案例

食品加工的供应链

图 5-1 食品加工供应链

如图 5-1 所示，沿着供应链，有一系列公司，这些公司的原材料物流系统是不相同的。供应链的起点是煤炭和矿石作业，包括采煤和采矿。这时的原材料物流系统其实是采掘与生产过程的一部分。因此，原材料物流将很难与采煤作业分开，除非采煤公司事先采购用于采煤的设备，并需存储与运输。采煤（矿）公司要把大量精力投入到产品物流系统，向供应链中的公司在适当的时间与地点，提供适当数量的产品。

沿着这条供应链，下一家公司就是钢铁制造厂。煤炭对钢铁厂来说是重要的原料，它在炼焦区把原煤转变成焦煤，也可以从其他炼焦公司直接购买焦煤。如果是后面这种情况，我们还需要在供应链中增加一家公司。

除了焦煤之外，钢铁厂也可能从其他供应商处获得其他原材料来生产钢铁。这些原材料都必须以适当的数量采购、运输、储存，通过预先的生产计划与生产钢铁的过程协调。因此，钢铁公司对原材料物流系统非常重视，并努力协调原材料物流活动。

下面比较一下钢铁公司的原材料物流与产品物流系统。在原材料物流系统中，由于原料焦煤、铁矿等的性质，它们可以通过驳船、车皮运输，并在露天堆存。而成品钢材可能需要先进的运输、仓储、存货控制及搬运装卸手段。因此，原材料和产品物流系统会具有不同的网络设计要求。

在钢铁生产出来后，它可以沿着供应链移动到达下一家公司，可以是汽车制造商或罐头制造公司。假设我们讨论的供应链最终将生产出食品，那么下一步将是生产各种大小罐头的罐头制造厂。需要指出的是钢铁公司可以是几条不同供应链的组成部分，也就是说，钢铁产品也可以出售给汽车制造商、办公用品制造商等其他公司。

在罐头制造公司之后，供应链的下一步可以是食品制造厂，加工过的食品在此被装入各种罐头。食品加工公司常在事后贴上标签，如同样的梨罐头，可以被标上 8~10 个不同公司的标签。先把罐头一起存放，收到订单后再贴上标签，这样做，因减少了不确定性，可以减少存货水平。也就是说，对某一梨罐头总需求的预测，要比对每个公司品牌的梨罐头需求的预测容易得多，因为不同品牌的梨罐头市场份额会改变。

当从零售商处得到梨罐头的订单，贴上标签后就运往零售商的仓库或商店。当梨罐头最终到达商店出售，就到达了供应链的最后位置。当然，也可以认为，只有到达消费者家中才算结束。在注重环境的社会，废罐头需要回收，通过部分供应链，即形成回收物流系统。

以上案例可见，不同公司的原材料物流存在着较大的差异。这些差异对设计和管理物流供应链有着重要的影响。同时，它也说明了对于一家公司而言是产品物流，对另一家公司则可能是原材料物流。随着向供应链的移动，价值被不断增加，因产品价值增加，物流成本也随之增加。另外，一家公司也可以同时是几条供应链的一部分。

原材料物流与产品物流一样，不同公司其原材料物流的重要性与复杂性有很大不同。例如，汽车制造一般有 13 000 个零件的原材料物流，罐头公司的原材料则相对简单，钢铁公司原材料的品种数量有限，可以散装与露天堆存。这也是物流管理学的一个特点，不同的行业在物流系统与管理中，有一定的个性。

本章讨论物流供应链系统中的原材料物流，也称进货物流（Inbound Logistics），它包括采购和相关物料管理活动。原材料物流与产品物流系统具有类似的活动及过程，它们都涉及运输、仓储、物料搬运、库存管理和控制及包装等决策，这些物流环节在后面章节将作详细讨论。

本章将讨论以下几方面的内容

- 采购管理
- 原材料物流的零库存管理
- 物料需求计划（MRP）

5.1 采购管理

有效的货物或服务的采购，对公司的竞争优势具有极大的作用。采购过程把供应链成员连接起来，保证供应链的供应质量。在许多行业中，原材料投入成本占总成本的比例很大，投入原材料的质量影响成品的质量，并由此影响顾客的满意度和公司的收益。因为采购对于收入、成本和供应链关系起着决定性的作用，所以就不难理解为什么采购管理越来越受到重视。

5.1.1 采购的定义

采购是一个复杂的过程，目前还很难对它进行统一的定义，根据环境的不同它可以有不同的定义。狭义地说，采购是公司购买货物和服务的行为；广义地说，采购是一个公司取得货物和服务的过程。然而，采购的过程并不仅仅是各种活动的机械叠加，它是对一系列跨越组织边界活动的成功的实施。因此，对采购的定义应是：用户为获取与自身需求相吻合的货物和服务而必须进行的所有活动。

著名管理学家波特在他的价值链理论中发现了采购的战略重要性。采购管理包括了对新的供应商的资质认定、各种不同的投入物的采购和对供应商表现的监督，因而采购在供应链成员中起着重要的作用。

5.1.2 采购过程

下面所介绍的有关采购过程的活动，对于货物与服务的采购都适用。这些活动通常跨越公司内部的功能边界，如果在交易中不是所有组织的投入，就不能有效地来完成采购过程。成功地实施这些活动，对于买卖双方来说，都能取得尽量大的价值，因此它使得供应链的价值最大化。

1. 需求的确定或重新估计

采购一般是对新用户或老用户的要求做出反应，用户是指公司中的个人或部门。在某些情况下，已有的需求必须重新估计，因为它们可能发生了变化。在任何情况下，一旦需求被确认，采购过程就可以开始了。需求可以由公司的不同部门确定，或甚至由公司以外的人员来确定，比如客户。

2. 定义和评估用户的需求

一旦需求确定下来，必须以某种可以衡量的标准形式来代表。标准可以是简单的，例如对复印机的用纸可以是具有一定重量的白纸。如果公司要购买高技术的产品，标准也很复杂。通过这些标准，采购专业人员可以把这些用户的需求告诉潜在的供应商。

3．决定是自己制造还是购买

在要求由外部供应之前，采购方应决定由自己来制造产品或提供服务还是通过购买来满足用户的需求。即使做出了自己制造或提供的决定，采购方也必须从外部供应商处购买某种类型的投入物。目前，这一步骤已变得越来越重要，因为越来越多的公司做出外包的决策，以便集中自己的核心业务（core business）。

4．确定采购的类型

采购的类型将决定采购过程所需的时间和复杂性。按时间和复杂程度采购可以分为三种类型：

- 直接按过去的惯例采购或称重新采购；
- 修正采购，需要对目前供应商或投入物做些改变；
- 全新采购，由全新的用户需求引起的采购。

5．进行市场分析

供应商可以处于一个完全竞争市场的情况下（有许多供应商），或在一个寡头市场（有个别大的供应商），或垄断市场（一个供应商）的情况下。了解市场类型有助于采购专业人员决定市场供应商的数量、权力与依赖关系的平衡、哪种采购的方式最有效，如谈判、竞争投标等。有关市场类型的信息并不总是明显的，因此必须做一些研究，参阅有关图书资料、行业协会信息等。

6．确定所有可能的供应商

包括找出所有能满足用户要求的供应商。在一个阶段，把所有可能的、过去未被选中的供应商也包括在内。在全球化的环境下，找出所有的供应商具有挑战性，需要进行一定的研究。如果公司很小，可以依靠常规使用的信息来源，如电话黄页。

7．对所有可能的资源进行初步评估

当对用户需求进行定义和评估时，区分需求和期望是很重要的。产品或服务的需求，对用户是很重要的，而期望并不十分重要，它是可以进行商谈的。初步评估将可能的供应商减少到可以满足用户需求的几家。在某些情况下，初步评估可能非常简单。例如，复印用纸，供应商可以定期检查手头有货或没有货。对计算机配件，可能还需要内部技术人员进行一系列测试。

8. 剩余供应商的再评估

如果已有可能将供应商减少到能满足用户需求的几家，就有可能确定哪家供应商最能满足用户的要求或期望。如果采购项目既简单又标准，并有足够数量的潜在供应商，这些活动可以通过竞争招标来实现。如果这些条件不存在，则必须进行更详细的估计，使用工程测试或模拟最终的使用情况。例如，对汽车的座位安全带进行测试。

9. 选择供应商

供应商的选取也决定了买卖双方将建立的关系，决定了这些关系的“机构”将如何组成和执行。这一活动也决定了与未被选上的供应商之间的关系将如何维持。实际选取将依据依次讨论的数据来进行，如质量、可靠性、总价，等等。

10. 接受产品的发运和服务

这一活动随供应商进行满足用户需求的活动而发生。这项活动完成后，便产生了下一个活动所需的表现评价数据。

11. 进行购买后的表现评价

一旦服务完成或产品发运，应对供应商的工作进行评价，以确定其是否真正满足用户的需求，这也是“控制”活动。如果供应商的工作不能满足用户的需求，必须确定发生这些偏差的原因，并进行适当的纠正。

以上讨论的所有活动都受采购专业人员控制范围以外因素的影响。这些影响可以决定每一个活动执行的效率，它包括公司之间、公司内部的因素及政府的影响等外部因素。比如，市场需求或制造过程的改变可能要求在第一轮循环完成之前，重复部分或所有的活动。潜在供应商的财务问题也会导致问题的出现，并需要重复某些活动。

5.1.3 采购过程的管理

采购过程的管理中会遇到许多问题，包括组织结构的不灵活、组织文化的不灵活等。但大部分公司认为这一过程相对而言是较容易的，在处理这些活动时，重要的是要记住不同的公司是不同的，它们对采购的过程有不同的要求，四步法可以用于适应公司的特殊要求。根据前面对采购过程的讨论，下面的步骤可用来尽量地提高效益。

1. 确定采购类型

在采购过程中，确定采购类型（第 4 项采购活动），在大多数情况下将决定整个过程的复杂性。比如，直接重新采购意味着所有的采购活动过去已实施过，所必需的活动可能是第 4、9、10、11 项；而修正的重新购买也可以不进行所有的活动；但一个新的采购通常需要执行前面讨论的所有的活动。

2. 决定必要的投入水平

采购过程需要公司两种类型的投入：时间与信息。时间是采购人员所花费的，采购越复杂、重要，所花时间越多，尤其对一个新的采购。信息可以是内部或外部的，内部信息是有关用户的需求和采购对公司的意义，外部的信息是有关供应链成员、潜在的供应商和其他单位的信息。采购越复杂、越重要，为了采购的效率，就需要更多的投资。如没有足够的投资，可能在满足用户需求方面会产生问题。

3. 采购过程的实施

这是说起来容易做起来难的步骤，一般根据不同的情况而不同，它包括实施必需的活动，以有效地采购满足用户的需求。这一步骤也允许专业采购人员及时收集数据。采购过程管理的最后一步中，最重要的是评价实际投资，及如何更好地满足用户需求的能力。

4. 对采购过程的有效性进行评估

这是一个控制步骤，有两个问题：用户的需求满足了吗？投资是否有必要？请注意，目的是投资足够的时间与信息真正来满足用户需求，如果采购过程无效，原因可能追溯到没有足够的投资，没能进行适当的活动，或在进行一项或多项活动时产生失误。不论何种情况，如果采购过程无效，管理者必须确定为什么无效，并采取适当的措施，确保以后的采购有效。如果采购活动以合适的投资水平满足了用户的需求，采购是有效的，并可作为今后采购的一个参考。

因此，尽管采购过程是复杂的，只要管理者使用某些系统的方法来执行，它也能有效地安排好。在这一领域要得到效率，取得有效性，一个关键因素就是发展与成功的供应商的关系。事实上，许多专业的采购与物资经理都认为，目前全球化市场需要发展与实力雄厚的供应商的关系，以产生和维持竞争优势。如果供应商成了“伙伴”，公司可以依靠他们提供新产品的设计、工程的帮助、质量控制等。

◆ 物流窗口 5-1

采购管理发展的三个层次

1. 交易管理，简单购买（Transaction）

初级的采购管理多为对各个交易的实施和监督。其特征为：

- 围绕着采购订单（Purchase Order，PO）；
- 与供应商的讨价还价；
- 仅重视诸如价格、付款条件、具体交货日期等一般商务条件；
- 被动地执行配方和技术标准。

2. 采购管理（Procurement）

随着对前期大量订单的经验总结和汇总，以及管理技能的提高，管理人员意识到供应商管理的重要性；同时，根据自身的业务量分析（ABC 分析法），考虑整个物流系统的要求，合理分配自身的资源，开展多个项目管理。这个阶段的特征为：

- 围绕一定时间段的采购合同，试图与供应商建立长久的关系；
- 加强了对供应商其他条件的重视，如订单备货周期、送货、经济批量、最小订单量和订单完成率；
- 重视供应商的成本分析；
- 开始采用了投标手段；
- 加强了风险防范意识。

3. 战略性采购与供应链管理（Strategic Sourcing and Supply Chain Management）

目前比较新的概念是战略性采购，其特征是：

- 与供应商建立战略性伙伴关系；
- 更加重视整个供应链的成本和效率管理；
- 与供应商共同研发产品及其对消费者的影响；
- 寻求新的技术和材料替代物，OEM 方式的操作；
- 充分利用诸如跨地区、跨国家的公司（工厂）的集团力量集中采购；
- 更为复杂、广泛地应用投标手段。

其中，集中采购的手段正被越来越多的公司采用。集中的概念事实上包含两层含义：集中集团内各分公司或者各工厂的采购量，将采购量集中给少数的供应商，以图获取规模效应带来的节省。更进一步的工作是尽可能地减少材料的规格或标准，以图从供应商在原材料采购和生产加工收益中带来节省。

5.1.4 供应商的评估与关系管理

许多成功的公司已认识到采购在供应链管理中所担任的角色，与供应商的关系是成功的采购策略的关键。“好的供应商不是天生的”，是采购专业人员经常引用的一句格言。当公司减少供应商的数量，并使用全面质量管理（TQM）程序和零库存生产和库存系统相结合时，这一格言尤为真实。

建立使用较少的供应商的策略，意味着与供应商结成战略联盟伙伴关系，它能确保以最优的价格得到高质量的物料供应。联盟的概念不仅仅包括采购过程，联盟是由公司贯穿整个供应链为目的而发展起来的。例如，战略也包括运输公司、合同物流公司（第三方供应商）和各种销售渠道。

目前采购专家们认识到高质量的管理必须有高质量的物料和零件，也就是说，最终的产品与生产过程中的部件同样重要。因此，使顾客得到满意的过程自采购就开始了。

采购要考虑的另一因素是采购对公司竞争优势的贡献，无论公司优势（用波特的理论）是低成本、区别化还是聚集策略。因此，采购管理必须与公司在市场中的总体竞争优势相一致。比如，丰田与奔驰的采购策略肯定会不同。

即使与供应商组成战略联盟关系，在任何条件下，采购时必须考虑某些标准。

5.1.5 选择供应商标准

选择供应商最重要的标准是质量。如前所述，质量常指对某一项目表示的详细规格，可以是技术规范、理化性质或设计等。采购人员必须比较客户要求与实际提供的产品质量。实际上，质量还包括一些其他的因素，如产品寿命、维修的便利、维护要求、使用的简便等。在当今全面质量管理环境下，不仅质量标准较高，供应商也必须对质量负有主要的责任。

可靠性包括交货与交货表现，是采购专家的第二和第三位考虑的因素。为防止由于交货时间超出期望时间而引起的生产线停顿，采购方需要交货表现连贯一致与准时。采购产品的表现直接影响到最终产品的质量、制造商的质量承诺和下一次的销售。最后，采购的公司将卖方的质量保证和索赔步骤看做一项可靠性措施，可靠性经常被看做整个质量管理程序的一部分。还应注意到如果越来越多地依赖于国外供应商，由于距离较远，对可靠性会带来一些影响。

供应商选择的第三个标准是能力，它考虑潜在供应商的产品设备和能力、技术能力、管理和组织能力，以及操作控制能力。这些因素显示了供应商准时提供所需物料质量和数量的能力。对供应商的评估不仅包括它提供所需物料的能力，而且也包括供应商在较长时间内一贯坚持满足用户要求的能力。

财务能力是供应商选择的第四个标准。财务不稳定的供应商可能会导致长期持续的物料供应的中断。那些提供关键物料的供应商通过宣布破产，将会导致买方生产中断。在从公路承运人处购买运输服务时，这一标准变得尤为重要，因为这种供应商破产比例极高。

供应商选择因素还可以包括其他方面，例如，尽管买方可能发现供应商的态度很难定量表示，但态度确实影响对供应商选择的决定。例如，态度不好，可能导致买方对该供应商不予考虑。供应商的形象对其选取也有类似影响。培训支持及包装的重要性将随所购买的物料而定，例如，包装对于购买易损物料如玻璃的买方是重要的，但对于购买像矿石这样不易损坏的物料的买方则并不重要。培训对于选择如计算机和机器人这样的技术部件的供应商的公司而言是重要的，而对选择办公用品的供应商则并不重要。类似地，买方在购买技术部件时将维修服务是否方便看得尤为重要。

供应商的地理位置是供应商选择的另一个因素。这一问题引出了是向当地还是远方的供应商购买，显然运费是这一问题的关键。另外还有一些因素，如完成紧急订单的能力、满足发运时间、较短发运周期等使人们偏爱使用当地供应商。然而，远方供应商可能提供的价格更低、技术能力更强、供应更可靠、质量更高。

有关供应商选择因素的重要性排序与购买的物料有关。若购买计算机，则技术能力和培训、价格、发运、保质期等较为重要，而购买办公用品的买方可能更强调价格和发运。

◆ 物流窗口 5-2

某公司对供应商的绩效考核标准

某公司根据其采购产品的特点，制定了对供应商绩效进行考核的指标，分为三大类型指标：供应商的质量表现指标、供应商的交付表现指标、供应商持续改进指标。每一个类型的指标都由几个指标组成，并制定一定的、可以定量化的标准，对其表现进行打分以确定其绩效，见表 5-1，表 5-2，表 5-3。

表 5-1　供应商的质量表现指标

指　标	标　准	分　值
被拒绝与不一致	没有发生过被拒绝或送货的不一致	4
	送货不一致不超过 5%	3
	送货不一致为 5%~10%	2
	送货不一致为 10%~20%	1
	送货不一致为 20%	0
加工能力，样本	从所有送货中抽取样本，超出控制限度的不超过 1%	4
	从 90%~99%送货中抽取样本，超出控制限度的不超过 5%	3
	从 80%~90%送货中抽取样本，5%~10%超出了控制限度	2
	从 70%~80%送货中抽取样本，10%~20%超出了控制限度	1
	从<70%送货中抽取样本，超出控制限度的大于 20%	0

表 5-2　供应商的交付表现指标

指　标	标　准	分　值
数　量	数量全部正确	4
	不正确的交付不足 5%	3
	不正确的交付为 5%~10%	2
	不正确的交付为 10%~20%	1
	不正确的交付为 20%	0
时　间	所有交付均准时	4
	无法容忍的交付延迟不足 5%	3
	无法容忍的交付延迟为 5%~10%	2
	无法容忍的交付延迟为 10%~20%	1
	无法容忍的交付延迟为 20%	0
单　证	没有漏记批量数目、包装表列、发票错误及其他单证	4
	被错记的交付不足 5%	3
	被错记的交付为 5%~10%	2
	被错记的交付为 10%~20%	1
	被错记的交付为 20%	0
交付条件	所有交付都在期望条件下收到	4
	有垫衬受损、包装不全、纸箱破损的交付不足 5%	3
	有上述损坏的交付为 5%~10%	2
	有上述损坏的交付为 10%~20%	1
	有上述损坏的交付为 20%	0

表 5-3　供应商持续改进指标

指　标	标　准	分　值
纠错与改进	不一致报告/供应商做出反应且实施改进不超过 30 天	4
	不一致报告/供应商做出反应且实施改进为 31~60 天	3
	不一致报告/供应商做出反应不超过 30 天	2
	不一致报告/供应商做出反应为 31~60 天	1
	60 天内无反应	0
成本、备货期、批量规模	单位成本、备货期与批量规模有大幅减少	4
	单位成本、备货期与批量规模有小幅减少	2
	单位成本、备货期与批量规模无减少	0

5.2 原材料物流的零库存管理

零库存（Just In Time，JIT）是库存管理方法中讨论最多的一种方法。最初，它是应用于自生产过程中，现在零库存的概念已经应用到其他环节，包括产品配送等。

零库存系统是由日本丰田汽车公司首先采用的，它的基本思想就是通过严格管理，杜绝生产待工、多余劳动、不必要搬运、加工不合理、不良品返修等方面的浪费，达到零故障、零缺陷、零库存。一句话，“只在需要的时候，按需要的量，生产所需的产品”，也就是追求一种无库存，或库存达到最小的生产系统。具体而言，在这种管理方式下，由最后一道工序开始，依次向上一道工序降序传递信息、领取零部件，而每一道工序只生产补充下道工序所领取的相同数量的零部件。该系统要求将需要的零件在需要的时间、按需要的数量及时供给每道工序，因此在理想的情况下系统的库存为零。

1973 年，日本丰田汽车公司的副总裁大野耐一综合了单件生产和批量生产的特点和优点，创造了一种在多品种小批量混合生产条件下高质量、低消耗的生产方式——零库存系统，也就是所谓的看板（Kanban）系统。

看板是附在运送零部件与其他原材料的小箱子的一块信息牌，每一块信息牌都精确标明供应活动的时间和数量。生产卡（kan 卡）确定生产产品的数量，需求卡（ban 卡）确定从供应作业处所需的原材料。假如确定了每天生产的数量，这些活动不用计算机，就可以用手工完成。最后，系统被用来作为通知作业人员现有的问题，黄色代表有些小问题，红色代表出了大问题，两种情况全体工作人员都能看见。这样，通过这个系统，工人就知道了生产制造或过程可能的中断。

在看板管理、单元化生产方式的基础上，日本丰田汽车公司又进行了进一步的拓展。该管理配置方式体现在总装线上，丰田公司要求供应在总装线上所需的零部件都在总装线的相应位置上，以单元化生产的方式生产和供给，按看板管理掌握生产的品种、节拍和数量，实现了各零部件供应商与丰田公司总装线的同步生产，使总装线上的总成库存为零。实际上也是将零部件厂的总成装配线移到了丰田公司，组成了丰田公司总装线上的一个生产单元。各总成生产单元要求为其配套的零部件厂将材料或两次配套件按计划直接送到总成单元生产现场。从而节约了零部件总成厂的运费，使其运送费用几乎接近为零。由于零库存管理节约了库存费用和运输费，使丰田整车的制造成本显著降低。

◆ 物流窗口 5-3

一汽大众的零库存管理

一汽大众汽车有限公司目前仅捷达车就有十七八种颜色的七八十个品种，而每辆车都有 2 000 多种零部件需要外购。公司的零部件却基本处于“零库存”状态。一个占地 9 万多平方米、可同时生产三种不同品牌、亚洲最大的整车车间，之所以能做到目前的水平，归根结底是由于零库存管理方式的成功实施。

一汽大众的零库存管理有两种方式。一种是电子看板，也就是公司每个月把生产信息用扫描的方式通过计算机网络传递到各供货厂，对方根据这些信息安排自己的生产，然后公司按照生产情况发出要求供货的信息，对方则立即将所需的零部件在适当的时间内送达公司各车间的入口处，再由入口处将它们分配到车间的工位上。另一种方式则是公司按过车顺序把配货单传送到供货厂，对方按顺序装货并直接把所需的零部件送到车间的各工位上，从而取消了中间仓库储存的环节。

一汽大众汽车有限公司实施零库存管理的效果十分明显，零部件的储备量大大下降，由此每年节约的费用达六七亿元人民币。与此同时，供货厂商也减少了 30%~50%的在制品和产成品储备。

5.2.1 零库存的概念与内涵

零库存生产方式以准时生产为出发点，首先暴露出生产过量和其他方面的浪费，然后对设备、人员等进行淘汰、调整，达到降低成本、简化计划和提高控制的目的。在生产现场控制技术方面，JIT 的基本原则是在正确的时间，生产正确数量的零件或产品，即，准时生产。它将传统生产过程中前道工序向后道工序送货，改为后道工序根据看板向前道工序取货，看板系统是 JIT 生产现扬控制技术的核心，但 JIT 不仅仅是看板管理。

零库存概念有 4 个主要要素：无库存、备货期短、高频率小批量补货、高质量和无缺陷。零库存是一个物流、生产、库存和计划管理的现代方法，它基于在精确的时间以精确的数量把物料送达指定的地点，以使库存成本最小。零库存可以改进质量和减少浪费，并可从根本上改变公司实施的物流活动。零库存（如日本实行的）比库存管理系统更综合与复杂，它包括综合的质量文化、供应商合作和雇员团组。

零库存系统与二卡（two-bin）或重订（re-order）货系统的作业很类似，该系统用一个卡填写过去的需求，当一个卡空了（要求补零部件），第二个卡供应部件。丰田汽车因使用了总体生产计划系统而取得了成功，该计划的目的是对每个产品每天需要的零部件都做出计划。通过较短的生产周期以小批量生产这些产品，也产生了相对连续的对供应和部件的需求。理论上，零库存系统理想的批量或订单大小是一个单位。很明显，这鼓励公司减少或消除起始成本和增量订单成本。

通过坚持极小批量和订货周期，零库存可以极大地减少备货时间。例如，丰田公司在制造叉车时，只需要一个月的物料备货时间，而美国的叉车制造商的备货周期则要6~9个月。

5.2.2 零库存管理的目标与特点

JIT 的目标是彻底消除无效劳动和浪费，具体要达到以下目标。

（1）废品量最低（零废品）

JIT 要求消除各种引起不合理的原因，在加工过程中每一工序都要求达到最高水平。

（2）库存量最低（零库存）

JIT 认为，库存是生产系统设计不合理、生产过程不协调、生产操作不良的证明。

（3）准备时间最短（零准备时间）

准备时间长短与批量选择相联系，如果准备时间趋于零，准备成本也趋于零，就有可能采用极小批量。

（4）生产提前期最短

短的生产提前期与小批量相结合的系统，应变能力强，柔性好。

（5）减少零件搬运，搬运量低

零件送进搬运是非增值操作，如果能使零件和装配件运送量减小，搬运次数减少，可以节约装配时间，减少装配中可能出现的问题。

（6）机器损坏率低

（7）批量小

为了达到上述目标，JIT 对产品和生产系统设计考虑的主要原则有以下三个方面：在当今产品寿命周期已大大缩短的年代，产品设计应与市场需求相一致。在产品设计方面，应考虑到产品设计完后要便于生产；尽量采用成组技术与流程式生产；与原材料或外购件的供应者建立联系，以达到 JIT 供应原材料及采购零部件的目的。

在 JIT 方式中，试图通过产品的合理设计，使产品易生产、易装配。当产品范围扩大时，即使不能减少工艺过程，也要力求不增加工艺过程，具体方法有：① 模块化设计；② 设计的产品尽量使用通用件、标准件；③ 设计时应考虑易实现生产自动化。

JIT 的基础之一是均衡化生产，即平均制造产品，使物流在各作业之间、生产线之间、工序之间、工厂之间平衡、均衡地流动。为达到均衡化，在 JIT 中采用月计划、日计划，并根据需求变化及时对计划进行调整。

JIT 提倡采用对象专业化布局，用以减少排队时间、运输时间和准备时间。在工厂一级采用基于对象专业化布局，以使各批工件能在各操作间和工作间顺利流动，减少通过时间；在流水线和工作中心一级采用微观对象专业化布局和工作中心形布局，可以减少通过时间。

JIT 可以使生产资源合理利用，包括劳动力柔性和设备柔性。当市场需求波动时，要求劳动力资源也做相应调整。如需求量增加不大时，可通过适当调整具有多种技能操作者的操作来完成；当需求量降低时，可采用减少生产班次、解雇临时工、分配多余的操作工去参加维护和维修设备。这就是劳动力柔性的含义，而设备柔性是指在产品设计时就考虑加工问题，发展多功能设备。

JIT 强调全面质量管理，目标是消除不合格品，消除可能引起不合格品的根源，并设法解决问题。JIT 中还包含许多有利于提高质量的因素，如批量小、零件很快移到下工序、质量问题可以及早发现等。

5.2.3 零库存与传统库存管理方法的区别

零库存是一种先进的现代管理方法，它与传统库存管理方法有着本质的区别，见表 5-4。

表 5-4 零库存与传统库存管理的比较

因 素	传 统	零 库 存
1. 库存	资产	
安全库存	有	无
2. 生产时间	长	短
起始时间	缓慢	最小
批量	经济批量	一对一
3. 排队	消除	必须
4. 备货时间	可忍受	较短
5. 质量检验	重要	100%
6. 供应商/顾客	交易关系	合作者
供应来源	多个	单个
雇员	指令	参与

- 零库存试图消除买卖双方的过多库存。有些人感到零库存是简单地强迫卖方保持原来由买方持有的库存。但是，成功的零库存的运用，将显著减少买卖双方的库存。
- 零库存系统通常包括较短的生产周期，需要经常从某一产品的生产转向另一产品生产的生产与制造活动。
- 通过在公司需要的时间与地点运送原材料与部件，零库存减少排队时间。例如，汽车制造业用零库存方法在精确的地点补充零部件。
- 零库存概念用较短与一致的备货时间，以及时的方法来满足库存，这就是为何当计划以零库存方式供货时，供应商的设施将围绕工厂四周建立起来。
- 零库存系统依靠高质量的原材料与部件，及精确的原材料物流作业。事实上，零库存系统把制造与组装，以及时方式与原材料物流综合。
- 零库存概念要求供应商与用户双方相互承诺，强调质量与寻求双赢策略。零库存的成功需要在整个供应渠道中考虑库存的最小比，仅仅将库存推向另一渠道成员，不是成功的零库存。

5.3 物料需求计划

20 世纪 60 年代中期，美国 IBM 公司管理专家约瑟夫·奥列基博士（Joseph A. Orlicky）提出把一个企业内的各种物料分为独立需求（Independent Demand）和相关需求（Dependent Demand）两种类型的概念，并按时间段确定不同时期的物料需求，从而产生了库存控制的新方法——物料需求计划（Material Requirement Planning，MRP）。由于该方法是在总结了生产管理的大量实践经验的基础上产生的，而且本身又是一个符合逻辑、易于理解的方案，因此在制造业公司中得到了广泛的应用。

5.3.1 物料需求计划的概念和目标

物料需求计划系统包括一套逻辑性的程序、决策规则和记录，它设计用来把主生产计划（Master Production Schedule，MPS）转变成具体的时间段净存货需求，并及时对这一计划的每一部件的需求进行计划。MRP 系统针对每一存货单位（SKU）的净需求进行计划，根据主生产计划安排生产的项目、库存状态和物料清单（Bill of Material，BOM），模拟未来库存状态，编制计划清单并按前置期下达，以避免未来生产中出现缺货的现象，保证生产计划的顺利实施。

最初的 MRP 仅对物料而言，但随着计算机能力的不断提高和应用范围的扩大，

MRP 涉及的领域也随之拓宽。不久之后出现了既考虑物料又考虑资源的 MRP，即所谓的制造资源计划（Manufacturing Resource Planning，MRPⅡ）。在 MRP 的原有功能外，MRPⅡ还包含了财务功能，使得企业的制造、物流及财务能够结合起来，形成一个完整的生产经营管理计划系统。在这个系统中，人们又纳入了计算机模拟功能，使管理人员能够通过对计划、工艺、成本等功能的模拟并预见到“如果怎样—将会怎样（what-if）”，为管理提供预见性和寻求合理解决方案的决策工具。但是 MRP 仍是的 MRPⅡ核心部分。

MRP 系统的目标是：

- 保证原材料部件的供应。
- 保持可能的最低存货水平。
- 制造活动、送货和采购活动的计划。据此 MRP 系统考虑当前和计划的零件和存货数量，也考虑计划所需的时间。

5.3.2 物料需求计划的流程图

每个制造企业必须不断地回答下面四个问题：① 我们要制造什么？② 我们用什么来制造？③ 我们有什么？④ 我们还应得到什么？实际上，物料需求计划的实施过程就是回答这些问题的过程（见图 5-2）。

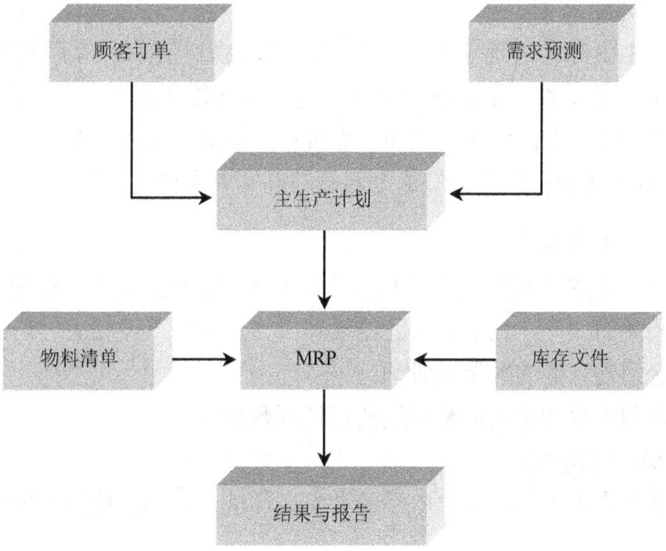

图 5-2 MRP 流程

（1）主生产计划（MPS）

根据实际的顾客订单和需求预测，主生产计划指导整个 MRP 系统的实施过程。MPS 精确、详细地规定了公司生产或组装的最终产品的品种与数量，顾客何时需要得到它们，即 MPS 将提供每个存货单元（SKU）的详细生产计划。它回答了“我们要制造什么”这个问题。管理人员负责制定每月的产品主生产计划，材料计划则将其细化，制定为周主生产计划。

（2）物料清单（BOM）

物料清单确切地规定了制造或组装最终产品所需的各种原材料、零部件和中间产品。除了确定总的需求，如数量，BOM 也告之每一个投入品在什么时候应能供应。同时它也确定这些投入品之间的相互关系，并说明它们对最终产品的相对重要性。物料清单回答了“我们用什么来制造”这个问题。工程师负责确保其准确性，并及时根据实际情况进行修改。

（3）库存文件（ISF）

该文件保存有每种物料的库存记录，它也包括有关物料需求的安全存货及备货期等方面的信息。公司可以从总需求中减去现有的部分，这样就可以知道任何时候的净需求。库存文件回答了“我们有什么”的问题。由库房工作人员来负责库存文件的记录与更新，并保证它的准确性。

（4）MRP 计划

基于主生产计划确定的最终产品需求和物料清单、库存文件提供的相关信息，MRP 系统将把最终产品需求分解成对每个零部件和原材料的总需求，然后减去现有的库存，得到净需求，下达生产和装配过程中必需的投入命令，并给出相应的订货要求信息。“我们还应得到什么”这个问题的答案就来自这一步骤。

（5）结果与报告

最后，MRP 系统将相关结果报告给有关的物流、制造和组装的管理人员，指导他们进行相关的操作。几个基本的结果和报告包括与下面相关的信息和记录：

- 公司需订购的数量和时间；
- 任何需要加快或调整到达的日期或数量；
- MRP 系统状态。

这些报告用于控制 MRP 系统和复杂环境，并每天检查以做出适当的调整，提供相应信息。

5.3.3 物料需求计划的举例

为了更全面地理解 MRP 方法，我们来看一个生产定时器的公司。假如根据总体生产计划，公司在 8 周末要生产出 1 个定时器并交付客户。

图 5-3 表示的是生产 1 个定时器的原料清单，1 个成品需要 2 个盖子、1 个空心球、3 个支撑件和 1 公斤沙子。图中也表明，必须先把沙子装入球内，才能组装成定时器。

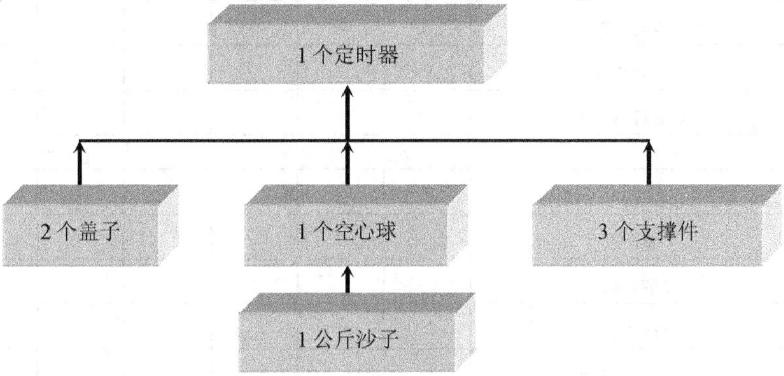

图 5-3　零部件和成品的关系：MRP 定时器的例子

表 5-5 是生产定时器的存货状况及各原料的净需求，它是总的需求与现有存货之差。表中也表明了各部件的备货时间，如采购支撑件与空心球的备货时间是 1 周，而沙子需 4 周，盖子要 5 周。当所有的部件备齐后，组装定时器需 1 周时间。

表 5-5　存货状况与各原料的净需求

产品与材料	总需求（个）	存货（个）	净需求（个）	备货时间（周）
定时器	1	0	1	1
盖子	2	0	2	5
支撑件	3	2	1	1
球	1	0	1	1
沙子	1	0	1	4

表 5-6 是有关定时器生产的订货、接收、组装和完成的活动的总体计划。因为公司必须在第 8 周末把 1 个定时器准备完毕，合适的部件必须在第 7 周准备就绪。图 5-3 上部分表示了这种需求。

从第 7 周需要部件向前看，图 5-3 中的下半部分可找出订购与接收部件存货。例如，对 2 个盖子，需要 5 周的备货时间，公司必须在第 2 周下订单。对支撑件，则需要 1 周的备货时间，公司应在第 6 周下达订单。最后，公司需要在第 6 周订购球，以备第 7 周使用，在第 2 周订购沙子以备第 6 周到货。

表 5-6 总体计划——定时器 MRP 的例子

定时器（备货时间＝1 周）	1	2	3	4	5	6	7	8
需求数量								1
生产计划							1	

盖（备货时间＝5 周）	1	2	3	4	5	6	7	8
总需求							2	
现有存货	0	0	0	0	0	0	0	
计划收货							2	
计划订单下达		2						

支撑件（备货时间＝1 周）	1	2	3	4	5	6	7	8
总需求							3	
现有存货	2	2	2	2	2	2	2	
计划收货							1	
计划订单下达						1		

球（备货时间＝1 周）	1	2	3	4	5	6	7	8
总需求							1	
现有存货	0	0	0	0	0	0	0	
计划收货							1	
计划订单下达						1		

沙（备货时间＝4 周）	1	2	3	4	5	6	7	8
总需求						1		
现有存货	0	0	0	0	0	0		
计划收货						1		
计划订单下达		1						

这个例子说明了 MRP 方法如何与存货计划与存货控制相联系。事实上，MRP 程序本身会做出如图 5-3 中的计划。当程序做出总体计划后，打印出便于管理人员使用的格式。公司将以规定的时间与数量下达所需备件的订单。

实践中，MRP 对需大量零部件的生产的订单计划与控制特别适用。除了如定时器之类简单例子外，计算机化是使用 MRP 的先决条件。只有通过采用具有现代计算机的处理速度和能力，公司才能够以经济合算的方式应用 MRP。

5.3.4 物料需求计划的应用分析

MRP 系统要有效地发挥其作用，要求应用该系统的产业与企业：① 产品装配提前期较长；② 原材料、零部件的备货提前期较短；③ 原材料、零部件的备货提前期是可靠的，而不是臆测的；④ 有一个稳定的生产主进度表；⑤ 批量的大小变动较小。综合以上考虑，MRP 系统适用于加工装配型企业，尤其是生产由成千上万个零部件组成复杂结构产品的企业。这类企业在生产管理与物料控制中需进行大量的数据处理，如果没有 MRP 系统，很难保证管理和控制的及时、准确和有效。

MRP 的特点：① 可按一定的逻辑程序，自动准确地推算在各工艺阶段生产环节的生产需求量和需求时间，自动地控制库存数量并使之保持在一定的库存水平之上，从而为提高企业的经济效益创造了条件。② 可快速对市场需求或物料供应的变化做出反应和调整。③ 可快速对大量数据进行有效的处理，为企业的运作管理提供决策信息，并在决策基础上快速发出工作命令，从而在很大程度上提高了管理的工作效率。

优点：在过去的时间里，当企业从放弃传统的订货点法，从原有的手工或计算机系统转而采用 MRP 系统时，它们得到了许多益处。如定价更有竞争性，销售价格降低，库存减少，客户服务水平提高，改变主计划的能力增强，生产准备和设备拆卸的费用降低，空闲时间减少。此外，MRP 系统还能提前通知管理人员，以便他们能在实际订单下达之前看到计划情况；指出何时应加快进度、何时应减慢进度；推迟或取消订单；辅助能力计划。

缺点：MRP 系统对外购和加工订单是严格按照其逻辑和算法的，本质上是一个推式系统。MRP 系统的处理逻辑决定了它是一个严格的计划系统，如果有一个相对稳定的市场需求，而且在加工过程中生产又是相对稳定的话，它可以收到较为满意的效果。在目前市场需求瞬息万变的情况下，一旦市场预测与实际需求差距较大时，MRP 系统很难做出快速的反应。同时，尽管相比较传统的库存控制方法，MRP 系统能大幅降低原材料、在制品以及产成品的库存水平，但总体而言库存量还是偏大，占用了较多的流动资金，不利于企业的发展。

练习题

1. 原材料物流系统（物料管理）包括的活动有哪些？
2. 何谓采购？它的过程如何？如何实施采购管理？
3. 简述采购管理内容与采购管理的三个层次。
4. 供应商选择一般有哪些标准？

5. 在采购过程中，应该如何选择供应商？
6. 何谓零库存管理？其核心是什么？
7. 企业在实行零库存管理的时候，应该注意哪些问题？
8. 解释 MRP 及其流程。
9. MRP 是什么？它有什么用？如何实施 MRP？

第6章

客户服务与配送管理

◆ 引导案例

20世纪90年代初，TCL以电话销量世界第三、中国第一的佳绩著称海内外。在后来的几年里，TCL进入彩电市场，以有计划的市场推广、深耕细作的营销管理策略，并配合建立庞大而富有效率的营销与配送网络，在激烈的市场竞争中脱颖而出，经过三年奋斗，产销量一举跨入全国前三位。同时，TCL国际电工在此期间借助TCL的品牌优势及自身的发展，也在同行业进入了前三名，使TCL集团成为有三个终端产品都进入前三位的大型企业集团。特别值得一提的是TCL的营销与配送网络，它分布在全国各地，实行三级管理，分为7个大区、28个分公司、150个经营部和办事处，有着近4 000人的庞大营销队伍，并有数千个授权经销商。这样庞大规模的销售与配送网络在TCL的迅速发展壮大的过程中起了关键的作用。

广泛的分销网络提高了产品销量，在企业的市场成功中发挥了重要作用，但随着规模的不断扩大销售与配送网络的管理也出现了一些问题。企业发展不但要有新的管理理念，同时还要有先进的管理手段做支撑才能成功。TCL营销网络的管理理念已逐步趋向成熟，并向更高一层迈进。而管理的现代化必须要求信息化，电脑必须网络化。只有如此，才能更快地实现管理的信息流及工作流，加快企业的物流和资金流，由此加强TCL的速度经济和网络的经济行为，提高TCL的核心竞争力。因此，在立足现在、着眼未来的前提下，TCL的核心领导层一致认为，营销网络信息化管理是企业取得可持续发展的基本条件，也是企业实现第三次飞跃必练的内功。为此，TCL做出了向信息化迈进的战略决策。

本章将讨论以下几方面的内容

- 客户服务的定义
- 物流与客户服务的关系
- 客户服务的分类与衡量

■ 配送资源计划（DRP）

6.1 产品配送与客户服务

相比原材料物流，产品物流一般更加受到重视。在第 1 章中我们已经指出，第二次世界大战后对物流兴趣的产生与发展，首先是在产品物流上，其原因是产品中包含的价值量的提高和生产线的扩张而引起的相关存货成本大大增加，以及高价值、小批量的运输需求的产生，导致运输成本大大增加。

当然，工商企业也承受不了对原材料物流的忽视，在当今激烈竞争的商业环境下，工商企业注重管理与协调原材料物流与产品物流，以改进效率（降低成本）和增加效益。但许多公司仍然偏重产品物流系统，这是因为它所包含的成本及它对取得市场份额的重要性。正是通过产品物流系统，工商企业与客户发生直接接触。因此，产品物流是大部分客户抱怨或满意的发源地。

必须注意，若不能有效地协调和管理原材料物流，产品物流就不能有效地运作。目前对减少备货周期，开发“拉式”存货系统和所谓“灵活”的制造方式，使原材料与产品物流的协调视为更为关键，把两者作为分裂的过程来管理，甚至是不可能的。

客户服务是很难定义的。不同的人对客户服务的理解可以不同，不同的公司也可以有不同的理解。服务的提供者与服务的购买者对客户服务也可以有不同观点。但总的来说，客户服务是对物流系统在创造时间与场所效应的表现程度的衡量，如及时地把恰当的产品运送到恰当的地方。

一般认为客户服务是公司区别自己的产品、保持客户（忠诚）、增加销售和提高利润的一种方法。客户服务的关键是理解与认识客户及他们的期望。客户服务可以用定量与定性方法来衡量，定性方法包括询问客户对所接受服务的意义。因此，客户服务应被看成是营销战略不可分割的一部分，它可以帮助提高市场占有率与公司的利润。

我们可以把客户服务看成公司提供给购买产品或服务的东西，产品可以有三个层次：

- 得到的主要利益或服务，它构成了购买者实际的购买。
- 有形的产品（实体产品）或服务本身。
- 有争议的产品，它包括次于但整合于加强购买者购买产品的利益。

按照这种层次划分，我们可以认为物流的客户服务属于第三类产品，它增加了购买者的价值。其他的第三类产品包括安装、保修和售后服务等。

进一步分析发现，公司可以通过提供较高的物流客户服务水平而取得竞争优势。因此，把客户服务看成一个可以增加显著价值的“产品”，是具有潜在的利益的。

但必须认识到客户服务是一个远远超出物流领域的概念，它表现在很多方面，下面所列的就是各种不同形式的客户服务。

- 改进开具账单的程序，满足客户对此的要求；
- 提供财务与信贷支持；
- 保证在规定的时间送达货物；
- 适宜的销售货物代表；
- 在销售中提供有关材料；
- 安装产品；
- 保持足够修理配件的存货。

本节讨论物流供应链中的客户服务，然而如上所列，客户服务可以在整个公司的各个不同部门体现。非物流的客户服务方面也可以增加客户的价值，必须把这些方面也包括在整个营销努力之中。

虽然客户服务并无普遍适用的定义，但客户服务可以从三方面来体现，我们可以把它看成对客户服务的三个层次的认识。

(1) 把客户服务看做活动

在此层次上，把客户服务看成公司必须完成的、满足客户需求的特定任务。订单处理、开具账单和发票、产品退换、投诉处理等是该层次中客户服务的典型例子。客户服务部是用来处理客户的抱怨与问题的部门，它代表了此层次的客户服务。

(2) 客户服务表现衡量

这一层次的客户服务重视以特定的指标来衡量客户服务的表现，如订单按时完成的百分比，以及在可以接受的时间内完成订单的数量。虽然这一层次加强了前一层次的客户服务，公司不局限于表现衡量本身，而必须保证服务的努力能够取得客户的实际满意。

(3) 客户服务哲学

这一层次把客户服务提高到了全公司对客户服务的承诺，这种观点与当今许多公司强调质量与质量管理是相一致的。这一观点不光把客户服务看成是一项任务或一套表现评价，还把它看成是包括全公司的事和包括所有的活动，他们都专注于客户服务。

对大部分公司来说，客户服务是作为一项活动，根据这种观点在物流中客户服务活动是在一种交易型水平。例如，在零售店接受产品退货并没有增加产品价值，它只是平息客户的一种交易，并不存在通过客户服务增加价值。

对客户服务注重其表现评价是非常重要的，它提供了物流系统运作的一种评价方法。在一段时间后，这种评价提供了衡量的基准，它对在实施全面质量管理计划的公司尤为重要。但这层次的客户服务还是不够的。

最高层次的客户服务是作为一种经营哲学，把客户服务作为整个公司的事，但这仍不够，还必须把增值因素包括在公司客户服务哲学中。客户服务因此可以定义为：

客户服务是提供竞争优势、增加供应链利益以取得对最终客户价值最大化的过程。

客户服务问题具有许多要素，非常复杂。公司必须以物流管理来全面控制客户服务要素。成功的和高水平的物流客户服务很容易成为公司区分其竞争对手的战略方法。

客户服务是发生物流成本的一个重要领域，通常通过提供较好的服务使客户得到经济利益，如通过用空运代替汽车运输可以降低客户的存货。存货的降低是由于空运的时间短，导致订单周期缩短，但空运的运输成本将高于汽车运输。物流经理必须对客户期望的高水平服务和提供服务者通过增加销售额的得益与提供服务的成本之间做出权衡。公司物流经理必须努力在提供服务的水平、物流总成本和公司总收益之间进行平衡。但也有可能做到既降低成本又提高服务水平。

6.2 物流中客户服务的因素

客户服务涉及公司的许多部门。从物流角度，客户服务有四个传统要素：时间、可靠性、沟通与方便。下面探讨这些要素如何影响买卖双方。

1. 时间

时间因素通常以订单周期表示，尤其是从卖方的角度。从买方的角度则是备货时间或补货时间，不管是从什么角度及采用什么术语，影响时间因素有几个基本变量。

当今成功的物流作业具有对备货时间的基本变量高度控制的能力，包括订单处理、订单准备、货物发送，通过对这些活动的有效管理，保证合适的订单周期及一致性。卖方公司对买方的客户服务水平进行了改进。

（1）订单传送

订单传送包括订单从客户到卖方传递所花时间，少则用电话几秒钟，多则用信函几天。卖方若能增加订单传送速度就可减少备货时间，但可能会增加订单传送成本。

计算机与互联网使订单传送发生了革命，通过买卖双方的计算机联结，卖方可以登录到买方的计算机，在实时系统中，买方可以知道有关产品的供货的可能性以及可能的装运日期等信息。买方可以通过计算机来挑选所要的商品，并通过电子信息交换（EDI）传送给卖方。EDI 自动订货系统已广泛地用于买卖双方。

（2）订单处理

卖方需要时间来处理客户的订单、使订单准备就绪和发运。这一功能一般包括调查客户的信誉、把信息传送到销售部做记录、传送订单到存货区、准备发送的单证。这里的许多功能可以用电子数据处理同时进行。一般来说，卖方的作业成本节约比实施现代技术的资本投资要大，这是因为当今计算机硬件与软件的成本已大大下降了。

（3）订单准备

订单准备时间包括订单的挑选和包装发运。不同种类的物料搬运系统以不同方式影响订单准备工作，物料搬运系统可以简单到靠人力操作的系统到复杂的高度自动化的系统。订单准备时间相差很大，物流经理要根据成本和效益选择不同的系统。

（4）订单发送

订单发送时间是卖方把指定货物装上运输工具开始计算，至买方卸下货物为止的时间。当卖方雇用运输公司时，计算和控制订单发送时间是比较困难的。要减少订单发送时间，买方必须雇用一个能提供快速运输的运输公司，或利用快速的运输方式，这时运输成本会上升。

若对以上所有的四个组成部分进行改进来减少备货时间，其费用可能太高，公司可以在某一项目上进行改进而其他项目保持不变。如投资自动化物料搬运设备可能在财务上不合算，为弥补人工操作带来的较长的订单处理时间，公司可以采用电话订货代替信函订货，及用公路运输代替铁路运输。这将使公司减少备货时间而不用在自动物料搬运设备上投资。

对备货时间水平的保证是物流管理的一大进步，我们可以找出备货时间对客户的存货成本及卖方物流系统和它在市场中的竞争地位的影响，但时间概念本身如没有可靠性将是没有多大意义的。

2. 可靠性

对有些客户，可靠性比备货时间更重要。如果备货时间一定，客户可以使存货最小化。也就是说，若客户百分之百地保证备货时间是 10 天，则可把存货水平在 10 天中调整到相应的平均需求，并不需要安全存货以防止由于备货时间而引起的波动，而造成缺货（stock out）。

（1）备货时间

因为备货时间的可靠性直接影响客户存货水平和缺货成本，提供可靠的备货时间可以减少客户面临的不确定性。卖方若能提供可靠的备货时间，可使买方尽量减少存货与缺货成本，以及订单处理时间和优化生产计划。

第 4 章中描述了有关备货时间的频率分布，以天数表示。若备货时间在 4 天或 12 天附近，客户一般从存货中得到订货的备货时间是 4 天，若不能从存货中得到，则必须重新订货（back order），一般需要总的备货时间为 12 天。

（2）安全交货

可靠性不仅仅是备货时间上的一致性。可靠性是关于规则与一致的备货时间，及以安全和质量的均一性等条件送达客户所订购的货物。

安全交货是所有物流系统的最终目的，如前面所述，物流功能是销售功能的终点。如果货物到达时受损或丢失，客户就不能按期望使用，加重客户方面的成本负担：存货、生产和营销成本。

收到受损的货物，破坏了客户的销售或生产计划，这会产生缺货成本，导致利润或生产损失。因此，不安全的交货使买方发生较高的存货成本或利润和生产损失。这种状况对致力于实施一定程度的零库存计划以尽量减少存货的公司是不能接受的。

除了成本，非安全交货可导致客户提出索赔的成本，或返回受损货物要求修理等的费用。（依据 FOB 条款和其他销售条款，卖方而非买方对这些成本负责。）卖方可能意识到这些成本，因为它将直接负责来纠正这些错误。

（3）订单的正确性

可靠性包括订单的正确，正在焦急等待紧急货物的客户，可能发现卖方发错了货，没有收到想要的货物的客户可能面对潜在的销售或生产损失。不正确的订单使客户不得不重新订货，或客户会气愤地从此找另一供应商订货。如果客户是营销渠道的中间商，缺货状态也会直接影响卖方。

3. 沟通

对订货供应活动极其重要的两个活动是客户订购信息与订单供应和实际从存货拣货过程的沟通。在订货信息阶段，用 EDI 能减少订单信息传递到仓库接受时的错误，卖方应简化产品标识，如使用条形码以减少订单挑拣人员的错误。

EDI 不仅可减少订单供应中的错误，它也能增加存货周转率。EDI 与条形码结合，可以改进卖方的服务和减少成本。事实上，EDI 与条形码有助于卖方改进大部分的物流功能。

然而，经常与客户保持接触与采用 EDI 同样重要。与客户的沟通对监控与可靠性相关的客户服务水平是非常重要的。与客户沟通与交流对物流服务水平的设计来说是基本的。交流渠道必须永远畅通，这是卖方对客户物流要求的主要外部制约。没有与客户的接触，物流经理就不能提供最有效和经济的服务，这就等于物流经理在打球时并不知道它的比赛规则。

然而，沟通是一个双向的过程，卖方必须能够传达客户重要的物流服务信息。例如，供应商应很好地通知采购方潜在服务水平的下降，使采购方做出必要的操作调整。

此外，许多客户要求得到货物的物流状态信息，例如，有关发运时间、承运人或线路等是常常问及的问题，客户需要运输信息以便计划作业。

4. 方便

方便是物流服务水平必须灵活的另一说法。从物流作业角度，仅有一个或少数几个对所有客户的标准服务水平最为理想，但这是基于客户服务需求是均一的假设。事实上，这并不现实，例如，某一客户可能要求卖方托盘化并以铁路进行运输，而另一客户则只要求非托盘的公路运输，而第三个客户可能要求特殊的交货时间。物流服务要求与客户对包装、运输方式和承运人、线路、交货时间的要求等有关。

方便或灵活性是指认识到了客户的不同要求。卖方一般能根据客户大小、生产线等因素来划分客户。这种划分，使物流经理认识到客户的不同需求，并努力以最经济的方式来满足这些需求。

我们可以把对物流服务水平上的“方便”看成对不同客户给予不同的服务水平。更具体地说，不同客户群丢失订单的成本是不同的。例如，订购30%公司产量的客户比订购 0.01%公司产量的客户丢失的损失更大。另外，市场的竞争性也有不同，竞争性强的市场比竞争性弱的市场需要更高的客户服务水平。公司中不同产品的利润率也影响与限制提供服务的水平，也就是说，对低价值的产品，公司可提供较低的服务水平。

然而，物流经理应把“方便”因素以可操作的方式表示。

6.3 物流中客户服务表现的量度

从物流角度，四个传统的客户服务因素：时间、可靠性、方便和信息的沟通是制定有效客户服务计划的基本考虑因素。这些客户服务因素也是在物流领域建立客户服务表现标准的基础。

表 6-1 是客户服务的四个要素及对应的表现衡量内容，表现量度列于表的左栏。通常，这些量度以卖方角度表示，如订单的准时发送、订单的完整发送和订单准备时间等。

表 6-1　客户服务的要素与量度

因　素	简单描述	典型的量度单位
产品可得性	客户服务最常用的度量，一般定义为以百分比表示的存货	百分比可得性，以基本单位表示
备货时间	从下达订单到收到货物的时间 注：产品的可得性与备货时间常结合成一个标准，如 95%的订单在 10 天到达	速度与一致性
物流（配送）系统的灵活性	系统对特殊及未预料的客户需求反应的能力，包括加速和替代能力	对特殊要求的反应时间

续表

因　素	简单描述	典型的量度单位
物流系统信息	公司信息系统对客户的信息需求反应的及时性与准确性	对客户反应速度、准确性、和详细性
物流系统的纠错	物流系统出错恢复的程序，以及效率与时间（如账单出错、发运出错、货损、索赔）	应答与恢复时间需要
售后产品支持	交货后对产品支持的效率，包括技术信息、部件、或设备的修改	应答时间、应答质量

客户服务的供应链环境已经导致更严密的量度标准的产生，现在，人们越来越认识到表现量度需要是从客户角度来进行，包括：

- 订单及时率；
- 订单完整率；
- 订单完整无缺的货物比率；
- 订单完成的准确率；
- 账单的准确率。

如果卖方以传统的度量方法衡量与考虑客户服务，则买方可能并不满意，而且如果问题发生在交货过程中，卖方可能也并不知道。再者，买方以传统的方法也不能了解问题的范围与大小。当前注重交货时间的量度，不仅提供了评价的数据来源，也许更重要的是对发生的问题提供了早期警告。例如，假如标准的交货率是98%，而某月却下降至95%，调查表明，承运人并没有按指示办理货物运输，或买方在接收货物时未做好准备。

准时交货量度在当今更为重要，因为在产品物流中，买方经常与仓库或商店约好送货时间。在当今公司采用的零库存计划对供应商交货时间的“窗口”限制更窄。总之，当今对准时交货要求较高，今后则会越来越高。

供应链环境越来越严峻，导致优秀的公司正同时运用多种客户服务量度。运用多种度量，使取得高水平的客户服务更困难。

在今天变幻莫测的商业环境下，公司的改革就是要想方设法战胜竞争对手，抓住有利机会。市场规律不断变化，供给商只能把目光定在当前成功的最关键处：顾客满意。处于领先地位的供给商意识到在几十年甚至以后更长的时期内，顾客满意是取得竞争性优势的关键。随着消费者变得越来越复杂，需求的进一步增加，顾客满意正融入到成功公司的战略方针及目标中去。

◆ 物流窗口 6-1

联邦快递的客户管理系统

联邦快递是快递行业的创始人。联邦快递 25 年前开创了快递服务这一行业，现在已成为世界上最大的快递运输公司。从一开始，联邦快递就高度重视服务的品质。1990 年，联邦快递荣获全美 Malcolm Baldrige 议政国家品质奖，是服务行业中首位荣获此项殊荣的企业。1994 年，联邦快递成为获得 ISO 9001 国际品质标准认证的唯一一家全球快递公司，并在 1997 年再次获得此项认证。

1. 联邦快递的全球运送服务

电子商务的兴起，为快递业者提供了良好的机遇。电子商务体系中，很多企业间可通过网络的连接，快速传递必要的信息，但对一些企业来讲，运送实体的东西仍是一个难以解决的问题。举例来讲，对于产品周期短、跌价风险高的计算机硬件产品来讲，在接到顾客的订单后，取得物料、组装、配送，以降低库存风险及掌握市场先机，这是非常重要的课题。因此对那些通过大量网络直销的戴尔电脑来讲，如果借助联邦快递的及时配送服务来提升整体的运作效率，可为规避经营风险做出贡献。有一些小企业，由于经费人力的不足，往往不能建立自己的配送体系，这时就可以借助联邦快递。

要成为企业运送货物的管家，联邦快递需要与客户建立良好的互动与信息流通模式，使得企业能掌握自己的货物配送流程与状态。在联邦快递，所有顾客可借助其网址 www.fedex.com 同步追踪货物状况，还可以免费下载实用软件，进入联邦快递协助建立的亚太经济合作组织关税资料库。它的线上交易软件 Business Link 可协助客户整合线上交易的所有环节，从订货到收款、开发票、库存管理一直到将货物交到收货人手中。这个软件能使无店铺零售企业以较低成本比较迅速地在网络上进行销售。另外，联邦快递特别强调，要与顾客相配合，针对顾客的特定需求，如公司大小、生产线地点、业务办公室地点、客户群科技化程度、公司未来目标等，一起制定配送方案。

联邦快递还有一些高附加值的服务，主要是三个方面：

（1）提供整合式维修运送服务

联邦快递提供货物的维修运送服务，如将已坏的电脑或电子产品，送修或退还所有者。

（2）扮演客户的零件或备料银行

扮演业者的零售商的角色，提供诸如接受订单与客户服务处理、仓储服务等功能。

（3）协助顾客简化并合并行销业务

帮助顾客协调数个地点之间的产品组件运送流程。在过去，这些作业是由顾客自己设法将零件由制造商送到终端顾客手中，现在的快递业者可完全代劳。

综上所述，联邦快递的服务特点在于：协助顾客节省了仓储费用，而且在交由联邦快递运送后，顾客仍然能准确掌握货物的行踪，可利用联邦快递的系统来管理货物订单。

2．联邦快递的客户服务信息系统

联邦快递的客户服务信息系统主要有两个，一是一系列的自动运送软件，如Power Ship、FedEx Ship和FedEx interNetShip，其次是客户服务线上的作业系统（Customer Operations Service Master On-line System，COSMOS）。

（1）自动运送软件

为了协助顾客上网，联邦快递向顾客提供了自动运送软件，有三个版本：DOS版的Power Ship、视窗版的FedEx Ship和网络版的FedEx interNetShip。利用这套系统，客户可以方便地安排取货日程、追踪和确认运送路线、列印条码、建立并维护寄送清单、追踪寄送记录。而联邦快递则通过这套系统了解顾客打算寄送的货物，预先得到的信息有助于运送流程的整合，货舱机位、航班的调派等。

（2）COSMOS

这个系统可追溯到20世纪60年代，当时航空业所用的电脑定位系统备受瞩目。联邦快递受到启发，从IBM公司，Avis租车公司和美国航空局等处组织了专家，成立了自动化研发小组，建起了COSMOS。在1980年，系统增加了主动跟踪、状态信息显示等重要功能。1997年又推出了网络业务系统VirtualOrder。

联邦快递通过这些信息系统的运作，建立起全球的电子化服务网络，目前有2/3的货物量是通过Power Ship，FedEx Ship和FedEx interNetShip进行，主要利用它们的订单处理、包裹追踪、信息储存和账单寄送等功能。

3．员工理念在客户关系中扮演的角色

我们都知道，良好的客户关系绝对不是单靠技术就能实现的，员工的主观能动性的重要性怎么强调也不过分。在对员工进行管理以提供顾客满意度方面，具体方案有以下三个方面。

（1）建立呼叫中心，倾听顾客的声音

联邦快递台湾分公司有700名员工，其中80人在呼叫中心工作，主要任务除了接听成千上万的电话外，还要主动打出电话与客户联系，收集客户信息。

呼叫中心中的员工是绝大多数顾客接触联邦快递的第一个媒介，因此他们的服务质量很重要。呼叫中心中的员工要先经过一个月的课堂培训，然后接受两个月的操作

训练，学习与顾客打交道的技巧，考核合格后，才能正式接听顾客来电。

另外，联邦快递台湾分公司为了了解顾客需求，有效控制呼叫中心的服务质量，每月都会从每个接听电话员工负责的顾客中抽取5人，打电话询问他们对服务品质的评价，了解其潜在需求和建议。

（2）提高第一线员工的素质

为了使与顾客密切接触的话务员符合企业形象和服务要求，在招收新员工时，联邦快递是台湾少数做心理和性格测验的公司。对新进员工的入门培训强调企业文化的灌输，要先接受两周的课堂训练，接下来是服务站的训练，然后让正式的话务员带半个月，最后才独立作业。

（3）运用奖励制度

联邦快递最主要的管理理念是：只有善待员工，才能让员工热爱工作，不仅做好自己的工作，而且主动提供服务。例如，联邦快递台湾分公司每年会向员工提供平均 2 500 美元的经费，让员工学习自己感兴趣的新事物，如语言、信息技术、演讲等，只要对工作有益即可。

另外，在联邦快递，当公司利润达到预定指标后，会加发红利，这笔钱甚至可达到年薪的 10%。值得注意的是，为避免各区域主管的本位主义，各区域主管不参加这种分红。各层主管的分红以整个集团是否达到预定计划为根据，以增强他们的全局观念。

6.4 配送资源计划（DRP）

配送资源计划（Distribution Resource Planning，DRP）是广泛运用于产品销售物流系统的潜在的功能强大的技术，它能确定恰当的存货水平。配送资源计划实际运用的成功，表明公司能改进客户服务（减少缺货发生）、减少产品的总体存货水平、减少运输成本、改进物流中心的运作。由于以上潜在能力，配送资源计划受到了越来越多的制造公司的重视。

如第 3 章所述，配送资源计划被用于 MRP 系统，目的是使原材料存货最小。尤其在汽车制造中，需要大量的零部件，用于组装成品的各种零部件一般有不同的备货时间。因此，配送资源计划联结总体生产计划，它指出每天生产的零部件和生产的顺序，这一计划作为预测实际零件需求量与需求时间，当总体生产计划与每一零部件的备货时间相结合，则可以制定一个有关何时每一零部件必须订购的计划。它与实际存货状态相对，能比较确定满足地生产计划的数量。

MRP 把存货减少到能满足反映市场客户需求的生产计划。如果生产计划没有满足需求，公司某些零部件就会太多，而另一些部件就会太少。

配送资源计划是一种适用于流通企业进行库存控制的方式。在这种方式下，企业可以根据用户的需求计划制定订货计划，从而确定恰当的库存水平，有效地进行库存控制。配送资源计划的实际应用表明：流通企业能够改进客户服务（减少缺货现象的发生、加快响应客户需求的速度等），降低产品的总体库存水平，减少运输成本，改善物流中心的运作状况。由于以上的好处，配送资源计划受到了越来越多的流通企业的重视。

实施 DRP 时，要输入三个文件（见图 6-1），包括：① 社会需求文件，由订货单、提货单和市场需求预测等数据整理而成；② 供应商货源文件，提供有关供应商的供应批量、备货期等有关信息；③ 库存文件和在途文件，前者提供本企业仓库中现有各种商品的库存数量的信息，而后者则提供此前向供应商发出订单订购，而目前已在运输途中的商品数量、到货时间等信息。根据这三个文件，DRP 系统根据事先确定的逻辑及参数，给出两个计划文件：① 订货进货计划，根据用户需求、库存、供应商供货情况以及物流优化原则，确定向供应商发出订单的时间以及订购数量；② 送货计划，按照用户需求的品种、数量、时间和送货提前期以及物流优化原则，确定送货时间和送货数量。

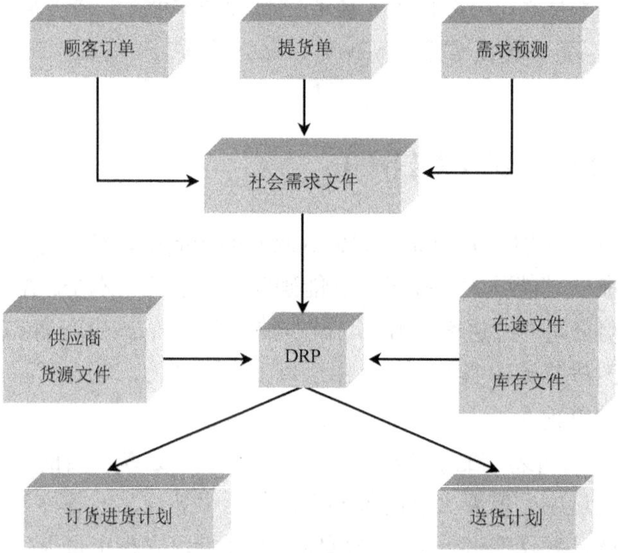

图 6-1　DRP 流程

DRP 对每一个库存单位（SKU）需求做出预测，其考虑因素包括：每一库存单位 SKU 需求预测，当前 SKU 库存水平——当前库存量（Balance On Hand，BOH），目前安全库存量（SS），订货批量（Q）以及前置期（LT）。DRP 最基本的工具就是明细表，它用于协调整个计划范围内的需求，具有许多项目：SKU 预测、BOH、计划接收、计划订购等。

为了形象地说明 DRP 是如何运作的，我们举一个实际的例子。某全国分销配送中心为三个地区分销中心供应货物，它们分别位于武汉、沈阳和上海，武汉分销中心的 DRP 表如表 6-2 所示。

表 6-2　武汉分销中心 DRP

当前库存量 BOH=352　　前置期 LT=2 周
安全库存量 SS=50　　订货批量 Q=500

	当前库存量（个）	周							
		1	2	3	4	5	6	7	8
预计需求（个）		50	50	60	70	80	70	60	50
计划收货（个）						500			
余额预期（个）	352	302	252	192	122	542	472	412	362
计划订单（个）				500					

武汉分销中心该货物的安全库存量为 50 个、前置期为 2 周、订货批量为 500 个。也就是说，在库存量将要下降到 50 个以下的那周必须要补充一批货物。因此，此前两周必须发出订单，每次向全国分销中心订购 500 个。一共对 8 周的需求进行预测。武汉分销中心当前的库存量是 352 个，它不断地被消耗，预计到第 5 周的时候将只有 42 个（第 4 周的库存余额 112 个减去第 5 周的需求 80 个），此时会出现低于安全库存量的现象（42<50）。为了防止出现上述结果，必须在第 3 周（第 5 周减去前置期 2 周）就启动订货程序。正如预测的那样，在第 5 周的时候将收到一批补货，其数量是 500 个，该周周末库存余额将变成 542 个。

沈阳分销中心与上海分销中心的情况也与武汉分销中心类似，它们的 DRP 分别如表 6-3，表 6-4 所示。

表 6-3　沈阳分销中心 DRP

当前库存量 BOH=140　　前置期 LT=2 周
安全库存量 SS=40　　订货批量 Q=150

	当前库存量（个）	周							
		1	2	3	4	5	6	7	8
预计需求（个）		20	25	15	20	30	25	15	30
计划收货（个）						150			
余额预期（个）	140	120	95	80	60	180	155	140	110
计划订单（个）				150					

表 6-4　上海分销中心 DRP

当前库存量 BOH=220　　前置期 LT=2 周
安全库存量 SS=115　　订货批量 Q=800

	当前库存量（个）	周							
		1	2	3	4	5	6	7	8
预计需求（个）		115	115	120	120	125	125	125	120
计划收货（个）		800							800

续表

当前库存量（个）		周							
		1	2	3	4	5	6	7	8
余额预期（个）	220	905	790	670	550	425	300	175	855
计划订单（个）							800		

对于全国分销中心而言，来自武汉、沈阳以及上海三个地区分销中心的订单就是它所面临的需求。由此，其相应的DRP表就产生了，这是该中心据以向生产商订货的基础。全国分销中心DRP如表6-5所示。

表6-5　全国分销中心DRP

当前库存量BOH=1 250　　前置期 LT=3周

安全库存量SS=400　　订货批量Q=2 200

当前库存量（个）		周							
		1	2	3	4	5	6	7	8
预计需求（个）		0	0	650	0	0	800	0	0
计划收货（个）							2 200		
余额预期（个）	1 250	1 250	1 250	600	600	600	2 000	2 000	2 000
计划订单（个）				2 200					

与MRP一样，DRP的应用也有其局限性。首先，DRP的成功实施不但要求对每一个物流中心的每一 SKU 都要有精确的预测，而且要有充足的前置期来保障产品的平稳运输。次之，DRP要求配送设施之间的运输具有稳定而可靠的完成周期。尽管可以通过各种可靠的前置期抵消或调整完成周期的不确定性，但仍旧无法彻底消除其对库存控制计划系统运作的负面影响。最后，由于生产故障或运输的延迟，综合计划常易受到系统紧张或频繁变动时间表的影响，由此产生生产能力的波动、配送方面的混乱，以及因更改时间表而产生额外费用等问题。除此以外，配送的作业环境复杂多变、补给运输完成周期以及供应商配送可靠性的不确定性，也会进一步加剧DRP系统运作的紧张程度。

DRP 的原理是更精确地预测需求和揭示该信息以用于制定生产计划。公司运用MRP并与总体生产结合，可以减少原材料存货。产品存货则是通过使用DRP来减少的，大部分的DRP模型比标准的MRP模型更为综合，它也计划运输。

DRP在与MRP结合后是一个可增加客户服务水平和降低总的物流和制造成本的有力工具。

本章小结

本章主要讨论了产品物流中的主要问题，包括物流在客户服务中的作用与衡量及DRP。产品物流系统在许多公司受到了较多的重视，但它也必须与原材料物流系统相协调。与原材料物流系统类似，在供应链中的产品物流在范围、重要性、复杂性上是不同的。

客户服务是许多公司关注的问题，它跨越几个功能部门，物流在客户服务中起着重要的作用，因它对货物的最终送达负责。客户服务是物流中与营销的主要交界面。传统上这个交界面被作为市场营销组合中的“场所”，但这种观点较为狭义和静态。我们需从供应链的角度来看待营销与物流的交界面。客户服务常以三种方式被认识：作为活动，作为表现衡量，作为哲学观。把在供应链中客户服务的增值作用包括在内是非常重要的。

从物流角度看，客户服务的 4 个主要组成包括：时间、可靠性、沟通（交流）和灵活性。订单周期（时间）的主要决定因素是：订单传送时间、订单处理时间、订单准备时间和订单送货时间。当今强调减少订货周期，它要求对订货周期时间的组成做详细分析。为有效率与效益地提供和管理客户服务，我们应提出表现量度的标准，并据此来衡量。有许多标准被使用，传统上它们注重卖方，现在，则更强调从买方角度来衡量。客户服务表现已增加到更高的标准，并且采用多重标准来衡量。

存货在产品物流中也扮演了特殊作用，强调减少存货在当今的环境下是很重要的。DRP 等工具有助于物流管理者更有效地管理存货。

练习题

1. 客户服务可定义为一项业务活动，或业务绩效评价尺度，或一种企业哲学理念。上述这些定义的优缺点是什么？该如何定义客户服务？
2. 从物流角度，客户服务的四个要素是什么？
3. 客户服务表现量度的指标有哪些？
4. 解释 DRP 及其流程。

第7章

运输管理

对大多数企业来说，运输成本在整个物流成本中所占的比例是最大的，有不少企业的物流成本中，一半以上是运输成本。因此企业物流管理人员需要对运输方面的问题有很好的理解。

本章将讨论以下几方面的内容

- 运输的作用与原理
- 各种运输方式的特征及其比较
- 运输行业管理
- 运输服务提供商
- 运输管理与供应商选择

7.1 运输的作用与原理

7.1.1 运输的作用

运输的作用是克服产品的生产与需求之间存在的空间和时间上的差异。运输首先实现了产品在空间上移动的职能，即产品的位移。无论产品处于哪种形式，是材料、零部件、配件、在制品或成品，或是在流通中的商品，运输都是必不可少的。运输的主要功能就是将产品从原产地转移到指定的地点，运输的主要目的就是要以最少的时间和费用完成物品的运输任务。同时，产品转移所采用的方式必须能满足顾客的要求，产品遗失和损坏必须减少到最低的水平。

通过位置移动，运输对产品进行了增值，也就是产生地点的效用（Place Utility）。商品最终流入顾客手中，运输成本构成了其价格的一部分。运输成本的降低可以达到以较低的成本提供优质顾客服务的效果。

运输有时也可以对产品进行临时储存，因此，对产品的储存也是运输的功能之一。如果转移中的产品需要储存，而短时间内产品又将重新转移的话，卸货和装货的成本也许会超过储存在运输工具中的费用，这时，将运输工具作为暂时的储存工具是可行的。当交付的货物处在转移之中，而原始的装运目的地被改变时，产品也需要临时的储存。另外，在仓库空间有限的情况下，利用运输工具储存也不失为一种可行的选择。尽管用运输工具储存产品可能是昂贵的，但如果需要考虑装卸成本、储存能力的限制等，那么从总成本或完成任务的角度来看，用运输工具储存往往是合理的，有时甚至是必要的。

7.1.2 运输的基本原理

运输管理中要用到的两条基本原理是规模经济和距离经济。

1. 规模经济

规模经济的特点是随着装运规模的增长，使每单位重量的运输成本下降。例如，整车装运（车辆满载装运）的成本低于零担装运（利用部分车辆能力进行装运）。铁路或水路之类运输能力较大的运输工具，其每单位重量的费用要低于诸如汽车或飞机之类运输能力较小的运输工具。运输规模经济之所以存在，是因为有关的固定费用可以按整批货物的重量分摊。有关的固定费用包括运输订单的行政管理费用、运输工具投资以及装卸费用、管理以及设备费用等。规模经济使得货物的批量运输显得合理。

2. 距离经济

距离经济的特点是每单位距离的运输成本随运输距离的增加而减少。距离经济的合理性类似于规模经济，尤其体现在运输装卸费用上的分摊。距离越长，可使固定费用分摊后的值越小，导致每单位距离支付的总费用很小。

7.1.3 运输作业的关键因素

从企业物流管理的角度，成本、速度和一致性是运输作业的三个至关重要的因素。

1. 运输成本

运输成本是指为两个地理位置间的运输所支付的款项，以及管理和维持转移中存货的有关费用。物流系统的设计应该利用能把系统总成本降低到最低限度的运输，这意味着最低费用的运输并不一定导致最低的物流总成本。

2. 运输速度

运输速度是指为完成特定的运输作业所需花费的时间。运输速度和成本的关系，主要表现在以下两个方面：首先，运输商提供的服务越是快速，他实际需要收取的费用也就越高。其次，运输服务越快，转移中的存货就越少，可利用的运输间隔时间越短。因此，在选择最合理的运输方式时，至关重要的问题就是如何平衡其服务的速度和成本。

3. 运输的一致性

运输一致性是指在若干次装运中履行某一特定的运输所需的时间，与原定时间或与前几次运输所需时间的一致性。它是运输可靠性的反映。多年来，运输经理们已把一致性看做高质量运输的最重要的特征。如果给定的一项运输作业第一次花费了 2 天时间，而第二次却花费了 6 天时间，这种意想不到的变化就会使物流作业产生严重的问题。如果运输作业缺乏一致性，就需要增加安全储备存货，以防措手不及的服务故障。运输一致性会影响买卖双方承担的存货义务和有关风险。

在企业物流管理与决策中，必须对运输成本和服务质量之间进行权衡。在某些情况下，低成本和慢运输也许将是令人满意的，一切都取决于物流系统的总目标。

7.2 各种运输方式的特征及其比较

7.2.1 各种运输方式的特征分析

运输的工具主要是车、船、飞机、管道等，相应的运输方式也有铁路、水路、公路、航空和管道运输五种。

1. 铁路运输的优缺点

铁路运输的特点是能够远距离运输大批量货物。在我国，铁路曾经是货物运输的主要方式。在 20 世纪 70 年代，各种运输方式中铁路的运量占有 75%以上的市场，现在世界上几乎所有大都市都通铁路，铁路在国际运输中也占有相当大的市场份额。但是，自 20 世纪 80 年代以来，铁路的市场份额已经下降到了总运量的 40%以下。主要原因是产品结构的变化，以及因受到铁轨、站点等的限制，铁路运输的灵活性不高。铁路一般是按照规定的时间表运营的，发货的频率要比公路低。

虽然设备和站点等的限制使得铁路营运的固定成本很高，但是铁路营运的变动成本相对较低，这使得铁路运输的总成本通常比公路运输和航空运输要低。高固定成本和低变动成本使得铁路运输的规模经济十分明显。

从技术性能上看，铁路运输的优点有：

- 运行速度快，时速一般在 80~120 公里；
- 运输能力大；
- 铁路运输过程受自然条件限制较小，连续性强，能保证全年运行；
- 通用性能好，可运送各类不同的货物；
- 火车运行比较平稳，安全可靠；
- 平均运距较公路运输高。

从经济指标上看，铁路运输的优点有：

- 铁路运输成本较低；
- 能耗较低。

铁路运输的缺点是：

- 投资太高；
- 建设周期长；
- 占地多。

因此，综合考虑，铁路适于在内陆地区运送中长距离、大运量、时间性强、可靠性要求高的一般货物和特种货物；从投资效果看，在运输量比较大的地区之间建设铁路比较合理。

2．水路运输的优缺点

水路运输是最古老的运输方式。其主要优点是能够运输数量巨大的货物，适合于运输低价值货物，如谷物、钢铁矿石、煤炭、石油等。水路运输的主要缺点是其营运范围和运输速度受到限制。除非其起始地和目的地都接近水道，否则必须要有铁路和公路补充运输。航运是国际货物运输的主要方式。

在固定成本方面，水路运输排在铁路运输和公路运输之间。码头的开发和维护一般是由政府统一进行的。因此，与铁路和公路相比，其固定成本适中。变动成本则只包括运营中的成本，而水路运营成本相对较低。因此，水路是大宗货物长距离运输的理想选择。

从技术性能看，水路运输的优点有：

- 运输能力大；
- 在运输条件良好的航道，通过能力几乎不受限制；
- 通用性能也不错，可以运送各种货物，尤其是大件货物。

从经济技术指标上看，水陆运输的优点有：

- 水运建设投资省；

- 运输成本低；
- 劳动生产率高；
- 平均运距长；
- 远洋运输是发展国际贸易的强大支柱，战时又可以增强国防能力。

水路运输的主要缺点是：

- 受自然条件影响较大，难以保证全年通航；
- 运送速度慢，在途中的货物多，会增加货主的流动资金占有量。

总之，水路运输综合优势较为突出，适宜于运距长、运量大、时间性不太强的各种大宗物资运输。

3. 公路运输的优缺点

大多数的消费品是通过公路运输的。公路运输有速度较快、可靠性高和对产品损伤较小的特点。汽车承运人具有灵活性，他们能够在各种类型的公路上进行运输，不像铁路那样要受到铁轨和站点的限制，所以公路比其他运输方式的市场覆盖面都要高。汽车运输的特点使得它特别适合于配送短距离、高价值的产品。由于递送的灵活性，公路运输在中间产品和轻工产品的运输方面也有较大的竞争优势。总的来说，公路运输在物流作业中起着骨干作用。

在各种运输方式中，汽车运输的固定成本很低，这是因为，运输企业并不需要拥有公路。但是，变动成本相对较高，因为公路的建设和维修费用经常是以税和收费站的形式向承运人征收的。

公路运输的优点是：

- 机动灵活；
- 运送速度快，可以实现门到门运输；
- 投资少。

公路运输的主要缺点在于：

- 运输能力小；
- 运输能耗很高；
- 运输成本高；
- 劳动生产率低。

因此，公路运输比较适宜在内陆地区运输短途旅客、货物。因而，它可以与铁路、水路联运，为铁路、港口集输运旅客和物资，可以深入山区及偏僻的农村进行旅客和货物运输，在远离铁路的区域从事干线运输。

4. 航空运输的优缺点

航空运输的主要优点在于运输速度快，但货运的高成本使得空运并不适用于大众化的产品，通常航空一般用来运输高价值产品或时间要求比成本更为重要的产品。传统上，大多数城市间的航空货运都是利用定期的客运航班，这种做法虽然是经济的，但它降低了航空货运能力和灵活性。

与铁路、水路和管道相比，航空货运的固定成本较低。空中航线和飞机场通常是由国家投资来开发和维护的，航空货运的固定成本与购买飞机有关，也与所需特殊的搬运系统和货物集装箱有关。另外，由于燃料消耗、维修保养以及飞行人员和地勤人员费用较高，航空货运的变动成本是极高的。

民航运输的优点是：

- 运行速度快；
- 机动性能好。

缺点是：

- 飞机造价高；
- 能耗大；
- 运输能力小；
- 成本很高；
- 技术复杂。

因此，航空运输只适宜长途旅客运输和体积小、价值高的物资，鲜活产品及邮件等货物运输。

各种运输方式的成本构成特征一般可以归纳如下（见表 7-1）。

表 7-1 各种运输方式的成本结构

运输方式	固定成本	可变成本
铁路	高（设备、轨道及场站）	低
水路	适中（船舶、设备）	低（运量大）
公路	高（由政府投资）	适中（燃料、维修）
航空	低（飞机、搬运系统）	高（燃料、维修保养、劳动力）

7.2.2 各种运输方式运营特征的比较

各种运输方式的运营都有其特殊的优势和缺点。如同上面所详细描述的那样，当做运输决策时，管理人员必须结合每种运输方式的性能特征考虑其速度、可得性、可靠性、运输能力、频率等。表 7-2 按照这样的标准列出了每种运输方式的特点。

表 7-2 各种运输方式的运营特征比较

运营特征	铁路运输	水上运输	公路运输	航空运输
速度	3	2	4	1
可得性	2	1	4	3
可靠性	3	2	4	5
运输能力	2	3	1	4
发送频率	4	2	5	3
得分合计	14	10	18	16

7.3 承运人的分类

7.3.1 按法律地位或经营权的等级划分

国际上，根据承运人的法律地位，可以有四种基本的运输类型：公共承运人、合同承运人、豁免承运人和自营承运人。

1. 公共承运人

公共承运人依照公布的费率表为所有托运人（公众）提供运输服务。为了合法运作，公共承运人必须经主管机构批准。通常，这个管理机构也限定承运的产品类型、服务的地理区域和终点。公共承运人必须为所有客户提供服务，还须提供费率、货物分类。公共承运人必须服务到认证授权书上指定的所有地点，还要在合理的时间内送达货物。

2. 合同承运人

和公共承运人类似，合同承运人被主管部门授权在一定的地理范围内运输一定的货物。合同承运人不对公众提供服务，而是以合同形式，将运输服务以事先谈好的价格提供给一定的客户。通常，合同承运人的费率低于公共承运人的费率。主要有以下两点原因：

- 合同承运人选择期望运送产品的客户，可使他们的运能利用最大化，使他们的运输车和原料处理设备的实际性能最大化。
- 因为客户按合同提供给合同承运人特定的货物和运送时间表，合同承运人就可以更好地计划和为设备资源编制预算。

3. 豁免承运人

这种类型的公司不同于公共承运人和合同承运人，它的路线、服务领域和费率不受控制。豁免状况是由运输产品的类型和操作特性决定的。豁免承运人的类型有各种公路承运人和水运承运人，它们运输的商品有农产品、牲畜、家畜、报纸和其他特殊的产品。虽然豁免承运人的费率低于公共承运人或合同承运人，但是它的豁免产品的限制使得它对大多数经销商是不适合的。

4. 自营承运人

这种承运人与上述承运人的区别在于是附属于公司的主要业务。自营承运人不允许运输其他公司的产品，并且按法律规定，必须是产品的唯一拥有者。在美国，1980年公路（汽车）运输业法通过后，自营车队被允许为自有子公司运输产品，也可为非附属公司运输返程产品。

7.3.2 按提供服务的内容划分

1. 单一方式承运人

最基本的承运人类型是单一方式承运人，他们仅利用一种运输方式提供服务。对承运人来说，集中于一种运输方式，使专门化程度提高，有利于高效率运作。

对托运人来说，需要与每个单一的承运人进行洽谈和交易，需要更多的时间和精力，也需要更多的管理工作。

2. 多式联运经营人

多式联运经营人使用多种运输方式，以期望能在最低的成本条件下提供综合性服务。随着多式联运的发展，铁路和公路之间的关系有所改善，因为他们认识到将来多式联运会更密切地将它们联系在一起。当然，铁路和公路的竞争依然存在，但是它们更是潜在的合作者。

由于两种或多种运输方式的连接具有经济潜力，所以多式联运概念吸引了托运人和承运人。多式联运的发展对企业物流管理与决策者具有很大的利益，因为这种发展增加了系统设计中的可选方案。多式联运的优势体现在：

- 多式联运一次定价，有利于改善价格策略；
- 重复成本减少，多种运输方式的合并体现了横向的规模经济；
- 多式联运被一个承运人控制后，有利于改进运输服务，节约成本。

3. 小件货物承运人

一些提供专门化服务的公司进入了小批量装运服务市场，或包裹递送服务市场。他们所提供的各种服务不能千篇一律地按照传统的分类方案加以划分，因为包裹可能途经铁路、公路和航空运输。对于一些生产电子产品或者说靠散发目录来卖商品的企业来说，包裹递送服务是最佳选择。包裹递送服务的缺点在于，它对产品尺寸和质量限制较大，运送时间长短不一，对产品的损害性较大。

4. 运输代理人

运输代理人一般自身只拥有很少的运输工具，是指联系于托运人和承运人之间的公司，主要功能在于提供服务。在欧美等国家，包括运输经纪商以及托运人协会等。

7.4 运输成本和定价

要开发有效的物流战略，成功地洽谈运输合同，就有必要了解该行业的经济理论。对于运输成本和定价，需要讨论 3 个问题，首先是影响运输成本的因素，其次是成本结构，最后是构成实际定价的费率结构。

7.4.1 运输成本的相关因素

承运人制定运输费率时，必须对距离、装载量、产品密度、空间利用率、搬运难易、责任及市场因素 7 个因素进行综合考虑。这个顺序也体现了这几种因素的重要程度。

1. 距离

距离是影响运输成本的主要因素，因为它直接对劳动力、燃料和维修保养等变动成本发生作用。

2. 装载量

大多数物流活动中存在着规模经济，装载量的大小也会影响运输成本。装载量增加时，每单位重量的运输成本减少，这是因为装载、运送及管理成本等固定成本可以分摊到每一装载量中。这意味着为利用规模经济，小批量的装载应整合成更大的装载量。

3. 产品密度

产品密度是指产品的质量和体积之比，它把重量和空间方面的因素结合起来考虑。

钢铁、罐装食品、建筑材料等物品的密度较大，而电子产品、衣服、玩具等物品的密度较小。通常密度小的产品每单位重量所花费的运输成本比密度大的产品要高。

对单一车辆而言，通常受空间的限制比受重量的限制要大。产品密度越高，可以把固定运输成本分摊到更多的重量上去，使每单位重量的运输成本较低。因此，增加产品密度一般可以降低运输成本。

4. 空间利用率

空间利用率这一因素是指产品的具体尺寸及其对运输工具的空间利用程度的影响。由于某些产品具有古怪的尺寸和形状，以及超重或超长等特征，通常不能很好地利用空间。

例如，谷类、矿石及石油产品可以完全地装满容器，能很好地利用空间；而汽车、机械设备等的空间利用率不高；标准长方体的物体比形状古怪的物体能更好地利用空间。空间利用率还受到装运规模的影响，大批量产品往往能相互嵌套，能够较好利用空间。

5. 搬运难易

显然同质的产品或可以用通用设备搬运的产品比较容易搬运，而特别的搬运设备则会提高总的运输成本。此外，产品在运输和储存时所采用的包装方式（用带子捆起来、装箱或装在托盘上等）也会对搬运成本产生影响。

6. 责任

责任主要关系到货物损坏风险和导致索赔事故，对产品要考虑的因素是易损坏性、货运财产损害责任、易腐性、易被盗窃性、易自燃性或自爆性以及每磅价值。高价值产品一般比较易受损，也容易被盗窃。承运人承担的责任较大时，他可以索要的运输费用也就越高。

承运人必须通过向保险公司投保来预防可能发生的索赔，否则有可能要承担任何可能损坏的赔偿责任。托运人可以通过改善保护性包装，或通过减少货物灭失损坏的可能性来降低其风险，最终降低运输成本。

7. 市场因素

除了与产品有关的因素外，市场因素也对物流成本有重要影响。影响比较大的市场因素有：

- 同种运输方式间的竞争以及不同种运输方式间的竞争；
- 市场的位置；
- 政府对承运人限制的现状和趋势；

- 运输活动的季节性等。

另外运输通道流量和通道流量均衡等市场因素也会影响到运输成本。运输通道指的是从始发地到终点的移动。因为车辆最后必须回到始发地，它们要么另外找到待运的货物，要么空车返回。例如，我国公路运输中，广州—乙地，乙地—甲地，甲地—广州等路线的运输量比较大且比较平衡。而有些线路，如乙地到重庆、成都的货物不平衡性较大。当发生空车返回时，有关劳动、燃料和维修保养等费用仍然必须按照原先的“全程”运输支付。理想的情况就是“平衡”运输，即运输通道两端的流量相等。但由于制造地点与消费地点需求的不均衡，通道两端流量相等的情况很少见。物流系统的设计必须考虑这方面的因素，并且尽可能地增加回程运输。

以上从托运人角度讨论了七种影响运输成本的主要因素，企业物流与运输管理人员必须了解这些因素的影响程度，掌握产品和装运的特点，使运输费用降低到最低限度。

7.4.2 运输成本结构

运输成本构成主要是承运人应该考虑的问题，但了解运输成本结构有助于价格谈判，所以对企业物流管理人员而言，也是非常重要的。

1. 变动成本

变动成本是与每一次运送直接相关的运送费用，包括劳动成本、燃料费用、维修保养费用等，通常以一种可预计的、与某种层次的活动有关的形式而变化。

一般而言，运输费率至少必须弥补变动成本。

2. 固定成本

固定成本是指在短期内虽不发生变化，但又必须得到补偿的那些费用。这类固定成本包括不受装运量直接影响的费用。对运输企业而言，固定成本包括站点、信息系统及车辆成本等。

3. 联合成本

联合成本是指决定提供某种特定的运输服务而产生的不可避免的费用。例如，当承运人决定把货物从A地运往B地时，意味着这项决定中已产生了从地点B至地点A的回程运输的联合成本。于是，这种联合成本要么必须由从地点A至地点B的运输补偿，要么必须找一位有回程货的托运人以得到补偿。

4. 公共成本

这类成本是承运人代表所有的托运人或某个分市场的托运人支付的费用。公共成本，诸如端点站、路桥费或管理部门收取的费用，通常是按照装运数量分摊给托运人。

7.4.3 定价策略和费率的制定

向托运人定价时，承运人可以采用按服务成本定价或按运输价值定价两种策略。前者是从承运人角度出发的，后者则是从托运人角度出发的。单一定价策略简单易行，综合定价策略则可以对承运人的服务成本和托运人得到的价值进行权衡考虑，制定一个更合理的价格。

1. 按服务成本定价

按服务成本定价是一种"累积"的方法，承运人是根据提供这类服务的成本加上毛利润来确定运输费率的。这种服务成本方法代表了基本或最低的运输收费，是对低价值货物或在高度竞争的情况下使用的一种定价方法。

2. 按运输价值定价

按运输价值定价是根据托运人所能感觉到的服务价值，而不是实际提供这种服务的成本来收取运费的。例如，托运人感觉到，运输电子产品要比运输纸张更有价值，托运人可能愿意多支付些运输费用。显然，对于高价值货物，承运人趋向于使用运输价值定价，这样可以收取较高的运输费用。

3. 综合定价

综合定价策略是在最低的服务成本和最大的运输（服务）价值之间来确定某种中间水平的运价。大多数运输公司都使用这种中间值的运价。因此，物流经理必须要了解运价浮动的范围和可供选择的策略，以便在谈判时有所依据。

费率是指特定的产品在两点之间运输时，单位重量产品的运输价格。费率的制定一般有以下方法：

（1）分类费率

费率一般都会罗列在价格单上。承运人为了定价的方便，通常将产品进行分类定价。制定分类费率，第一步是按照一定的规则将运输的产品进行分类，第二步是基于产品的分类和起点站及终点站的位置来确定精确的费率。

（2）特殊费率

特殊费率是分类费率的例外，承运人有时向托运人索要一个比通用的分类费率要高或者低的费率。一般情况下，当竞争情况允许，或者运输量很大的时候，承运人通常会针对特定的地区，或特定的起点、终点或特定的商品提出特殊费率。

（3）合同费率

分类费率是承运人向托运人收费的一种常用的方法，但是，在很多情况下，承运人和托运人是以合同的方式合作的，此时，他们之间可能会采用特殊的费率，合同费率的优先级一般高于分类费率。

7.5 运输运作方式的选择

运输运作管理需要考虑：

- 运输产品的特性和要求，保证产品完全无损地到达目的地。
- 了解可供选择的运输方式，并且将装运要求与运输方式相匹配，从而达到以尽量小的成本提供最大化的服务。

现代交通运输管理除了需要了解基本的四种运输方式（铁路、公路、航空、水路）外，还强调以下三种因素：

- 任何两种运输方式的融合，多式联运；
- 自有运输；
- 外部运输。

7.6 企业运输管理部门的职责

一般情况下，运输成本在厂商的物流成本平均超过50%，所以，运输在厂商的运作和战略层次上都产生重要的影响。厂商的运输部门一般包括下列工作职责：

- 审计和索赔管理；
- 制定车辆设备计划；
- 费率谈判；
- 研究；
- 跟踪和处理。

1. 审计和索赔管理

当运输服务或收费并没有按照事先所确定的标准进行时，托运人可以提出退回运费的请求。请求分为两类：一是灭失或损坏，二是多收运费。当承运人行为造成托运人部分的或全部的经济损失，或者当托运人违背了运输协议时，就会发生灭失或损坏索赔。灭失损坏索赔通常是当产品在运输途中遭到灭失或损坏时才会发生；而多收运费则是在收取的费用与费率与公布的费收项目有差异时才会发生，一般需通过运费清单审计程序加以解决。

各种索赔规则都明确规定提出索赔的适当程序，并规定该项索赔请求中所涉及的各方都是应该负有责任的。在审理的过程中，有两个因素很重要：第一，要把注意力集中到索赔管理（claim administration）上，因为各种补偿只有通过大量的审计程序才能实施。第二，大量的索赔表明，承运人并没有履行其服务义务。不管通过索赔管理所获得的补偿额有多少，灭失损坏索赔请求权所导致的顾客服务履行的中断，会影响托运人对其顾客的声誉。

审计运费清单是运输部门的一个重要职能，而审计的目的则是要确保账单的精确性。然而，运输费率的复杂性往往导致其误差概率高于其他大多数采购活动中所发生的误差。运费清单审计有两种类型：一种是在支付运费清单之前，用于确定收费是否恰当的事前审计；另一种是在支付运费清单之后，用于确定收费是否恰当的事后审计。审计工作既可以在外部进行，也可以在内部进行。如果是在外部进行审计的话，专业化运费审计公司会雇用专家来担任审计工作。这种审计一般要比使用内部人员进行审计更有效，因为内部人员不一定具备与专家相同的水平。外部审计的费用通常是按照因多收运费而得到抵偿的收入百分比来计付的。此外，为进行运费审计所雇用的运费审计公司是否有很好的信誉至关重要，因为在运费清单上记载着有价值的营销和顾客方面的信息，如果他们没有维护商业机密的话，公司的活动就有可能受到不利的影响。

2. 制定车辆设备计划

无论是采用公共承运人，还是采用自营车队，企业运输部门的一项主要责任就是制定车辆设备计划。因为若在运输作业上出现严重瓶颈的话，有可能引起货物等待。为此，需要编制适当的时间表，包括需要仔细地制定装载计划、设备利用率，以及驾驶员工作时间表等。此外，还必须计划、协调和监督车辆设备必要的维修保养。

3. 费率谈判

对于任何货物，运输部门都有责任在确保一定的服务水平的前提下获得尽可能低的费率。对铁路、航空、汽车、管道、包裹邮寄、国内速递、货运代理人等各种运输方式的运输价格，企业运输部门都要设法收集，用做参考。

企业运输部门必须寻求在与服务标准相一致的前提下尽可能低的费率。例如，一笔业务要求在两天时间内递送到目的地，运输部门必须设法选择运输方式，尽可能以最低的成本来满足。

4. 研究

除管理职能外，企业运输部门还要进行一定的研究。运输经理应该始终留意有关信息，以期改善承运人服务，或获得更低的运输费率。这意味着对承运人的绩效进行衡量是一种持续的工作。

然而，对承运人的绩效衡量是运输研究中最少开发的领域之一。有关的信息一般又都是在向个别的承运人提出索赔的过程中逐渐地积累起来的，其实，托运人还应该设法去衡量承运人是如何满足合同所规定的服务义务的。承运人的这类服务义务中涉及以下一些内容：

- 承运人的整合；
- 承运人评估；
- 运输服务的整合。

1. 承运人的整合

承运人整合是指把承运人的新产品和新服务结合进物流作业中去。有关承运人整合的两个基本类别与承运人的长期趋势和服务能力有关，这些趋势和服务可以被托运人用来强化其在市场中的表现。

例如，一位经理有可能以季度或年度为基本条件，对满足行业托运所需的拖车或铁路车的数目进行跟踪。或者，这位经理也许会对接下来的一两年内设备将做如何发展的趋势进行监督，这种监督可以使该经理通过对供给和需求的了解，在谈判中掌握主动权。

对特殊类型的承运人所提供的服务进行监督，也是运输研究必须进行的一项重要义务和战略。目前，有越来越多的人使用第三方提供的服务，诸如仓储、特殊包装以及加贴标签等，承运人和托运人都必须意识到诸如此类的趋势，以便在运输市场内保持竞争能力。

2. 承运人评估

自运输业解除管制以来，对承运人的评估不仅是越来越复杂，而且也越来越重要了。之所以越来越复杂，是因为一系列的因素，使得必须进行比较后才能识别适当的承运人。要有效地完成权衡利弊的分析，就必须确立标准，以指导取舍选择。下面的讨论将提出适当的标准，并说明其分析过程。分析的重点应该放在收货人而不是托运人认为的重要标准上。此外，在需要考虑的因素中，还应该包括：

- 运输成本；
- 运输时间；
- 可靠性；

- 能力；
- 可达性；
- 安全性。

第一个标准是运输成本，但货运费率并不是唯一的成本构成。尽管低运价是令人向往的东西，但是，整个物流系统的成本还必须考虑运输设备条件、索赔责任，以及其他诸如装卸之类的相关活动。

第二个标准是运输时间。由于运输时间的长短直接影响到存货水平，所以它也是对承运人进行评估的一条重要标准。一般来说，能够提供更快速服务的承运人或运输方式可以把费率定得更高些，因为它能够快速地递送货物。此外，对运输时间还应考虑因整合或办理结关手续而产生的延误。可靠性是与时间长短相对比较接近的一条标准，它是指承运人一贯的履行递送服务的能力。可以想象，不管供应商的装运有多快，如果承运人提供的递送服务不稳定，就会发生存货问题。同样地，如果承运人没有满足其服务义务的话，销售量会丢失，生产线也会关闭。一般来讲，在连续的递送服务之间，较小的装运量会产生较大的服务变化。因此，当整车装运可以按照已公布的时间表定期地满足服务需求时，零担托运或包裹托运却有可能破坏这种效率。由此可见，在现实中，有些承运人会优越于其他承运人，对承运人的评估就是要确定其中哪一个承运人所提供的服务是最稳定的。

第三个标准是运输可靠性。对运输可靠性进行评估通常是以订单交付的完成为基础的。例如，一旦一票订货已经完成并且装运交付，则仓库就会记录下抵达的时间和日期，并传输到采购中心。于是，发货日期和抵达日期连同预期完成的报表一起，都会保留在计算机里。若定期地对实际完成情况与预期完成计划之间的变化进行计算和更新，并在规定的时间里，将每一个承运人的绩效记录提交给采购部门和运输管理部门进行检查，则这种连贯性的报告对承运人的评估就会提供有价值的数据。需要连续地收集这种信息，否则难以对承运人的绩效做出具体的评估。

第四个标准是承运人的能力，它同时包括运输和服务这两个方面的能力。所谓运输能力，是指提供适当的专门化车辆的能力，用于温度控制、散装，以及侧面卸货等。对于服务能力而言，它包括利用 EDI 编制时间表和开发票，在线跟踪以及与仓储整合。

第五个标准是对托运人和收货人而言的承运人可达性。虽然汽车承运人的可达性一般不成问题，但是当它作为其他运输方式所要考虑的一个因素，特别是当产品最初来往于机场、铁路端点站、港口或管道出入口时，承运人的可达性就显得尤为重要。

第六个标准是安全性。尽管多式联运提供了广泛的服务，已使实际的安全性越来越不成为一个问题，但在作业活动中，究竟是通过“直达运输”协议还是“联合运输”协议来实现承运人的可达性，则变得越来越重要。因为这类协议可以减少洽谈多种运输费率，无须准备多种运输单证，及多打电话来对运输进行跟踪。

最后一个标准是承运人的安全运输能力。安全运输能力是指承运人能否防止装载货物发生灭失、损坏或遭到偷窃。与此有关的一条标准是在发生货物灭失时，承运人有无能力迅速地理赔，因此，对安全运输能力的评估要包括预防能力和理赔能力两个方面。

3. 承运人评估过程

使用上述标准，对承运人进行评估可以采取以下步骤：

第一步，从托运人的角度，对每一个评估标准的相对重要性进行评估，并确定一个权数。例如，非常重要的为“1”，而不太重要为“3”。表 7-3 用于说明这一方法。

表 7-3　承运人评估的例子

评估指标	相对重要性（1）	承运人绩效（2）	承运人等级（1）×（2）
成本	1	1	1
运输时间	3	2	6
可靠性	1	2	2
能力	2	2	4
可达性	2	2	4
安全性	2	3	6
	总分		23

注：评估指标相对重要性　1—高度重要；2—适度重要；3—低度重要。
　　承运人绩效衡量　　　1—绩效好；　2—绩效一般；3—绩效差。

第二步是通过对每一种标准进行的衡量，对承运人的绩效进行评分。表 7-3 是一个 3 分制的评定标准，其评定范围从“1”（绩效好）到“3”（绩效差）。对承运人的绩效进行评定，应包括定性和定量两个方面，由运输部门做出衡量。相对重要性衡量值与承运人绩效衡量值的乘积可以成为承运人的等级，而承运人的总等级是个别等级的累计，如例子中的承运人总等级为“3”。使用这种方法所得到的最佳承运人，应该是总分最低的承运人。对可供选择的承运人总等级进行比较，有助于分配未来的货载和建立联盟。

在当今的物流环境中，由于承运人所能提供的服务和能力在不断地增长，因此，对承运人的选择和评估变得越来越困难。尽管在评估前可以把注意力集中在成本和服务上，但在今天的环境下对承运人进行评估时，还必须明确地考虑许多增加的因素。

此外，在对个别的运输方式或多式联运方案进行评估时，也有可能需要采取类似的评估方法。

4. 运输服务的整合

对任何既定的运作期间来说，企业运输管理部门都被期望在规定的经费预算内提供所需要的运输服务。此外，运输部门还有责任寻找可供选择的方法，以便充分利用运输服务来降低整个物流系统的总成本。例如，某种产品在包装方面略做改变，就有可能产生运费谈判的机会，以降低该产品的运费分类等级。虽然该产品的包装成本也许会因此而增加，但由于它能够大大降低运输成本以抵消所增加的包装费用。显而易见，这类建议除非出自运输部门，否则一般不大有可能被发现。如早已指出的那样，在大多数物流系统中，运输是最高的成本领域。由于这种成本，以及物流系统对有效的运输能力的依赖性，因此，运输部门必须在计划制定中发挥积极的作用。

5. 跟踪和处理

运输部门还有两个重要的责任：跟踪和处理。跟踪是对货物损失或延迟递送进行认定的过程。对于分布较广的运输网络来说，在运输合同的履行过程中发生延误或递送错误等是常常发生的事。为此，大多数大型承运人都有一个跟踪部门，并提供计算机化服务来协助。这种跟踪行动必须由托运人的运输部门来启动，但是一旦启动，承运人就有责任提供所需要的信息。当托运人通知承运人，它有一项特殊的装运业务需要尽可能快地通过承运人的系统时，就会发生这种跟踪处理活动。

现在，通过使用诸如条形码、在线货运信息系统和卫星通信等信息技术，可以大大地方便运输部门的跟踪和处理活动。条形码提供快速和无差错的信息传输，在线货运信息系统可以使托运人或收货人直接拨通承运人的计算机系统进行查询。

练习题

1. 什么是运输的规模经济与距离经济？
2. 运输作业的关键因素是什么？
3. 试比较各种运输方式的经济特征。
4. 试述公共承运人、合同承运人与自营承运人的区别。
5. 运输服务的提供商可分为哪些？
6. 制定运输费率的相关因素有哪些？
7. 运输定价的战略有哪些？如何运用？
8. 企业负责运输管理的部门一般需要从事哪些工作？

第8章

仓储管理

由于物流的概念与实践的不断发展，现代仓储的功能与传统仓储的功能相比已发生了很大变化。物流管理中仓储管理效率的提高，有赖于对现代仓储在物流系统中作用的认识、掌握仓库的布局与设计原则、正确的仓库产权决策、仓库数量的决策及仓库管理系统的应用。

本章将讨论以下几方面的内容

- 仓储在物流系统中的作用
- 基本仓储决策
- 仓库的基本操作
- 仓库的布局与设计
- 仓库的产权决策

8.1 现代仓储在物流系统中的作用

现代仓储的着重点与过去的仓储已有所不同。仓储在过去一般起着长期储存原材料及产成品的战略角色，生产商生产出来的产品都成为存货，然后再将储存在仓库中的存货销售出去。这样，仓库里不得不将存货水平维持在能满足60~90天需求的状态。因此，多数企业都有很高的存货水平。

近20年以来，零库存、物流联盟及物流供应链理论的出现，仓库所扮演的战略角色转变为以较短周转时间、较低存货率、较低的成本和较好的顾客服务为内容的物流目标。如今的仓库不再是长期储存货物的设施，仓库的运作大大加快了，人们把注意力放到了产品在企业内流动的速度上。有些企业，产品在仓库中只储存几天甚至几小时。

为了满足顾客对商品快捷、廉价的需求，企业物流管理人员注重对仓储过程中的劳动生产率及成本进行考察。他们重新设计仓库，以达到加快订单处理及降低成本的目标。他们还对仓库重新选址以达到综合供应链中为顾客提供更好服务的目标。

我们通常将仓储定义为对货物的储存。从广义上解释，这一定义包括一系列的提供储存货物服务的设施和场地，例如，露天场地对铁矿石的储存，生产厂家中对成品的储存，以及在运输过程中对原材料、工业货物和成品的储存。另外，它还包括一些专门的储存设施，比如储存粮食的仓库、储存烟草的仓库以及冷库。对每一件产品来说，在其生命周期中（从被创造到被消费）至少被储存了一次。了解了这一事实，我们就很容易理解仓储在国民经济中的地位了。如美国在物流方面的花费总额相当于GDP的10%左右，仓储成本占GDP的1%左右。

从宏观上看，仓储是一项必要的功能，它为原材料、工业货物和产成品产生时间效用。源于市场的仓储同顾客的贴近使一个企业能够在较短的时间内为顾客服务。更重要的是，通过仓储，公司能在顾客要求的时间和地点将货物交到顾客手上。随着企业将顾客服务当做是一个动态的、有附加价值的竞争工具，这一仓储功能变得越来越重要。

仓库是物流系统中企业储存原料、半成品及成品的场所。将货物储存在仓库中意味着中止或打断了货物的流动，必然增加产品的成本。某些企业认为仓储成本有很大的负面作用，它们想方设法避免仓储成本。现在，由于认识到增加仓储的附加值能抵消仓储成本的增加，这一观点正在发生变化。其他一些企业，特别是一些配送商和批发商，走向了另一个极端，它们尽可能地储存多种多样的货物。走向这两个极端都是错误的。

仓库在物流系统中扮演了包括运输整合、产品组合、交叉收货、服务、防范偶发事件、使物流过程平稳等一系列增加附加值的作用。

1．运输整合（Transportation Consolidation）

如图8-1所示，企业有时会遇上运输不足整车的原料或成品（LTL和LCL）的情形。一般长距离运输零担（LTL）及拼箱（LCL）的费率比满载运输的费率要高很多。

通过将零担及拼箱运入或运出距离相对较近的仓库，仓储能让公司将较小的货载整合为较大的货载（装满一车），这样就大大减少了运输费用。对于原材料物流系统来说，仓库能将不同供货商的零担及拼箱整合为整车（TL）及整箱（CL），然后将其送到企业的工厂去。对产成品物流系统来说，仓库可以接收来自各分厂的整装货物，再将其分装为零担及拼箱运到不同的市场中去。

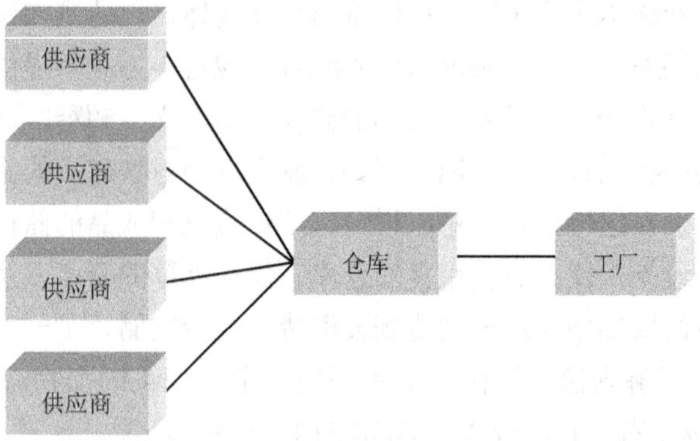

（a）运入的物流系统

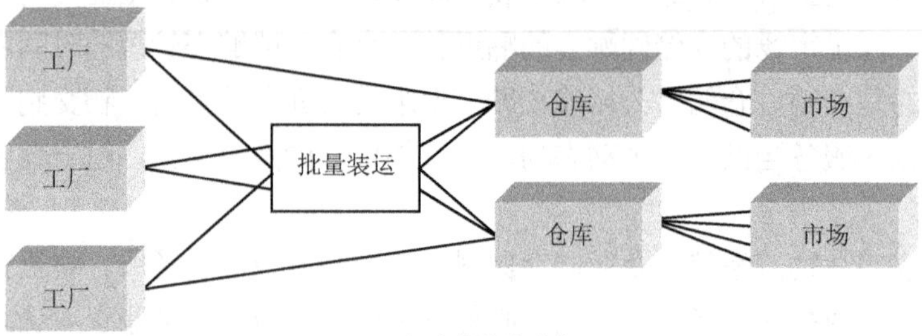

（b）运出的物流系统

图 8-1　运输整合

2．产品组合（Product Mixing）

仓库的第二项功能是按顾客的需要进行产品混装。如果从颜色、大小、形状等考虑，公司推出的生产线常常包括了几千种不同的产品。在下达订单时，顾客要求的往往是生产线上各种产品的组合，例如，5 打 4 个杯的咖啡套具，6 打 10 个杯的蓝色边咖啡套具和 10 打 10 个杯的红色边咖啡套具，3 打蓝色的沙拉碗套具。一般各公司是在不同地盘的工厂里生产各类产品，如果公司没有储存货物，它就不得不在各个地点去完成各个订单，这样就造成货物到达时间及按要求进行组合的机会参差不齐。因此，为多种产品生产线服务的仓库能高效地完成订单。通过在靠近人口稠密区的地方建造新的组合仓库，公司能用较小的运输工具运送货物，并且安排合适的时间送货以避免交通堵塞。

除了按顾客需求进行产品组合以外，公司也能将原料及半成品组合后整车地由供应仓库运往工厂（见图 8-2）。这一策略不仅因货物整合而降低了运输成本，还使公司避免了将工厂当做仓库使用。随着燃油费提高导致运输成本提高，这一策略的采用将会变得更加广泛。对采用一些诸如物料需求计划（MRP）、零库存等成熟策略的公司而言，采用供应仓库的策略是必要的。

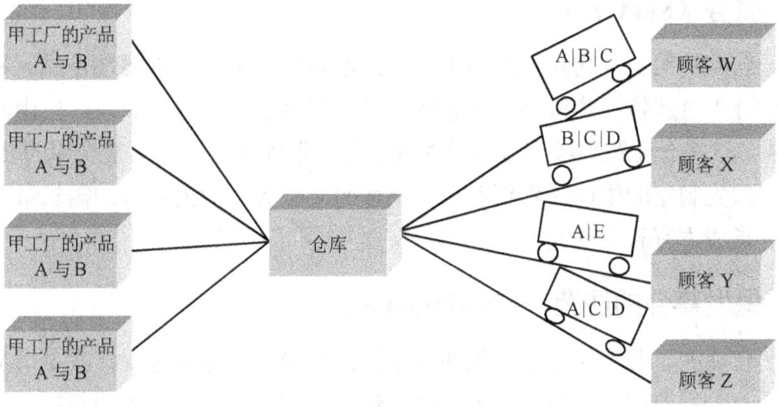

（a）产品组合

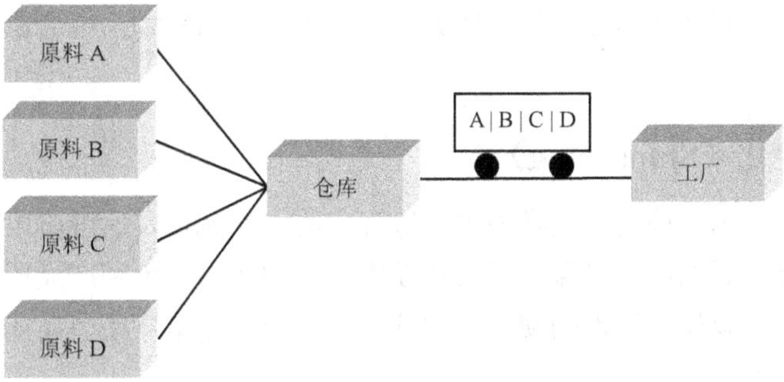

（b）原材料的组合

图 8-2　产品及原材料的组合

3．直接转运（Cross-docking）

直接转运是一项使产品组合顺利进行的作业。在作业中，来自不同供货商的产品聚集到流通仓库，但这些货物并不是储存起来供以后进行分拣，而是直接穿过仓库，载入正在等待的货车，然后驶向特定的顾客。

◆ 物流窗口 8-1

美国的 Menlo 物流公司为 OfficeMax 公司提供的转运作业，后者是一家办公用品零售商。为了完成某一订单，运入的货物在运货卡车上或临时存放点就被分拣装车，直接运到商店里去，整个作业流程在几小时内就完成了。多出的货物及一些小件被临时存放起来，等待商店送货班车运送，这时可以对运入的组合产品进行分拣。

4. 服务（Service）

仓库的第三项功能是提供服务，为顾客提供服务的重要性是显而易见的。在顾客下达订单时就将货物按要求在仓库里准备好将使顾客感到满意，并由此提高将来的销售量，这在仓库距离顾客较近时尤为如此。服务应该也是供货仓库的要求之一。然而，公司预先制定的生产计划更着重于顾客而非服务，因为顾客的需求量总是不确定的，而缺货成本有时非常大。

5. 偶发事件的防范（Contingency）

仓库的第四项功能是防范偶发事件，例如，运输被延误，卖主缺货。在国外，如果遇上一场潜在的卡车司机罢工将导致人们购买比往日更多的存货。对供货仓库而言，这项功能是非常重要的，因为原材料供应的延迟将使产品的生产延迟。此外，在配送仓库中也会有偶发事件发生，例如，运输过程中的货物损耗会影响存货水平及订单的完成。

6. 平稳化（Smoothing）

仓库的第五项功能就是使生产过程中的作业流程及后继阶段能平稳进行。例如，对某产品的周期性需求保证了长时期内合理的成本费用和产品质量，即避免了在较低生产水平时要加班加点的现象。实际上，这一平衡策略使公司能够减少其在制造能力上的投资。

总之，仓库的各项功能可以为物流系统及公司的运作做出重要的贡献。然而我们看待仓储必须从全局出发，也就是说，仓储的贡献必须比仓储成本要高。

8.2 基本仓储决策

在企业的仓储管理中，产权、数量、大小、选址和存货量等最基本也是最重要的决策。

1. 仓库的产权决策：自有或公共

企业仓储考虑的第一项决策就是产权，即采用自营仓储还是公共仓储。在安排仓储空间时，公司有两个基本的选择：使用自营仓储或是公共仓储（第三选择是合同仓储。即每年以一固定的费用与另一个公司签约，这种安排的基本性质与自营仓储非常相似，因此在此将它们近似地归为一类）。选择这两者之中的哪一个，或者将其结合起来使用是一项重要的仓储决策。因为市场状况在不停地变化，一些公司采用的是将公共仓储及自营仓储结合起来的方式。公司在决定其仓库产权时必须从全局出发，也可以某些业务选择自营仓储。而另一些业务最好选择公共仓储，因为根据需要只需签一份短期合同，租赁一些仓储空间。我们在下一节中将分析各种选择的成本与费用。

与采用自营仓储相关的另一项决策是决定仓库的设计与布局，决定采用自营仓储的公司对怎样最有效地利用仓库设施必须做出一系列决策。关于这一点，我们将在本章的后面进行讨论。

2．集中仓储或分散仓储

企业仓储的另一项重要的仓储决策就是在进行仓储时采用集中储存还是分散储存，这一决策实质上是决定公司该有多少家仓库进行运作。在某些情况下，由于公司规模的原因，这一决策相对简单一些。也就是说，市场为单一地域的中小型公司通常只需一家仓库。一般来说，只有那些以全国或全球为市场的大公司才需要对这一问题仔细考虑。

同采用自营仓储还是公共仓储一样，在分析各地采用仓库的必要性时也必须从全局出发。公司特定的供需状况使某一选择较其余选择更具加有利。例如，一个在全国制造或销售某种竞争激烈的、可替代的产品的公司，可能需要采用分散仓储的方式在市场上提供快捷的服务。

公司必须将仓库数量的决策同选择运输方式的决策紧密结合起来。例如，空运能够快速地使市场由一两个有战略性位置的仓库扩展到全国。虽然空运的费用相对高一些，但公司可以用减少库存、降低存货成本的办法来弥补。我们在下一节将讨论选择一些运输方式使作业仓库数量的决策变得更困难了，特别是当我们将这一决策与选择自营仓储还是公共仓储结合起来时。

3．仓库的大小及选址

与仓库数量和集中仓储还是分散仓储决策密切相关的另外两个仓储决策是仓库大小及选址的决策。如果公司采用的是公共仓储，那么仓库大小问题便不很重要，因为公司可以根据它在不同时期内的需求来扩大或减少所需的存货空间。同样，当公司采用公共仓储时，选址问题也不是很重要。虽然公司必须决定使用哪里的公共仓储，但是这些仓库的地址是确定的，公司可以在必要时改变它的决定。

跟前两项决策一样，公司必须从全局考虑仓库的选址问题。公司必须以最少的物流总成本，达到对顾客服务的预期水平。通过对仓库指定功能的分析，公司能大致决定仓库的位置，例如，是选用在靠近市场，有较高服务水平的地方；还是选用靠近生产地，原材料集中的地方；或者由于一些其他的原因将二者结合起来考虑。最终的选址必须取决于运输、市场及地域特征等因素。一旦做出决定，再要改变，其耗费是巨大的，特别是采用自营仓储时。因此，非常有必要对所有因素进行适当的考虑。

4．布局

对于采用自营仓储的公司，尤其是对那些有全国和国际市场的公司而言，仓库的大小及选址是极其重要的问题。除了我们上面引述的五种仓储决策外，公司还必须决定仓库内部的布局。换句话说，公司必须决定仓库内部过道大小、货架、设备及其他所有占据空间的设施布局。公司还要决定在仓库内部如何最有效地安排储存。

5．存货种类

还有一项仓储决策是决定公司在不同的仓库中储存货物的数量与种类，但如果公司拥有多处仓库，这些问题便不那么重要了。拥有多家仓库的公司必须决定是每家仓库都储存所有种类的产品，还是专门储存某几类产品，或者是将二者结合起来。对于这一决策的某些方面，我们能很方便地做出一个线性规划决策模型，特别是当公司知道各仓库的地址、大小和需求时。

6．雇员的安全

还有一些别的考虑，比如在一些传统的仓库里，雇员们干的是千篇一律的工作，以及险活和累活，由此造成的雇员安全的风险也将影响改进效率的决策。效率还同物料搬运设备有关，关于这一点，我们将在后文中讨论。

仓储决策是一项重要的决策。提高效率和生产力将是仓储作业中的主要管理重点。通过仔细计划的存货管理和物流操作，结合适当地利用空间将比建造新的附加设施更为重要。此外，仓储决策与物流系统的其他方面密切相关。在这一章中，我们将进一步讨论。在讨论这些问题之前，我们将在物流系统中讨论仓库和它的一些基本功能。

8.3 仓库的基本操作

1．物料搬运

仓库的基本操作是搬运和储存。储存操作大概是最显著的仓库操作了，搬运看上去则不然。但是，搬运是仓储的一个非常重要的方面，我们可将其分为四个更明显一些的操作。

- 从运输网中接收货物运入仓库；
- 将货物运到仓库的特定位置；
- 按顾客要求选出特定的货物进行组合，或为生产选择好原料；
- 将货物装车，准备送到顾客手中或生产线上去。

以上四个操作过程都涉及短距离搬运的问题。

搬运功能是产品配送和转运仓库具有的特征。运送到配送和转运仓库的货物很快就“穿过”了仓库，也就是说，货物周转的速度很快。因为长期储存产品的费用太高，因此需要货物快速周转。产成品的价值较高，要储存成品需要较完善的储存设施，对其损耗所担的风险也较大。所有这些都将导致储存成本提高，所以我们必须遵循尽快将货物运出配送仓库这一原则。

2. 储存与保管

另一项非常重要的仓储功能是对货物的储存与保管。在流通转运仓库里，储存和保管功能只是暂时的、短期的。实际上，一些货物在24小时或48小时之内就被转运出去。公司长期（90天以上）储存的货物往往是原材料或半成品。因为它们的价值相对较低，所承担的风险较小，对储存设施的要求也不很高，大量购进时还可享受较大的折扣。

然而，我们注意到产品在仓库中的储存期甚至可能比我们前面所说的时间还要长。在某些情形下，对产品最终的处理所经历的时间是最长的。例如，一些含酒精饮料在长时期储存后才被看做成品，出于这一考虑，造酒商、酿酒商必须长时期地储存那些含酒精饮料。

此外，对于客户需求量不稳定的公司来说，要准确地预测需要的存货量是困难的。如果该公司的产品具有可替代性的话，为了防止存货不足，公司可能需要保有相对较多的存货。虽然这样做的费用较大，但在有些情况下，还是必要的。在时装方面就存在这样的情况，公司将存货成本以产品价格的形式体现出来。

3. 季节性需求的调整

通常，成品的储存期超过90天的原因是受周期性需求的影响，或者是把货物送到最终消费者手中去的运输渠道相对较长。例如，圣诞卡制造商会在6月下旬或7月就开始积累存货，一直到11月才将产品的生产停下来。这些产品在9月初甚至是8月底就开始进入批发商及其他中间商手中。但是直到11月中旬或更晚，制造商手中还留有一些存货，这样，必要时他们就可以迅速、直接地将货物送到零售商那里以防止缺货。

另外的一些公司虽然不像圣诞礼品制造商一样需要将产品储存那么长的时间，但它们所处的境地也非常相似。产品的储存期不只是超过了30天，有时甚至到达90天到120天。公司将较长时期的储存货物当做是对付生产成本增加的手段，换句话说，公司通过延长产品流通时间和减少加班时间，通常能够用制造成本的降低来抵消储存成本的升高。

所有的仓库都提供搬运和储存服务，只不过根据该仓库在整个系统中的地位不同而有所侧重。仓库的布局影响着它的基本操作以及侧重的操作。虽然对于仓库布局设计没有每家公司都能套用的万能公式，但对一些基本方面我们可以在此予以考虑。

8.4 仓库的布局与设计

1. 设计与布局

为了理解仓库布局与设计，了解一些关于典型仓库对基本空间需求的背景知识是必要的。对基本空间需求的讨论与对基本仓储操作的讨论是密切相关的。在仔细探讨公司需要的空间类型之前，我们先简要地分析公司需要多少空间（见图 8-3）。

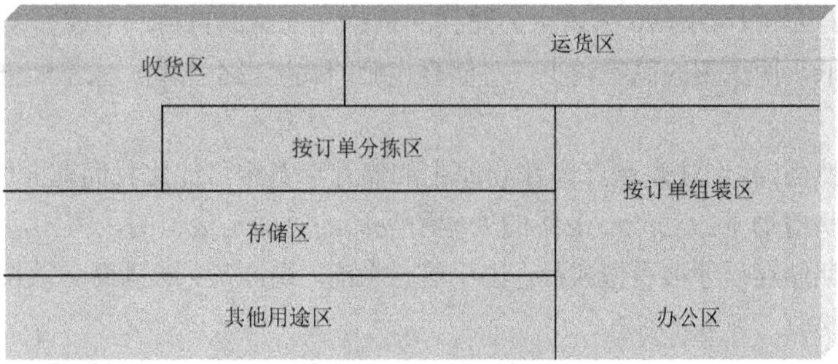

图 8-3 仓库中的空间需求

决定所需仓库空间的第一步是对公司产品的需求做个预测。这意味着要根据产品种类，估计在一定的销售时期（通常为 30 天）产品的销量，然后公司需要估计各类产品的数量，通常将安全储备考虑在内。接下来的一步是计算各部分所占的空间，这里面包括了输送设备的空间，通常要比有关时期增长 10%~15%考虑在内。此时，公司对所需的基本储存空间就有了大致的估计。公司还必须为过道以及诸如电梯、会议室之类设施留出所需的空间。仓库总空间的 1/3 通常无储存功能，很多公司通过计算机模拟来进行对这些空间的决策。计算机能考虑很多变量，并帮助人们对将来的需求做出预测。

（1）与运输的接口

仓库一项额外的空间需求是为物流系统中的运输部分提供一个接口，即收货与出货接口。虽然这一接口可以是在同一区域，但通常把它设在两个不同的位置以保证较高的效率。考虑到这些空间需求，公司必须决定是将接货点设在仓库外部，还是将货物直接由运输工具上卸载到仓库内部。公司必须考虑到装卸货物以及存放设备与托盘所需的空间。

在货物整合及运输前安排货物的场所同样很重要。此外，还必须要有进行核对、点数和检查工作的空间。收发货物的体积和频率严格决定了对接货与发货空间的需求。

（2）按订单进行分拣的空间

配送仓库中的另一项空间需求是出于按要求进行分拣和组装。这些仓储功能所需的空间大小取决于产品的自然属性以及处理时所采用的设备。这一场所的布局对高效运作和为客户服务方面起着关键性作用。

（3）存储空间

第三类空间是实际存储空间。在一个仓库中，公司必须尽量最高效地利用整个存储空间。公司可以根据我们前面进行的分析决定存储空间的大小，这一空间将是仓库中占地最大的场所。与按订单进行分拣的空间一样，公司必须仔细考虑存储场所的布局。

最后，公司还必须考虑三类额外的空间。第一，许多配送仓库必须要有空间进行回收工作，即将未损坏的部件从损坏了的包装箱中分离出来。第二，管理和工作人员日常所需的办公空间。第三，休息室、职工食堂、公共场所及更衣室也需要空间。最后这三类空间的大小取决于一系列的变量，例如，货物的平均损坏量和重新包装未受损货物的难易程度决定了回收工作所需空间的大小，而员工数量的多少决定了所需食堂和更衣室的空间大小。

2．布局与设计原则

到目前为止，我们已经讨论了一个典型的仓库对不同空间的需求，我们还需要对布局问题进行更深入的探讨。首先我们要考虑一般的布局设计准则（见图 8-4）。然后再分析前文中所列出各类空间的布局。

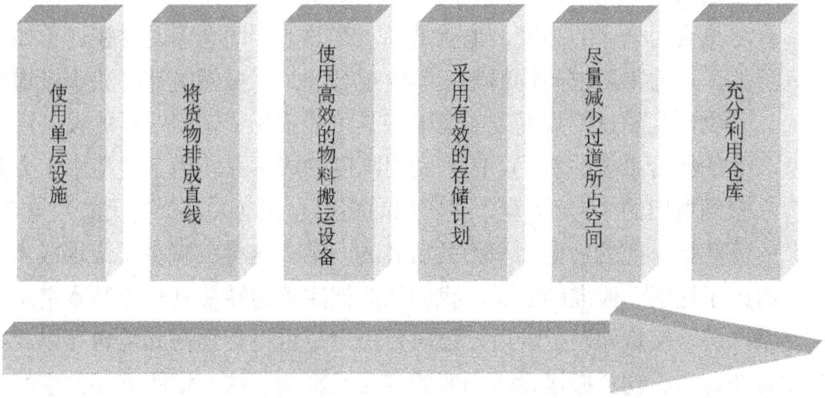

图 8-4　仓库布局设计的原则

广泛接受的仓库布局与设计准则有如下几条：

- 尽可能采用单层，因为这样不仅造价低，资产的平均利用率也高。
- 使货物在出入仓库时直线或直接流动，以避免逆向操作和低效运作（见图 8-5）。

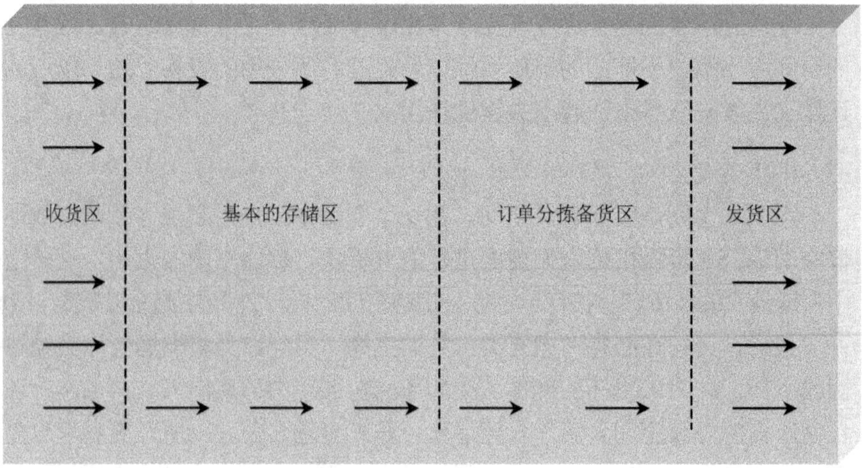

图 8-5 仓库的基本结构

- 采用高效的物料搬运设备及操作流程。在下一章中我们将探讨物料搬运的基本规则，物料搬运设备在操作流程中可以提高仓库运作效率。
- 在仓库里采用有效的存储计划。必须将货物置于最大限度进行仓储操作和避免低效率运作的境地。简单地说，在对所储存货物提供足够的便利与保护的同时，要尽量充分利用已有空间。
- 在物料搬运设备大小、类型、转弯半径的限制下，尽量减少过道所占的空间。还必须考虑到产品所造成的一些限制条件。
- 尽量利用仓库的高度，也就是说，有效地利用仓库的容积。正如下一章所提出的，这通常要求同物料搬运紧密结合起来。虽然能够在狭小过道中调动，并将货物码到超过常规高度的运输工具可能很昂贵，但这样的设备潜在地节省了较大的综合系统的费用。因为利用高度的成本只相当于建造水平方向等容量存储空间费用的 1/5。毕竟，等容积的高层仓库（40~50 英尺高）与 25 英尺高的仓库相比，前者占地面积不及后者的一半，这样就减少了土地成本。

考虑了这些一般准则之后，我们就能把注意力转移到仓库基本空间场所的设计需求上来。关于接货和发货场所，公司要决定是否将货物在此地暂存以及是否将所需设备安置在这里。物料搬运设备拐弯的需要也影响着这一场所需要的空间大小。公司还必须分析库房的数量、大小和形状，影响库房需求的因素有：公司所采用的运送设备的类型、产品特性以及物料搬运设备。

至于分拣和备货场所，必须注意到，在一个配送仓库里，这一场所是以短距离频繁运输为特征。因为要将各类产品置于分拣工人可触及范围之内，要有效地利用这里的空间是很困难的。虽然采用物料搬运设备可以在一定程度上克服这一问题，但公司不可能从根本上解决这个问题，因为频繁的运动需要更多的开放空间。

3. 分拣和备货场所的布局

布置分拣和备货场所有三种基本的方法。第一种方法是采用一般的将适当的货架和备货设备置于存储场所中，这基本上是将分拣、备货和存储场所结合在了一起。第二种方法是采用变动的场所，它为存储和分拣、备货提供了各自的场所。为了更方便地进行操作，分拣库房通常比存储库房要小。公司把分拣库房与存储库房分开，并为其定期准备包装箱。将分拣与存储分开减少了分拣的时间和距离，但同时也降低了仓库运转的灵活性。第三种方法是采用保留/活动区域。这一方法比采用变动场所的方法更为复杂，它将存储场所分为两块：① 保留存储区；② 活动的存储区。保留存储区应该紧接着运入接货区。活动的存储区应该紧接着分拣区和备货区。当活动存储区中的存货降至一定水平后，仓库工作人员就从保留存储区中取出货物，用其恢复活动存储区的存货。在保留/活动存储系统中，活动存储区中的货架通常是被直接输送到分拣场所。

4. 布局与设计的目的

（1）利用容积

正如前面所说的，在仓库存储区布局设计时一条重要的准则是充分利用仓库的容积。达到这一目的的存储区设计特征是：利用的存储库房越大对存取造成的限制就越多。仓库货物的周转量和提供量会影响存储库房的实际大小。例如，在一家供货仓库里，当周转率很低时，库房又宽又深，存取能力有限，过道也非常狭小。周转率增加就必须有更好的存取操作、更小的库房和更宽的过道。配送仓库中为顾客服务的需要也必须有更快的存取操作。

（2）保护

仓库布局的保护和效率的目的，为决定仓库空间的使用提供了一个良好的框架。首先来看保护方面，我们能制定出一些一般的准则。第一，仓库中各类危险品（例如易爆、易燃物、氧化剂）必须同其他货物分开储存，以避免货物被损坏。第二，公司必须对需要特别看管的货物采取保护措施以防止货物失窃。第三，仓库必须适当地调整那些需要处理的货物，例如，需要冷冻或需要加热的货物。第四，仓库工作人员应该避免把轻、脆货物堆码，或储藏到可能会使其受损的地方。

有必要对危险品运输与存储加强管理，这些危险品包括：放射性材料、易爆品以及一些其他种类的货物。这么做是非常重要的，因为在一定地方或处于一定状态时，这些货物危险性非常大。

（3）效率

关于效率问题，有两点很重要。第一，有效地利用仓库空间，即利用好仓库的高度，并减小过道所占空间。第二，安排好货物的堆垛以减少劳动消耗、降低搬运成本。

公司通常通过对三个变量的分析来取得效率。第一，变量是货物吞吐水平。公司应当将吞吐量大的货物放在最容易存取它们的地方，即靠近运输区域不太高也不太低的地方。第二，货物的大小也影响着效率。公司应当将体积大的货物安置在距离运输区域较近的地方以减少搬运的时间。第三，如果货物的装载体积超过其有序存储时的体积，则将这些货物安置在靠近运输区域的地方以减少处理成本。

（4）机械化

虽然机械化系统不能解决仓库中的所有问题，但它为仓库提高货物配送效率提供了巨大潜力。在进行细致的计划时应当将在自动化方面投资的风险都考虑进来，这些风险包括：由于科技进步造成的设备过时、市场波动，以及投资的回收，等等。在采用机械化前的计划阶段还要进行操作分析，因为机械化操作要达到最佳效果的前提是货物外形规则且易于搬运，选货工作处于整个运作过程的中段，货物的搬运量大并且搬运过程中波动较小。

（5）生产率

公司不应该时不时地做出一些仓储决策，而是应该在仓储运作过程中定期监测生产率大小。虽然监测方法多种多样，但公司应该给成本和货物搬运效率定一个标准，用它来衡量实际运作的效果，从而提高仓库的生产率。通过提高生产率，公司可以提高资源的利用率，增加利润、现金流量以及投资的回报，还能为客户提供更好的服务。

为了提高生产率，公司应当将整个仓库的运作划分成若干个职能单位，并衡量各个单位的生产率、效用和表现，注意提高各单位劳动力、装备、设施的水平。如果有标准可参照的话，还应参照一定的标准，多次测量后可以看到以上提到的这些都有相近的趋势。虽然没有固定的模式可循，但是公司在选择衡量仓库生产率的方法时，必须将有效性、覆盖面、可比较性、完善性、有益性、相容性、成本效用等因素考虑进去。

（6）资源

在衡量仓库生产率时，仓库所用的资源是劳动力、装备、设施、能源以及财务投资。在公司自有的仓库里，要衡量的各仓储职能是接货、储存、补货、按订单选货、验货、包装及标注、策划及整理订单、装运、职员及管理。

（7）改进措施

我们推荐在仓储操作中采用四种改进措施。第一，通过检查设备位置、数据处理及物料搬运的计划，减少设备、数据、物资在仓库内部的移动距离。第二，通过在市场上鼓励客户下大订单，增加设备搬运货物的单位体积。第三，尽量在来回过程中轮流使用仓库设备。第四，通过增加存储空间以提高空间效用。公司还可以通过增加仓库里的亮度、清洁过道、改变作业方针、高效地处理信息等来提高仓库的生产率。

公司还可以从对客户服务的角度看待生产率，这时可以把公司准确完成的订单、失去的订单和缺货所占的比例作为衡量标准。除了这些标准外，公司还应利用反馈回来的信息解决仓库中储运方面的问题。

（8）计算机

许多公司利用计算机来解决仓库中的一些问题及做出决策。在分析销售及成本、计算订单周期、控制存货、管理运输及设计布局方面，计算机可以有效地发挥作用。在公司的客户服务方案方面也可以利用计算机将有关订单处理进程、货损状况及运输方面的问题通知客户和公司内部管理人员。位于不同配送阶段的计算机终端可以迅速地提供有关订单状态的信息。公司还可以通过与公共仓储相连的计算机对仓库的运作进行控制。

8.5 仓库的产权决策

在本章前面我们曾说明采用自营仓储还是公共仓储是重要的仓储决策之一。换句话说，公司是应该自己建造或购买仓库，还是应该在需要时租用公共仓储空间？这两个方案各有其优缺点。

1. 可变成本

图 8-6 给出了一般的公共仓储和自营仓储在成本方面的比较。我们可以看到，在公共仓储中的成本全部是可变成本。当公司的仓储量增大时，它必须租用更多的仓储空间。租用的仓储空间按面积或体积计费。这样，公司的仓储成本就与公司的货物存储量成正比。在这种情况下，成本函数是线性的。在下一节中将说明，在存储量加大时，成本以较小比例增长是可能的，此时成本函数曲线在上部将逐渐变平缓，而成本和存储量之间同增同减的关系依然保持不变。

2. 固定成本

另外，自营仓储有固定成本因素，我们按结构可将其分为资产税及折旧。因为使用公共仓储设备的开销减少了，自营仓储运营成本的可变部分相对于公共仓储的可变成本而言增长速度要慢一些。随后，两成本函数曲线将相交于某点，在这一点上，采用两种仓储方式的成本相等。一般来说，当存储量较小时最好选择公共仓储。随着存储量的增加，公司采用自营仓储则更有效，因为此时可以将固定成本分摊到较大的存储量中去。

以上只是对许多公司，尤其是那些有多种生产线、使用 5~100 个仓库的大公司目前所面临的情况的一个简单描述。然而，这样的一个简单描述甚至在更复杂的情况下也可以反映现实问题，原因有二：第一，通常情况下，公司每次只增添一个仓库，而由于市场及成本环境各异，每次选择都在自营仓储及公共仓储二者之中；第二，即使公司一次增添多个仓库，而各仓库所处环境一般都很不一样，这就需要公司从所有权问题出发，仔细分析各个仓库的优劣。

从这点来说，对导致采用自营或是公共仓储的公司及其产品的某些特性做些调查研究将是比较合适的。表 8-1 总结了这些特性或者说因素。

表 8-1　影响所有权决策的公司特性

公司特性	自营仓储	公共仓储
存储量	高	低
需求变动性	稳定	波动
市场密度	高	低
特殊的控制	需要	不需要
顾客对服务的要求	高	低
安全要求	高	低
所需的多种用途	需要	不需要

3. 存储量（通过量，Throughput Volume）

因为固定成本的缘故，采用自营仓储时要使仓库运营更为经济，就要有相对较高的存储量。因为自营仓储的固定成本与仓库的使用不相关，所以，公司就必须有足够的存储量用来分摊固定成本，从而使采用自营仓储的平均成本低于采用公共仓储的平均成本。以上的分析包含了两个假设（见图 8-6）。一个假设是自营仓储的单位可变成本低于公共仓储的单位可变成本，否则采用自营仓储不可能更便宜一些。另一个假设是一年大多数时间里仓库的使用率是稳定不变的，否则公司将很难决定仓储空间的大小，也很难有效地利用仓储空间。

4. 稳定的需求

像采用自营运输一样，采用自营仓储时，稳定的需求是一个关键因素。许多产品是季节性销售的，然而，许多大公司和一些小公司有多种产品生产线，这就有助于稳定使自营仓储较为经济地运营所需的存储量。如当夏季咖啡销量下降的时候，公司就销售更多的茶给喝冰茶的顾客。

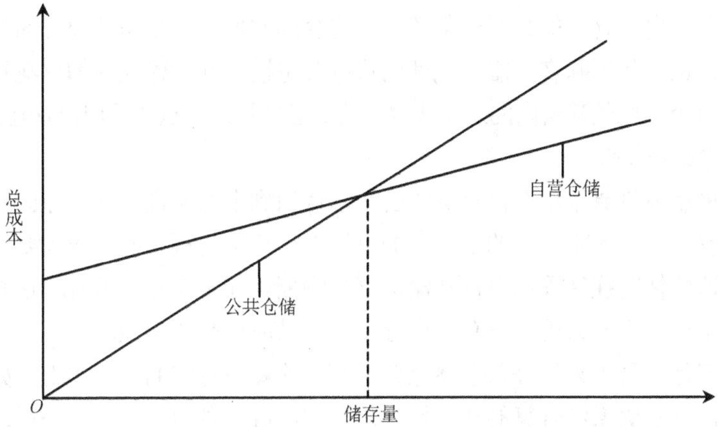

图 8-6　自营和公共仓储的比较

5．市场集中地区

促使公司采用自营仓储的另一因素是离仓库相对较近的市场集中地区，及离物资供应仓库相对较近的大量的卖主。正如我们前面所提到的，零担货物（LCL 及 LTL）每公里的运费相对要高一些，因此，零担货物较高的运费很快便抵消了整车散货运输积累节约下来的费用。结果是在人口密度较小的地区，公司发现在多个地点采用多个公共仓储进行仓储，要比把所有货物集中到一家自营仓储为一大片地区的客户服务要合算得多。

6．控制

公司从采用自营仓储获利更多的另一原因在于控制，它包括诸如安全、冷藏等方面的控制以及客户和工厂方面的服务控制。一些原材料和成品很容易遭盗窃或因为损伤而降低其价值。虽然一些公共仓储是有信誉的大公司，它们对存储的货物也尽心看管，但是货物丢失的可能性还是比自营仓储要大一些。即使公共仓储公司对丢失的货物做出赔偿，对客户和效率受到的损失还是很大的。在一些地区，公共仓储公司会由于货物具有一定危险性或其他原因而不接受某些货物。如果生产这些产品的公司认为很有必要将产品储存在这一地区，那么，采用自营仓储将是他们唯一的选择。强调为客户服务将导致过多公司采用自营仓储，它也是日益成为采用自营仓储的重要理由。当公司使用了更加成熟的基于计算机的信息系统，可以协调存货控制与订单处理时，采用自营仓储更为合理。在客户服务方面具有竞争力是有利于采用自营仓储的另一因素。

7. 多用途

采用自营仓储的最后一条理由是将仓库的使用与公司其他方面的需求结合起来。例如，销售代理和客户服务代理们将办公室设在同一建筑内的总花费，要比将办公室设在两个不同的建筑内的总花费少。公司必须将这一点与采用自营仓储的其他花费方面的考虑结合起来。

采用或打算采用自营仓储的公司，认识到上面所说的这些原因有利于采用自营仓储。有多种产品生产线的公司，拥有巨大、稳定与稠密的市场需要并对其需要加以控制，这些情况往往采用自营仓储进行货物配送非常合算。再者，这些公司通常经营着多家工厂，它们采用自营仓储进行原材料供应也是非常经济的。

但是，是否采用公共仓储也会合算？答案是肯定的。事实上，如果我们仔细想一想使自营仓储系统合算的那些特征，我们便可以发现，对一些公司而言，采用公共仓储可以很经济。打算采用公共仓储的公司应该了解这些公共仓储所提供的各项服务，以及规章制度和定价方法等方面。我们先来看一看公共仓储的重要性。

8.6 公共仓储

上面结合客户服务的需要，分析了采用自营仓储的原因，但这并不意味着公共仓储不重要。相反，在国外，公共仓储已经发展和繁荣起来，并成为一个非常有活力的、不断变化的行业。公共仓储的最大客户是连锁零售店，因为这些连锁店的货物流量非常大，并且它们还将仓储同其他一些诸如采购和配送等功能联系起来了。

没有大宗货物要存储或对仓储空间需求的季节性非常强的公司，不可能始终一贯地有效使用自营仓储。对于将小量货物运输很长距离送到分散于各处的客户或工厂去的公司，以及刚进入一个新市场，其销售水平和稳定性还不确定的公司而言，它们会发现采用公共仓储更加经济。在这些情况下，公司通常需要采用公共仓储，直到它在这一市场站住脚。如果公司在这个市场中的经营是成功的，并且根据经验需要大量与稳定的货物供应，这时公司就可以采用自营仓储了。

1. 采用公共仓储的原因

（1）有限的资金投入

采用公共仓储首要的和重要的理由源于资金，公司在采用公共仓储时不需或只需少量的资金投入。公司只有在进行仔细考虑后才可以进行资金投入。即使利息率下降了，它们依旧保持较大的波动性，这将对投资回报带来不容忽略的影响。公司在成立时，在经济上都有一个长期的打算，因此若公司继续使用或卖出仓库，将招来资金回报的风险。这里假定公司有足够的预测及固定的顾客需求，在仓库建造、运输及仓库系统方面的科技进展不至于使设备过时。对于那些自动化仓库而言，设备过时的问题将变得更为尖锐。预测不准确的公司为了保持资本回报可能不得不卖出或租出其仓库。而使用公共仓储，公司可以避免这样的资金投入以及自己经营仓库带来的经济上的风险。

（2）灵活性

公共仓储的第二个优势在于其灵活性。公司可以对仓储空间租用 30 天，这样就使公司可以对运输服务质量的需求及变化做出快速反应。开发新市场需要仓库选址具有灵活性。就新的、未曾打入过的市场而言，公共仓储使公司可以快速打入，发展壮大，也可以迅速退出而不留一点费用。

2. 公共仓储提供的服务

公共仓储中的员工可以完成如测试、组装、标价、标号等工作。此外，他们还提供打包、按订单分拣包装、完成订单以及 EDI 数据发送等服务。合同仓储作为公共仓储的一个分支，只为主要的或特定的客户提供高度专业化的服务，合同仓储可作为自营仓储的可行替代。只要价格合理，自营仓储能够提供的服务公共仓储几乎都可以提供。.

此外，公共仓储或合同仓储里的公共仓储经理可以提供两项传统的公共仓储服务：保税服务及仓储。在这两种情形下，公共仓储经理对货物负责，开出收货凭据，在提货人不满足一定条件下不得发货。

（1）保税仓储（bonded warehousing）

在合同仓储条件下，通常公司是想延期缴税或避免缴税。因为烟、酒等货物的税率很高，负责缴税的商家希望将缴税时间延长到这些货物准备好可以马上出售的时候。对于那些在出售前要保存的一些重要货物也是如此。如果公共仓储以合同保管形式存储这些货物，则商家不用立即缴税，直到仓库发出这些货物为止。

在一些特殊情况下，货物可能进口后再出口而没有进入“商流”。这时，如果仓库以合同形式存储这些货物，商家就能避免缴纳关税了。另一个办法是在货物出口后申请退税。利用自由贸易区或自由港的情况也基本相同：商家将货物进口到这些地点，如果稍后再将其出口，那么对这些货物不用缴税。

（2）守备仓储（field warehousing）

守备仓储是指公司储存其货物于公共仓储并获得货物的收据，某货物也可以置于公共仓储经营人管理之下的某一私营企业。公司常常用这些收据作为货款的担保。这种收据是可转让的，上面的抬头也是可以改变的。这项服务对于那些积累了存货又需要流动资金的个人及公司都很有吸引力。虽然对它最感兴趣的是中小型公司，但是其潜在的服务价值却是对所有公司都有吸引力的。

总而言之，如今的公共仓储可以提供从传统的仓储功能到全面的存货管理，再到相关的客户服务等许多有价值的服务。作为物流业中极具活力的一支，公共仓储为物流经理们提供了许多选择。公共仓储中还有一个方面，那就是法律控制，我们将在下面讨论。

3. 公共仓储的法规

尽管公共仓储具有承租及公共的特征，国际上，政府对这一行业只施加了很小的控制。与此形成鲜明对比的是在运输业中，特别是对那些公共承运人。对于这种法律控制上的不同，有一系列的理由可以做出解释，但是最重要的一点是仓储业不会像 19 世纪的铁路那样招致公众与货主的对立，以致必须通过立法予以管理。

（1）责任与义务（liability）

在美国，有一些法令对公共仓储有影响。其中影响最大的法令是 1912 年联合仓库收据法令（Uniform Warehousing Receipts Act of 1992），这一法令对仓储的许多方面做出了规定。第一，它规定了仓库经营人的法律责任。公共仓储经营人只对操作的合理性负责。所以，如果公共仓储经营人拒绝对他认为由他职责以外的事件造成的货损负责，为了表明仓库经营人负有责任，客户就必须承担举证的责任。

这就再一次与公共承运人所面临的局面形成鲜明对比。他们要对货损责任不在自己身上负举证责任，只有在很少情形下，他们才能对货损不承担责任。但是，这并不意味着公共仓储对货损和货物丢失不负任何赔偿责任，公共仓储是要负一定责任的，以上做出的对比，只是为了说明运输业的一个特殊方面。

（2）收据（receipt）

除了确立公共仓储经营人的法定职责外，美国的联合仓库收据条令还规定了公共仓储经营人可为其储存货物签发收据类型。条令认可两种基本的收据类型：可转让（negotiable）及不可转让（non-negotiable）的收据。正如我们前面所说的，如果某货物的收据是可转让的，那么，公共仓储经理所储存的这些货物的所有权是可转让的。所以，实际上拥有这些货物的是其收据的持有者，换句话说，收据持有者可以像签支票一样在收据上签字将其转让出去。

条令还对收据应包含的信息做出了明确的规定，它必须包括仓库地址、签收日期、仓储费用、对货物的描述、双方签名以及收据类型等内容。这些规定从根本上保护了公共仓储的客户及其他任何运用收据可转让性的当事人的利益。

虽然公共仓储的条例及服务非常重要，但是物流经理还是很关注公共仓储的费率，下面我们就来看一看这方面的问题。

4. 公共仓储费率

公共仓储根据其拥有的空间出售其服务。它通常以单位时期内占用了多少仓储空间作为出售服务的计费标准，例如，单位时期每平方米多少元。虽然在某种意义上说，仓储公司的定价结构没有运输公司的定价结构复杂，但是物流经理应该了解影响仓储费用的一些基本因素，还要注意仓储费率的高低是可以谈判的。

（1）价值（value）

正如我们前面所说，公共仓储对库存货物要负一定的法律责任。随着库存货物价值的提高，仓库所承担的风险也在提高。一般来说，仓储费用反映了高价值货物的高风险性。

物流经理可以通过采用保护性包装或在包装上表明该货物需小心搬运来减少货损概率，从而降低仓储费率。如果公共仓储相信这些行为将降低货损风险，那么，仓储费率就可以得到降低。

（2）易碎性（fragility）

仓储费率中包含了仓储公司对库存货物易受损性所承担风险的考虑。物流经理可以通过采用保护性包装减少货损风险，由此再降低仓储费率。此外，从中应该权衡仓储费率的降低与包装费用的提高。

（3）对其他货物造成的损坏（damage to other goods）

在公共仓储中，一些不能共存的货物常常有彼此损坏的危险。从某种意义上说，这是一个双向的风险。你的货物可能对其他货物造成损害，也可能被别的货物所损坏。化学品和食品就是两个明显的例子。但是，还有其他一些相互之间影响更灵敏的货物，例如，汽车轮胎会对一些货物造成不利的影响，有时甚至会造成货物变色。采用合适的包装可以减少上述风险，但是物流经理还须注意权衡得失。

（4）存储量与存储的规律性（volume and regularity）

虽然采用公共仓储的费用通常为可变成本，但是对仓储公司本身来说，这笔费用计入固定成本。因此，存储量及存储的规律性会影响存储费用的高低，这是因为仓储公司可以“分摊”其固定成本，也就是说，一定的存储量和存储的规律性可以通过降低单位货物的成本来提高存储效益。许多采用公共仓储的商家，它们采用公共仓储来解决对自营仓储设施的季节性需求达到顶峰时造成的压力。这样一来，它们对公共仓储的使用就没有规律性。换句话说，物流经理可通过仔细计划，系统地利用公共仓储，从而降低仓储费率。

（5）重量密度（weight density）

仓库大都以货物所占空间多少来计费，有时也以货物的占地面积多少来计费。然而，仓库有时还以重量密度作为收费标准。所以，仓库经理必须给体积大、重量轻的货物以较高的仓储费率。即使是那些没有因仓库对体积大、重量轻的货物收取高仓储费率的客户也应该关心其所存货物的重量密度，因为这会影响他们对所租用的仓储空间的使用效率。例如，较轻的组装件每单位重量要占去较大的仓储空间，如果商家能以未组装件的形式存储同样数量的货物，或许占用的仓储空间要小得多。

（6）服务（service）

如今的公共仓储业已经发展得相当完善和成熟，除日常的存储服务外，公共仓储还可以提供许多其他的服务。当然，这些服务是收费的，而且服务越多，收费越高。然而，采用公共仓储提供的这些服务的花费，可能较采用自营设施服务的花费更少，尤其是在那些销售量较低的地区。

正如前面的讨论所说明的，物流经理可以影响他们付给公共仓储的仓储费率。因为要仔细分析才能证实影响费率的各因素的经济合理性，物流经理应该对各个选项进行仔细、全面的考虑。

8.7 合同仓储

1. 合同仓储

公共仓储发展的一个趋势是使用合同仓储或者说是第三方仓储。合同仓储是一种定制的公共仓储形式，在这种形式中，公共仓储公司为客户公司提供通常由客户自己运作的物流服务。合同仓储公司专门提供高效、经济、准确的配送服务。

物流经理必须将合同仓储与一般的公共仓储区分开。期望得到超出平均服务质量的公司应当采用合同仓储。提供合同仓储服务的仓库是以较高标准设计的，专门用于处理诸如药品、电子产品以及高价值产品等货物。另外，期望得到一般服务水平的公司应该采用公共仓储。从本质上说，合同仓储体现了制造厂商与仓储公司的关系。因为有了这些固定的合作伙伴，合同仓储公司的客户相对于传统的公共仓储公司而言要少一些。合同仓储公司将空间、劳务、设备组合到一起以满足客户特殊货物的需要。

然而，只有一部分客户可以得到仓储公司在市场上提供的定制服务。这些服务包括：储存、将整装货物分装、将分装货物整装、按订单对货物分类搭配、在途配货、存货控制、安排运输、物流信息系统以及客户所要求的任何附加的物流服务。合同仓储公司通过提供客户要求的整套的物流服务来支持客户公司的物流渠道，而不仅限于提供存储服务。

虽然合同仓储与配送大大地发展了，但从对它们的综合理解和使用来看，这个概念还很不成熟。在以前，公司把降低成本的着眼点放在生产作业上，它们同海外劳动力成本低的地方签订配件生产与组装的合同。而现在，公司转向物流作业过程作为潜在降低成本的地方。通过合同仓储服务，公司可以进行物流作业的分包。将次要的业务功能分包去之后，公司更能把精力集中到制造和销售上。

合同仓储比自营仓储及传统的公共仓储有着战略上、经济上以及操作上的优势。最大的优势就在于能降低成本，我们在下一节将对降低成本方面进行分析，先来看一下其他方面的优势。

（1）对产品的季节性的补偿

合同配送比自营配送更能有效地控制应付受季节性影响的产业的淡旺季。例如，某合同配送商与一家销售旺季在冬季而夏季几乎无销售量的公司签立了合同，为了抵消这种不均衡，该配送商还会与销售高潮在夏季而冬季几乎无销售量的公司签约。这样做使合同配送商在全年中都能有效地利用其设备及库容能力，这比自营仓储只处理单一季节产品要好多了。

（2）扩大地理覆盖面

合同配送可以通过设在各地的仓库设施来扩大一个公司的市场覆盖面。公司可以不必到处投入大量资金建造自营仓储设施就能使用各地的仓库。在理想的情况下，合同仓储公司战略性地安排各地的仓库及服务，使客户在不同地点的仓库都能得到同一标准的仓储管理及物流服务。

自营仓储衰退的部分原因就在于合同仓储的发展。许多公司将其自营仓储减少到少数几个中央仓库，并与合同仓储公司签约，以满足其在外地扩展市场的需要。有了这样一个自营与合同仓储网络，公司可以在直接控制中央仓库的同时，使用合同仓库以降低劳动力成本、扩大市场覆盖面。

（3）在测试新市场时增进灵活性

合同仓储的灵活性有助于提高其客户服务水平。公司增加已有产品或引入新产品都可以采用短期合同仓储来测试市场对这些产品的需求。当公司进入一个新市场时，建造一个新的配送仓库可能需要数年时间。但是，如果采用合同仓储网，公司立刻就能利用已有仓库来为该市场的客户服务。

（4）取得管理专家意见及专一的资源

分包是将公司的物流职能交到一些配送管理专家手上的极好机会，这些专家可以提供革新的配送方案和降低成本的产品搬运流程。在一些合同中，合同配送商会仔细调节仓储空间、工人、物料搬运设备以满足客户产品的专门需求。这样，合同仓库就像是同一家公司的几个自营仓储一样。

（5）提高投资回报

利用合同配送商进行配送作业可以提高公司的投资回报（ROI），使公司可以只在支持公司主要业务的资产上投资。自营仓储中物资配送资产的投资回报是公司各项资产的投资回报中最少的，它占用了一些公司资金，有时还得不到充分利用。此外，这些资产是代表了公司在其他地方投资的机会成本。将配送服务分包出去，就在资产平衡表中去掉了这部分资产，增加了公司的投资回报。尽管这些资产出现在配送商的资产平衡表上，它们也是用于满足公司物流的需要。

（6）降低运输成本

因为合同仓储公司要处理大量来自不同客户的产品，这样就可以通过将货物整合成车运输，大量节省运费。

除了优点外，合同仓储还有一些缺点。最主要的一条就是公司丧失了其物流控制权，丧失了对操作的直接控制是公司在采用合同仓储时的最大顾虑。采用合同仓储后，公司对人员、策略及操作过程的控制将有所降低。在相同状况下，那些生产价值较高的产品（如药品）的公司，必须注意尽量减少合同仓储公司雇员的偷窃行为。所以，租用外部的仓储公司来处理产品，比采用自营仓储要承担更大的风险。

采用合同仓储的其他一些缺点包括：合同仓储成本可能超过自营仓储成本且不十分合理，管理层及员工的接受问题，缺少足够的量，与公司需求不符，对合同仓储及其价值的理解不够充分。

2．合同仓储与自营仓储的比较

公司在比较采用内部自营仓储与外部合同仓储时必须回答的一个问题是：合同仓储是否可以花同样多或更少的钱而比自营仓储提供更高水平的服务？如果回答是肯定的，公司应该选择合同仓储；否则，公司必须对较好的服务与较高的成本进行权衡比较后再做出决定。公司衡量一家公共仓储公司的服务水平可用一些量化指标，如每小时货车发出数量、达到标准率以及准时送货的百分率。

因为合同配送商把精力集中到提高仓储的效率上，他们能使合同仓储的运作比自营仓储的运作更为经济，所以，对上面问题的回答往往是肯定的。此外，合同仓储与厂商自营仓储相比，员工的工资和福利水平相对要低一些。考虑到这些因素，公司采用合同仓储的费用比采用自营仓储的费用要低。

自营仓储的运作是以成本为中心，而合同仓储公司的仓储运作则以赢利为中心。这是因为自营仓储的花费结构中并没有带入增值部分，而合同配送商想要继续运作下去，必须使其运作可以赢利。利益的驱动使合同配送商尽可能地高效运作。客户付给配送商的费用中包含了配送运作的成本和利润，但是公司产品的销售只付出了自营仓储的运作成本。

3. 费用对比

在采用自营仓储还是采用合同仓储之间做出选择的公司，必须将二者的费用加以对比。为了对比尽可能准确，公司必须对这两种仓储方式的费用做一个详尽与可比的分析。例如，在分析自营仓储时将折旧排除在外就会低估真实的运作成本，从而使分析有失偏颇。所有仓储方式（公共、自营及合同）都有着相同的成本要素，其间的差异仅在于公司在计算各项成本要素时会采用不同的记账方法。

进行费用对比分析是一项复杂的工作。我们可进一步将仓储费用分做两类：直接搬运费用和直接存储费用。直接搬运费用指的是公司在将产品运进、通过及运出仓库时的所有费用（可变成本)。与此相关的仓储操作包括将运进的货物卸下，将货物放到托盘上货物分类，将运出货物装车，安排货物的存储，完成订单。直接存储费用指的是与搬运的产品量无关的费用（固定成本)。

除了判断哪一种仓储方式费用最低，对合同仓储感兴趣的公司还可以参观一下合同仓储公司，观察其库房、操作、设备、职员及管理水平。

4. 合同

在采用第三方服务之前，购买外部配送公司服务的用户或公司要与该合同仓储公司议定合同。作为双方法律上的协定，合同必须指明以下内容：合同有效期、服务费、双方对特殊服务达成的共识、各种情形及条款、责任与义务、对服务水平的衡量标准，以及违约条款。客户公司必须提供大量“敏感”信息，例如，其顾客、供应商、销售量，以使第三方公司可以在合同确立的条文下高效地运作。公司还要采用现代化的信息传输工具，以使得第三方仓储公司准确、高效地完成客户订单。

首要的合同要素是仓储空间。公司可以通过租用、灵活租用、转租等多种方式租用仓储空间。以租用方式租大量仓储空间时，客户公司要按期签约，时间通常为一年。租金中包括一些固定费用，例如照明、取暖，以及资产维护费用，租用者自己提供劳动力。以灵活租用方式租用仓储空间时，客户公司只要按其实际占用空间付费，以每托盘、每公斤、每立方米等为计费单位。而以转租方式租用仓储空间时，合同仓储公司为客户提供劳动力及管理。在采用以上三种方式时，客户都要保证在合同有效期间对合同仓储公司有最低金额或数量的业务。

公司在确定所需的服务及成本的分摊时，还必须考虑的一些其他因素，包括：物料搬运设备及职员和办公室的服务。公司所用的物料搬运设备的类型和数量取决于运入/运出方式、货物体积，以及在存货物的种类。职员和办公室服务则是指各种文件，如提单、订单、存货记录的传递。合同中应该说明哪一方应对这些方面负责。

5．责任与义务

在签订合同时，客户公司和仓储公司必须将责任问题包括在内。对于公共仓储，统一商业准则（UCC）中说明仓储公司要对因其没有合理保管而可能对货物造成的任何损坏、丢失负责。对合同仓储，除非仓库经营者与客户另有协定，否则仓库经营者对不可避免的货损不负责任。一旦不可避免的货损发生，拥有这些货物的公司对其负责。然而，在合同中，仓库经营者也可以选择承担为不可避免的货损负责的风险。为了补偿这项额外的责任，仓储公司将对客户收取较高的仓储费率。

练习题

1．现代仓储在物流系统中的作用包括哪些方面？
2．在企业物流管理中，基本仓储决策涉及哪些方面？
3．基本的仓储操作有哪些方面？
4．仓库布局中一般要考虑哪些空间需要？
5．仓库布局与设计中一般要掌握哪些原则？
6．仓库布局与设计一般要达到哪些目标？
7．什么是自营仓储、公共仓储、合同仓储？
8．比较自营与公共仓储的优劣。
9．比较自营与合同仓储的优劣。

第9章

物料搬运与包装

物料搬运系统的效率对仓库的生产率起着关键的作用。在仓库运作中，物料搬运涉及货物的入库、在仓库中的移动、货物的分拣和货物的出库等方面。包装的作用包括保护货物、便于货物的搬运和信息传递等，包装对物流的成本与生产率影响很大。到现在为止，物料搬运与包装常常与其他物流活动分开管理，而且没有受到企业高层物流管理人员的足够重视。但是，把物料搬运与包装与其他物流运作联系起来管理具有重要的意义。

本章将讨论以下几方面的内容

- 物料搬运与包装的作用
- 物料搬运的基本原则
- 物料搬运的系统
- 包装类型与设计

9.1 物料搬运与包装的作用

9.1.1 物料搬运的作用

物料搬运作业是仓库或物流配送中心的主要作业之一，物料搬运能力的大小也是物流配送中心生产能力大小的一个关键因素，这是因为：

1）物料搬运是一种劳动力密集型的劳动，所占用的人力和劳动资本对配送中心整体的生产率的大小影响很大。

2）配送中心物料搬运的特性决定了它很难从日渐完善的信息技术里获益。虽然计算机技术不断发展，但物料搬运还是需要投入大量的人工。

3）物料搬运没有与其他的物流活动作为一个整体来管理，也没有引起企业管理高层的足够重视。

4）减少物料搬运劳动的自动化技术目前正得到发展。在配送中心中，物料搬运需要的人力最多，其中，商品分拣和装卸占用人力成本最多，因而降低劳动密集程度并提高生产率就有赖于搬运技术的出现。虽然，配送中心主要强调物料和商品的流入和流出，但是由于配送中心是物料搬运作业的主要活动场所，因此，就整体而言，物料搬运的效率决定了配送中心的效率。

9.1.2 包装的作用

包装也是物流系统中相对比较重要的功能，商品的包装影响着它后面的每一个物流活动。包装对物流系统中的成本和生产效率影响很大。总的来说，包装在物流系统中的作用有三个：

1）保护商品。这是包装的首要功能。包装可以承受商品在装卸、运输、保管过程中各种力的作用，如商品从高处落下的冲击，运输工具的颠簸震动，商品堆放的压力等，此外，包装还可以防止商品发生化学变化，阻止霉菌、虫、鼠的侵入，防止异物混入，污物污染等。

2）单元化。包装使一些零散商品形成一定外形尺寸的单位规格，方便商品的储运，方便销售。从物流角度，包装单位的大小要和装卸、保管、运输条件的能力相适应，尽量做到便于集中输送以获得最佳的经济效果；同时又要求能分割及重新组合以适应多种装运条件和分货的要求。

3）方便流通及消费。要求包装的大小、形态、包装材料、包装重量、包装标志等各要素都应为运输创造条件，容易区分不同商品并进行理货，容易包装及拆包、保管、验收、装卸等作业，拆包后的包装材料容易处理。

由于包装与物料搬运关系密切，所以我们将它们放在同一章内讨论。

9.2 物料搬运的基本原则

物料搬运对现代物流的作用是不言而喻的，它与运输、保管、包装、流通加工等其他物流要素有着密切联系。如果没有物料搬运，物流的各个环节就无法进行。物料搬运不仅直接影响着物流服务的质量和效率，而且还直接影响着物流活动的安全和物流服务成本。因此，在现代物流条件下建立的物料搬运系统，应遵循有效作业原则、集中作业原则、简化流程原则、安全作业原则以及系统优化原则等。

1．有效作业原则

指物流活动中所进行的物料搬运作业应是必不可少的，即在保证完成各要素和各物流环节顺利进行的情况下，尽量减少和避免不必要的装卸搬运，使装卸搬运作业量最小，所消耗的活劳动和物化劳动最少。

2．集中作业原则

所谓集中，包括了装卸搬运场地的集中和装卸搬运对象的集中。前者通常是指在条件允许的情况下，把数量较多的、作业量比较小的和分散的作业场地加以适当的集中，以利于固定式装卸搬运设备的配置，提高机械化作业水平，以及合理组织作业流程，提高作业效率；后者则是把分散的和零星的货物汇集成较大的集装单元，以提高作业效率。

3．简化流程原则

简化流程原则通常包括两个方面：一是减少装卸搬运作业环节，尽量实现作业流程在实践和空间上的连续性，换句话说，使装卸搬运作业无间歇、不中断；二是尽量提高货物放置的活载程度，以减少作业环节。所谓“活载程度”是指被装卸搬运的物料的放置处于一种什么状态，它关系到装卸搬运作业的效率。为了便于装卸搬运，人们总是期望物料处于最容易被移动的状态，因此，物流专家们喜欢把物料放置被移动的难易程度称为“活载程度”，也有人称之为活载性或活性。

4．安全作业原则

由于在装卸搬运作业中存在着诸多不安全因素，所以在现代物流服务环境下如何确保装卸搬运作业安全非常重要。安全作业原则中包括人身安全、设备安全和货物安全，其目的是要组织文明装卸，避免发生重大事故，尽量减少一般事故。

5．系统优化原则

系统优化原则是指在现代物流条件下组织装卸搬运作业的出发点是实现装卸搬运作业的合理化，而其合理化的目标是要使系统的整体优化，要充分发挥系统中各要素功能，从作业质量、效率、安全、经济诸方面对装卸搬运系统进行评价。

9.3 物料搬运的系统

物流系统中的物料搬运是集中在配送中心、仓库中进行的。散装货物与包装货物的搬运存在着基本的不同。散装货物（如固体、液体、气体）需要专门的搬运设备。

包装货物的搬运具有一些通用性，我们主要讨论物流系统中包装货物的搬运。

这些年来，国际上，在物料搬运设计方面出现了一些基本准则：

- 搬运和储存的设备应尽量标准化。
- 搬运系统应被设计成在作业时也能连续提供最大的商品流。
- 应尽量投资于搬运设备，而不是存储设备。
- 应选取使用范围广的搬运设备。
- 选取搬运设备时，应使设备自重与有效载荷之比最小。
- 系统设计应考虑重力流。

物料搬运系统可分为机械化系统、半自动化系统、自动化系统和信息引导系统。在机械化系统中，搬运人员和搬运设备结合在一起，方便了货物入库、存库和出库作业。一般来说，使用机械化搬运的人工成本占总成本的比例较高。与机械化系统相比，自动化系统通过对自动化设备的投资而最大程度地减少员工数量，同时也提高了效率。自动化搬运系统一般可以满足基本的搬运需要。而如果某些搬运作业使用自动化设备，其余的搬运作业使用机械化设备，这样的系统就属于半自动化系统，它是对机械化系统进行补充的一种搬运系统。信息引导系统是使用计算机在最大范围内控制机械化搬运设备的系统，是一个还处于试验阶段的相对新的概念。机械化搬运系统是最普遍被使用的系统，半自动化和自动化系统的应用程度正在提高。

9.3.1 机械化系统

机械化系统所利用的搬运设备范围很广，最常用的设备有叉车、步行码垛车、拖缆、牵引车挂车、输送机及回转货架等。

1. 叉车

叉车主要用于举高和搬运货物。按举高能力可分为低提升和高提升两类。低提升车辆即为一般的拖板车，其举高范围为100~150毫米。高提升车辆即一般的叉车，其举高范围可达12米。按照操作者姿势、动力方式和应用范围等不同可再细分类，如图9-1、图9-2、图9-3所示。

许多叉车作业正在利用数据通信技术来提高生产率。例如，利用射频数据通信（RFD）可便于叉车操作人员在仓储作业和配送作业中加快存取的速度。射频数据通信可使工人不必通过手写的或事先打印好的指令接受工作，只需通过手提的或安装在车上的RF终端接受工作指令。利用RF技术可以向中心数据处理系统提供实时通信，而且当货物包装或托盘上没有条形码时，RF 技术能让叉车操作人员收到并更新货物查询、顺序、移动和存货的调整情况。

2. 步行码垛车

步行码垛车（walkie-rider pallet truck）适用于搬运一般的材料，具有低成本和高效率的特点，如图 9-4 所示。该车通常用于卸车、拣选、集货以及仓库中长距离的往复搬运。一般是电动车。

图 9-1　拖板车

图 9-2　步行/立式电动拖板车

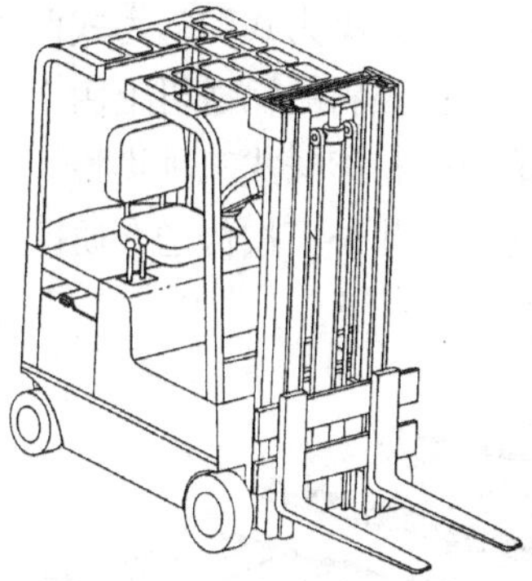

图 9-3　叉车

图 9-4　步行码垛车

3. 拖缆

拖缆是指设置于地面或悬吊安装的与四轮拖车一起配套使用的一种牵引设备。拖缆是连续供电的。它的主要优点是可以连续运动，缺点是不具备叉车的灵活性。拖缆常用于仓库内拣选货物。拣选时，商品被放在四轮拖车上，然后拖缆将拖车拖到出运区。自动化的分拣设备可以非常好地完成指引拖车从主线到出运区的路线的工作。

在拖缆使用上有争议的一个问题是：究竟将拖缆设置在地面上还是悬吊安装。如果在地面设置，那么调整和维护价格昂贵。而悬吊安装比设置在地面上灵活性高，但要求仓库地面必须非常平整，否则拖线会将拖车的前轮拉离地面造成货损危险。

4. 牵引车挂车

牵引车挂车是指一个牵引车拖带几个四轮挂车，而挂车上承载几组托盘货。挂车的尺寸一般为 48 英尺（1 英尺=0.304 5 米）。像拖缆一样，牵引车挂车也是为拣选货物服务的。其主要优点是灵活性强，缺点是需要大量的人员参与，而且经常是闲置的，经济性不高。自动化引导的搬运车系统（AGVS，又称无人搬运车系统）已经出现，这将在半自动化材料搬运中讨论。

5. 输送机

输送机是物流配送中心的必不可少的重要搬运设备。它有水平和垂直搬运之分，也有整箱和托盘搬运之分。无论什么形式搬运，决定输送机的主要参数是搬运物的最大宽度和长度以及最大重量。此外，单位时间的搬运量也是重要参数。

在物流中心中使用最普遍的输送机是单元负载式输送机和立体输送机。单元负载式输送机包括滚筒式、带式和链条式三种类型。这些输送机主要用于固定路径的输送。输送机的单元负载有托盘、纸箱或固定尺寸的物品。

单元负载式输送机按动力源区分，可分为重力式和动力式两种。所谓重力式输送机就是利用输送物品的本身重量为动力，在倾斜的输送机上由上往下滑动。重力式输送机因棍子不同，又可分为滚轮式、滚筒式和滚珠式三种类型。

所谓动力式输送机就是以马达为动力。此外，按传送介质区分，可分为链条式、滚筒式和带式，如图 9-5、图 9-6 所示。

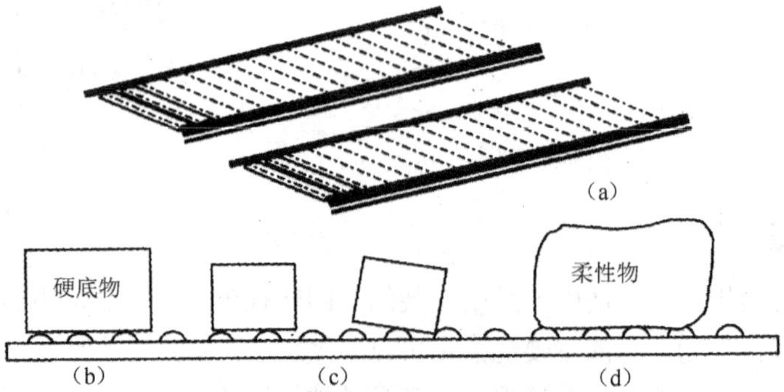

图 9-5　滚筒式输送机

6. 旋转式货架

旋转式货架操作简单，存取作业迅速，适用于电子元件、精密机械等少批量、多品种小物品的储存及管理。货架转动很快，可达 30 转/分的速度。存取效率很高，通过计算机控制，可实现自动存取和自动管理。此外，旋转式货架的空间利用率较高，其特点为：

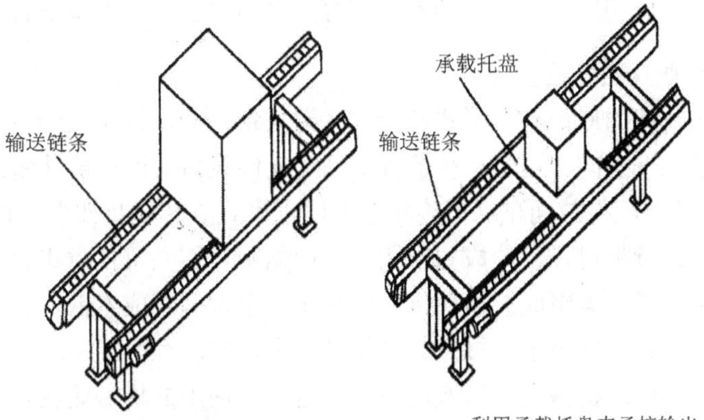

图 9-6　两种不同的链条式输送机

- 节省人力，增加空间。
- 由标准化的组件构成，可适用于各种空间配置。
- 存取入出口固定，货品不易丢失。
- 计算机快速检索和寻找储位，拣货快捷。
- 取料口高度符合人机学，宜作业员长时间工作。
- 储存物可以是纸箱、包、小件物品。
- 需要电源，且维修费高。

旋转式货架一般有水平和垂直旋转两种形式，如图 9-7 所示。

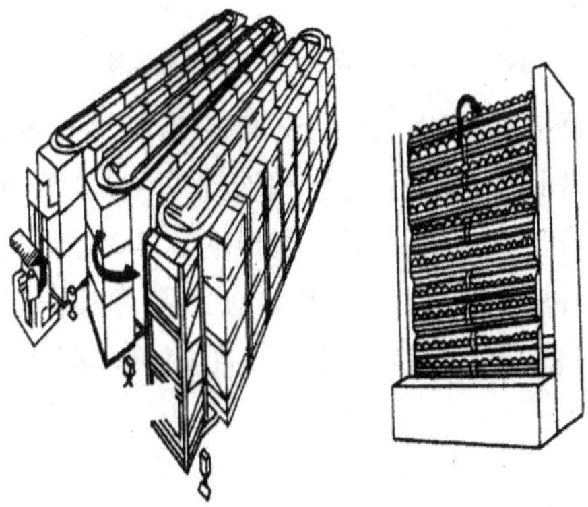

(a) 水平旋转式货架　　(b) 垂直旋转式货架

图 9-7　旋转式货架

(1) 水平旋转式货架

这种货架又分一台马达驱动的和多台马达驱动的两种形式。用一台马达驱动的方式是把上下各层货物连在一起，实现水平方向旋转的自动化立体仓库。另外一种水平方向旋转的自动化立体仓库是各层均有一台马达启动，可实现各层独立转动。

（2）垂直旋转式货架

这种货架的原理与水平式旋转式货架大致相同，只是旋转方向垂直于水平面，充分利用了上部空间。这是一种节省空间的仓储设备，比一般传统式平置轻型货架节省1/2 以上的货架摆放面积。但旋转速度比水平式旋转式货架慢，每分钟为 5～10 米。垂直旋转式货架可以设计成独立式的，根据用户需要可任意组合。

由旋转式货架组成的自动化立体仓库，单位储存成本低，安装容易，是一种自动化的储存设备，适用于少批量、多品种、高效率的存取。

以上讨论的机械化物料搬运设备，是广泛使用的机械化物料搬运设备中的一些基本类型。大多数的搬运系统把这几种不同的设备配合起来使用。例如，用叉车来完成垂直升降搬运，同时用牵引车挂车和步行码垛机来完成水平运输。

9.3.2 半自动化系统

半自动化系统是使用一些专门的自动化搬运设备对机械化系统进行补充的搬运系统，因此，半自动化系统既有机械化搬运设备，又有自动化搬运设备。半自动化系统使用的典型设备有：自动化引导的搬运车（无人搬运车）、计算机分拣设备、机器人以及不同形式的活动货架。

1. 无人搬运车

无人搬运车（AGV）与机械化系统中的牵引车挂车所起的作用基本相同。主要的不同在于 AGV 不需操作人员的介入即可自动运行和定位。

典型的 AVG 设备依赖于光导和磁导系统。在光导应用中，仓库地面上放上 TAPE，导路径上的光束可导 AGV 设备；磁导的 AGV 按照安装在地面上的电线行驶。该系统的主要优点是不需驾驶员。新 AGV 使用图像和信息技术而不需固定的轨道。当代的 AGV 比 20 世纪 80 年代的系统更小、更简单，但更灵活。

2. 分类系统

分类工作在物流配送作业中是极其重要的。人工分类不但效率低、费劳动力，而且错误率很高。为了提高分类效率和准确率、提高服务水平、节省劳力、缩短分类时间，采用自动分类装置。

所谓分类是先识别和引入物品，然后通过分类装置把物品分流到指定位置。可见分类作业包括信息处理和分类设备。通常根据如下方式分类：

- 根据物品形状、重量和形式分类。
- 根据用户、订单和目的地进行分类。

分类过程是物品通过输送设备顺序进入识别区域，经过识别之后送入分类机构。控制器根据识别信息来控制分类机构把物品进行分类，并把分类完了的物品就送到指定位置。

分类动作主要是分类机构按分类指令来完成。分类机构繁多，可根据实际需要来选择。常用分类机构如下：

（1）推挡式分类机构

推挡式分类机构为气缸侧推式分类机构（见图 9-8）。这种分类方式主要由机构直接去推、挡物品，强制物品离开主线进入分流输送线。这是一种高速直角分类机构，分流速度为 60 米/秒。

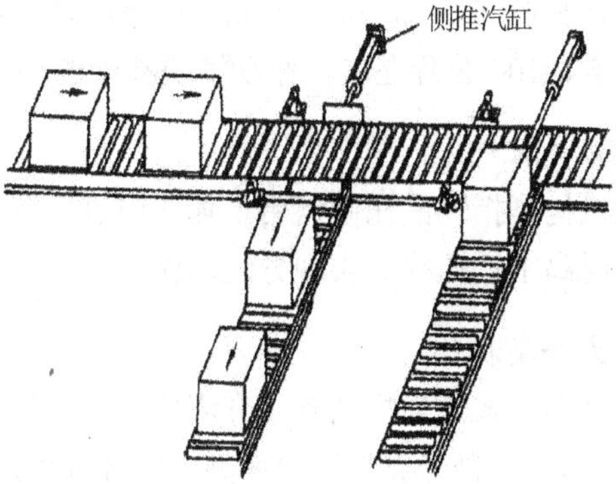

图 9-8　推挡式分类机构

这些分类机构优点在于机构简单、造价便宜。但是它会直接突然冲击物品侧面，对于防冲击之类物品不宜用此分类方法。

（2）导向式分类机构

所谓导向式分类机构是指利用浮起链条、传送带、滚筒或轮子之类把被分流物品抬高于主输送线，而引导流入分流输送系统中（见图 9-9）。当被分类物品进入浮动轮子时，根据分类指令，高速旋转的浮动轮子迅速上浮起来，把来自主线的物品抬起来，在浮动轮子的引导下分流到分类输送机上，从而达到分类目的。

这些分类方法要求物品不能太高、太窄，否则易于倾倒。

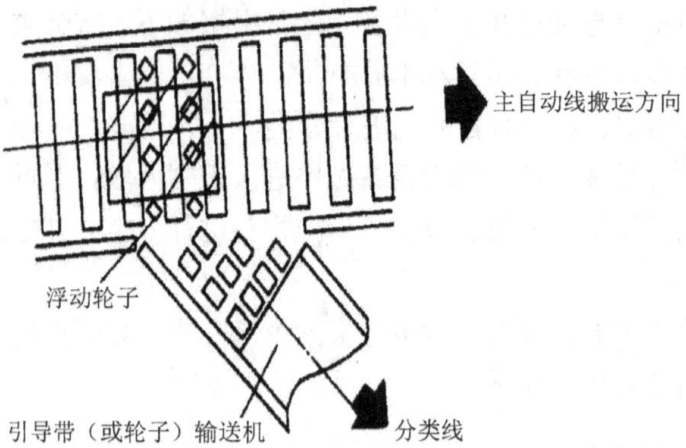

图 9-9 导向式分类机构

（3）滑块式分类机构

所谓滑块式分类机构是利用滑块在输送机的滑杆上前后滑动来推移分流物品，从而达到分流目的（见图 9-10）。根据物品长度来组合不同数量的滑块。每分钟可分流 150 次，最大可推动 100 公斤左右。驱动滑块移动的动力一般是电磁力。

（4）斜带式分类机构

斜带式分类机构是指物品在倾斜带上输送前进，到分流位置时，倾倒盘沿倾斜方向打开，使物品滑离主输送线而实现分流动作。

（5）倾倒板式分类机构

这种机构的分类方式是当物品到达分流位置时，倾倒板突然向上转动，把物品倾倒出来（见图 9-11）。这种分类方法效率高，每分钟可达 200 次。但是对物品冲击大，要求物品在分类之后没有方位要求。

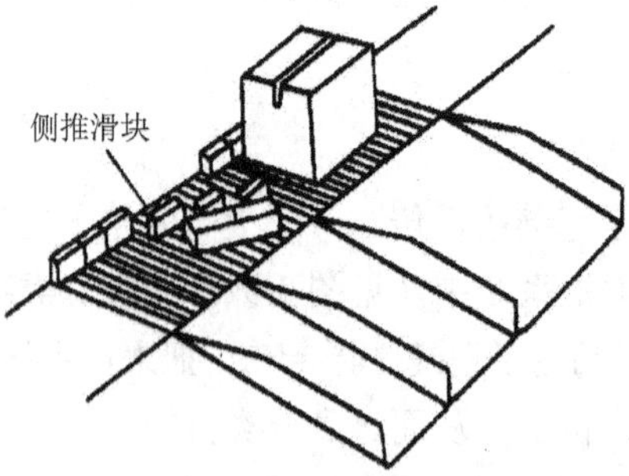

图 9-10 滑块式分类机构

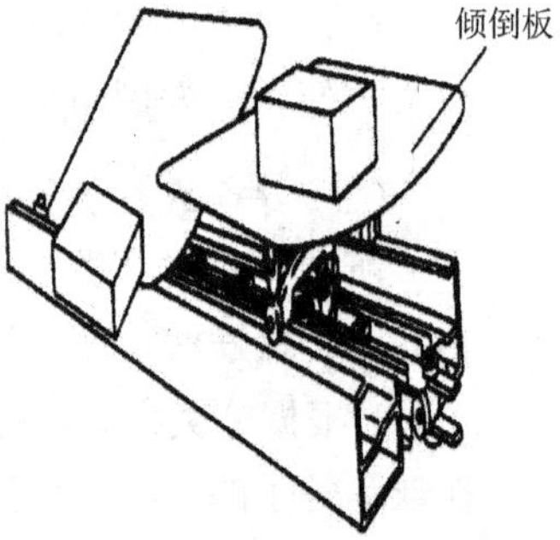

图 9-11 倾倒板式分类机构

（6）落入式倾斜分类机构

这种分类方法是当物品从主输送线来到分类位置时，分类机构突然抬起来，使物品自然落入分流线的滑槽中（见图 9-12）。这种方法成本较低。

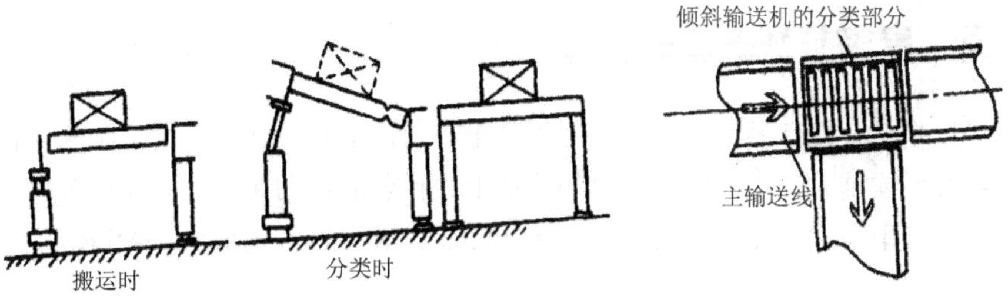

图 9-12　落入式倾斜分类机构

3．机器人

机器人是一种能完成一个或一系列类似人的动作的机器。机器人的优点在于：能在搬运过程中完成决策，起到专家系统的作用。机器人的普及可以追溯到 20 世纪 80 年代初期，那时，机器人代替人工被广泛地应用于自动化工业中。但仓库与典型的加工制造工厂不同，仓库中，满足客户订单所需的商品需要才是目的。因此，仓库的种类和作业内容会因客户要求不同而不同，从而导致仓库不像加工制造业那样对机器人的要求是常规的、例行的活动。

仓库中，使用机器人的主要用途是将货物进行分门别类，并组成单位载荷。在分门别类作业中，机器人被用来识别垛形，并把指定位置的货物放到输送机皮带上。而在组成单位载荷作业中，机器人的操作过程则与分门别类作业过程相反。

使用机器人的另一个主要用途是用机器人取代人在某些恶劣环境下发挥作用。举例来讲，机器人可在高噪声或如冷藏库这种极端温度下工作。

使用机器人的最大优势还在于机器人可在机械化仓库中发挥拣选作用。机器人是传统人工作业的一个极好的替代物，它除了具备速度和准确性外，还具备人工智能。

4．活动货架

储物架的设计是为了能让商品流向所指定的分选位置，这种设计减少了仓库中的人力消耗。典型的活动货架包括滚轴输送机和活动货架。活动货架的设计一般都是从后部装运，工作时，输送机的后部升高，使后部高于前部，因而产生向前的重力，这样货架上的货物自动地向前移动。

活动货架是材料搬运系统设计中重力流运用的一个典型例子。这种储存方式的一个显著优点是后部装上的货物可以自动地向前移动。后部装货方便了“先进先出”

(first-in，first-out）的搬运作业。活动货架应用广泛，例如，活动货架可用于储存或定位，或者用于将供烤制的新鲜饼干或面包放在各自的货架上准备出运。流动货架台通常用于 JIT 系统（及时制系统）的自动定位。

9.3.3 自动化搬运系统

自动化搬运系统的概念出现于几十年前，但其实施的时间并不长。自动化搬运系统开始实施时，主要用在货物的拣选上。目前的自动化搬运系统已经转向高层仓库自动化存取技术（Automated high-rise Storage / Retrieval System，AS/RS）。

1. 自动化搬运的趋势

自动化系统的优势在于它将资金投资于自动化设备，而不是将资金用来作为机械化搬运系统的人工费用投资。除了减少直接的人员数量以外，自动化系统还提高了操作的速度和准确性。自动化的缺点是：投资大，开发和应用复杂。

多数自动化系统要为不同的仓储材料搬运进行专门设计和建造。本章前面提到的机械化搬运系统中的 6 项准则不适用于自动化系统。例如，自动化系统中的储存设备是搬运系统中的一个整体部分，并占总投资的 50%，设备总重与有效载重量的比率在自动化搬运应用中基本上不相关。

尽管在所有的搬运系统中，计算机都发挥着重要作用，但它在自动化系统中所起的作用更大。计算机为自动化拣选设备编写程序，并用来连接仓库和物流系统中的其他部分。由于自动化搬运的要求不同，因而仓库控制系统也不同。

2. 拣选系统

起初，自动化是用于仓库的货物拣选。由于拣选作业的高劳动密集度，因此，拣选系统的一个基本目的就是把机械化系统和自动化系统应用在一起，从而成为一个自动化拣选系统，以降低劳动密集程度。

早期的拣选系统概念是：预先装好一套自动化设备，该设备是由一系列垂直的货架组成。商品从设备的后部装载，然后从重力输送机流向活动货架，直到被货架门挡住才停止。在货架之间或货架的中下方，电力输送机产生商品流水线，多条流水线设置在空中的不同层面上，每条流水线都与货架门相连。

接受命令后，控制配送操作的信息系统发出打开货架门的指令，使指定商品流向电力输送机，接下来输送机将商品运送到拣选区，使商品经常按顺序装载，以便使商品能按顺序卸下。

与现代新型的拣选系统相比，以上的拣选操作是低效率的，在商品的输入、输出阶段仍需要大量的人力。而且自动化设备价值昂贵，那时的自动化搬运应用只局限于高价值的商品。例如，该系统被广泛用于冷冻货物的拣选。

目前，自动化分选货物已经有了很大发展，从收到商品到货物装上汽车，搬运快速移动的箱装货可完全自动化。这一系统使用一个由电力和重力输送机组成的整体网络，电力和重力输送机连着电动活动货架，整个系统由计算机和仓库中的命令处理控制系统控制。

商品到达后，自动运行到活动货架位置，这时存货记录更新。接到命令后，为了与运载工具的尺寸相一致，商品被预制成立方体并被安排了分选的时间。在合适的时间里，所有商品都按照装运顺序被分选出来，并由输送机运到装运地点。大多数情况下，当把商品堆垛在运输车辆上时，仓库中的人工搬运才开始出现。

输入、输出交接问题的解决和复杂控制系统的发展产生了高效的搬运系统，这样的系统如今已经被普遍使用。

3. AS/RS 系统

最近，对使用于高层仓库的自动化单位载荷的搬运已经引起广泛地关注。高层仓库搬运，从收货入库到出运完全实现自动化。其基本系统有四个组成部分：储存货架、存取设备、输入输出系统、控制系统。

高层仓库的设施是钢制的，可达 120 英尺高。在机械化系统中托盘的堆垛高度通常为 20 英尺，由此可见高层仓库的优点。

典型的高层仓库设施是由一排排储存架组成，每排储存架之间有 120~800 英尺长的通道，主要的存取作业都在这些通道里完成。存取机在通道里来回行走，把商品搬运到储存架上或搬离储存架。仓库中有许多存取机可供使用。为了达到水平移动和垂直升降所需的一定的稳定性，多数存取机自始至终都需要引导。存取机水平移动的速度可达 300~400 英尺/分，升降速度可达 100 英尺/分或更高。

存取机的第一个作用是快速到达指定的储存位置，第二个作用是存取商品。多数情况下，存取商品都是由穿梭运输的放料盘（shuttle table）完成，这个放料盘可以 100 英尺/分的速度进出货架，并能加速移动或快速停下。

在一些设施中，存取机在通道之间的移动是由转运车完成的。当前，大量的转运规划和布局安排已得到发展。转运车有专用的和非专用的两种。专用的转运车总是配备在通道的一端；非专用的转运车在几个通道中作业，按计划提取货物，这种转运车设备可达到最大利用率。关于是否要在高层仓库系统的通道之间转运，要视生产率和整个系统的通道数量而定。

高层仓库货物的输入、输出系统与将货物移入移出货架区有关。这里要涉及两种移动：第一种是货物从收货区（或商品线）运到储存区；第二种是在货架最接近的外围区域内，货物的进出移动安置。这里最大的、潜在的搬运问题出在外围区。为了充分利用存取设备，一般要使分拣和卸货站为每个通道提供足够的货物供应。为了实现高绩效的输入、输出工作，对于同一个通道要设置几个不同的站点以完成货物的输入和输出工作。分拣和卸货站与搬运系统连接在一起，搬运系统可将商品转运到储存区或运出储存区。

高层仓库的控制系统与自动化拣选系统是相似的。在高层仓库系统中，为了充分利用设备以及达到快速系统循环的目的，编程要求和控制方法十分复杂。现在，由于微处理器的运行速度提高且成本下降，AS/RS 已经大量使用计算机。

高层仓库系统如图 9-13 所示，该中心的大型 AS/RS 包括一个高达 100 多英尺的、约 330 万立方尺的仓容。商品自动堆垛形成一个单位载荷，然后单位载荷由电力输送机输送到高层仓库的储存区。单位载荷到达后，被装入储存箱中，再由电力输送机将运送到相应的分选站，最后由存取设备把货物放置到计划的储存位置上。

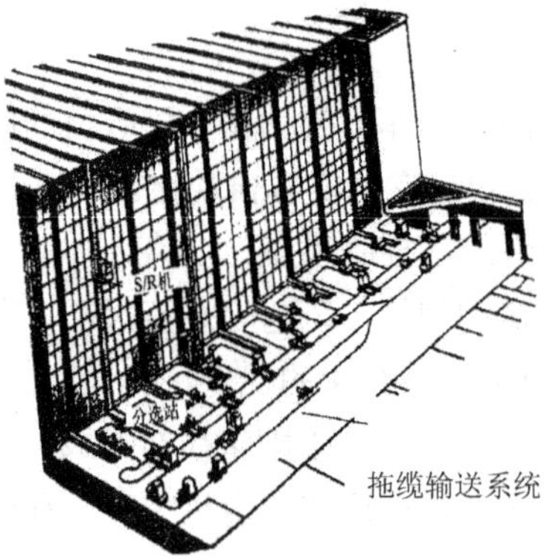

图 9-13　装有 AS/RS 的高层仓库设施

AS/RS 除了对货物到达和定位以外，控制系统还搬运用于盘存和周转的存货，命令控制系统可以指导货物的提取。电力和重力输送机将单位载荷从输出站运送到相应的出运区。在提取和输出货物工作正在进行的同时，所有出运所需的文件工作也正在完成。

9.3.4　信息引导系统

信息引导系统的概念是一个还处于实验阶段的相对新的概念，它把自动化搬运控制与机械化系统的灵活性结合在一起。因此，这一系统是非常优越的。

信息引导系统运用了机械化搬运设备，多使用叉车。这一系统的仓库布置和设计，与使用机械化操作的设施是一样的，不同之处在于所有的叉车移动由计算机指导和监控。

在作业时，所有的搬运移动都被输入计算机，由计算机来分析搬运需求和安排设备，这样可以确保有效的移动和减少空载移动。叉车移动由安装在叉车上的终端来安排，计算机与叉车之间的通信则利用射频（RF）波来完成，叉车上的天线和仓库高处的天线可以接收和发射射频。信息引导搬运系统具有明显的优势，因为该系统在不需大量投资的情况下，可获得自动化分选的益处，并提高生产率。该系统的主要缺点是工作安排的灵活性不够，在作业期间，专用叉车常会受到装卸运载工具、分选作业等的影响。工作安排的范围广度使系统指导工作复杂化，并可能会降低绩效。

9.4 包装类型与设计

9.4.1 包装的分类

根据不同的分类方法可以将包装分为以下几类。

1. 按包装在流通中的作用划分

商业包装　是以促销为目的的包装。外形美观，包装单位适于顾客的购买量，适于柜台陈设。

运输包装　是以保护储运过程中的商品为目的的包装。既要达到保护商品的目的，又要尽量降低包装费用。

2. 按包装的通用性划分

专用包装　根据被包装对象的特点专门设计、专门制造，只适于某种专门产品的包装，如水泥袋、蛋糕盒、可口可乐瓶等。

通用包装　根据标准系列尺寸制造的包装容器，用以包装各种无特殊要求的产品。

3. 按照包装容器分类

（1）按容器的抗变形能力划分

硬包装，又称刚性包装　包装体有固定形状和一定的强度。

软包装，又称柔性包装　包装体有弹性，可有一定程度变形。

（2）按包装容器形状划分

有包装袋、包装箱、包装盒、包装瓶、包装罐等。

（3）按包装容器结构形式划分

固定式包装　是指尺寸、外形固定。

可拆卸折叠式包装　是指可通过拆卸、折叠在不需要包装时缩减容积以利于管理及返运。

（4）按容器的使用次数划分

一次性包装　指拆装后包装容器受到破坏，不能重复使用。

多次周转性包装　指可反复使用。

（5）按包装技术分类

有防潮包装、防锈包装、防虫包装、防震包装、危险品包装等。

9.4.2 商业包装（强调营销）

最终的包装设计往往考虑制造和市场营销方面的要求而忽视了物流要求。例如，运输像已经装配好的摩托车这样的商品，就会造成包装密度的显著降低。低密度包装意味着降低运输率和要求更大的仓储空间。商业包装设计强调方便顾客，提高市场营销的吸引力以及保护商品的安全。一般来说，理想的消费者包装比如大容量或特殊尺寸的包装易引起消费者的注意，但对于物流系统却并不适宜。

9.4.3 运输包装（强调物流）

通常将个别商品和零部件用箱、包、盒或桶来成组化，以提高操作管理的效率。这些容器将零散商品集中在一起，组成一个 MCS（Master Carton），当 MCS 成组为更大的单元时，就称做集装化或成组化。这两个概念在本章中将进一步讨论。

MCS 和成组化后的货物为物流系统提供了基本的运输、仓储等管理单元。生产线中的 MCS 的重量和体积决定了对运输和材料搬运的要求。如果包装的设计并没有充分考虑到有效的物流处理，那么所有的物流系统都将要受到影响（见图 9-14、图 9-15）。

决定 MCS 尺寸的主要因素不应当是零售数量。例如，销售啤酒时，通常以 6 个容器为一组卖出，但在装箱时，常常在 MCS 中装入 24 组啤酒，其主要目的是为了方便材料搬运和运输。

包装标准化的重要性可以通过制鞋业的例子来说明。物流配送系统将鞋从仓库运到零售商店，多双鞋子放入纸箱（纸箱还可再包装）内成组化，这样到达零售商店的是装有鞋子的不同尺寸的纸箱。

仓库中是按照仓库的分拣单分选鞋子的。分拣单列出了鞋的样式和数量的要求，鞋子在仓库中被分选出来，装入纸箱，接着用人工将纸箱放上四轮叉车，然后运送到出运区，最后装上汽车运到零售商店。在整个的出运过程中，分拣单提供了所有鞋子的情况，零售商店是不可能决定每个纸箱中应装什么样的鞋子的。

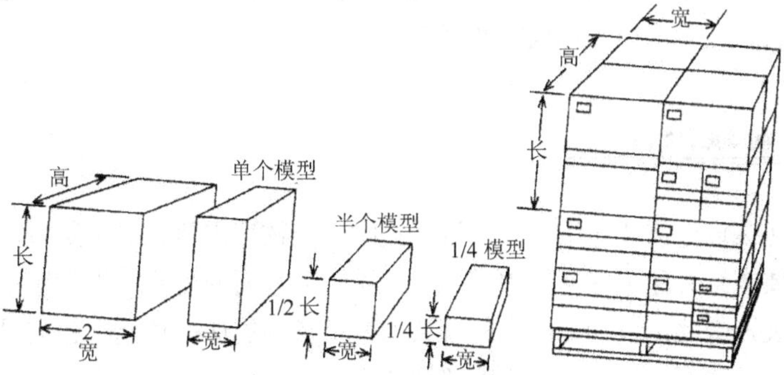

图 9-14　四种 MCS

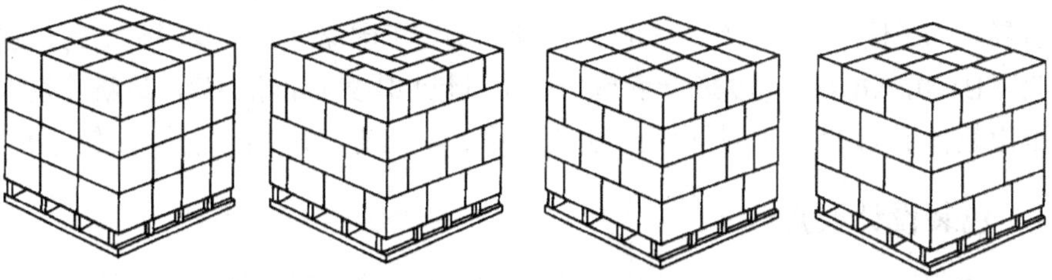

图 9-15　基本 MCS 方法

材料搬运可以被看做一个整体系统。整体系统的管理程序要求用标准箱出运，出运箱成本通过拣选的方法和材料搬运的变化来调节。这个整体系统的设计应围绕两个方面进行：一个是从仓库拣选到车辆出运，都应使标准化出运箱以适于连续输送运动；另一个是用计算机处理整体系统以确保每一个标准箱的利用率达到最大化。

在整体系统中，每个纸箱都有一份分拣单，把一双双鞋子放入箱中后，将分拣单附在纸箱上，这样可以向零售商标明箱中所装的货物。

在零售商店的仓库里，标准箱同样带来便利。由于每个纸箱中的货物都可以被清楚地知道，因此，寻找某一样式、尺寸的鞋子无须到许多箱中去查找。标准箱同时还提高了堆垛效率，降低了仓库的拥挤程度。此外，纸箱货物的易识别也方便了零售存货和商品记录的填写。

由于每个箱子只能重新使用三次，所以新的整体系统要求经常性地购置 MCS，这样就产生了附加成本。虽然这一系统在购置 MCS 上增加了成本，但却使其他方面的成本大为减少，如减少了拣选工人，提高了商品从箱到汽车的连续移动的效率，有效地提高了汽车载货容积的利用率。由于每个 MCS 内部容积已得到了充分利用，因而

MCS 的无效空间大大减少。而且标准箱尺寸的设计与汽车的要求一致，因此也减少了汽车运输的无效空间。总之，标准箱的使用无论是从仓库角度，还是从零售商店角度来看材料搬运系统的总成本都降低了。

9.4.4 包装设计

包装设计需要运用专门的设计技术，将物流需要、加工制造、市场营销及产品设计等要求结合起来综合考虑，尽可能满足多方面的需要，当然这是很难的。由于是物流包装，因此，设计中考虑的首要因素是货物的保护功能。包装设计基本上决定了货物的保护程度。包装设计不能忽视费用问题，过度的包装会增加包装费用，包装设计应正好符合保护货物的要求；包装的尺寸大小会影响运输工具和仓库容积使用率，这也是一个重要的影响费用的因素。因为货物的流动范围很广，可达全国各地，乃至全世界，为了便于操作，统一标准，各国都制定了国家标准。我国制定的包装基础标准为 GB190，GB191。1986 年我国出版了《包装国家标准汇编》，最新的版本由中国标准出版社于 1997 年 12 月出版，分上、中、下三册，共 14 部分，收集标准 2 812 项。

1. 包装设计要点

为货物设计包装时，必须了解货物本身的特性，以及运输和存储环境条件，然后从以下几方面考虑：

- 装卸性。货物在运输工具上装卸及仓库中取存是否方便、高效。
- 作业性。对货物的包装作业是否简单容易操作。
- 便利性。货物开包是否方便，包装物处理是否容易。
- 标志性。包装物内物品的有关信息（品名、数量、重量、装运方法、保管条件等）是否清楚。
- 经济性。包装费用是否恰当。

2. 保护设计

包装保护功能是第一位的。在设计时要充分考虑到流通中的各种损害因素。一般为堆码负荷、振动、冲击、温湿度、虫害、发霉等。

堆压发生在储存和运输中。货物在仓库中多数是多层堆码，近年来由于普及托盘化包装，常采用高层堆码。叉车的举升高度一般为 5 米左右，所以仓库内的最大堆码高度应定为 5 米，以此计算包装的抗堆压强度。车辆中的堆码高度一般为 2.4 米，轮船上的堆码高度与船型有关，一般为 4~6 米。

振动与冲击一般发生在装卸和运输过程中，这些机械力的数值可参照运输工具的设计及强度标准。如汽车设计中，都规定有负荷计算标准，包括上下、左右、前后三维的标度。此外还要考虑人力装卸时的冲击，物流中人力装卸机会最多，且产生的冲击力特别大，尤其发生在人力不易握住的货物的搬运过程中。所以在包装设计时，要考虑有利于人力装卸的包装形状和重量。

货物的易损性又直接与自身的特性有关，在同样的外力作用下，不同的货物遭受损坏的程度是完全不同的，例如玻璃器皿比金属制品更容易破碎。货物的易碎性可以通过对货物的包装测试来测定，测试的结果可初步选定货物的包装材料和垫层厚度。之所以是初步选定，是因为还要对这种包装设计方案做成本分析，如果成本过高，就应该考虑其他设计方案，如是否可选用其他包装材料、包装方式等。

3. 成组化包装设计

成组化包装设计对于提高物流运作的效率起着非常重要的作用，所以是物流管理中的一项重要任务。该项作业的直接目的就是提高劳动生产率。

经验告诉我们按照标准订单数量包装货物有助于提高装运的生产率。例如，卷烟10包1条、50条1箱，啤酒12瓶1箱，订货时以箱为单位。此外，为了提高物流效率，在使用各种运输工具时，总希望货物的包装尺寸在装运时能够最大限度地利用装载空间。为此，专门设计一些器具，使器具的尺寸既能放下若干箱货物，又能较好的利用运输工具的空间，这项工作就称为成组化。成组化包装后的货物单位可称之为单位载荷，其实质是使货物的物流包装载荷的规格标准化。标准化载荷有以下一些优点。

- 装卸时间减少到最低点。在美国据测算可以减少人工作业时间的1/5。
- 用单位载荷形式方便了运输与保管作业。如搬运、查验的手续被简化了。
- 单位载荷配之以专门化的运输服务可以大大降低货损。

这种通用性很强的标准装载器具的尺寸不是任意确定的，要考虑物流机械设施相互间的有效配合，称做“物流模数化”。日本等国家确定的模数为1 100×1 100，而ISO中央秘书处和欧洲各国已基本认定 600×400 为基础模数尺寸。对基础模数再可进行分割或组合，获得不同的包装尺寸。例如，适合1 100×1 100正方形系列的，还可以有1 100毫米的整数分割系列，即550毫米、366.6毫米、275毫米、220毫米等尺寸。也可以采用组合方式使全体成为1 100毫米的系列，这时选择包装的长度（L）、宽度（W）为1 100毫米的基本数值，再对基本数值进行整数分割。从理论上说L和W的选择可以是无数的，事实上，L / W之比通常为3/2，4/3，5/4，6/5。

一般有两种装载器具形式：刚性容器和托盘。

（1）刚性容器

为了在物流过程中能保护物品免受外力冲击的破坏，将成包、成箱的货物放入一个按标准设计的刚性容器中是最简便有效的方法。因此，刚性容器作为一种标准化的包装方式得到广泛的使用。它不但可以盛放盒（包、箱）装的货物，也可以盛放散装货物，如粉末状、颗粒状甚至液体货物。这些容器可以是用金属材料制成，也可以是木材、硬塑料等，容器可以回收、重复使用。购置刚性容器需要一笔投资，会增加物流成本。但是，由于提高了装卸、搬运的作业效率和管理效率，使总的成本支出是降低的。

刚性容器包装的主要优点有以下 6 点：

- 提高搬运效率；
- 减少货损；
- 降低货物内包装的保护要求；
- 减少作业差错；
- 为抵御外部环境破坏提供了更多保护；
- 作为一种装货单元，能重复使用多次，减少废弃包装物的处理。

（2）托盘

托盘是一种更为简便的用于承载货物的简易工具，它不是容器，不能将货物包裹在其中而起到保护作用。最简单的托盘形式是货板，一种木制器具，设计成标准尺寸，货物放置其上，起到成组的效果。操作时可以整盘搬运、存储，提高作业效率。由于托盘的四周几乎是开启的，堆垛的稳定性是不够的，为了提高作业的安全性，需要采取一些其他的包装措施。一般采取的增加稳定性的措施是用绳子、角柱、钢带等物将货物固定，近年来更多地采用新材料做收缩包裹或拉伸包裹。

托盘的种类和形式很多（见图 9-16、图 9-17），分成用叉车或平板车装运的平托盘、柱式托盘、箱式托盘；有底部安装滚轮的，用人力推动的滚轮箱式托盘、滚轮保冷箱式托盘、板状托盘；有装运桶、罐等与货物外形一致的特殊构造的专用托盘。

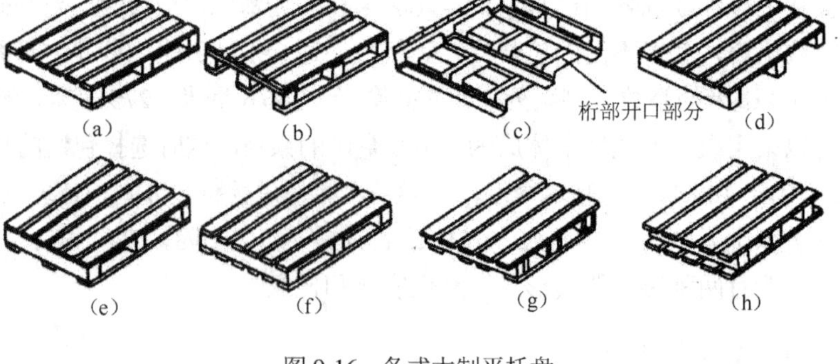

图 9-16　各式木制平托盘

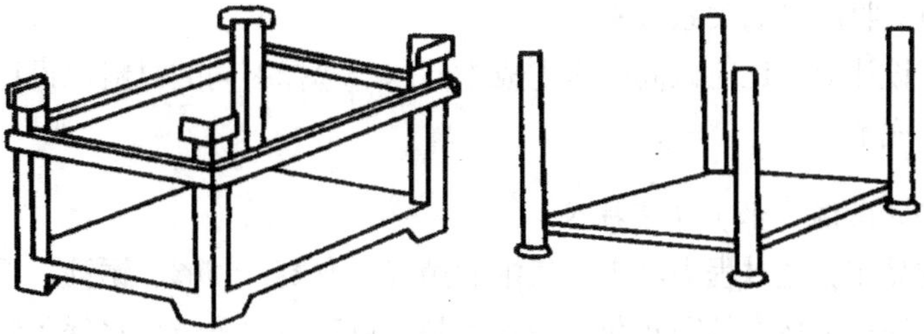

图 9-17　柱式托盘

集装箱是另一种成组化包装。集装箱是一种特殊的刚性容器，20 世纪 50 年代初开始引起广泛的关注。集装箱化包装运输是一种更大规模的成组化，几乎适用于所有货物的包装与运输。小至卷烟之类的商品，经成组包装（称为标准大箱）后，可用集装箱运输，大至汽车也可用集装箱装运。采用集装箱装运既可以取得很高的作业效率，也可以起到非常好的保护作用，还能充分利用运输工具的装载空间，所以全球集装箱运输量持续大幅度增长。伴随着运输量的增长，带动了专用的运输工具发展，如集装箱船、集装箱车皮、挂车等。集装箱按用途分类，可分为铁路集装箱、船运集装箱、航空集装箱及其他集装箱。

铁路集装箱中除用于一般货物的普通型外，还有冷藏用、通分型、集装罐和底卸式的特殊集装箱。船运集装箱主要指国际贸易使用的大型集装箱和国内使用的内航集装箱。为了国际上装运的方便，ISO（国际标准组织）标准中规定了集装箱的外形尺寸和重量。也有各种不同用途的集装箱，最普遍的是杂货用集装箱，又称干式集装箱。按 IATA（国际航空运输协会）的规定，把用飞机运输的托盘和集装箱叫做集装方式，是指能直接固定在飞机货载紧固装置的集装设备，可看成是飞机构造的一部分，原则上必须有耐空性证明。也可用飞机集装方式以外的设备，这类设备不要耐空性证明。

4．包装技术

包装技术可分销售包装技术和物流包装技术，此处仅讨论后者。物流包装技术又分为包含容器设计和标记技术的外包装技术，以及包括防震、防潮（水）、防锈、防虫等技术的内包装技术。

容器设计主要是容器尺寸和强度设计，标记技术指把必要的注意事项标记在容器上的技术。以下着重介绍内包装技术。

（1）防震包装技术

此技术用以防止运输中震动或冲击而造成的物品损伤，一般情况下采取在内装材料中插入防震材料，以吸收外部冲击力的方法。

防震包装设计的主题是确定防震材料种类和厚度。厚度值由物品的落下能量和防震材料吸收能量的关系式求出。

在设计上，还应该同时考虑成本问题。选择不同的材料，设计不同的衬垫形状都会影响成本。

（2）防湿（水）包装技术

物品在流通过程中，因空气中的潮气会变质、潮解、锈蚀、霉变。为防止上述现象发生的包装技术是防潮包装技术。防水包装技术是防止水侵入到包装物内部而采取的包装技术，可分为耐浸水包装和耐雨水、飞沫的耐散水包装两类。

防潮包装主要有两种方法：一是用透湿度低的材料包装；二是控制包装容器内的湿气。在防潮、防水材料中，有在纸等纤维材料上进行防潮加工的纸系材料，还有塑料薄膜及铝箔等。不同材料的透湿率（克/米·24 时）是不同的，铝箔最小，小于 7，塑料薄膜次之，纸类最大。控制包装内湿气的方法主要还是使用干燥剂，有化学干燥和物理干燥两类，用于包装的主要是物理干燥，最常见的是硅胶。干燥剂的使用量有计算公式。

（3）防锈包装技术

防锈包装的首选技术是使用防锈剂，防锈剂有防锈油和气化性防锈剂两类。各种防锈油是在矿物油中加入防锈添加剂后制成的。气化性防锈剂是一种常温下就能挥发的物质，挥发出的气体附着在金属表面，从而防止生锈。此外，还有不使用防锈剂的防锈包装技术，此处不做一一介绍。

（4）防虫及防鼠包装技术

为了防止包装后的物品被昆虫损害，一般使用经杀虫剂处理过的包装材料，大多选用有机磷酸酯系杀虫剂。为了防止鼠害，使用药物处理过的涂布或混入毒药的纸、塑料薄膜等做包装材料。药剂有可能直接与内部物品接触，这不安全，所以包装时需要注意这些问题。

5. 包装材料及选用

用于物流包装的材料很多，从传统的纤维纸板到最新的记忆性塑料带，可谓应有尽有。它们按不同用途可分为以下几类：容器材料，用于制作箱子、瓶子、罐子的纸制品、塑料、木料、玻璃、陶瓷、各类金属等；内包装材料，用于隔断物品和防震的纸制品、泡沫塑料、防震用毛等；包装用辅助材料，如各类接合剂、捆绑用细绳（带）等。以下就运输包装材料做介绍。

（1）纸、纸板制品

纸的品种是很多的，有专用包装纸，一般指牛皮纸，用途多半为选用强度较大的制成纸袋。纸袋为3~6层的多层叠合构造。如果需要，还可以做防潮处理，把牛皮纸和塑料薄膜制成复合多层构造。大型纸袋通常用于水泥、肥料、谷物等粉粒状货物的包装。牛皮纸的强度与每平方米纸张的重量有关。它的特性项目包括抗拉强度、抗裂强度、伸长率、耐水率等，均有国家标准。

纸板是指用牛皮纸浆、化学纸浆、旧纸浆等为原料制成的厚纸板的总称。根据不同用途可分为：瓦楞原纸、白板纸、黄板纸等，其中瓦楞原纸的用途最广泛，产量也最大。

瓦楞原纸分为中芯原纸和内衬原纸，前者用于制造瓦楞波形部分，后者贴在外侧，两者黏合制成瓦楞纸板。瓦楞波形有波高和波数两个参数，波高用毫米计量，一般在25~50毫米；波数用30厘米宽度内的波的数量计量，一般有36~50波。不同参数组合有不同强度，分成四种槽形。根据不同用途和方式可制成不同层数的瓦楞纸板，一般有单瓦楞纸板、双面瓦楞纸板、两层双面瓦楞纸板和三层双面瓦楞纸板。

单面瓦楞纸板是仅在波形中心的一面贴上内衬而成，主要用于防震材料，做衬垫用；双面瓦楞纸板是在波形中心两侧贴上内衬制成，广泛用于制造瓦楞纸箱；双层两面瓦楞纸板一般用两张不同槽形的单面瓦楞纸板和一张瓦楞原纸黏合而成，多用于制作具有较高耐压强度的瓦楞纸箱；三层双面瓦楞纸板用两张单面瓦楞纸板和一张双面瓦楞纸板黏合而成，可代替重物包装的木箱，做成大型容器使用。

（2）塑料制品

塑料在包装中有广泛使用，可用于单个包装、内包装、外包装，用于运输包装时可制成各种塑料容器。聚乙烯塑料袋是最常见的包装物，以替代20~30千克包装用纸袋。聚乙烯和聚丙烯塑料编织袋（俗称蛇皮袋）可替代40~60千克的包装用麻袋。

在箱袋结合的运输包装中，将塑料制成各种盛液体的容器，以替代玻璃瓶、金属罐、木桶等，再把塑料容器放人瓦楞纸箱内。成型容器（塑料罐、箱）也是塑料包装的重要领域，受价格和成型难易影响，多数用聚乙烯材料制成，国家在容量、尺寸、强度等方面都有所规定。

塑料薄膜的收缩包缠与拉伸包缠近年来有广泛使用，收缩包缠是将一张预拉伸的塑料薄膜把托盘与货物包裹起来，然后将其热收缩起到固定作用；拉伸包缠是用拉紧的塑料薄膜（带）包缠一个包装单位，再将包装单位与托盘包缠在一起。这两种包装方式可使货包具有刚性容器的特点，而内部物品的可见性又比较好。当今塑料薄膜与瓦楞纸板结合，用来包装日常消费品以得到迅速发展。通常的方法是物品放置在瓦楞纸板上，用塑料薄膜收缩包缠成一个实际的装运单位。这种包装的好处是由专用设备自动操作、效率高。一卷塑料薄膜适用于多种不同外形的商品，包装后的体积和重量都小。由于内部物品可见，搬运时会提高警觉性，因此货损减少。缺点是不能提供堆垛压力的支撑。

另外，用于替代木箱的运输用塑料箱也有大量使用，一般用在食品、饮料等物品的运输包装方面。

（3）木材

木材是最传统的包装材料，至今仍有较广的使用。由于木材资源的再生速度很慢，许多包装领域已用纸或塑料替代。但因木材具有良好的包装特性，在重物包装以及出口物品等方面还有使用。木材较多地用于木桶、木箱和胶合板箱三类容器。普通的密闭木箱可装 200 千克的货物，如果选用下设垫板的木箱，则可装运 200 千克以上的货物。为了承载重物，通常选用木垫板，可装载并固定 60 吨的重物。木材的另一个用途是托盘。

（4）金属材料

用做运输包装的金属容器有罐和桶，用镀锌铁板制成。罐有方形和圆形两种，主要用于食品、药品、石油类、涂料类及油脂类物品包装；桶主要用于以石油为主的非腐蚀性半流体、粉末体、固体等物品的包装，容量为 20~200 升。

此外，物流包装还有一项技术性较高的任务是包装试验，包括材料试验和货物试验。货物试验是检验包装对货物的保护程度，是一项十分重要的试验。详细内容可查阅有关专业标准。

练习题

1．就基本材料搬运而言，单位载荷的作用是什么？
2．在什么情况下，机器人可被应用到仓库材料搬运中？请说出理由。
3．活动货架是如何起作用的？
4．讨论“最好的搬运系统就是根本没有搬运”。
5．举例说明消费者包装及工业包装的区别。
6．包装中条形码的主要目的是什么？此时与条形码在材料搬运中的作用是否有不同？
7．MCS 储存方式是怎样影响包装设计的？
8．讨论刚性容器与承载工具的区别？讨论在成组中装载安全性的作用。

第10章

订单处理与物流信息系统

◆ 引导案例

一家消费品生产商采用如图10-1所示的订单处理系统流程。该公司的信息处理已经集中到公司销售总部。公司负责物流的副总裁虽然不负责公司信息系统，但在与订单处理等物流信息相关的系统设计和实施中，投入了较大的力量。

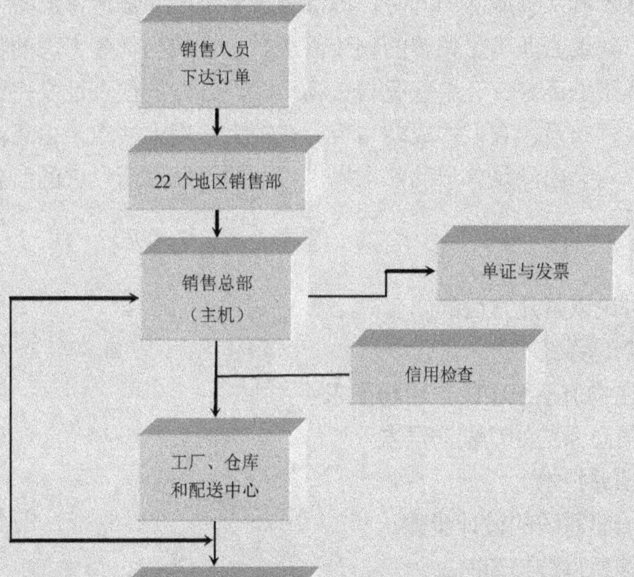

10-1　某公司订单处理流程

现在，销售人员可以将公司产品的订单送到公司各地的销售部门之一，在那里将订单信息键入与总部相连接的终端里。总公司的主机集中处理这些订单。在进行信用检查之后，公司将发货要求传给工厂、仓库和配送中心，接着货物就被装车发运。在按订单发运后，发运点要立刻键入货已发出的信息，这时，单证和发票周期也就开始了。

该公司并不在订单下达时承诺保有存货，而是在订单分拣与发运时承诺存货。因此，公司确保根据客户的优先程度把客户订单以一致的方式配送存货的能力。虽然公司对目前的订单处理系统还比较满意，但是公司计划进一步向各销售代表提供在公司内使用的手持式数据输入装置。这种革新可以使本来已经平稳运作的系统更加有效。同时，公司还可以加强预测客户需求的能力，可以在收到客户订单时就做出货物配送决策。

物流管理的效率目前已被越来越多的公司作为提高企业经济效益，使产品和服务具有竞争力的关键。许多公司把提升企业的物流能力看做在市场中独树一帜的方法之一，而在信息技术领域中可获取许多优势，信息系统领域对整个公司高效运作具有极为重要的作用。

物流信息技术发展很快，包括因特网技术、电子数据交换系统（EDI）、订单管理系统、运输控制系统、条形码和无线电设备的自动化运作设施等。这些技术能够使公司在降低总成本和加强服务的同时，提供管理整个供应链运作所必需的信息。有效的信息管理可以帮助企业满足顾客的物流需求。企业应当优先考虑的物流因素包括准时发货、缺货水平的确定、订单状况与货物跟踪、订货的便利性及完整性等。这些活动一般由物流经理负责，它们的成功与否，在很大程度上决定于信息流的及时性和准确性。物流可以对公司满足客户的需求提供很大的帮助，而先进的信息系统可以使物流过程更加顺畅。

本章将讨论以下几方面的内容

- 订单管理系统
- 信息在物流系统中的作用与要求
- 物流信息系统的功能与层次
- 物流信息技术
- 物流信息系统的设计步骤
- 物流信息系统与 ERP

10.1 订单管理系统

订单管理系统是买卖双方交流有关产品订单信息的最基本的方式。订单管理系统不仅对公司的物流部门极为重要，也是公司整个综合信息系统的重要组成部分。近来，许多公司都对它们的整个订单管理系统进行更新换代。

高效的订单管理是整个系统高效运作和使顾客感到满意的关键所在。订单管理的功能包括订单输入、信用检查、电子订单输入、可得存货检查、手工订单输入、订单认可、订单编辑、订单修改、订单状态查询、价格和折扣计账、退货处理等。当公司及时、准确和周密地进行所有与订单管理有关的活动后，其他部门的活动也就可以很好地协调了。此外，当前的和潜在的客户将会更加重视订单周期的一致性和可预测性，及可接受的订单回复时间。如果在开始运作时就了解客户的需求，就能制定出优于竞争对手的订单管理系统，订单管理能力就将使其更具竞争优势。

物流部门需要获得与各客户订单有关的及时与准确的信息，因此，越来越多的公司将订单处理职能划归物流部门。不管是从物流发展的前景看，还是从整个机构组织上看，把订单处理划入物流部门是有利的。

10.1.1 订单处理

订单处理过程主要得益于计算机和信息系统的发展。在许多公司中，订单处理部门成了开发新技术优势的变革者。以下是主要的订单处理功能。

- 产生补货订单（create backorder）；
- 开具发票（generate invoice）；
- 分拣单的准备（generating picking document）；
- 保留存货（reserve inventory）；
- 处理补货订单（process backorder）；
- 重新分配订单（reassign order source）；
- 发放保留存货（release reserved inventory）；
- 发出一揽子订单（release blanket order）；
- 核实发运（verify shipment）。

10.1.2 订货周期的组成

1. 备货时间

在物流管理中，当我们谈到货物由厂家运输到客户手中时，通常使用订货周期这个术语。在谈到获得补充存货时，则使用补给周期这个术语。从本质上说，一个公司的订货周期就是另一公司的补给周期。为简单起见，以下的讨论中我们只使用订货周期术语。构成备货时间的活动，即订货周期的四种主要活动是安排订单、处理订单、按订单备货和按订单发运。图 10-2 用箭头表示出了这些活动中信息流和产品流的主要方向。

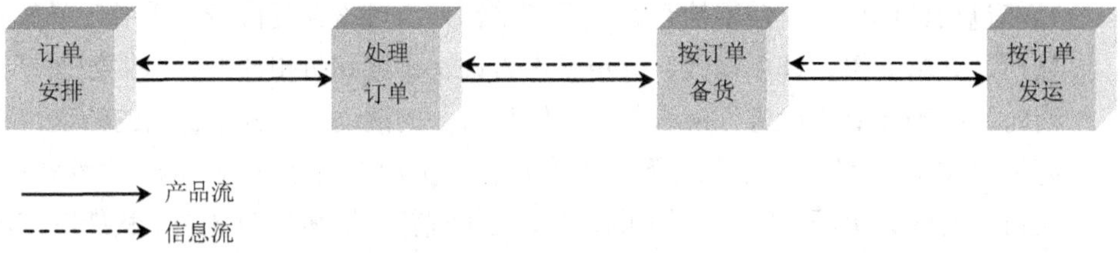

图 10-2　组成订货周期的主要部分

传统情况下，订货周期只包括从确定订单到客户收到货物为止发生的业务活动。特殊的活动如延期交货与紧急订货等业务活动也会影响到整个订货周期的长短。而接下来客户的一些活动，如退货、索赔、处理运费收据等，从技术上说，不属于订货周期的一部分。

2．备货时间的组成

（1）订单下达

订单下达的时间可以是通过邮局的方式花几天时间，或通过电话、传真方式只花几分钟时间，也可以或通过网络或 EDI 在瞬间完成。对订单下达和处理系统进行改进，可以大大减少整个订货周期所花的时间和不确定性。

使用现代信息与通信方法下达订单还有很大的余地。许多行业使用因特网的比例还很低，还不能很好地与自动补货系统交换数据。

（2）订单处理

订单处理功能通常包括检查客户信用、将信息输入销售记录、将订单传给存货部门和准备运输单证。通过有效地使用电子数据处理设备，这些功能中的许多部分可以同时进行。对计算机和信息系统技术的改进，大大地减少了完成这些活动必须花费的时间。

（3）准备订单

准备订单的过程可以是简单地用手工操作，也可以使用复杂和高度自动化的方式，这取决于所面对的商品性质等因素。有时，为发运货物而准备订单所需的时间是整个订货周期中的主要瓶颈，因此，有必要对订单的准备过程及其战略有个全面的了解。

（4）订单发运

从将客户所订购的货放到运输工具上，到客户收到货物并在客户目的地卸下货物为止的这一段时间，称做订单发运时间。在使用外部运输服务时，计算和控制订单发运时间可能非常困难，这取决于承运人运输能力的大小。收货方提高运输准时性的方法之一是要求供货公司提前给出发货通知（Advance Shipment Notification，ASN）。另外，货主更想收到承运人给出的发货证明文件，即指明了发运的确切时间和地点的发运单证。为了改进对客户的服务水平，许多运输公司利用信息技术来提供这些服务。此外，承运人已经可以让客户很容易地跟踪运输过程，还可以向这些客户提供有关发货时间的报告、服务水平等信息。

近年来，在我国已经出现了一些有能力的第三方物流服务提供者。物流领域中的各种运输方式也有了改善，从而有可能进一步加强提供给顾客的增值服务。此外，越来越多的提供第三方物流服务的公司也将使用实时信息技术作为优先发展的能力。

10.1.3 订货周期的长度和可变性

以前，人们把注意力大多集中在订货或补货周期的长短上，而现在则越来越重视该周期的可变性与一致性上。为满足顾客要求，人们把确保按顾客指定的时间和地点运送货物置于优先地位。

在某项对客户服务的研究中，对完成订货周期所需的时间，以及订货周期中各环节所需要的时间进行了研究，结果发现订货周期中的大部分时间发生在厂家收到订单之前及货物发出之后。也就是说，厂家控制范围之外的一些活动占去了整个订货周期一半以上的时间。因此，订货周期中的一个或多个步骤中耗时的减少将使厂家计划时间更加充裕，也可缩短客户的订货周期。如果厂家可以减少订货周期中的一个或多个步骤所用的时间，它可以将多出来的时间留给自己（可作为额外的计划时间），也可以因此缩短客户订货时间而使客户受益。在激烈的竞争市场中，为客户节约时间对厂家来说是很重要的。

订货周期长短的变化也影响公司买家的安全存货水平。特别是当订单周期变化加大时，要求的安全存货水平也会提高。反过来，如果公司保持订单周期的稳定，那么客户就会选择较小的安全存货水平。不管在哪种情形下，订单周期的变动都会影响客户必须保有的安全存货水平。理想的情况是，在降低订单周期的同时，提高订单周期的一致性与可靠性。

◆ 物流窗口 10-1

订单周期分析

图 10-3 给出了一家公司成功地减少订单周期中大多数环节花费的时间，并降低所花时间变动幅度前后情况的对比。我们看到，除了各个环节的活动得到加强外，整个订货周期的长度及变化的幅度也明显降低了。在这一案例中，订单传送与货物运送到顾客手中平均需要 7 天时间，这大大超过了厂家或商家内部的输入订单、编制提单、按订单分拣等活动所花的平均时间（5.1 天）。另外，完成各个不同步骤所花的平均时间与整个订货周期的差异很大。

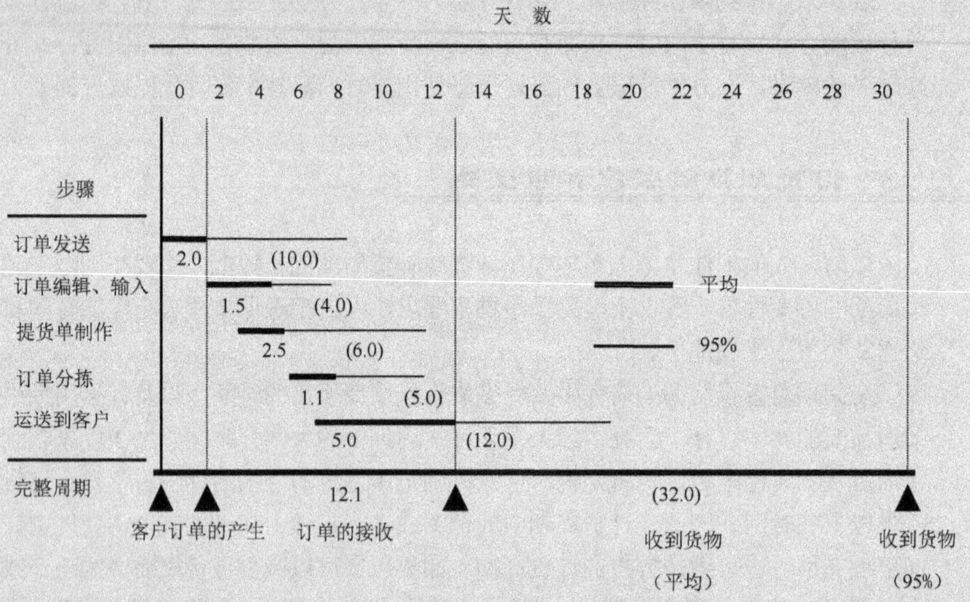

图 10-3 订单周期分析举例

10.2 信息在物流系统中的作用与要求

企业物流信息系统是为进行计划、操作和控制，而为物流经理提供相关信息的人员、设备和过程相互作用的系统。

图 10-4 是物流信息系统（Logistics Information System ，LIS）、物流环境的基本要素，以及物流决策过程之间的关系。图中给出了组成物流信息系统的四个主要子系统，它们是订单处理系统、调查和情报系统、决策支持系统以及报告和输出系统。这些子系统整合起来，就可以为物流经理进行计划、操作和控制等基本管理提供及时、准确的信息。

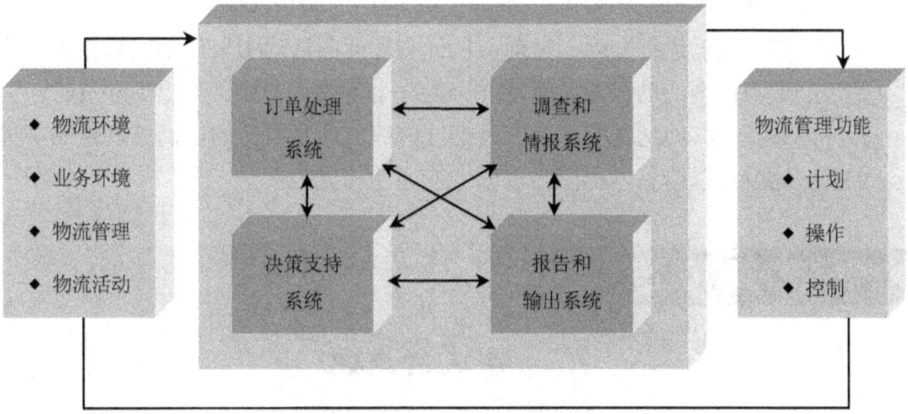

图 10-4　物流信息系统示意

10.2.1　关键信息流

物流信息系统协调与管理如图 10-5 中所示的两类活动中的信息流: 协调活动流和业务活动流，每种流中的主要活动在图中给出。构成协调活动流的活动包括那些贯穿整个公司及与时间表制定和需求计划制定相关的一些活动。业务活动流则与制单、跟单、存货分配、按补货订单和客户订单进行运输等活动相关。补货订单是指由工厂向配送中心供货的订单，而客户订单指的是配送中心向客户供货的订单。在这两种情形下，完成订单需要经历一系列的活动，如发出订单、处理订单、按订单备货、按订单发货等。存货管理的职责是确保业务活动与协调活动一致进行，这就要在完成订单的过程中使生产和向上、向下的信息流同时进行。

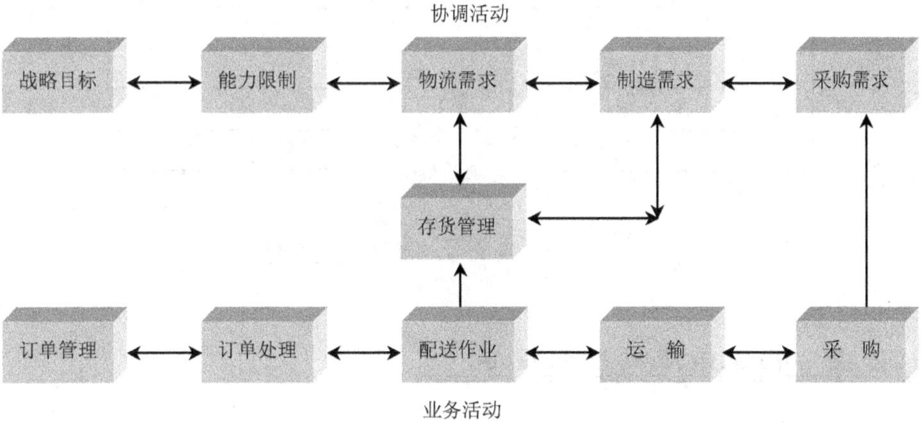

图 10-5　物流系统中的信息流

对上述两种流的作用可以区分一下。有三方面需要进行革新：一是确保两种流之间有足够的数据进行交换。目前，在计划和业务活动中采用不同数据是常见的事。二是有必要将协调活动和业务活动结合为一个整体。例如，当出现缺货时，公司可将客户订单分派到其他配送中心。三是把这些流看成是灵活的，而并非是图中描述的固定关系。这就可以给总体物流需求增加变通性和灵敏性。

◆ 物流窗口 10-2

物流信息流

图 10-6 给出了物流信息流的一个例子，说明了发货人、收货人和承运人之间的关系。为了有效地帮助这一物流渠道发挥作用，整个物流系统的构筑必须能连接或协调各方面的信息系统，使其成为一个紧密结合的整体。

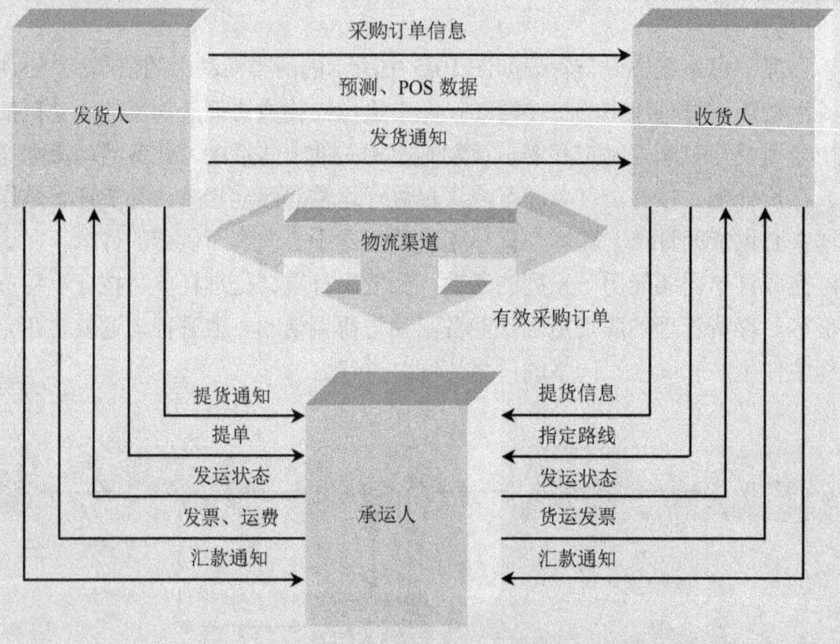

图 10-6　物流信息流的例子

10.2.2　物流信息的质量要求

反映信息的质量有三个要点。第一是做出最佳决策所需信息的可用性；第二是信息的准确性；第三是交流方法的有效性。

1．信息的可用性

物流经理在需要做出决策时并非总能获得所需的信息。造成这种局面最常见的原因或可能是许多经理不能确定他们需要哪些信息，因而很难将他们对信息的需求概念化，并用语言表达出来。这种情形就像有些顾客不完全了解自身的需求或很难将他们的需求表达出来。

物流经理得不到所需信息的另一个原因是，收集信息的员工只将自己认为重要的或花费少的、容易得到的信息提供给经理们。在许多情形下，这样做与物流经理的真正要求相距甚远。

物流经理需要更多地了解信息系统、技术和管理。此外，在对物流管理和业务有了全面的了解以后，信息系统经理（如公司管理信息系统主任，首席信息执行官等）可以获益匪浅，这就表明需要对这两个领域中的管理者进行教育，使他们更好地了解相互的要求和具备的能力。

2．信息的准确性

物流经理所获得的信息通常比他们所期望的要少，结果会导致他们做出次优的管理决策。许多公司采用几年前在完全不同的公司和竞争环境中开发出来的成本计算和管理控制系统，于是物流经理只做出了次优的决策的事时有发生。许多这样的系统都不能正确反映出生产与成本信息，从而未能提供物流经理做出最佳决策所需的信息。

例如，一些物流经理在仓储、运输和存货控制的设备与系统方面投入资金以利于它们的运作，结果，某些活动大大减少了总物流成本中的劳动力成本。如果公司继续采用直接劳动工时数来计算间接费用（如在许多标准的成本会计中），那么得到的成本数据对做出管理决策将不会有很大帮助。整个公司所需的信息、公司各职能部门及关键运作过程所需的信息，需要调动公司内部各部门进行核算，它们不是行业与政府等外部部门所需要的信息。

对零售商来说，数据的准确性至关重要，它们会向经常提供不准确数据的供货商扣取罚金。例如，某零售商已制定出一个“违规三次就出局”的规定，即若哪个供货商提供了三次或三次以上不准确的数据，它就丧失了“优先供货商”的地位。大宗商品批发商对准确数据的要求也表明了准确数据的重要性。例如，如果生产商弄错了一批挂锁的数量，那么，批发商在售出一批挂锁时可能就只计入一把挂锁的账，不准确的数据还会导致在清算存货和计算损耗时出错。

物流学加强了对会计工作规范化的需求，使之适应物流的需要。在这一方面，已开始取得重大进步。例如，越来越多的公司采用作业成本法（Active-Based Costing,

ABC），说明在这个方面已引起了人们相当的注意。

3. 信息交流的有效性

信息要有效地进行交流才能对管理者有用。这就需要以信息接收一方的语言进行信息交流，否则，接收信息的一方难以理解所获得的信息。并且，接受方有时会忽略预料之外的信息，这就造成信息交流的受阻，我们称这种情形为对信息的选择性吸收。最后，只有当信息对人们有价值，并且与接收信息者需要做出的决策直接相关时，信息交流才会发生。简而言之，只有在了解接收信息者能了解或想了解什么，以及他们对所获信息将做何处理时，才可能进行有效的信息交流。如果信息发布者忽略了这些问题中的任何一个，信息交流将会变得困难。

10.3 物流信息系统的功能层次

10.3.1 物流信息系统的功能层次

物流信息系统有 4 个功能层次。物流信息系统从本质上讲是把各种物流活动与某个整合过程连接在一起的通道。整合过程应建立在 4 个功能层次上：交易、管理控制、决策分析，以及制定战略计划系统。

第一层次是交易系统，交易系统是用于启动和记录个别的物流活动的最基本的层次。交易活动包括记录订货内容、安排存货任务、作业程序选择、发运、定价、开发票，以及客户查询等。交易系统的特征是：格式规则化、通信交互化、交易批量化，以及作业逐日化，强调了信息系统的效率。

第二层次是管理控制，要求把主要精力集中在功能衡量和报告上。功能衡量对于提供有关服务水平和资源利用等的管理反馈来说是必要的。因此，管理控制以可评价的问题为特征，它涉及评价过去的功能和鉴别各种可选方案。当物流信息系统有必要报告过去的物流系统功能时，物流信息系统是否能够在其被处理的过程中鉴别出异常情况也是很重要的。

第三层次是决策分析，主要把精力集中在决策应用上，协助管理人员鉴别、评估和比较物流战略和战略上的可选方案。决策分析也以战略上的和可评价的问题为特征。与管理控制不同的是，决策分析的主要精力集中在评估未来战略上的可选方案，并且它需要相对松散的结构和灵活性，以便做范围较广的选择。因此，用户需要有更多的专业知识和培训去利用它的能力。既然决策分析的应用要比交易应用少，那么物流信息系统的决策分析趋向于更多地强调有效（effectiveness），而不是强调效率

(efficiency)。

第四层次是制定战略计划，主要精力集中在信息支持上，以期开发和提炼物流战略。这类决策往往是决策分析层次的延伸，但是通常，更加抽象、松散，并且注重于长期。

10.3.2 独享数据或共享数据

在实际运作中，公司的信息系统应该支持独享数据和共享数据。为管理公司所需的独享数据只有那些有业务需要的公司雇员才能访问。共享数据则可以通过一个适当的信息界面提供给客户和物流服务供应方，或根据各方面都认可的合同及惯例，给需要知道这些数据的所有部门。数据可以存放在各个分公司的数据库中，但是，当其他公司需要时，可以通过适当的数据库管理技术访问到这些数据。

10.4 物流信息技术

物流管理中主要的信息技术包括：条形码、EDI、便携式数据输入、激光扫描、CD-ROM 存储器、人工智能（AI）/专家系统、在线（on-board）计算机、无线电射频等。

1. 条形码

条形码技术是使用最为广泛的自动识别技术。尽管它还有继续改进的余地，它早已成为物流系统中公认的重要组成部分。条形码技术中比较关键的问题是目前存在多种不同的编码标准，而这些标准并非全是兼容的。使用最广泛的编码标准是 UCC/EAN-128。当我们要将产品高效率地通过整个供应链时，条形码技术的一致性，或者说是接口的标准化，是很有必要的。条形码技术是目前信息系统中优先采用的技术。

2. 电子数据交换（EDI）

EDI 是“以结构化的、机器可处理的格式在组织和组织之间、计算机与计算机之间交换业务数据”。EDI 的目的在于减少重复的数据输入工作，通过将各公司的计算机连接起来，提高信息流的速度和准确性。采用 EDI 加强了物流信息的时效性，提高了数据容量的准确性，降低了数据传输过程的劳动强度。

为了充分利用 EDI 的优势，物流渠道中各公司必须提高利用计算机交流信息的能力，也就是说，有效地完成 EDI，使买卖双方的计算机系统可以直接进行交流。

3. EDI 标准

EDI 的概念发展很快，它促进了无纸化办公和电子信息交流。在 EDI 快速发展的同时，也使几个主要领域面临着挑战。问题之一是标准的不统一，通常包括专有标准和通用标准两类。恰如开发条形码有许多种方法，目前使用的 EDI 标准也多种多样。当前物流管理的重要国际标准是 UN/EDIFACT，该标准是联合国和国际标准化组织联合开发制定的。在北美，最常用的标准是 ANSI X12。

国家通信系统的调控、光纤传媒通信的迅猛发展，以及人工智能/专家系统，这些都将在今后几年内，进一步降低 EDI 成本，并提高服务质量。而降低成本和加强服务的吸引力，将促使公司在工作中引入 EDI 系统。

最后，使用 EDI 有时还可以利用第三方增值网络（Value Added Networks，VANS）来协助各单位间传送信息。这种观念在日本和欧洲证明是成功的，它也对美国公司间成功地进行信息连接发挥越来越重要的作用。

4. 数据管理

当前有多种科技手段用于数据的输入及储存。用手持设备进行数据输入在发达国家很普遍，例如，采用光学扫描设备进行扫描输入。另外，数据管理中发展起来的一个重要技术是 CD-ROM 技术的应用。

还有一项创新技术是做图像处理，这使得公司可以将重要的文件拍成照片，将其存放在计算机中，需要时将其调出。我们通常用光盘来存储文档。一些运输公司经常使用这项技术，因为它们的客户需要它们提供货已发出的证据。收货人在电子记录板上签字后，这个签字的摹本便被自动数字化，并存储起来以备日后查询。如果需要，很容易将这个签字下载下来，以提供发运证明。

5. 人工智能/专家系统

目前，在物流中越来越多地采用了人工智能（AI）或专家系统。人工智能通常被描述为计算机科学的一部分，因为人工智能是“让机器去做人的智慧才能完成的工作”，是“计算机发展，做人做的事”。专家系统是“模仿人类专家的计算机程序，使用人类专家开发和拥有的方法和信息”。专家系统可以解决问题，做出预测，提出可能的处理方法和建议，其准确性与人类专家不相上下。

6. 远程访问和通信

（1）无线电射频技术（Radio Frequency，RF）

最近，人们越来越多地利用一些设备和系统进行远程访问和物流通信。例如，无线电射频（RF），能使用户利用电磁波从终端向节点站传送信息，而该节点依次与主机相连。终端可以安放在一固定的位置，如安装在叉车上或放在工人手中。与远程终端进行通信要通过节点站的发射和接收装置才能完成。重要的是，这项系统可以作为在线计算机（on-board）帮助司机或其他操作者顺利完成物流工作。

无线电射频系统使用窄带或扩展系列进行传送。窄带传送信息是将信息沿着一条单一有限的无线电频率进行传送，而扩展系列传送是将信息跨过几个不同的频率进行传送。如果一个无线电频道系统与一个识别存货项目的条形码系统结合起来使用，数据就能随时传送，这就是我们所说的“实时”（real time）更新存货记录。这样就大大提高了按订单进行分拣和发运的准确性。在使用了 RF 的条形码系统对存货进行跟踪调查后，存货的准确性由95%提高到99%以上。

射频识别技术（Radio Frequency Identification，RFID）的主要核心部件是一个电子标签，直径不足2毫米，数据量可高达2的96次方以上。通过相距几厘米到几米距离内传感器发射的无线电波，可以读取电子标签内储存的信息，识别电子标签代表的物件的身份。

与传统条形码识别技术相比，RFID 具有快速自动扫描、体积小、信息容量大、耐久性强、可重复使用、安全保密性高等优势。RFID 因其所具备的远距离读取、高储存量等特性而备受瞩目，目前国内在路桥收费和停车场收费等领域已有所应用。

（2）卫星跟踪

另一种远程访问方式是采用卫星跟踪技术。这种通信方式实际上采用了两颗人造地球卫星，一颗用做连接司机和调度员，另一颗用于跟踪运输工具。司机与调度员之间的双向通信通过第一颗星进行。第二颗卫星用于定位，卡车调度员通过测量从跟踪卫星发射到装在卡车驾驶室里的通信终端的信号长度，就能确定卡车的位置。

7. 地理信息技术

地理信息技术主要用于物流分析，如利用地理信息技术建立物流系统的车辆路线模型、最短路径模型、网络物流模型、分配集合模型和物流系统站场设施定位模型等。

练习题

1. 订单处理包括哪些功能？
2. 订货周期由哪些部分组成？
3. 物流信息的质量要求是什么？
4. 物流信息系统的功能层次一般有哪些？
5. 现代物流信息技术主要包括哪些？
6. 物流信息系统的设计一般包括哪些步骤？

案 例 B

案例 B1 某汽车零部件供应商的供应链管理

案例分析背景

A 公司是一家专业的汽车零部件生产商，公司的战略目标是“成为世界上最好的汽车零部件供应商，包括：质量、成本、进度、功能。”随着市场竞争的加剧，公司在供应链和库存方面遇到了很多问题。公司拥有数个仓库，其中仓库 A 始建于 1990 年，当时的经济环境下，供应商做不到及时供货，经常由于原材料不能及时供应而影响生产。另外，当时城市的交通堵塞也影响到供应商的及时供货。因此，当时建起这样一个 2 000 平方米的仓库是 A 公司的骄傲。但是，这样的大面积库存必然占用资金，使库存周转次数降低。另一方面，由于人们的习惯和传统经营模式，库存业务中存在大量往返、交叉的运输路线。以方向盘生产为例，其物流过程涉及几个场所。它们分别是仓库 A、外协厂仓库、仓库 B 和总部的仓库。其地理位置和运输路线如图 B-1 所示。

从图 B-1 中我们可以看到，库存过程经历了 7 次运输，这 7 次的运输路线分别为：① 钢厂送钢材到仓库 A 先存放起来；② 从仓库 A 把钢材送至仓库 B 生产轮辐和轮钢；③ 把在仓库 B 做好的轮辐冲压件送回到仓库 A 存放起来；④ 外协厂到仓库 A 领回冲压件，进行压铸加工，然后把压铸件送回到仓库 A 存放；⑤ 仓库 A 桥送压铸件到仓库 B 进行加工，形成方向盘金属骨架；⑥ 从仓库 B 把骨架送回到仓库 A；⑦ 从仓库 A 把骨架送到总厂。

A 公司对除标准件外的所有零部件供应商要求及时供货，符合运输条件的零件和供货厂商要直接送货到内库，这里的内库即为生产车间内的仓库。公司在推行及时供货的过程当中，经历了代保管、规定安全库存的及时供货和不规定安全库存的及时供货三个阶段。采用及时供货以后，公司要求供应商进行准时的小批量多频次运输。

公司在降低库存，理顺物流系统的过程中，认识到电子信息流与物流的一体化是缩短物流时间、降低库存必不可少的一个步骤。图 B-2 是公司目前的计算机管理现状，图 B-3 是公司对于未来的计算机管理发展规划。公司希望借助于强大的信息流的集成和支撑，　　更好地应付残酷的市场竞争。

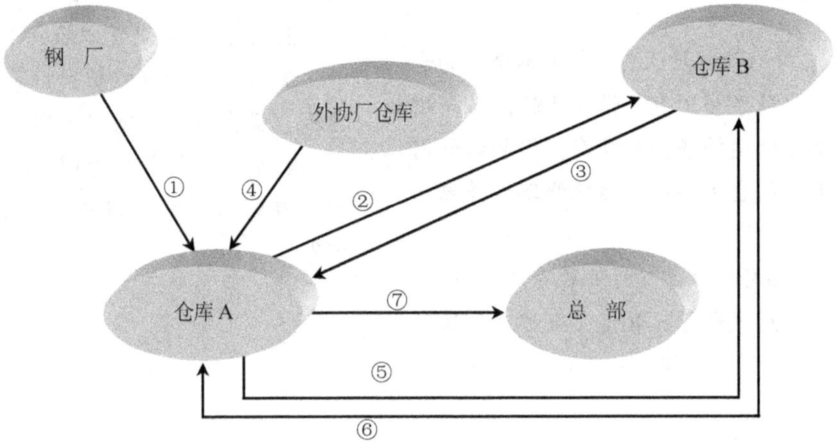

图 B-1　A 公司方向盘生产的物流路线

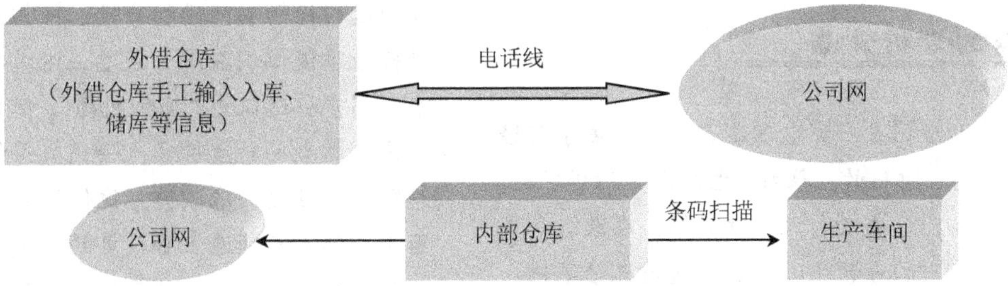

图 B-2　公司目前的计算机管理

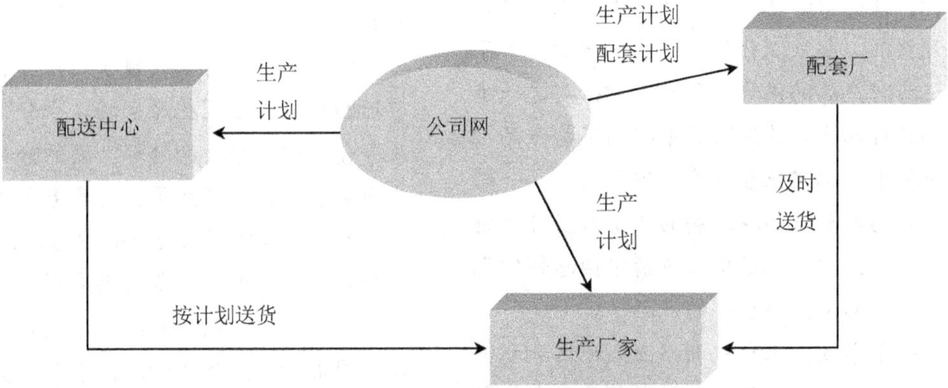

图 B-3　公司未来计算机管理规划

思考题

1. 公司的管理层认为，由于不合理的仓库布局，导致了多次重复性的运输，从而增加了不必要的运输费用和库存，请问该如何调整图 B-1 的仓库布局和运输线路？并画出示意图。

2. A 公司在推行及时供货的过程当中，为什么要经历代保管、规定安全库存的及时供货和不规定安全库存的及时供货三个阶段？推行及时供货有什么好处？

3. 采用及时供货以后，对于供应商会有什么影响？对于双方而言，采取什么样的措施可以最大限度地减少这样一种影响？

4. 公司的计算机管理未来发展规划相比于现在的计算机管理而言有什么改进的地方？

案例 B2　某电器制造企业的供应链问题

案例分析背景

A 公司是一家电器制造企业，由于其经营有方，因而效益很好，生产规模不断扩大，其产品已经成功打入国际市场，在欧洲和美洲都有它的分销中心，且销售情况很不错，公司正在积极筹备上市。但糟糕的是，近几年来，随着销售量的急剧上升，库存也不断上升，该公司配送中心的货盘上充满了电器系列产品。而欧洲分销公司甚至声称，为了保证各种产品的供货让用户满意，要进一步增加库存水平。欧洲配送中心的某些产品可获得性水平确实正在下降，但事实上，一箱又一箱的电器产品在过去的几个月里都运送到了欧洲，欧洲配送中心告诉中国总部它已经没有空间去储存总部的产品了。

每个季度，来自欧洲、亚太地区和北美三地的生产部、物料部和配送部的代表们聚在一起讨论解决问题的方案，但相互冲突的目标很难使他们在同一问题上达成共识。生产部门声称这仅是“物料问题”，但又不时指责产品类型的持续增多，分销公司的不满抱怨则来自预测的准确性，他们认为不能仅仅因为总部不能制造正确数量的正确产品，而让分销公司去跟踪和储存库存。而欧洲分销公司甚至建议对额外的存储空间收费，直接把空间反租给总部，而不是把成本分摊在运送的全部产品中。

10 年前，该公司发现了把产品打入国际市场的契机，公司把原来的 4 个分部的电器业务合并到一个新的分部，新的分部成为该公司电器产品组的成员，负责电器设备的设计和制造。该分部在使命书中写道：“我们的使命是成为在电器设备的供应商中公认的世界级、低成本、高质量的电器设备领先者”。该公司实行的拉动式管理，最后落实到这一新成立的分部。

制造部门很早就意识到要在电器市场获得成功，需要快速的制造流程，如果还是以前的（1988 年制定的）8~12 周的制造周期和 3.5 个月的库存，公司是注定要失败的，因此，必须对原来的制造流程进行改革。

该公司电器产品的供应商、制造商、配送中心和用户一道构成其供应链。电器设备的生产、研究开发节点分布在全国 10 多个地方，销售服务部门节点分布在 10 个国家，而其总产品超过了 80 类。欧洲和亚洲地区对于电器产品的电源供应（电压 110 伏和 220 伏的区别，以及插件的不同）、语言（操作手册）等有不同的要求（当然通用部分是相同的）。以前这些都是由在中国的工厂来完成，北美、欧洲和亚太地区是它的 3 个分销中心，这样一种组织策略称为“工厂本地化”。也就是说，在以往的生产和管理方式下，在中国的这些工厂装配好电器设备后直接进行客户化包装，然后运往 3 个分销中心直接进行销售。该策略的致命缺陷是：由中国的总机装配厂生产不同型号的产品，必须保持大量的库存以满足不同需求的情况，以达到 98%的订货服务目标。而且如果由于需求的较大波动而引起某一地区产品缺货，为了应急，可能将原来为其他地区准备的产品拆开重新包装，造成更大的浪费。但是，提高产品需求预测的准确性也是一个主要难点。

零部件原材料的交货质量（到货时间推迟、错误到货等问题是否存在）、内部业务流程（流程产量和机器停工时间）、需求等的不确定性是影响供应链运作的主要因素，前两种不确定因素导致不能及时补充分销中心的库存，需求的不确定性导致库存增加或者订单积压。为了确保可获得性，对进入工厂的物料设置了安全库存。

需要大约一个月的时间将产品海运到欧洲和亚太分销中心，这么长的提前期导致分销中心没有足够的时间去对快速变化的市场需求做出反应，欧洲和亚太地区就只能以大量的安全库存来保证对用户需求的满足。

针对以上问题，该公司对原来的供应链进行了重构，取得了很好的效果。库存减少了，成本下降了，而客户服务水平却没有下降。

思考题

1. 该公司过去存在的主要问题有哪些？
2. 公司在供应链重新构建方面做了哪些改进？
3. 如果你作为采购经理，你打算怎样去加强采购管理？
4. 影响该公司电器产品安全库存的因素主要有哪些？

案例 B3　A 公司的供应链中的信息价值

案例分析背景

A 公司是一家庞大的面食生产厂商，物流主任认识到需求的波动给公司的制造和销售系统施加的负担越来越重，他一直努力推行适时制销售（JITD），模仿了流行的“适时制”制造概念。

公司拥有庞大的工厂网络，包括大型面粉加工厂、通心面工厂、新鲜面包厂以及生产特色产品的工厂。公司的 70%产品从生产工厂运输到中央配送中心，独立的分销商从中央配送中心购买产品，然后把这些产品运往超市。其配送网络如图 B-4 所示。

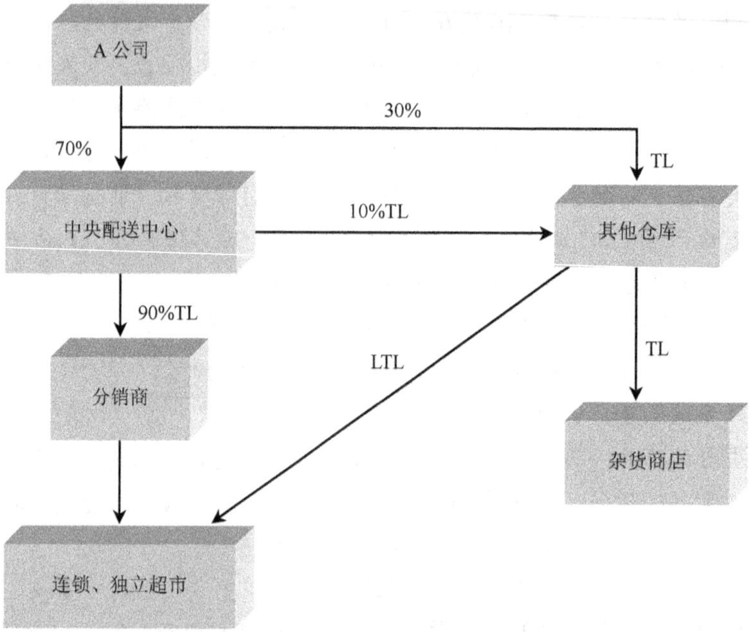

图 B-4　A 公司的配送网络

注：TL—整车运输　LTL—零担运输

公司的通心面食产品有很强的品牌形象，其营销和销售战略是广告和促销的组合，公司有时候还提供折扣。

1. 分销商的订货程序

大多数分销商检查其库存水平并向公司订货。公司在收到订单后的 8~14 天内把产品运送到分销商处，平均提前期为 10 天。分销商的销量是变动的，小分销商可能每周只订一整车产品，而最大的分销商一般要保证每周送 5 整车产品。大多数分销商使用简单的定期库存检查系统，例如，分销商可能在每周二检查库存水平，然后进行订货。几乎所有的分销商都有计算机支持系统，但几乎没有分销商具有能够确定订货量的预测系统或复杂的分析工具。

2. JITD计划的动力

公司越来越感觉到需求波动所带来的影响。公司产品的订单经常每周都有巨大的波动，这种极端的需求差异束缚了公司的物流和制造作业。而且，每周需求波动如此之大并且如此不可预测，持有足够的产成品库存来满足分销商订单的成本是极其高的。公司的有些人员建议分销商或零售商持有额外的库存来阻止分销商订单的波动，而很多人又觉得他们已经有太多的库存了。分销商感受到同样的压力，因而尽量增加他们已有项目的库存，以及增加他们还没有保存的项目的库存。公司的物流主任强烈地表示要寻找替代方法来满足订单，他将他的计划解释如下："我们不是根据分销商内部计划过程向其运送产品，我们应该查看所有分销商的资料，只运送商店所需的商品，不多也不少。因为现在的运作方法几乎无法预测需求的变动，结果我们必须保持许多库存，仓促地满足分销商的需求。即使这样，分销商看起来并没有很努力地来服务其零售商。"物流主任的计划在内部遭到了很大的反对，大家都表述了一系列担心的问题，分销商们对于物流主任的提议也不太有兴趣。公司花了很大的精力才说服了几个有着长期合作的分销商实施JITD，一开始，公司要求配送中心每天向公司发送其运输数据。因为那时还没有通过电子数据方式连接起来，所以通过传真发送信息。6个月以后，公司与分销商之间就建立了电子数据连接，成功地实施JITD系统。其效果是相当显著的，在实施JITD前，分销商对于零售客户的服务水平大约在行业平均水平的2%~5%，偶尔高达10%。在实施JITD计划的前5个月内，缺货率几乎可以忽略不计，通常都低于0.25%，从未超过1%。公司、分销商对于取得的成绩都感到非常满意。

思考题

1. 根据配送网络图，请问公司采用的配送战略是什么？还可以采用其他什么战略？怎样提高配送网络的效率？

2. 在A公司的供应链中，需求变动性增大的原因是什么？可以采用什么方法来消除？

3. 当物流主任提出实施JITD时，公司内部的一些管理人员表述了反对意见，他们担心的问题是什么？

4. 请问在A公司的供应链中有哪些需要权衡的问题？

第 3 篇

物流与供应链战略管理与控制

第11章

物流战略的制定与选择

◆ 引导案例

配送系统的多样化战略

某一生产金属防腐涂料的公司，在地点A生产产品。通过对当前的配送网络进行研究后，发现可以采用与过去不同的配送方案。该方案是将可以组成整车批量的产品直接从工厂送达客户所在地，占企业销售前10%的大客户也由工厂直接向客户供货。其他批量较小的订单，则从两个战略性配送中心发运。这个多样化的配送系统可以在保持客户服务水平不变的情况下，为公司节约1/5的物流配送成本。

物流运作需要对企业内部和外部运作进行整合。物流的整合要求确定物流在整个企业战略中的作用。通过前面章节的学习，我们已经了解了构成物流运作整合的各种功能领域。本章重点讨论将物流的各个功能综合为一体化的过程，以及把物流作为核心能力的战略的制定与选择。

本章将讨论以下几方面的内容

- 物流战略的地位与目标
- 战略性物流计划
- 基于时间的物流战略
- 物流战略的选择
- 物流整合战略

11.1 物流战略的地位与目标

11.1.1 物流战略的地位

物流战略是企业总体战略的组成部分。所谓企业战略，就是企业发展的长期目标或方向。企业的目标可以是追求利润最大化、企业的生存与发展、投资回报、社会效益或市场份额。企业战略的制定一般要经过对市场需求进行分析，然后对顾客、供应商、竞争对手及自身的条件进行分析，最后提出企业自身的战略。例如，通用电器公司的战略是在其所服务的每一个市场取得第一或第二，否则就退出市场。

企业战略带动各功能部门的战略，如图 11-1 所示。物流战略与生产、营销、财务战略一起，支持企业战略的实现。

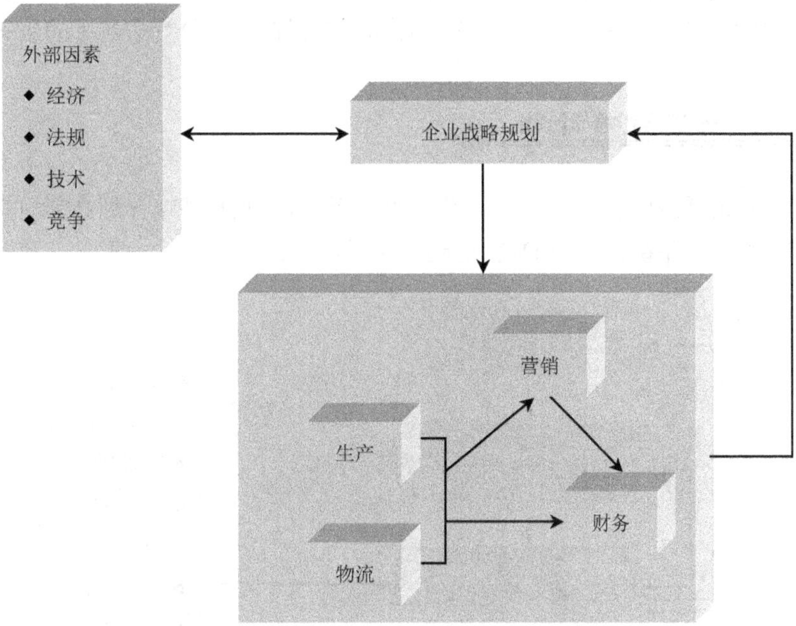

图 11-1　企业战略与物流战略的关系

11.1.2 物流战略的目标

对于物流战略来说，要达到的目标主要包括：

- 降低成本；
- 减少资本占用；

● 改进服务。

降低成本是指将运输和库存相关的变动成本降到最低。物流战略一般是在评价各种备选方案的基础上产生，例如，在不同的仓库选址中选择，或者在不同的运输方式中选择等。当寻求成本最小化时，系统的服务水平必须保证不变。必须理解成本最小的基本目的仍然是为了获取最大利润。

减少资本占用是指对物流系统的直接投资最小化，该战略的出发点是取得最大的投资回报。例如，采用对顾客的直接供货法可以免去库存环节，也可考虑请第三方提供物流服务，这样可以大大减少对硬件设施的投资。与投资大的方案比，变动成本会上升，其增加值如果超过投资的减少值则是得不偿失，所以，投资回报是一个重要的评价指标。

改进服务是指企业收入取决于所提供的物流服务水平。提高服务的水平会使成本大大提高，但最终的评价指标是企业的年收入。权衡的方法可以从高服务水平是否带来更大的年收入进行评价。有效的服务战略是制定区分竞争对手的服务水平。

11.1.3 物流战略计划

物流系统中的每一个环节都需要进行计划，物流战略计划必须与其他的组成部分相互衔接与平衡，如图 11-2 所示。

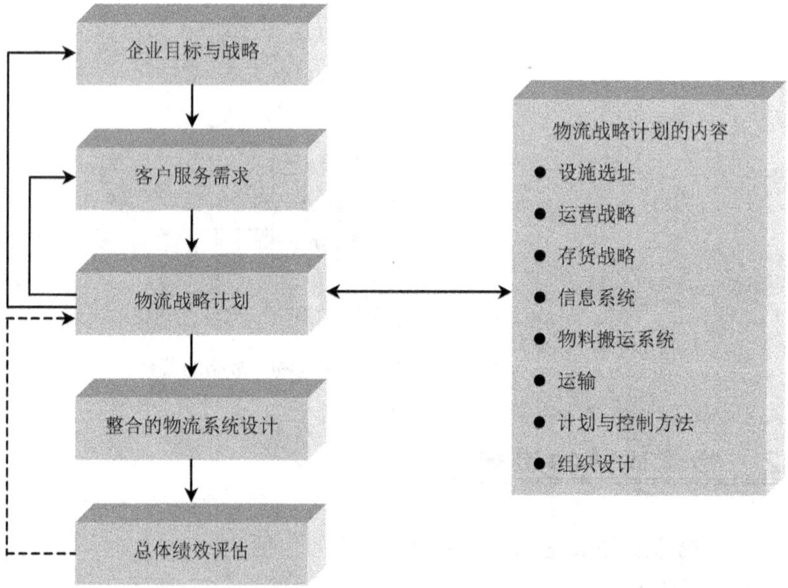

图 11-2 物流战略计划的流程

物流战略计划试图回答做什么、何时做和如何做的问题，涉及三个层面：战略层面、战术层面和操作层面。它们之间的主要区别在于计划的时间跨度。战略层面的计划是长期的，时间跨度通常超过一年。战术层面的计划是中期的，一般短于一年。操作层面的计划是短期决策，是每小时或者每天都要频繁进行的决策。决策的重点在于如何利用战略性计划的物流渠道快速、有效地运送产品。

各个规划层次有不同的视角。由于时间跨度长，战略计划所使用的数据常常是不完整、不精确的。数据也可能经过平均，一般只要在合理范围内接近最优，就认为规划达到要求了。而运作计划则要使用非常精确的数据，计划的方法应该既能处理大量数据，又能得出合理的计划。例如，战略计划可能是整个企业的所有库存不超过一定的金额或者达到一定的库存周转率，而库存的操作计划却要求对每类产品分别管理。

物流计划主要解决四个方面的问题：客户服务需求的目标、设施选址战略、存货战略和运输战略。

1．客户服务需求的目标

客户服务水平的决策比任何其他因素对系统设计的影响都要大。如果服务水平定得较低，可以在较少的存储地点集中存货，利用较廉价的运输方式。服务水平定的高，则相反。但当服务水平接近上限时，物流成本的上升比服务水平上升更快。因此，物流战略计划的首要任务是确定客户服务水平。

2．设施选址战略

存货地点及供货地点的地理分布构成物流计划的基本框架。其内容主要包括，确定设施的数量、地理位置、规模，并分配各设施所服务的市场范围，这样就确定了产品到市场之间的线路。好的设施选址应考虑所有的产品移动过程及相关成本，包括从工厂、供货商或港口经中途储存点，然后到达客户所在地的产品移动过程及成本。采用不同渠道满足客户需求，其总的物流成本是不同的，如直接由工厂供货、供货商或港口供货，或经选定的储存点供货等的方法，物流成本是有差别的。寻求成本最低的配送方案或利润最高的配送方案是选址战略的核心所在。

3．存货战略

存货战略指存货管理的方式，基本上可以分为将存货分配（推动）到储存点与通过补货自发拉动库存的两种战略。其他方面的决策内容还包括产品系列中的不同品种分别选在工厂、地区性仓库或基层仓库存放，以及运用各种方法来管理存货的库存水平。由于企业采用的具体政策将影响设施选址决策，所以必须在物流战略规划中予以考虑。

4. 运输战略

运输战略包括运输方式、运输批量和运输时间以及路线的选择。这些决策受仓库与客户以及仓库与工厂之间距离的影响，反过来又会影响仓库选址决策。库存水平也会通过影响运输批量影响运输决策。

客户服务目标、选址战略、库存战略和运输战略是物流战略计划的主要内容，因为这些决策都会影响企业的赢利能力、现金流和投资回报率。其中每个决策都与其他决策互相联系，计划时必须对彼此之间存在的权衡关系予以考虑。

11.2 战略性物流计划的环境分析

企业物流管理决策层的一项重要工作是制定物流战略。战略物流计划是一项包含支持货物配送、生产制造和采购运作的具体财务及人力资源计划。战略物流计划的目的是提出战略政策，并部署物流设施、设备及运作系统，使之能以最低成本支出完成目标。战略计划对以下方面提供指导：

- 配送仓库的配备数量、类型和选址；
- 每个配送仓库中存货的种类；
- 采购的理念和实施；
- 运输如何进行以及如何被整合进其他领域；
- 物料搬运方法；
- 处理订货的方法。

战略物流计划的基本要求是对各个系统进行专业的设计，使得它们在物流运作中得以协调。

开发战略性物流计划首先是要认识影响绩效的内在及外在的因素。企业的外部环境会限制物流战略的灵活性。战略性物流计划需要对环境变化进行观察与评价，在制定物流战略时，最通常要考虑的环境因素如下。

- 行业竞争性评价；
- 地区市场特征；
- 技术评价；
- 渠道结构；
- 经济与社会预测；
- 物流服务产业趋势；
- 法规。

为了有效地计划，物流经理应该了解这些环境因素的变化趋势及其他的所处行业的特征。了解的方法包括数据收集、评估和预测变化等。下面对每一因素进行讨论，并说明这些因素对物流运作的潜在影响。

1. 行业竞争性评价

行业竞争性评价包括对企业所在行业的机会和潜力的系统评价，比如市场规模、成长率、赢利潜力、关键成功因素等问题。竞争力分析包括行业领导的影响和控制力、国际竞争、竞争与对峙、客户与供应商的权力、主要竞争对手的核心竞争力。为了成为有效的行业参与者，应在理解客户服务的基本水平的基础上，对竞争对手的物流能力做出基准研究（benchmarking）。

2. 地区市场特征

企业的物流设施网络结构直接同客户及供应商的位置有关。地理区域的人口密度、交通状况以及人口变动都影响物流设施选址。所有公司都必须从这些地区市场因素去考虑最有市场潜力的商场的位置。人口统计信息，如年龄、收入、教育程度等均是确定市场潜力的基本要素。绘制及理解产业人口统计对有效的物流计划是重要的。

3. 技术评价

在技术领域中对物流系统最具影响力的是信息、运输、物料管理及包装等各种技术。例如，计算机、卫星、扫描、条形码和数据库等均是对物流实施具有革命性的影响的。及时准确的信息流是企业成功的关键，能够跟踪货物运动的整合的数据库已经被用来改进实时管理控制及决策支持。多式联运、集装箱等改变了运输技术。机器人、自动导向搬运系统的使用，影响了物料搬运技术。包装上的创新，包括使用更坚固的材料、可返回的重叠式集装箱、改进的托盘及识别技术改变了包装技术。现在大多数上述的创新技术已经具有商业使用价值。

4. 渠道结构

物流战略部分是由渠道结构所决定的，所有的企业必须在一定的业务联系之间迅速实施其物流运作。供应链由买、卖及提供服务的关系所组成，企业必须适应渠道结构和变化。在许多情况下，如果物流绩效能够改进，企业物流经理应当积极地促进改变。比如，减少原材料供应商的数量已经是一个趋势，其目的是获得更好的产品及配送服务。

5. 经济与社会预测

经济活动的水平及其变化以及社会变化对物流都有重要的影响。比如，运输的总需求是直接与国内生产总值相关的。利率的改变直接影响到存货战略。当利率增加，在所有营销渠道中减少库存的压力就会增大。减少库存成本也许会反过来被认为在能得到提高库存周转速度的情况下同时增加额外的运输费用来维持服务。社会发展趋势、生活方式等都会影响物流要求。

6. 物流服务产业趋势

与物流特别有关的服务是运输、仓储、订单处理以及存货要求，还有电脑信息系统，这些相关服务在重组物流系统设计时可外包得到。提供物流服务的企业可以是当地的公司，也可以是国内外的大企业。选择将物流全包给第三方物流企业的比重不断在增加。从物流系统设计的角度看，这种服务具有增加灵活性和减少固定成本的潜力。

7. 法规

环境变化也包括在运输、金融与通信等行业的法规变化。物流经理面临着国家及地方各级政府的法规变化。例如，我国最近十几年对公路运输的放开，使整个公路运输格局方式了深刻的变化。一些民营的运输企业得到了迅速发展，公路运输的运力得到了创纪录的增长。

11.3 基于时间的物流战略

由于信息与通信技术的发展及信息交换成本的下降，使基于时间的物流竞争战略得到广泛应用。企业物流经理开始利用信息与通信技术来提高物流运作的速度及准确性。例如，通过信息共享改进预测的准确性和降低对地区配送中心库存配置的依赖性，从而减少库存。因为企业物流经理能迅速地获取有关销售活动的准确信息，因而能对运作控制加以改进。及时和广泛的信息提供了减少传统上依赖安全库存的物流战略设计。

时间的价值是众所周知的，企业物流经理如果能够加快物流活动的运作，就可以降低资产占用的水平。快速的物流运作能压缩及控制从收到订单到发出货物的时间，从而加速库存周转。预测错误率和配送的不确定性减少，也能减少库存水平。

基于时间的物流战略是指在适当的时间完成一定的作业，以减少物流总成本，包括延迟战略（postponement）和运输集中战略（consolidation）。下面先讨论这两个战略，随后讨论预期与反应为基础的物流安排。

1. 延迟战略

延迟的概念其实早就出现，直到最近，延迟战略在物流运作中才得到真正的运用。延迟战略可以减少物流预测的风险。在传统物流的运作安排中，运输和储存是通过对未来业务量的预测来进行的。如果将产品的最后制造和配送延推到收到客户订单后再进行，那么，由于预测风险带来的库存就可以减少或消除。有两种延迟的战略：生产延迟（形态延迟）和物流延迟（时间延迟）。

（1）生产延迟

全球化的竞争迫切要求引进能增加灵活性，而保持成本及质量不变的新的生产技术。灵活生产的思想是由重视对客户的反应引起的，以反应为基础的生产能力将重点放在适应客户要求的灵活性上。生产延迟的主张根据订单安排生产产品，在获知客户的精确要求和购买意向之前，不做任何准备工作或采购部件。按照订单生产的梦想并不是新的，其新颖之处在于灵活的生产能够取得这种反应而不牺牲效率。技术如能做到按市场要求进行灵活生产的战略，企业将可以摆脱物流对销售预测的依赖。

在现实情况中，生产批量的经济性是不能忽视的。挑战在于采购、生产及物流之间的定量交换成本，预估生产和由于引入柔性程序而失去规模经济之间的成本和风险的利益互换。生产批量的大小要求流水线结构以及相关的采购费用与之相配，在有关制成品库存的堆积中找到成本与风险的平衡。在传统的功能管理中，生产计划用来实现最低的单位生产成本。从综合的角度看，是以最低总成本达到客户期望的满意度，这就要求生产延迟以促进整个企业更有效率。

生产延迟的目标在于尽量使产品保持中性及非委托状态，理想的延迟应用是制造相当数量的标准产品或基础产品以实现规模化经济，而将最后的特点，诸如颜色等推迟到收到客户的委托以后。

在受延迟驱动的生产中，物流流程中节约的机会体现在以标准产品或基础产品去适应广大不同客户的独特需要。

这类生产延迟的例子在一点上是相同的，就是在保留大批量生产的规模经济效益的同时，减少了存货数量，直到产品被最后确定。它具有向许多不同客户服务的潜力。

生产延迟的影响有两个方面。首先，销售预估的不同产品的种类可以减少，因此，物流故障的风险较低。其次，也许更为重要的影响是，更多的使用物流设施和渠道关系来进行轻型生产和最后的集中组装。在某种程度上，非常专门化的或者高度限制的规模经济并不存在于制造生产中，产品的客户化也许最好在最接近客户终点市场的地方被授权和完成。在某些行业中，传统物流库存的使命正在迅速地被改变，以适应生产延迟。

（2）物流延迟

在许多方面，物流延迟和生产延迟正好相反。物流延迟的基本观念是在一个或多个战略地点对全部货品进行预估，而将进一步库存部署延迟到收到客户的订单。一旦物流程序被启动，所有的努力都将被用来尽快将产品直接向客户方向移动。在这种概念上，配送的预估性质就被彻底的删除，而同时保留着大量生产的规模经济。

许多物流延迟的应用包括服务供给部分，关键的与高成本的部件保存在中央库存内以确保所有潜在用户的使用。当某一种部件的需求发生时，订单通过电子通信传送到中央库存区域，使用快速、可靠的运输直接装运到服务设施。结果是以较少的总体库存投资改进了服务。

物流延迟的潜力随着加工和传送能力的增长，以及具有高度精确性和快速的订单发送而得到提高。物流延迟以快速的订单和发送，替代在当地市场仓库里预估库存的部署。与生产延迟不同，系统利用物流延迟，在保持完全的生产规模经济的同时，使用直接装运的能力来满足客户服务要求。

生产及物流延迟共同提供了用不同方法来制止预期生产与市场的承诺，直到收到客户订单为止，它们两者均服务于减少商务的预估性质。然而，这两种延迟模式以不同的方式减少了风险。生产延迟集中于产品，在物流系统中移动无差别部件并根据客户在发送时间前的特殊要求修改。物流延迟集中时间，在中央地区储存不同产品，当收到客户订单时做出快速反应。集中库存减少了为用来满足所有市场区域高水平使用而要求的存货数量。倾向于哪种形式的延迟取决于数量、价值、竞争主动性、规模经济，以及客户期望的发送速度和一致性。在某些情况下，两种不同类型的延迟能够结合进一个物流战略中，两种形式一起代表着对于传统预估物流实践的有力挑战。

2. 运输集中战略

形成物流战略的一个难题是获得大批量运输的运输经济性。运输作业如生产一样，在设计运作安排时必须考虑规模经济。运输费率结构一般是以折扣形式奖励大批量运输的货主，运量越大，每吨的费率就越低。

预期性物流安排便于运输业务的集中，相反，利用延迟战略、以反应为基础的物流则以小规模、不稳定的运输形式进行。基于时间竞争的物流，试图将不可预测需求的影响从安全库存要求转换到小规模的运输要求。为了在以基于时间竞争的战略中维持运输成本不变，管理重点是开发与实现集中化运输的方法上。集中化运输的实现，有赖于可靠的当前和计划的库存状态信息。为了便于集中装载，同样也需要实行有计划的生产。实际上，集中运输必须在订单处理与挑拣前做出计划以免耽误。所有集中运输都要求计划的及时性和相关的信息。

从运作的角度看，有三种方法可以实现有效的集中运输：市场区域的集中、计划发送和协同配送。在日常运作中实施的程度，对于形成物流战略是至关重要的。

（1）市场区域的集中

集中运输的最基本形式是将同一个市场区域中不同客户的小批量运输结合起来，

这种方法在只是协调而不是打断货物的流动。当然同一市场上有足够的客户是集中运输的基础。

使用集中运输的难点是每日要有足够的客户数量。为了弥补客户数量的不足，通常使用三种集中运输安排。第一，将货物送到配送中心，货物在那里分装，再运到目的地。第二，在特定日期，按计划将集运货物送至目的市场。第三，利用第三方物流公司实现小批量货物的集中运输。后两种方法需要特殊安排，将在下文中进行更详尽的讨论。

（2）计划发送（预定送货日前）

预定送货日前是在固定日期将货物发运到特定市场。预定送货日前通常要与客户沟通，强调集中运输的互利性。公司向客户承诺，所有在某一日期前收到的订单都保证在预定之日送货。

预定送货日前的方法也许会与客户决定送货时间的趋势不符合。客户决定送货时间意味着订单要在一个很短的时间期内送货。物流的挑战在于满足这些要求的客户，同时还获得了集运的好处。

（3）协同配送

协同配送计划通常是由货运代理、仓储或运输公司为同一市场中的多个货主安排集中运输。提供协同配送的公司通常具有大批量的长期的、配送合同。一般集中运输的公司可以为客户提供一些附加服务，诸如分类、排序、货物的分票等。

3．运作方法的讨论：预期性与反应性战略

按预期安排物流和根据客户反应安排物流的基本区别在于时间的确定。根据预期进行安排是传统的做法，在信息技术广泛使用前不失为较好的方法。根据客户反应的物流安排则不同，它是充分利用信息的物流战略。

根据预期的方法是在以交易为基础的业务环境下发展起来的。由于当时信息技术不具备，不能实现信息共享，企业一般是通过预测来运作。运作的目标是生产并向下一层次的渠道推销库存。由于根据预期生产的方法成本与风险较高，交易双方是对立的，每一方都必须顾及自身利益。

基于客户反应的物流安排强调了合作与信息共享，由于取得数据的渠道较多，人们认识到现在能取代对预测的依赖。当市场渠道中所有的成员同时运作时，存在着减少总供应链的库存和取消重复的、不产生客户价值，却增加成本的无谓活动。

现实的最佳物流实践是不绝对使用预期性的或反应性的安排。采用基于客户反应的物流安排的最大障碍是在股份公司里，需要向财务审查者及投资者计划及汇报每季度收入。这意味着财务目标必须反映在运作计划和预测之中，而企业追求的目标经常

是鼓励增加渠道以增大销售量。如基于客户反应，就不能及时保证财务费用。采用基于客户反应的物流安排的第二个障碍是以权力统治为基础的管理权实现更加容易，而往往会忽略合作关系。大多数企业经理没有进行过利益及风险共享和合作创新的训练或经验。

大多数的公司将采用基于预期和基于客户反应的物流安排的结合。与特定客户和供应商保持利益共享的关系将会建立起来，并将继续扩大下去。厂商参加各种不同送货安排的需要，对物流战略提出了新的要求。

很少有经理会怀疑将以时间为基础的原则应用到物流系统设计和运作战略中去所能取得利益。然而问题是，哪种速度是足够快了？为了速度而赶速度，无论如何是难以保证质量的。实质是，时间是有力的测量单位，它将很多的创新引入物流。多大的速度是期望的，答案必须在客户获益中找到。产生价值的过程指出，只要经济上可行，并能提高客户的忠诚度，更快的、更灵活的、更精确的服务客户的方法是正确的。

11.4 物流战略的选择

基于时间的物流的结论是不存在一个可以服务所有客户的最佳服务。每个客户所需的服务都具独特性，迎合并超过客户的服务期望是企业成功的关键。任何待运货物的特定服务是受时间、地点、季节和各种其他因素限制的，客户对这些服务的要求又是经常变化的。因此，优秀的物流公司应经常修正其基准以适应变化着的客户服务要求。

下面对时间基础的战略进一步细化，成为可以选择的物流战略。实施可以选择的物流的能力是由于物流结构的可分离性（物流渠道与商流渠道的分离）。企业必须配置其运作资源，使其能够在结构方面达到规模经济，同时保持灵活性。下面将讨论结构分离以及灵活的物流运作安排。

11.4.1 商流与物流结构的分离

物流运作能够通过设计特定的渠道关系和结构而专业化。这里“结构”表示为完成物流过程的工作所需的业务关系。对这些工作的详细分析与分类是物流专业化的基础。

许多年来，物流工作者已经在配送的总体结构中发展了工作分离的观念。最普遍的分离方法是有关商流与物流的分离。商流与物流工作需要协调，但没有理由一定要用相同渠道或在同一时间里执行。

商流与物流结构分离的理由是，渠道的安排通常不能同时有效地完成市场营销和物流运作。当前渠道安排也许对市场营销有效，而另一渠道或许对物流更有效。试图增加或减少物流总成本的诸多因素，往往与改进或阻碍市场营销绩效相矛盾。广告、促销、信贷、个人直销以及其他产生交易的市场营销因素对物流要求有着重要影响，反之亦然。营销和物流双方从专业化中获益的机会，可因渠道结构分离而加强。

营销渠道是由从事交易的买卖双方组成。市场营销的目标是在连续的基础上进行谈判、签合同和进行交易管理。创造性促销的全部力量产生于市场结构中，市场营销渠道中的参加者包括各个交易方，诸如生产代理、推销员、经销商、批发商以及零售商。

物流渠道代表一种专门用于存货管理及配置的工作，包括运输、仓储、物料管理和订单处理以及各种增值的服务。包含在物流中的这些工作均涉及对时间与空间的要求。

交易方同时完成市场营销与物流工作的安排被称为单一结构系统。使用单一结构来完成市场营销与物流的双重工作，常会忽略在某一专门领域中非常有效的合作伙伴。使用同样的分销渠道或者部分渠道来完成物流可能导致不理想的绩效，最起码会迫使营销结构在物流操作上的不经济的运输，以致忽略了通过外包从其他方获得专业化的服务。

从图中可以进一步说明下列要点：第一，物流工作的前三个层次是由生产企业的管理部门来完成的。当产品在工厂仓库储存时，物流工作就开始了，然后用卡车运至某一区域仓库储存。第二，一旦产品在地区仓库储存，物流各方就要执行必要的工作。在物流结构中，执行物流业务的有运输公司、公共仓储以及地区配送公司。

在这个例子中，在营销渠道中，生产商在前两个层次上运作，目标是向客户卖出制成品。销售总部同地区销售分部一起工作以推动产品的销售。每一个地区销售分部对销售额进行预测，与此相对的商品数量将被装运至地区仓库。

◆ 物流窗口 11-1

商流渠道与物流渠道分离的实践

图 11-3 是商流与物流渠道分离的实践。商流渠道包括 5 个层次：销售总部、销售分部、分销商、零售商以及客户。物流渠道包括 7 个层次：工厂仓库、公司车队、地区仓库、公共承运人、公共仓储、地区配送中心以及客户。两个渠道仅在客户层次上交汇。

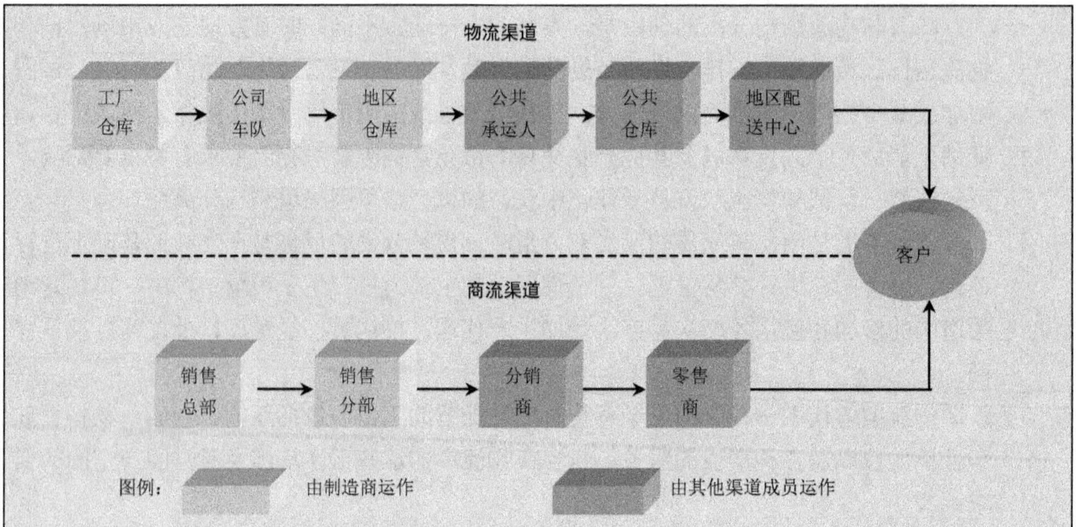

图 11-3　商流与物流渠道分离的实践

每一个地区销售分别将产品销售给分销商，分销商从生产商那里取得商品销售权，然后，再卖给零售商。在这种营销安排下，分销商是一个独特的角色，因为他们没有商品所有权。在这个例子中，分销商选择使用公共仓储，而不是建立自己的仓库。

零售商是另一个市场营销方，零售商展示有限的产品并于次日送至客户。存货限于展示的物品和后备储存。零售商店的商品常常是分销商托销的。向消费者销售，通常要承诺在某一特定时间将特定型号、颜色、式样的产品送至某一指定地点。尽管交易最初是在一个零售商店里开始的，而所提供的物流支持通常可由相距甚远的公共仓储直接运至客户的居住地。通常，送货往往是使用分销商储存在公共仓储中的存货并由专业化的配送公司来完成。

商流与物流结构分离存在于不同行业，诸如，家具、器具及电视机等。这些行业提供的产品品种、型号和颜色较多，对于零售商来讲储存全部的产品是很难的。较好的做法是零售商以有限的存货来展示物品，并为客户展示手头保留的颜色样品和可选择品种数目。物流专业化的益处是低成本的发送和有效的市场营销。

另外一个分离的例子是设立一家没有库存的销售分部，它的存在是为了促进销售。在买卖中，产品交换在物流上有许多种运输与储存的结合方式，这种结合取决于所运货物的价值、尺寸、容量和腐蚀性。总体上讲，将仓库与公司分部同设一地，在经济上是不可行的。销售公司分部网络最好设计成能使市场营销影响达到最大化，物流结构应该设计成能完成要求的送货绩效与经济性。

市场营销与物流的分离是从它们在创造客户价值过程中做出贡献的角度说的，并不意味着它们中的任何一个能单独存在，两者对产生客户价值都是至关重要的。商流与物流运作分离的支持者认为这样可增加专业化的机会。

商流与物流结构分离并不需要专业化的服务公司做太多的工作。一个单独的公司也许能够满足所有的市场营销及物流的要求，运作分离的程度取决于服务供应商、经济规模、可用资源以及管理能力。分离的利益并不取决于内部组织与外部各方。从所有权转让的角度看，客户价值的产生，在物流承诺完全履行前并没有完成。物流运作必须在时间、地点及送货条款等方面，合乎要求。

11.4.2 灵活的物流运作安排

对客户有益的物流服务直接与运作系统设计有关。物流绩效表现的多面性，使设计工作变得复杂。选择可以接受的，并且在物流服务表现、成本和灵活性之间平衡的物流系统是物流经理的首要工作。所有的物流安排都具有两个共同的性质。首先，能促进库存管理。物流的主要资产集中在库存上，其风险直接与库存配置和周转速度有关。其次，可选的设计系统是围绕现在的物流技术水平而设计的。这两个因素导致三个被广泛使用的运作系统，它们是分层的、直接的与灵活的系统。

1. 分层系统

分层的物流系统将产品从产地到消费地的流动通过一个共同的公司和设施分层次进行。分层结构使用的原理是通过总成本分析证明在供应链的各个层次上，储存一定量的存货是合理的。

典型的分层是系统利用分散与集中装运的仓库进行的。分散性仓库通常从许多不同的供应商处接收大批量货物，然后按客户的需求对存货进行分类。集中性仓库以相反方式运作。拥有位于不同地理位置工厂的生产厂商，通常要求集中装运。在一家中央仓库中储存的不同厂家生产的产品，通过集中装运可以对客户进行货物集运。在单一仓库中，库存货物的集中装运允许厂商用一张发票将所有货物混合运给客户。

分层系统利用仓库来对库存分门别类而获得与大批量运输相关的经济性。仓库里的存货能根据客户的要求而迅速调配。图 11-4 描述了典型的分层结构价值链。

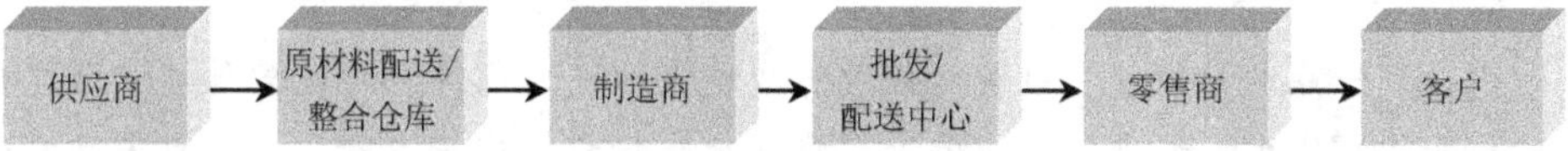

图 11-4　分层结构的物流

2. 直接系统

与分层结构相反，直接系统是从一个或有限数量的中央仓库，直接将产品运送到客户的物流安排。直接系统通常没有支持分层结构所必需的客户数量。直接配送通常使用溢价运输结合信息技术来迅速处理客户订货，从而取得送货效率。直接物流结构通常用于制造采购进货，因为其平均运输量大。

考虑其经济性，物流经理趋向于采用直接方案，因为这样可以减少预测库存和对中间产品的管理。影响直接系统的因素有高的运输成本和可能失控的危险。然而，后一种情况由于信息技术的进步已得到很大的改进。通常，大多数公司并不完全拥有仓库，而是能够修正分层结构从而将直接系统包括在内。图 11-5 描绘了在分层物流结构上的直接物流能力。

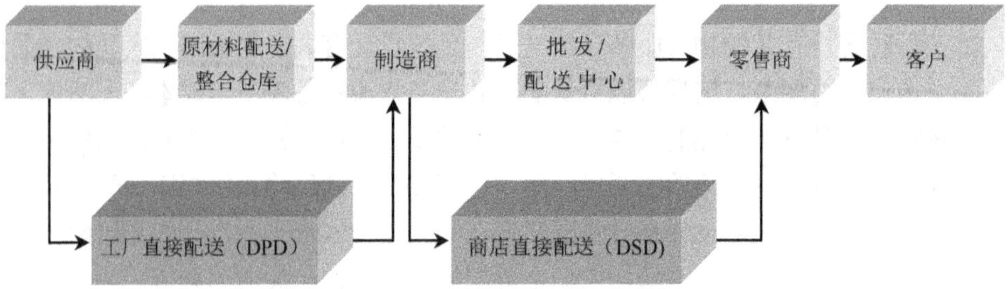

图 11-5　分层的和直接结构物流

3．灵活系统

理想的物流安排是将分层及直接结构结合在一起的灵活的物流系统。就像前面所述的，预期的存货应该尽量推迟，库存定位战略能够快速将消费品与原材料库存放置在上游的仓库中，而其他高风险与高成本的货物则可储藏在中央仓库以便直接配送给客户。基本的服务承诺及订货多少的经济性，决定了服务于特定客户最理想和经济的结构。

◆ 物流窗口 11-2

灵活的物流战略

汽车制造商通常使用一种灵活的物流战略来配送零部件。特殊部件被储藏在仓库中，仓库位于根据需求而设立的与交易商和零售商市场相适应地方。作为一种通常的法则，部件周转越慢，需求的变化越大，因此对使用中央库存有更大需求。周转最慢的和需求最少的部件通常被储存在一个便于为遍布全世界的客户服务的地方。快速移动的部件具有更明确的需求，储存在上游仓库接近交易商，便于快速送货。

一个相反的例子是，一个企业向工业品公司出售机械零件。为了向那些经历过机器故障和无法预料的低落时期的客户提供优良的服务，公司将推迟将部件储藏在所有的当地仓库中。而汽车公司相反，由于是常规预防维修，在这个行业中，高需求、快速流转的零件可以被精确的预测。对快速移动物的最低成本的物流方法是从坐落在最邻近零件制造生产工厂的仓库直接发货。

如物流窗口 11-2 中所讲，这些使用不同灵活能力的可选择物流战略，能适应独特的客户要求及竞争的激烈程度，两者均被视为是合理的。汽车生产商在新车的保修期内是零件的唯一供应商，它必须向交易商快速的送货以及时修理客户的汽车。交易商需要快速的零件库存补充，以便满足客户而使库存投资最小化。当汽车变旧，替代零件的需求增加，可选择的生产商就进入了替代零件市场。在这些型号生命周期的高度竞争阶段，为了保持竞争力，快速的物流反应是需要的。在一个型号的生命周期间竞争会退出正在收缩的市场，留下原来的生产商作为唯一的供应商。与汽车公司相反，工业部件的供应商提供的标准机械零件具有高度竞争替代性。虽然在常规基础上使用的产品是可以预测的，但对那些缓慢周转的产品或急剧变化需求的产品是不可能预测的。这种情况迫使客户根据意外损坏的机器能多快修复来评测供应商。不能达到完成客户期望的水平，意味着为竞争者证明其能力打开门户。

每一个企业都会面临一个独特的客户情况，并利用一种与众不同的、灵活的物流战略来取得竞争优势。能够在最低总成本下满足客户期望的渠道战略通常是利用了分层和直接能力相结合。

除基本渠道结构外，由于发展了一项能使用可选择设施而服务客户的计划，灵活的能力可以被设计进物流系统。这种灵活性的观点不论在紧急状态下或是在常规基础上都被证明是合理的。

（1）救急灵活结构

救急灵活结构是指为解决物流实施过程中出现的意外事件而进行的运作。安排好了运输车辆而没有了库存，或者临时运输一个客户的订货，这些都是偶然意外事件。

为了避免客户取消订单，需要设立专门应付紧急意外情况的机制，尽力弥补损失，使客户尽量满意。使用紧急灵活运作程序通常是由于客户比较重要或者产品重要。

使用一个可选择的装运地点，通常会增加物流费用。这时，客户虽然能得到更全面的服务，但要支付给物流服务方增加的成本费用，这种服务增加的成本必须由客户的利润来补偿。概念上，一个公司用来应付紧急情况的费用，应该直到完全抵消了从客户那里所赚的最后利润。

（2）常规灵活结构

使用广泛的灵活物流是物流系统设计的一个支持部分。灵活的物流规则和决策方式给了客户可选择的方法。从哪里运来，在哪一种情况下按哪一种程序作业，都是事先建立起来的。一项利用常规灵活运作的战略，通常至少在四种不同情况下是合理化的。

第一种情况是客户的配送地点靠近两个不同的配送中心，其成本与时间相同。位于这些无差异点上的客户向物流公司提供了充分利用有效物流能力的机会，订货可以从最佳的配送中心得到服务，以更好地满足客户要求。这种灵活的物流形式提供了充分利用系统能力的方法，它能在保持客户服务水平的同时，使各配送中心工作负荷达到平衡。它的好处在于提高了物流运作效率，这种提高，对于客户也是显而易见的。

第二种使常规灵活的配送合理化的情况是，把客户订单用另一种渠道安排，能提高物流效率。例如，使用最低总成本的方法，可以通过分销商提供小额的送货量。相反，当从工厂直接运送至客户时，大批量的运输可以产生最低的总的物流成本。如果上述可选择的运输方法都能迎合客户的服务期望，总的物流成本可以通过实行灵活性的策略降低。

第三种情况通常是由一个选择性库存战略而来的。对存货的成本与风险要进行仔细的分析，以决定每个仓库里应放置哪些货物。对于备件，应该在特定的仓库里储存重要的物件，而将全部产品储存在中央仓库里。在一般的商业零售中，一个位于较小区域的仓库与分销中心可能只储存一个公司全部生产品中有限的种类。当客户要求储存特殊物件时，订货被接受，就表示在未来时间里要保证送货，这样配送通常是从较大的仓库或是中央仓库发出的。库存的选择性分层是减少库存风险的常用措施。利用多层库存战略在所有仓库中存放全部产品一般是不合理的。选择性储存的原因是要保持从低利润产品到高单价成本的库存。一个可操作的好的产品库存分类战略是用系统分层的方法来区分库存的策略。在遵循这种分类库存战略的情况下，取得客户事先对分离订单送货的同意也是必要的。

第四种常规灵活运作类型是由在已建立的分层结构，或直接物流系统之外与运输公司之间的外包协定而形成的。这两种特殊安排要通过直接转运作业和第三方集运。

直接转运作业安排，通常不用再储存与管理物料。直接转运作业是多个供应商在指定的时间里到达装卸地点，库存收据经过码头进行分类并集装上拖车送到终点。由于在商品中建立特殊的储存分类正在普及，所以直接转运作业是对大批量商品储存不间断存货补充的通用方法。

另一种专业服务形式是使用第三方物流公司外包物流业务。这种灵活的物流形式，通常用来避免在分层物流结构的主流中储存与处理缓慢移动的产品，如图 11-6 所示。

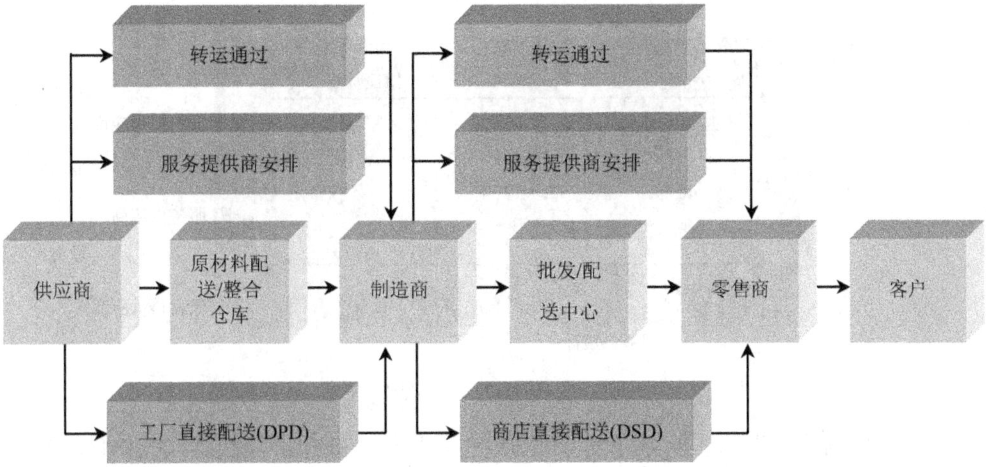

图 11-6　灵活性的物流运作结构

灵活运作的前提条件是，采用信息技术来控制库存状态和在物流系统中增加处理客户订单能力。应急的灵活运作的使用要有一个健全的工作记录。常规灵活安排的开发，作为一个每天进行的物流运作的整体组成部分，相对较新且增长快速。一个有效的、灵活的物流战略可以代替在传统预测系统中保持的安全库存。

专业服务提供方的作用大小直接同公司的物流战略性有关。如果公司选择直接分销，通常要求高度可靠的服务。分层结构意味着对大宗货物的运输和专门从事直接转运作业。寻求将分层和直接物流利益结合起来的战略也许是一个合同物流方综合服务的理想合作伙伴。记住，所选定的物流战略将直接影响渠道的结构和关系。信息技术强烈地改变公司僵化的操作方法，这些发展可以通过调查为实现内部与外部物流运作一体化需要而进行的管理的实践来说明。

11.5　整合战略

为了使企业有效开发物流能力，各种运作要素必须协调成为一个整合的战略。在此，我们可以用供应链结构来整合这些要素。图 11-7 是一个基本的价值链图，企业为了求得生存必须与客户、原材料供应商、服务供应商合作。为了取得长期的成功，一个企业必须进行充分的内外整合，以满足其基本业务目的。

物流作为一个重要的能力的挑战是开发与供应商和客户的合作计划，以取得物流资源内部整合。企业自身及所选的原材料和服务供应商的共同努力必须着重于为客户创造价值。

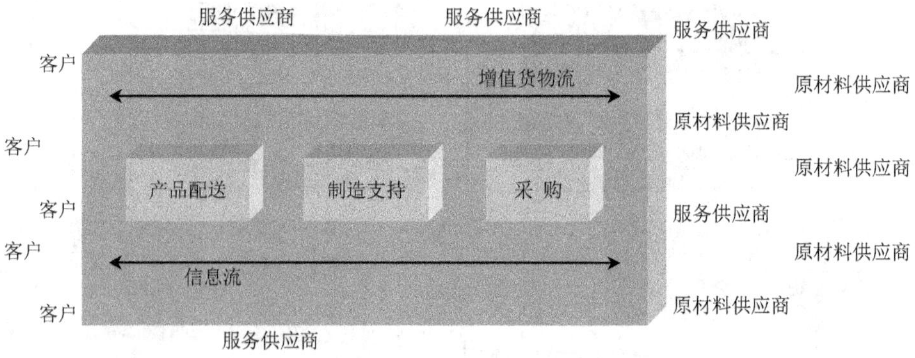

图 11-7　基本的价值链

将物流作为核心能力开发，可通过引入最佳实践把价值链运作具体化。图 11-8 描述了一个基于正式关系的价值链，这套关系是在跨组织的基础上精心策划的。为了充分发挥物流的效果，必须综合外部的整合力量。

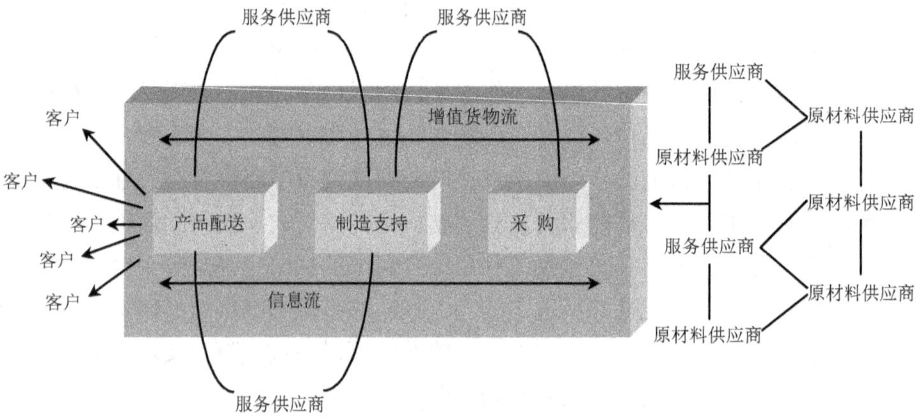

图 11-8　整合的企业价值链

就总体绩效而言，跨越延伸组织的边界需要融入和促进商业伙伴的核心能力。外部整合对增强供应链绩效是至关重要的，因为物流功能的活动不仅在企业里，而且在企业之间。为真正包容一体化的全部利益，企业必须超越传统组织和所有权的界限，在存货通过价值增加步骤移动时，协调整个供应链。这种整合常常靠信息链的结合和人力资源的共享而得到便利。

从客户价值产生的角度来看，价值链被设想成一系列整合特定客户和供应商的关系，整合那些被认为是重要的绩效因素的合作伙伴。当然，企业不能集中其操作来满足所有客户的个性化需求，但是它必须适应高价值或高潜力关系的目标要求。就利润贡献而言，较少吸引力的客户可接受基本的标准格式水平的服务。

对原料和服务供应商的整合是充分取得外延企业的服务效果。图 11-8 阐述的是供应商进入采购与生产工作周期的整合。这些关系的主要目标是充分发挥供应商的物流资源以获取最大的工作效果。

11.6 基于时间的物流控制技术

为了有效地实施基于时间竞争的物流战略，企业物流经理需要利用各种不同的控制技术。每一项技术都有其各自的特性与功能。为便于讨论，把这些技术分成供给推动技术及需求拉动技术。

11.6.1 供给推动技术

供给推动的控制技术包括准时制（JIT）和需求计划（RP），这些技术用来协调精确的库存以满足实际需求。最常的应用是完成生产计划的原材料及部件的需求。各种技术正被成功地应用于在供应链一体化安排中（诸如有效的客户反应）。

1. 准时制战略

最初的基于时间竞争的物流，是在 20 世纪 50 年代由日本丰田汽车公司引进一种叫做“看板”的系统时建立起来的。JIT 的广泛吸引力在于潜在地消除了在工作过程中的库存，采用的方法是引导采购和部件生产。在完成装配生产计划所需的精确数量方面，准时制战略的最初应用集中于将原材料和部件以精确的数量，在精确的时间内，将原材料和部件运到被要求的地点。准时制生产运作的关键在于部件及原材料的需求取决于最后的生产计划。需求是由前面的初级产品所决定的。一旦生产计划已经制定，可将需要的部件和原材料通过计划与生产要求相吻合，从而减少搬运并达到最小的运输库存。为了在原始的准时制应用中取得这种目标，一种结合需求与生产，名叫“看板”的卡片被用来控制原材料的流动和部件的生产。

原始准时制概念的扩张包含了先进的生产技术。准时制是一种集中生产逻辑，它寻求实现零库存或无库存生产。如前所述，企业文化和技术正在发生变化以适应最大的灵活性。就像这样，先进的准时制战略现在包括了许多生产概念，诸如减少总量大小范围、快速切换、标准装载、成组技术、统计程序控制、预防性维修和质量周期，这些技术能同时应用于为“储存而制造”和不同的装配以及为“为订单而制造”的生产过程。

还有一种是对准时制的延伸，通常称为“准时制战略Ⅱ”。“准时制战略Ⅱ”的目的是寻找一种能够将人力资源融入计划和协调过程的方法。对准时制概念的增强，部分是由于美国人意识到了照搬日本人的模式，会导致美国企业普遍失望。

2. 需求计划

最常用的综合需求计划是原材料/生产需求计划（MRP）和配送需求/资源计划（DRP），MRP 的应用通常是在原材料的需求方面，DRP 则通常应用于计划分销渠道中制成品库存的未来配置。更加先进的 DRP 试图将计划制成品配置地点的过程与仓库网络连接起来，掌握生产计划和销售点库存要求。当 DRP 用于对整个渠道进行补充时，它非常接近需求拉动技术。

11.6.2 需求拉动技术

需求拉动技术最适宜在需求独立的情况下应用。换句话说，不管市场如何变化均能对之做出最大的反应。四种用于以反应为基础的物流技术是：重新订货方法（ROP）、快速反应（QR）、持续补货（CR）和自动补货（AR）。下面对每一项重新订货方法进行简要的描述和举例说明。

1. 重新订货方法（ROP）

重新订货方法（Reorder Point，ROP）是使用统计概率管理库存的古老技术。ROP 技术应用于计划安全存货，以适应需求和备货时间的变化。

原始的 ROP 应用非常依靠准确的预测。由干预测存在误差，因而作为一种管理库存的方法，ROP 也有一定的局限性。但最近由于信息技术的发展，ROP 得到复兴，信息技术可以累积准确的销售点信息，去除工作周期中大的变化。而 ROP 原本是用在预估库存上的，大多数系统是使用各种重新订货的推动方法。

2. 快速反应（QR）、持续补货（CR）和自动补货（AR）

这些基于反应的控制技术都是围绕一个主题的，就是根据销售经验快速补充前方库存。由于它们的相似性，这里将这些技术作为一个整体讨论，同时突出它们之间的差别。

为了满足客户要求的独立性，优秀的物流企业正在完善基于时间的物流战略。较大的零售商，诸如沃尔玛公司和 Target 公司是这方面应用的倡导者。基于时间的物流战略是以减少整个供应链库存为目标的。下面将对每一种控制系统进行讨论。

快速反应（Quick Reponse，QR）是一种通过在零售商及供应商之间改进库存速度的通力合作，以及时满足客户的购买需求的控制技术。QR 是通过对特定产品的零售控制和跨越供应链分享的信息来进行的，它可以保证正确的产品类别在何时、何地被要求时即可使用。信息分享促进了零售商与制造商之间的 QR 程序，比如，为代替

15~30 天订货周期的运作，一个 QR 安排能在 6 天或更少的天数里补充零售库存。连续的就可用性与发货的信息交换，减少了总供应链的不确定性，并产生了最大灵活性的机会。有了快速、可靠的订货反应，就能够按照要求进行存货，从而可增加货物的周转并提高可用性。

下面的例子描述了一个典型的 QR 安排是如何工作的。从零售商来的订单，通过 EDI 被送至制造商，制造商然后安排最有效率、最好效果的方法来满足要求。补充装运货物的特点在于产品到达前就通知零售商以便计划劳动力和发送。这个闭环或者技巧的工作安排减少了不确定性、总成本和库存资产，以及通常是绩效的服务改进。这些反应就像使用技术一样简单，使费时的活动完成得更快、更精确。

连续补货（Continuous Replenishment，CR）战略，也叫做供应商管理库存，是 QR 的修正，它不需要补充订货。CR 的目标是将供应链安排得灵活有效，使得零售库存能得到不断的补充。根据每天收到的补充订单，供应商按照要求的数量、颜色、尺寸和式样负责补充零售库存。供应商承诺保持零售商的库存和维持库存货的送达速度。在某些情况下，补充，包括直接转运作业或者储存直送，意在清除工厂和零售店之间的仓储需要。为有效的运作，对 CR 有两个基本的要求。第一，在制造商与零售商之间必须有一个有效的沟通要求和运输的预告方法。第二，销售量必须足够大，以维持运输的规模经济。

商品的种类通常在特定形式的零售店出售，再结合尺寸、颜色和种类进行详细的描述。给定自动补货（Automatic Replenishment，AR）责任，供应商能简化同零售商的交易过程。AR 能使供应商提高灵活性和可预见性，因为他们能根据全部产品的认识进行补充。供应商管理零售库存，反过来为零售商那里的产品承担责任。从零售商的角度看，一个供应商的 AR 战略是一种好的补充，它是为了使利润最大化。由于将库存和补充责任转移给了供应商，这也减少了零售成本。

由于 QR，CR 和 AR 增加了供应商的责任，一个问题是为什么制造商和批发商要卷入这种关系。除了零售商拥有的影响力外，这种联合还有两个重要的原因。

第一，通过交换要求，订货调整和运输计划等增强了的信息为供应商提供了更好的整个供应链库存的可见性。当制造商和批发商知道在零售店、分销中心及制造地的销售量和制成品库存时他们就能更好地做出计划。

随着透明度的改进，一个供应商能迅速的决定订单是否是基于客户的购买愿望。在前者要求快速反应时，后者则可保证在能力极限内有计划地发送以维持渠道的效率。供应链的可见性，同样可使一个供应商在产品和客户之间建立生产和分销重点。

第二，以时间为基础的关系和信息分享，改进了在供应链中所有成员的协调关系。基于信息和风险分享的联盟，使双方都增加了改进运作效率的机会。联盟创造了在供应链参加者之间的长期关系，在这种联盟下零售商可以依靠批发商和制造商来完成所要求的活动。规范好责任可增加供应链的稳定性，当问题发生时，它们能被迅速解决，这种紧密的工作安排通过由此而生的效率减少了运作成本。

物流的战略整合是一个企业成功的基础。即使一个公司可能在物流能力上无甚差别，作为产生客户价值的一部分它仍必须履行物流责任。一个公司看待物流能力的相对重要性将会决定其对强调内部与外部整合的程度。

灵活性是物流能力的关键，物流灵活性来自整合和实施以时间为基础的控制技术。为了实现领先优势，管理重点应从以预测为基础，转移到以反应为基础的运作理念上来。领先优势的地位成就通常意味着一个公司能够同时使用各种物流战略去满足特定的主要客户的要求。

练习题

1. 试述企业总体战略与企业物流战略的关系，举一个例子说明企业物流战略如何配合企业总体战略的。
2. 讨论企业物流战略的基本目标。
3. 物流计划主要解决哪些问题？
4. 制定物流战略计划时，一般需要对哪些外部因素进行分析？
5. 基于时间的物流战略的实质是什么？
6. 什么是延迟战略，举例说明什么是生产延迟，什么是物流延迟？
7. 什么是集中战略？一般可以采用哪些方法？
8. 预期性物流战略与反应性物流战略的区别是什么？
9. 什么是物流的分层结构、直接结构与灵活结构？
10. 试述整合战略的基本思想。
11. 试述推动技术与拉动技术的区别。

◆ 案例讨论

X制造企业的物流与供应链战略开发

1．现状与问题

（1）企业物流战略不明确

在提升物流与供应链效率时，降低成本与提高服务水平经常存在背反的关系（trade-off），企业在制定物流与供应链战略时，需要确定成本与服务的最佳组合点，如

图 11-9 所示。

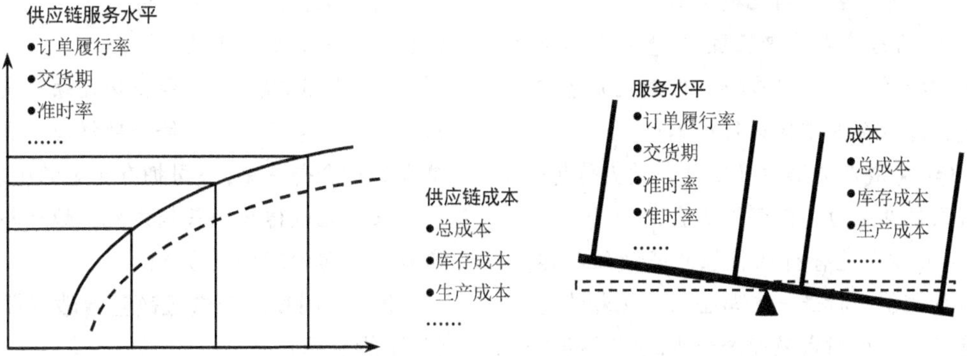

图 11-9　供应链成本与服务的关系

目前过低的服务水平与过高的服务水平在公司物流体系中同时存在。

物流服务水平随意性大，没有固定标准。目前物流由各个销售分公司进行管理，各销售公司、不同的销售人员都会出现不同的服务标准。同一个客户在不同的时期会有不同的物流服务水平，让客户不能清晰、详细地明确自己所能得到物流服务水平。同时对于第三方物流公司的管理与运作也造成了困难，第三方物流公司没有明确的服务标准，不能固定地安排物流资源进行服务，经常根据销售人员的指令进行运作安排，波动较大，造成物流资源的浪费。

大客户与小客户的实际物流服务水平差异不大。客户的需求千差万别，它们所要求的物流服务水平也是不一样的。另外，不同的客户对于公司的贡献度也是不同的，这都对公司实行差异化的物流服务水平提出了要求。但是在目前实际运作过程中，大客户与小客户几乎采用相同的物流服务水平，有时大客户的物流服务水平还低于小客户，这样造成了公司有限的物流资源并没有产生最大的效益，资源浪费的同时并没有提高大客户的物流服务满意度。

客户物流服务满意度不高。目前公司并没有详细了解、分析客户和销售人员对于物流服务水平的实际需求，而主要根据公司的实际运作能力和第三方物流公司的服务能力的限制去设定一些物流服务标准，这样就造成了公司提供的服务水平与客户真实需求之间的差异，造成客户的物流服务满意度不高，不利于公司物流体系的不断提升，也同样不利于公司选择合适的第三方物流公司进行合作。

（2）物流与供应链战略与企业发展战略不能匹配

公司提出了以下的发展战略：

① 2017 年实现销售收入 50 亿元，利润总额 5 亿元，行业品牌国内第一，在国际上有重要影响力；

② 着力提升技术创新能力，实现营销拉动与技术引领双轮驱动，新产品贡献率在 20%以上，成功申报国家级技术中心；

③ 积极实施大客户战略，大客户销售占

比提升20%以上，完善国内国际市场网络布局，国际市场销售占比提高到10%；

④ 合理布局生产区域，完善企业精益生产管理模式，优化供应链管理，提升客户满意度，降低企业整体运行成本；

⑤ 完成产业链适度延伸，放大价值链、构筑系统竞争力、做强做大企业；

⑥ 建立适合行业特性的高效组织体系和运行机制，打造一支与企业文化相吻合，具有运筹大公司成熟理念和实战经验的专业化职业化团队。

当前物流与供应链战略状况与公司总体战略还不够匹配，具体表现在：

① 物流配送。目前公司的物流战略还不能满足公司对客户的服务要求，与主要竞争对手相比，物流服务的质量还处于劣势。

② 内部供应链。公司内部供应链流程不全，有待优化。目前公司的信息系统对内部供应链整合的支持不足。

③ 外部供应链。目前公司还缺乏与供应商、客户、第三方物流等外部供应链成员的整合的理念与基础，公司拥有大量的小客户，主要采用比较传统的营销方式。缺乏与供应商战略联盟的理念及方法。

2．公司物流与供应链整合战略路线图（分阶段目标）

根据目前的物流与供应链现状及供应链优化课题的要求，结合公司将来的发展，对公司在供应链战略的提升，从整合的范围、战略、信息系统、管理方式、管理理念及人才要求几方面，制定表11-1所示的提升线路。

表11-1　公司的供应链战略提升线路

	现状 （国内同行领先）	本项目目标 （国内同行标杆）	终极目标 （国际同行标杆）
整合范围	• 企业内部供应链缺乏整合管理 • 部门为主	• 企业内部供应链整合管理 • 跨部门	• 企业外部供应链整合管理 • 跨企业
战略	• 不清晰 • 注重成本	• 清晰 • 注重成本、注重服务	• 成为核心竞争力 • 注重服务、注重成本
信息系统	• 企业内部信息不整合 • 信息流与实物流不够匹配	• 完善企业内部信息整合 • 信息流与实物流基本匹配	• 企业内部信息整合并与外部企业进行信息共享 • 信息流与实物流完美整合
管理方式	• 部门为主管理	• 跨部门管理	• 跨企业管理（建立战略联盟）
管理理念	• 改革意识强 • 缺乏整体供应链理念	• 供应链作为竞争工具 • 建立整体供应链理念	• 供应链作为核心竞争力 • 企业获得供应链主动权
人才要求	• 适应传统的部门管理	• 基本适应跨部门流程管理	• 适应跨企业管理

3．公司物流与供应链战略的表述

（1）公司供应链终极目标（通过2～3年的建设与提升）

公司认识到“未来的竞争是供应链与供应链的竞争”，供应链战略将有力支持打造“行业系统集成商”。

经过2～3年的建设与提升，公司的供应链将达到国际同行的水平，具体表现在：

① 供应链战略：供应链成为企业的核心竞争力，注重供应链服务、注重供应链成本；

② 供应链整合范围：跨企业整合，将来与供应的外部企业供应链整合管理；

③ 供应链信息系统：企业内部信息整合并与外部企业有信息共享，信息流与实物流完美整合；

④ 供应链管理方式：通过与关键供应商及客户建立战略联盟，进行跨企业管理；

⑤ 管理理念：供应链作为核心竞争力，企业获得供应链主动权；

⑥ 人才要求：企业管理人才适应跨企业管理。

（2）公司供应链阶段性目标（通过本项目要达到的目标）

公司认识到目前公司在物流与供应链管理上的缺陷与提升空间，经过课题的调研、优化与实施，经过1年的建设与提升，公司的供应链将达到国内同行的领先水平，具体表现在：

① 供应链战略：物流与供应链成为企业的竞争优势（至少不落后于竞争对手），注重供应链成本的同时注重提升物流与供应链服务；

② 供应链整合范围：企业内部供应链整合管理，建立八大供应链流程管理体系，在适当的情况下与供应的外部企业积极开展合作；

③ 供应链信息系统：企业内部信息整合，信息流与实物流基本达到一致；

④ 供应链管理方式：通过八大供应链流程，进行跨部门管理；

⑤ 管理理念：物流与供应链管理作为提升销售与企业竞争力的重要武器；

⑥ 人才要求：企业管理人才适应跨部门管理。

（3）定量的物流供应链目标体系

分客户—产品的订单履行率与交货期。

4. 公司物流与供应链战略的开发

（1）公司物流战略定位与开发

公司成本与服务的战略定位，就是确定服务水平关键指标及细分客户的物流服务标准。

（2）公司供应链管理战略开发

① 内部供应链战略。公司目前的内部供应链没有整合，导致销售、生产与供应各自为政，缺乏有机合作的机制，经常发生断货，而且没有人对断货负责。咨询公司对公司内部供应链从流程与功能角度进行了整合。

② 外部供应链战略。公司缺乏与外部供应链成员进行一定整合的意识与方法，导致在客户方面，市场需求信息少，不易掌握客户的需求；在供应商方面，对供应商的重要性与把控能力较弱，采购提前期较长。由于公司层面没有客户的全面信息，而且客户为中小客户为主，没有建立与客户在供应链管理上的合作与整合。由于供应商分散，使得公司在与供应商的关系中未得到供应商的重视，公司也没有主动考虑建立与供应商的供应链战略联盟，与供应商的供应链合作与整合没有展开。咨询公司对公司外部供应链整合提出了方案。

问题讨论

1. 为什么说X企业的物流战略不明确？

2. 案例对公司物流与供应链整合战略制定了路线图（分阶段目标），对此你有何评价？

3. 公司物流与供应链战略的开发可以包括哪两个部分，请简单描述。

第12章

物流系统设计

◆ 引导案例

P公司（连锁超市）邀请L公司（第三方物流）提供建议书，为其在南方某地的物流提供供应链解决方案。项目的目的是为P公司在顾客和供应商中树立一流的和高质量的超市形象。L公司意识到P公司期望提高其运行效率，为顾客提供高质量的产品和服务。L公司为此提供在有效成本水平内，能够满足甚至超出其期望的解决方案。

作为P公司的主要物流提供者，L公司将负责：

- 管理与运作灵活、有效、透明的供应链；
- 检查和实施改进生产效率的方法；
- 降低存货、提供存货的最大透明度；
- 充分利用运输设备和仓库空间；
- 必要时，协调和提供运输和配送功能。

L公司把合作关系看成一种定制的（Tailored）的业务合作关系，这种关系基于相互信任、坦诚相待、共担风险、共享利益。这样可以形成战略竞争优势，使得业务表现比公司独立运作更有效。

为达到这个目标，L公司承诺贡献必要的管理资源，来了解P公司所处的行业。L公司相信根据P公司提供的数据，对P公司物流系统的计划与设计能够满足所有P公司的要求。按照预期的服务，可以在某地租用仓库或者建立仓库，两个方案的成本分别为：

方案一：X元/年；

方案二：Y元/年。

企业由于竞争对手、供应商与技术的变化，物流运作环境也不断地在发生变化。为了适应这些变化，优化企业的战略，其物流系统必须有系统地进行计划和设计，以寻求最有利的物流系统。

在计划与设计物流系统时，有许多要考虑的因素，包括配送中心的数量及位置、配送中心的最佳库存与服务水平、运输设备的类型与数量、运输路线、物流管理的技术，等等。这些问题所牵涉的数据以及相互之间的关联都非常复杂，一般可以有多个备选方案。不同的企业需要不同的物流系统，没有一个物流系统可以适应所有的企业，因此，必须结合实际情况来设计物流系统。

物流系统的范围可以是企业的供应链，或原材料与产品物流系统的综合，也可以是产品物流系统。本章先讨论物流系统分析与设计的一般程序，接下来主要讨论产品物流系统的计划与设计。

本章将讨论以下几方面的内容

- 物流系统计划与设计的一般程序
- 产品物流计划的类型
- 战略性产品物流网络的设计

12.1 物流系统设计的一般程序

一般来说，物流系统设计过程分为下面三个阶段：可行性分析与项目计划、收集和分析数据、建议与实施。每一个阶段都有明确的目的，按照这三个阶段，物流系统可以有序地进行分析和设计。

12.1.1 可行性分析与项目计划

可行性分析包括现状分析、机会分析及成本—效益分析。

1. 现状分析

现状分析包括内部、外部、竞争和技术的评估与分析。分析的目的是寻找改进的机会。

内部分析的内容如表 12-1 所示。内部分析要检查所有的物流环节，尤其是对现在系统存在的缺陷做出评价。

外部评价与分析是对供应商、客户和消费者的外在关系的分析。分析评价时应该考虑市场的趋势、企业现在的能力与竞争对手的能力，如表 12-2 所示。

表 12-1　物流系统的内部分析

物流环节程序	如何决策	度量标准
客户服务		
• 当前的信息如何流动 • 订单概况及改变 • 订货程序	• 订单决策是如何制定 • 当库存不能满足订货需求时怎样	• 客户服务的关键量度
原材料管理		
• 工厂与配送中心的原材料流 • 每个制造点及配送中心程序	• 制造及配送中心能力决策是如何制定 • 生产计划是如何制定	• 关键的制造及配送中心能力极限 • 原材料管理的关键量度，如何衡量 • 当前的原材料管理水平
运　输		
• 运输方式 • 订货和运输量及区别 • 与承运人申请、支付和信息交换的流程 • 运输文件的信息流	• 运输的运输方式与承运人的决策选择 • 承运人评价	• 衡量运输绩效的量度，如何衡量 • 当前的绩效 • 各种运输方式和承运人的相对绩效
仓　库		
• 使用的储存和装卸设施 • 每个设施内生产线 • 每个设施中完成的或能够完成的储存、装卸及其他增值功能	• 每个设施中的集运决策 • 物料搬运决策 • 产品储存 • 产品选择决策	• 每个设施的储存量与通过量 • 关键的仓库绩效量度，如何衡量 • 当前的绩效水平 • 每个设施的相对经济绩效特征
库　存		
• 当前库存物资储备的增值功能	• 库存管理决策 • 谁做出这些决策 • 使用什么信息来支持决策	• 企业的库存成本 • 关键的库存绩效量度，如何衡量 • 当前的绩效水平

表 12-2　物流系统的外部分析

市场趋势	企业能力	竞争能力
供应商		
• 供应商提供的增值服务 • 供应商的主要“瓶颈”	• 内部化与外包增值服务的机会 • 如何改变程序以减少“瓶颈”	• 竞争对手采取什么行动来精制产品并与供应商交流信息 • 就供应商的数量、成本而言，什么是竞争基准点
客　户		
• 服务关键客户的主要约束条件，如何影响成本	• 哪些功能或活动可转向客户以提高物流系统绩效	• 竞争对手向客户提供什么服务 • 竞争对手如何完成客户确认的关键绩

续表

市场趋势	企业能力	竞争能力
• 客户订货的形式，如何改变 • 客户的主要标准	• 客户是如何根据关键标准评价绩效的	效指标的
	消费者	
• 客户的购买形式是如何随着购买地点、时间与选择标准而变化 • 物流活动的趋向，如购买数量、包装、发送、产品质量、客户	• 如何随着客户购买形式和选择准则的变化而改变	• 竞争对手是如何随客户购买形式和选择准则的变化而变化

技术评价与分析是对物流各个环节的关键技术与能力的评价，需要考虑现行的技术与最先进的技术的差距，新技术应用的潜力，如表 12-3 所示。

表 12-3　物流系统的技术分析

现行的技术	最先进的技术
预　测	
• 现行的预测技术	• 顶级公司是如何预测的
订单下达	
• 现行的订单下达技术 • 客户所要求的订单下达技术	• 顶级公司是如何完成订单下达的 • 改进订单下达有效与实用的新技术
订单处理	
• 分配可用库存给客户订货的程序 • 现行方法的局限性	• 顶级公司是如何完成订货程序的 • 改进订货程序的新技术（软件与硬件）
需求计划	
• 使用什么程序决定生产和配送库存 • 信息和辅助决策如何支持这些程序	• 顶级公司是如何做出生产和库存计划决策的 • 改进需求计划的新技术是什么
开发票和 EDI	
• 开发票、查询、运输通知预告和支付 • 目前是怎样传送的	• 顶级公司是如何使用 EDI 的 • 改进开发票和其他形式的客户沟通使用的通信技术
仓库运作	
• 仓库人事与生产进度决策的制定 • 仓库运作指示是如何下达的 • 仓库是如何追踪活动和工作的	• 顶级公司在仓库里使用信息和物料装卸技术 • 有效、实用的新信息和物料装卸技术
运　输	
• 运输集运、规划路线和生产进度决策 • 运输单证是怎样提供的？承运人和客户的如何沟通的	• 顶级公司是如何和承运人使用信息、包装及装卸和通信技术

续表

现行的技术	最先进的技术
• 运输成本是如何决定、评价和控制的包装与装卸技术	• 改进运输运作有效的、实用的新信息、包装、装卸和通信技术
决策支持	
• 物流策略和战略计划决策是如何制定的	• 顶级公司是如何制定相似的策略或战略决策
• 使用了什么信息，完成了什么分析	• 增加决策有效性的实用信息和评价技术

2．机会分析

通过前面的评估与分析，发现改进的机会。通过对当前的物流过程与实践进行评价，确定具有改进潜力的方面。

3．成本—效益分析

效益包括服务的改进与成本的降低。

服务改进包括货物的可得性、服务质量与服务能力的提高。服务的提高可增加现有客户的忠诚及吸引新客户。

物流系统设计的一般程序中的第一阶段的第二个工作是对项目进行计划。由于物流系统的复杂性，需要有一个完整的计划。项目计划包括以下几个方面。

（1）目标的确定

目标包括物流系统改进的成本与服务期望。目标必须以可度量的方式表示，例如，货物的可得性：A 类产品 99%、B 类产品 95%、C 类产品 90%，收到订单后 98%的货48 小时内发运等。

另一方面，也可以用总成本为约束条件，然后在物流总成本预算内设计达到客户服务水平最高的系统。

（2）约束条件

在潜在机会分析的基础上，对允许的修正范围做出的限制。限制的性质取决于公司特定的环境。

（3）制定衡量标准

制定一定的衡量标准，用于评价项目的成功与否。

（4）分析方法

当确定了目标，明确了约束条件并制定了衡量标准后，就要选择分析的技术。对分析技术的选择必须考虑评估项目的问题与所需的信息。

（5）项目计划

在以上工作的基础上，应当制定一个项目工作计划，并确认完成计划所需的时间和资源。

12.1.2 收集和分析数据

首先进行假设与数据收集。

1. 确定数据分析方法

只有在确定了要采用什么样的数据分析方法以后，才可以有效地组织整理数据，避免无序地收集之后才发现数据杂乱无章，加重了后期分析的难度。基本的数据分析方法有数学规划法、计算机仿真法、统计分析法，等等。每一种具体的方法对数据量的要求以及对数据组织的要求都不一样。实际应用中，有些方法还要求先建立模型。

2. 给出假设前提

任何物流系统的设计都必须考虑到企业未来发展的需要。企业发展的需要可以通过一些有根据的假设给出，这些假设包括市场、产品的变化，企业产品的发展趋势，竞争对手的发展趋势，需购置的设备由于技术进步或其他原因被淘汰的可能性，等等（见表 12-4）。

表 12-4 物流系统的假设

假 设	内 容
业务假设	范围：业务单位及所包括的产品线
	方案：所能考虑的选择范围
	市场趋势：市场的偏好
	产品趋势：产品包装形式
	竞争行为：物流竞争和战略
管理假设	市场：市场区域、产品运量的大小
	物流设施：位置、运作等
	运输：运输费率
	库存：库存水平和运作政策
分析假设	产品分类
	市场领域

3. 确定数据来源

确定各类数据都在什么地方，可以通过哪些途径收集，一些数据可能还要确定某些人去收集。对于企业自身的销售量、客户分布以及运输量之类的数据可以从企业的历史记录中获得；整个市场的分布、运输线路的分布、相关政策的技术要求之类的数据，则要通过其他的途径去获得，有些情况下，可以通过专业咨询机构获得想要的数据；对于竞争对手的一些数据，有些可以在公布出来的材料中获得，有些则要通过交换的方式获得，还有一些可以通过购买或咨询的方式获得。

4. 收集数据

前期准备工作就绪以后，可以开始收集数据了。这一步花的时间可能较长，而且往往容易出错。在很多情况下，出错是因为忽略了某些次要因素对综合物流的影响，采用在非代表性的时间段内的数据同样是一项错误。因此，收集的数据应该注意其有效性、代表性和适用性。

收集完数据以后，或者与收集数据同步，可以开始数据的分析工作。如果同步进行，必须考虑到数据的更新问题，这要根据具体的数据量和收集数据持续的时间长短来定。分析数据应该密切结合第一步中确定的问题，给出解答或备选方案。在分析数据阶段，主要任务包括以下几方面：

（1）定义所分析的问题

确定了一些问题的可接受范围以后，可以减少数据分析的复杂性，缩短数据分析时间。先估计出某项决策对综合物流影响的大小，制定可以接受的范围。

（2）基本方案分析

利用各种手段分析数据，然后将结果和过去的数据相比较。对那些有较大变化的数据要特别注意，检查是否存在错误。不准确的数据、输入过程中出错、分析手段不合理都有可能产生错误。发现错误后必须检查错误来源，对分析程序加以调整。

（3）方案比较

对分析结果进行评价。检查第一步中的每一个问题是否得到了合理的解释，如果没有，是什么原因造成的？分析方法是否还有改进的余地？提出建议并对各方案做一些调整。

（4）灵敏度分析

完成前面的分析以后，对提出的几个备选最佳方案进行灵敏度分析。即假设某些数据发生改变，最佳方案是否还是最佳？如果要做出调整，调整的幅度与这些发生了改变的数据之间的关系是怎样的？

12.1.3 建议与实施

在第二步结束以后，可以提交物流系统设计方案并提出相关建议。这包括：

1）在可行性最大的几个方案中向管理层推荐两到三个最佳方案。简要介绍这些方案优于其他方案的地方，对这几个方案也做出一些比较，说明各自侧重点的不同，优劣分别在什么地方。

2）对推荐的几个方案进行成本评估，这时要考虑到中长期的发展。可能某方案要求的前期投资比较大，但是在对企业发展一定的估计前提下，该方案可以使企业的物流系统在同行中保持较长时间的技术优势，这一点对一个正在发展中的企业来说是十分重要的。

3）进行风险分析，判断市场可能产生哪些变动，这些变动对所推荐的方案影响有多大。

12.2 产品物流系统的计划与设计

产品物流系统是连接产品的生产地点与消费地点的，对产品物流系统计划与设计的目的是在恰当的时间把恰当的货物以恰当的数量送达恰当的地方，以及当需要的时候，通过存货控制协调生产与需求。

新建企业需要建立产品物流网络系统，老企业由于业务增长与变化，也需要不断地对原来的物流网络系统进行重新设计。

12.2.1 产品物流系统计划的类型

有许多计划的方法可以帮助指导和确定企业在市场中的定位，计划是为可预测的环境而制定的。没有计划，企业就不能有效地预见问题与解决问题，不能在要求的时间里实施解决问题的方案。产品物流系统的计划种类如表 12-5 所示。

表 12-5　产品物流计划类型

计划类型	计划原因	要　求
战略计划	决定总体目标与所需资源	政策制定
战术计划	细化物流中心的战略目标，成为行动计划	长期
运作计划	确保特定的任务由日常运作来完成的过程	短期
应急计划	对紧急情况的反应	不同情况的处理

企业必须具有确定其目标的战略计划，战术计划确定实施目标的资源，运作计划确保执行的特定任务。战略、战术和运作计划都属于“进攻性”计划，而应急计划则属于“防御性”计划，用于对付没有料到的事件。这四种计划相互补充。

1．战略计划

战略计划是对下列方面进行决策的过程：企业目标、企业目标更改、取得目标的资源、资源获取、利用和处理的政策。产品物流系统的战略计划的目标是确定存货点、运输、存货管理、客户服务和信息系统及它们之间的联系方式，其目的是使投资回报最大化。

战略计划是用来对付可预期的需求变化的进攻性工具，这种需求变化的时间是可以预测的。战略计划是以预测将来的需求为导向的，这种需求的实际出现有一段时间，有充足的时间来有效地满足这种需求。假定长期预测的正确性是有问题的，基于这种预测的物流计划经常证明是不可行的。然而，预测是一个企业关于未来的最好的信息来源，不利用这种信息也是不明智的。事实上，在当今快速变化的物流环境下，生存的唯一方法是有一个考虑将来物流需求的战略计划。

2．战术计划

战术计划的时间一般为一至两年。为实现企业的长期战略目标，选取行动的时机及其具体内容非常关键，而战术计划的基本目的就是为这些步骤做出预先计划并设立阶段性的目标。战术计划必须预估出物流中心的工作能力，以防止在工作量高峰的时候其工作能力不胜负荷。战术计划的主要内容是为战略目标的成功实现安排资源。比如，某企业在战略计划中决定要兴建一处新的仓库以改进客户服务，那么在战术计划安排中就要为分配资源及特定的行动所采取的时机做出决定。以下是一个仓库的重新定点所考虑的步骤：

- 为新仓库选址；
- 签订租约；
- 设计新仓库；
- 根据设计修改仓库；
- 雇佣新职员；
- 训练新职员；
- 开始从销售商和现有工厂向新仓库转运货物；
- 开始从新仓库向外发货。

首先，战术计划为每一步骤定出大致的时间。其次，对一些主要项目进行考虑，比如为完成计划所需的特定技术以及该计划中每一步骤所持续的时间等。再次，在计划的每一步骤，具体的投资数目需要明确。最后，外部服务的获得。在仓库建造方面，这意味着从雇佣一个顾问开始到实际请建筑公司进行改造施工之间的所有事务。其他类型的战术计划包括库存计划、运输规划、压缩成本、提高生产率以及信息系统的改进等。

3. 运作计划

运作计划一般分为日计划、周计划或月度计划，其目标就是在物流系统的框架内实现所选择的战术计划、规则和程序，并满足企业的战略目标。运作计划的主要组成部分包括劳动力或资产等资源的管理，有关运作效率的提高及运作问题的解决等工作。运作计划是不同于日常运作的，它将战略目标的原则融入于战术步骤选择的考虑之中以形成日常的工作。从此意义而言，运作计划是真正落到实处的计划。不过，由于日常活动照章办事，因此极易忽视原先计划的目标，从而使原定计划往往在具体运作计划中失败。运作计划包括物流中心的工作计划、运输计划、集合运输计划、降低成本和提高生产率计划以及运作费用预算等。

4. 应急计划

应急计划是对理想的物流管理具有重大应用意义的管理工具，但是，它经常被忽视。应急计划用于对付在物流需求中出现的战术计划未料到的事件，通常涉及诸如“如果……怎么办？”之类的问题。比如，“如果我们遇到退货该怎么办？”一个未雨绸缪的经理在应付影响物流的许多紧急情况时会寻求使用应急计划。如果在环境或需求方面出现了一个预期到的意外变化，他/她会事先决定采取什么样的措施。应急计划不同于一般的意外或危急处理（如灭火），它是在需求和环境中的变化发生之后再设计一套新的计划。应急计划的宗旨是尽量减少为完成行动计划所需的时间。

12.2.2 产品物流网络系统的战略计划

产品物流网络设计是战略计划实际应用中的主要领域之一。一个战略性的物流网络是用于在给定的时间内满足一系列特定需求。一个好的设计思路应该使该网络能够在适当的时间与地点为适当的客户提供适当数量的产品，并使整个过程的物流费用最少。随着仓库数量增加，运输费用会减少而仓储成本增加。这在图 12-1 中有简单说明。反之亦然。当仓库数量减少时，运输费用亦相应增加。因此，对于减少整体物流费用而言，知道仓储成本和运输费用的最佳平衡点是至关重要的。

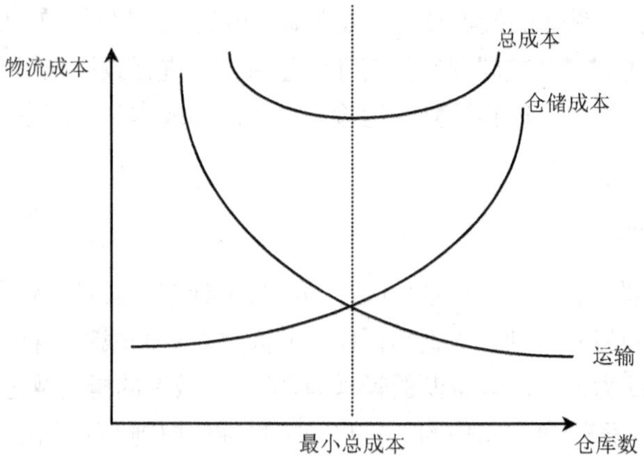

图 12-1　简化的物流成本模型

战略性物流网络计划的目标就是找到运送和接收产品最经济的途径，并同时维持或提高客户服务的质量。简而言之，即是使利润最大化和使服务最优化的途径。战略物流网络设计通常回答了以下的问题。

- 应该建立多少物流中心？
- 物流中心应该落址于何处？
- 在每个物流中心应保有多少存货？
- 每个物流中心应为哪些客户服务？
- 客户怎样从物流中心订货？
- 物流中心如何从供应商处订货？
- 对每一客户应多久运送一次货物？
- 服务质量应为何种水平？
- 应利用何种运输方式？

12.2.3　战略性产品物流系统的设计

设计物流网络有 7 个步骤。物流网络的设计是一个不时需要更新的连续过程。但是，一些企业在不经过最重要的步骤 1 和步骤 2 的情况下直接开始实行步骤 3~6。设计物流网络最好的方法莫过于对数据进行实际分析了。

- 物流网络的数据收集；
- 明确送货要求；
- 建立数据库；
- 设计网络方案，以备选择；

- 预估年度运作费用；
- 比较相关方案；
- 方案细节的制定。

1. 物流网络的数据收集

步骤 1，2 和 3 能同时进行。这些步骤的主要目的是为了更好地理解当前的系统并且界定未来系统所需的要求。为了了解当前的系统，必须从物流中心和运输系统收集信息。当从物流中心收集信息的时候，关键的一点是要收集有关的所有当前设施点的信息。因为研究这些信息是为了决定关、停、并，还是继续扩展这些设施。需要从每个设施点取得下列一些信息。

1）仓库空间利用。确定物流中心的利用程度，这有助于在分析结束后一旦该设施被停止使用后能决定所需的存货能力，同时也能决定该设施中还能接受多少存货。

2）布局和设备。列出每处的布局和设备情况。如果有可用设备的清单，那么对于启用新设施或扩展旧设施的投资需求就很容易确定了。

3）仓库管理程序。了解订单挑拣（Order Picking）收集和运送程序。如果在一个设施点有两种产品，它们是否一起挑拣收集和运送。了解各仓库作业方式的不同，这能解释为什么某个仓库实现的人均效率高的原因。了解物流中心的补货是怎样实现的（拉式或是推式）。

4）职员层次。调查各层次职员情况，理解何种工作可能被合并，收集不同层次职员工资，包括福利等。

5）接收量和运送量。理解进出卡车及装卸货区的数量，这对于提高设施通过能力非常重要。

6）建筑物建造特征。收集平方面积、净高、柱围、照明程度等的情况，这和收集布局情况的理由一致，但牢记要考虑到扩展能力。

7）进出交通情况。考察其与主要交通要道的连接情况以确定是否对运费有所影响。

8）年度运作费用。收集租赁费用、税金、保险费、维护费、能源消费以及其他设施费用的情况。

9）库存。收集有关库存周转量及周期的情况、补给率、安全存量水平和 ABC 分析法的信息。有了这些数据后，就能了解通过合并仓库所节约的费用额。同时也收集有关何种和有多少库存品是低周转的或季节性的，以帮助决策是否将其集中或是否利用公共库存来存储，并据此制定出未来的库存目标。

10）绩效表现汇报。了解对服务需求、订单实现情况和运送准确的测量方法。

对运输系统应当收集下列信息：

1）运费等级和折扣。收集所采用的运费等级和费率，此外，按承运人或地区的不同可获得的折扣。了解折扣如何实行很重要（如路线、最小重量等）。

2）运输运作程序。了解特定的运输方式和承运人是如何选择的。

3）送货需求。客户的送货需求（要求送达的天数），承运人的表现如何评定优劣，订单完整度有否评价。

4）补货重量或体积。拖车容积在多大的重量下会装不下，从每一个补货点收集典型信息并计算出一般货物的积载量。

在实地信息收集结束后，项目组应当举行一个会议，概括从每一个点收集到的数据并做出评估。该评估将使项目组对作业有更深入的了解，并很有可能使他们发现一些对比较相关方案有用的而并未为管理者所知道的信息。

要具体了解未来的物流网络需求，对于营销战略和销售预测的了解是不可缺少的。如下是一些应当由营销和销售来回答的问题。

1）是否有新产品出现？它们从何处采购？目标市场是哪里（地理上的）？

2）现实的订单特征什么？比如，最小的订单大小是多少？它们是否有改变订单的条款（或者说是否要求快速的服务）？

3）市场发展的趋势，如包装上的变化，是否以批发为主，是否有大货主要求大批量商品？

4）每年销售量增长多少？

5）有重要的客户转移吗？是否有更少数客户要更多的产品？

6）地理位置的转移是否会出现？销售额是否在一些地方增加？

2．确定运送要求

对物流网络分析所需的重要数据之一便是运送与交付要求，或者说从订单下达开始直到货物接受为止的这段时间。如果交付天数不能确定，那么就必须做一个客户服务差距分析。差距分析包括一系列对企业内部职员和客户的直接调查，其目的是为了查明客户对服务预期与实际需求之间的差异。差距分析是一种逼近与降低费用有关的客户服务价值的尝试。也就是说，是较快的速度还是较低的价格更为重要？图 12-2 表明了运送费用和运送天数之间的关系，并显示了其对利润的影响。该图表明当运送费用减低至一定程度后其物流成本和生产成本之和会超过销售所得的收入，同时亦表明随着运送时间的延长，利润会随之增加，但在某一点销售额会急剧下降，这是因为竞争对手同时超越了你的交货与成本（假设产品质量相同）。关键是要找出实现利润最大化的最好的服务水平。

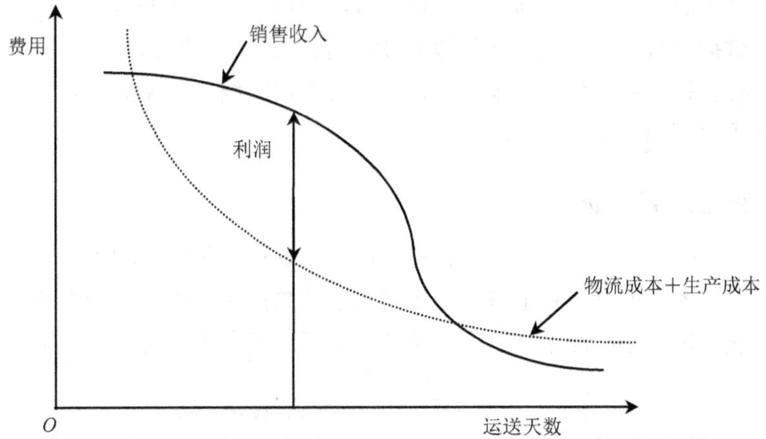

图 12-2　差距分析结果

通常一个物流网络是一系列节点和运输的连接。简单的可以是从货源地直接运送至仓库，也可以是复杂的多点网络。网络的设计取决于产品类型、产品数量、服务区域的地理覆盖面、所需的服务水平和客户的数量等因素。不过，由于物流处于一个动态的环境，受这样一些因素影响：

- 生产和消费的地理性转移，人口转移；
- 市场分类，新市场和新客户服务需求；
- 在能源、工厂设施维护及劳动力支出方面费用增加；
- 政府规定的实行或取消；
- 产品品种增加和产品生命周期；
- 竞争；
- 经济形势。

企业内部组织诸如营销、生产和财务也影响到物流网络的组成，要了解这些功能领域对物流的影响，重要的是要理解它们的目标。营销的目的是通过接近客户以扩大销售，并有足够的库存以避免缺货。生产的目的是为了长期稳定地从事某一产品而减少费用并将其推销出去。因此，营销和生产都需要更多的库存和更多的地点来保持库存，而财务部门则需在减少费用并保留尽可能多的资金，减少库存和存储的数量。针对这些矛盾的目标，物流网络的设计者必须找用成本最低的满足服务需求的设计方案。

3. 建立数据库

当前的网络被分析记录后，订单的数据库模型就可以建立了。该信息应当包括运送目的地、运送重量、所订购的产品和订购的数量。一旦数据确立，下一步就是数据的证实了。为了保证信息传输的正确性，可将发票上的一些记录与实际的信息相比较。

准备一个总结报告（销售量、销售件数、所运重量）作为清理核对，以保证文件中的所有数据已被正确传输。一旦数据被证明真实无误，那么不同的分析方法可以进行，诸如根据地区销售量和各地区产量不同（地理区域）所做的 ABC 分析。这些报告应当被用来帮助提出备选方案。

4. 备选方案的提出

数据收集之后，下一步包括提出地址和各种运作方法的备选方案。各种用于取舍备选方案的数据来自实地调查、未来要求、数据库分析和客户服务调查。用于选择的方法随地址的不同而不同，影响选址的主要因素在表 12-6 中已列出。

表 12-6 选址决策基本因素

基本因素	理 由
供应者和市场	供应商到达你处的时间及你处到市场的时间（交货天数）
运输	与高速公路、水路、铁路的结合情况，天气限制情况，交通拥挤度和路况限制
政府公共事业	税收、吸引投资政策、能源费用
劳动力	节假日情况、工会、工资、劳动力技能

通常选址基于表 12-6 中所列出的因素，但也有些是基于客户的量或距离产生备选方案，这些方法有的根据经验，有的根据公路里程、有的根据重力中心分析。重力中心分析通过客户的量计算客户需求的加权中心，是最早用于选址的方法之一。但和现在的技术相比，由于假定运输成本与距离成比例关系、两点间的直线距离代表实际距离、在每一地点的货批大小是一定的与统一的。它也忽略了容积的限制、服务需求和设施运作费用的不同。不过，对于提出备选方案与进一步建模型是一个有用的工具。

并不仅把地址作为备选来考虑，运作方法的选择也应考虑。另外，如供应商货物的集运、集中周转货、保持企业分部的独立性和由供应商直接交货等评判标准也要考虑。一旦备选地址被决定以后，就必须马上收集有关运费费率、仓储成本和劳动力成本的数据了。

5. 计算年运行成本

建模软件不一定能保证正确的答案，建模只能作为决策过程中的一个辅助工具。有时对结果需要认真研究。物流计划的真正价值在于得到企业物流系统运作过程的知识、物流设计的知识，以及对物流网络真正有益的方式使用模型的想象力。会有很多备选的设施在成本方面很接近，因此使用一些其他标准来判断该模型就很重要。比如：

1）集中管理费用和订单处理费用。通常这些费用会随着仓库数目的增长而增加，而且协作与管理一个大型设施网络需付出更大的努力。

2）周转和安全库存费用。更多的仓库意味着需要更多的系统库存。库存理论的观点是安全库存会随着设施数量的增加而增加。

3）客户订单规模效应。离仓库近的客户较之于离得远的客户更倾向于小批量而多次数的订购。这表明当设施数目增加时，交货费用会递增。

4）仓库间转移费用。物流中心设施数目越多，则协调难度越大，因此很可能为库存能力的不均衡而在设施间进行更多的运输。

5）有关仓储和交货成本减少的协商。设施数目越少则单独存量越大。因此，选择更令客户满意的仓储或运送方式的余地就大大地增加了。

在此讨论的主要内容是物流计划的整个过程，因此用于预估年度管理费用的各种技术将不被详述。不过，不管使用何种预估手段，整个设计过程都接近于以下步骤：

1）当前网络确认。用计算机模拟现在成本，并与实际成本比较。

2）运行备选网络。一旦模型建立，那么相关的备选网络方案就要在现在的运输量与预计运输量的情况下运行。

3）对运行结果进行总结并区分优劣。建立表格以记录各备选网络试运行的费用。该表格应将各物流中心费用单独列出。

4）总结总年度费用和服务因素。建立表格列明所有费用和服务因素以备选择。

5）进行敏感度分析。敏感度分析是基于所建模型由一些易波动数据组成的想法。这可能是一项不确定的费用或其有可能要改变。通过修改该参数，使其对整个模型的影响可被确定。

6）确定与每个备选方案有关的所有投资费用。比如，占用更少空间的、新的仓库设备的费用、扩建的费用或诸如增加仓库的门等改建费用等。

6. 比较相关方案

备选网络计划方案的经济分析是根据各方案实施费用比较进行的。分析时，需先确定有关备选方案的投资和节约，如添置新的仓库设备、建造费用、有关建筑物整改的费用。此外，必须得到下列信息：人员安置、生产停顿时间、存货重新安置、电脑系统重置、税收、设备重置和现有土地和建筑物的出售情况。

以上评估的结果应得到一个与基准投资收益率相比的投资收益。一旦完成以上步骤，通过变动各种成本与节约，就必须做出观察哪个备选方案最为稳定的敏感性分析。之后，有关客户服务因素及实施难易度等进行定性分析，以综合考虑备选方案。得出结论后，就要制定各主要步骤的时间进度表，包括从现在的系统向未来系统转换物流网络等的执行时间表。

7. 详细计划

物流网络计划的最后步骤是将结果“推销”给最高管理层，其结果应使管理层理解该战略对于整个业务的影响。这不仅应该反映关于运输和仓储成本的财务情况，而且应该包括整个销售和客户服务的情况。

为了向最高管理层传递这些观点，应当备妥项目文件与演示材料。它们应当包括以下信息：

1）目的：通常这列在报告的介绍部分。

2）建议：这一般以计划的实施时间表形式列出，也包含整个的投资需求及所产生的效益，并绘出标明服务地域的地图。

3）程序：这详述了所采取的方法和进行研究的假设和数据。

4）当前网络：阐述了当前网络的工作方式、存在的问题以及系统的限制。

5）备选方案：应包括备选方案的评判标准（城市或运作方法），提出与解释不同的备选方案，解释一些方案很快被淘汰的原因。

6）模型计算结果：该部分的首要任务便是决定判别最佳网络所用的分析方法，然后列出最好的 2~3 个网络。

7）备选方案评估的结论：一旦最佳网络的方案被决定之后，就要评估在新的地方花费时间和资金重置网络是否在经济上和定性分析上是合理的。这个部分要列明投资额、年度现金流量以及每个方案相对于基准投资线的现值，并对备选方案做定性分析，告诉客户哪一种战略最好及其原因。

8）支撑数据：这些包括一些备份的数据和计算等，将它们置于一个报告的附件中。

练习题

1. 物流系统计划与设计一般包括哪三个基本程序？
2. 物流系统的内部分析、外部分析与技术分析各包括哪些具体内容？
3. 物流项目的可行性分析包括哪些内容？
4. 物流项目计划包括哪些方面？
5. 产品物流系统计划有几种类型？
6. 什么是产品物流战略计划？
7. 战略性物流网络计划包括哪些步骤？

◆ 案例讨论

某超市物流配送系统改进方案

本案例是一个超市物流项目设计建议书。其中，L 为某物流服务公司，P 为某连锁超市企业。

1. 项目建议书介绍

本建议书根据 P 公司提供的数据，设计 P 公司在中国南方的配送中心，以满足其配送需求。L 公司安排了一名高级主管考察 P 公司在 x 地和 y 地的仓库，发现在许多运作领域具有改进的潜力，包括：

- 配送中心过于分散；
- 存储及分拣系统落后；
- 仓库管理系统落后；
- 其他。

L 公司也派人员考察了 A 地的超市购物配送中心，它是 P 公司新建的配送中心。尽管这个配送中心选址比较恰当，但仓库太大，而且也不是专为 P 公司而建的。

2. 项目的目标

P 公司正在寻求与有专业水准的物流服务提供者并与其建立长期的战略联盟关系，服务于 P 公司的供应链，包括 A 地配送中心管理及配送服务。

P 公司的具体要求包括以下内容：

- 加强 P 公司在市场中的地位；
- 提高运作能力与运作效益，满足业务增长的需要；
- 提高供应链的灵活性，增强规模经济性，扩大信息透明度；
- 充分利用供应链信息技术；
- 提供可靠、一致的顾客服务；
- 改进仓库的使用，增强配送能力，提高生产率；
- 引进新的送货方式，增强装货能力，提高效率。

3. 项目的要求与任务

L 公司有许多有经验的物流专业人员，必要时可利用他们的专业知识来实施相关计划。根据提供的数据和 L 公司观察所得的资料，项目的主要要求与任务是物流中心和仓库作业取得“最佳实践”并提高生产率，下面的控制过程和程序是为实现项目的主要任务而设计的。L 公司将在这些关键的过程中安排和培训职员。

（1）过程

- 接受来自各地的货物到仓库；
- 把货物放在储存地区；
- 管理存货；
- 根据 P 公司指示，进行发货与订单通知、订单处理，包括分拣、检查和制作单证；
- 把货物放到 L 公司管理的运输工具上；
- 根据指示分拣单项商品；
- 必要时，把货物放到货盘上，将待送货物加固包装；
- 送货；

- 根据要求进行其他作业，如重新包装、重新堆放、加固捆扎等；
- 一年两次彻底盘点，日常盘点周期可按日、周、月进行；
- 处理从仓库到配送中心和配送中心到顾客的退货。

顾客服务水平要做到：

- 当地配送，隔天送达；
- 准确配送率至99%。

L公司提供以下资源：

- 提供运输、仓储、物料搬运设施和所需的劳动力；
- 提供仓库安全保障；
- 提供完成指定工作所需的信息技术。

（2）人力资源

管理结构：L公司将指定一位有经验的“合同经理”全面负责管理P公司的合同。该“合同经理”专门负责与P公司联系，负责合同实施的各个方面，并负责保证P公司对业务合作的满意。

人员转变：所有的转变费用，如从P公司目前人员转移到L公司下岗的补贴，将由P公司负责承担。

（3）合同汇报

仓储和配送经理向“合同经理”汇报，“合同经理”将与P公司的工作人员配合，有效地实施计划。我们建议合同中使用如下的“关键表现指示”（KPI）：

- 准时送货；
- 特殊货物配送；
- 准确分拣；
- 通过能力；
- 能力利用率。

两家公司将进一步合作，共同开发合适的“关键表现指标”（KPI），然后与该行业具体实践相对照。这些KPI在需要时提交，作为对比和改进作业的基础。

执行小组：L公司执行小组的主要高级人员在运作实施、信息解释、人力资源管理、财务等方面都有自己的专长和经验。

（4）信息技术

所有的电子数据传送所需的计算机设备和通信设备的费用都由P公司支付。

（5）系统设计的主要假设

起草这个建议时，仓储和配送运作是建立在下面假设（大部分已与P公司讨论过并取得认可）的基础上的。

1）总的假设

- 所有生产量均来源于P公司提供的数据；
- L公司将获得关于仓储和这一地区的配送车辆的运作与财务信息；
- 在调研阶段，P公司将派1~2人做数据收集工作，为产品的运输和储存做总体的全面分析；
- 产品由P公司投保，仓库的保险由仓库所有人投保，L公司对所有放在仓库的货物负有公共责任，并为公司拥有的资产投保；
- 货物属于干货类；
- P公司将提供危险货物的详细说明，这可能导致仓库所有者对P公司的额外收费；
- P公司将和L公司共同努力减少库存。

2）信息技术—存货控制系统的假设

- P公司和L公司共同在当前的信息系统上开发存货控制系统，在供应链中改进存货透明度；

- 所有建立和正在运行的电子数据传递所需的计算机设备和通信的费用均由P公司支付；
- L公司不承担P公司的计算机设备停工的责任；
- P公司参加每周的KPI汇报工作会议；
- 可以提供有经验的人员和培训信息系统人员。

3）配送假设

- 所有的配送频率均根据P公司的数据做出。L公司强调配送分析根据每次配送的货托平均数目和具体的配送频率来进行；
- P公司的配送车队没有进入新的配送车队；
- 配送车队包括2.5~8吨车，根据要求，额外的能力可以从P公司现有车队中或分包车队中获得；
- 所有的费用即保险费、注册费、路桥费、燃料费、汽油费、轮胎费和运输工具的清洗费和维修费都包括在内；
- 车辆限制假设：到广州和深圳市区的卡车可载2吨，其他的至少5吨；
- 卸货时，每辆车有一帮手，卸货时间：2吨为1小时，5吨为1.5小时，8吨为1.5小时；
- 所有的大城市，在“紧接订单”时，有些可在白天限定时间进入内环，或内环线仓库将接受夜间货早晨送货；
- P公司的仓库必须开门，配备适当的人员接收和签发所有的白天、夜间送货。

4）配送中心的假设

- P公司将积极减少死存货与退货，以协助仓库空间的利用和生产率的提高；
- 假定是标准仓库业务和运作业务，例如，不需特殊处理；
- 地点是A地；
- 所有的干货区域大约X平方米；
- 仓库将能适应标准托盘的五层堆放；
- 有足够的空间来进行有效的加工和临时储存；
- 封闭的仓库地层。

（6）产品（货物）数量、通过量和配送中心的定义（见表12-7）

表12-7　预测与配送中心的定义

数　据	数　量
某年8月预测交货量	
某年9月预测交货量	
某年10月预测交货量	
某年11月预测交货量	
平均通过量	
促销通过量	
春节通过量	
每天工作班次	
每周工作日	
仓库数	
仓库总面积（干货）	
空调面积（冷）	
托盘存储位置（托盘位）	
货架面积（平方米）	
安全贯笼	
堆存区	
分拣区	
库存单位数	
门店数	

（7）物流系统的定义

根据假定的产品数量、通过量和运送效率，设计了配送车队。核心配送车队以某年某月的量来设计，见表 12-8。

表 12-8　配送车队的配送

起点	目的地	城市	单程距离（公里）	频率（次/周）
A 地	Xx	C1	20	4
	Xx	C1	20	4
	Xx	C2	35	3
	Xx	C3	40	3
	…	…	…	…
	…	…	…	…
	…	…	…	…
	…	…	…	…

运送：配送车队在夜间、在城市或内环线内部用两个轮班运送货物，在城市或内环线外部将在白天接受送货。

4．项目的措施与安排

通过引进新设备和配送车队，L 公司将提高生产率，使得 P 公司的物流成本最优。这可以通过以下措施达到：

- 良好的管理实践；
- 关闭目前低效率的仓库；
- 新的配送车队。

建议书不仅可用来管理增长的业务，而且还是关于 P 公司集中整个配送中心作业的总体规划。这一战略将能更好地控制 P 公司的服务水平和存货成本。

假定计划中新门店开张，时间计划的改变对 P 公司是很重要的。因此，两家公司必须紧密合作，达到起动时间的一致。这个建议书是基于 A 地运作配送中心，配送开始日期为某年某月某日。

本建议的提出需要具备丰富的行业知识，它能帮助 P 公司在供应链管理上做出战略性变化，使其在市场竞争中取得优势。这需要综合信息技术、物料搬运、电子商务、运输和人力资源等各方面的因素，需要有一个积极参与 P 公司在这些领域的组织，它能帮助 P 公司在所有这些领域进行决策。

过渡期的作业。L 公司在建成新配送中心之前，透明地讨论租用设备从事运作的可能性。临时办法是立即运作，当新的配送中心一旦建成，作业转向该配送中心。但是，如果 A 地配送中心的建设因不可控因素而延误，那么临时运作将延期。

P 公司的利益在于：

- 对于新的门店的及早支持；
- 供应商的教育，以规模经济采购；
- 运输立即开始。

L 公司基于严格的运作、有效的反应，管理 P 公司的供给链。L 公司将热心于和 P 公司结为业务伙伴，共享物流机会。

A 地物流中心：物流方案依赖于配送中心的设计和预期完成的时间计划。扩容的灵活性是另一个重要问题，道路、硬件设施、冷藏库、货架等都会与物流方案一起影响总成本和效率。下面的物流方案是以需求为依据的。

L 公司同意维护好 P 公司在 A 地的配送中心设备，使其在任何时候都能保持清洁。只有经授权的人才可以进入仓储地，到访的驾驶员不准进入这一地区。

布局：堆放、货架和安全存货区。

存储：根据运载、需求、物理特征、存货水平、类型、重量、批量、先进先出（FIFO），它也引入了影响效率机会的系统。

分拣：所有的分拣都根据 P 公司的分拣单来进行，现在正在做的作业研究将能决定分拣的最佳顺序。

任何缺货将尽可能早地引起P公司的注意。

一旦完成订单，它们就移到待运地带与单证工作结合并装到送货车辆上。

存货周转:除了P公司指出的特殊产品，存货周转将根据先进先出（FIFO）原则来进行。周转较慢的存货将定期检查，而到期产品将尽早通知P公司。

发送（Dispatch）：为了保证装货的完整性，所有订单将接受仔细全面的检查。

冷库：P 公司配送中心有一个冷库，供仓储易腐物品和糖果之用。L 公司把这一部分成本计入总的作业成本中，然后，把它作为偶然与可变成本部分。

资源水平：和P公司讨论并征得同意，目前的工作人员将从现在的地方转到新地方去。最终成员和核心业务能力成员将组成执行小组。

物料搬运设备（MHE）：目前各地方的物料搬运设备，期望能转到新的配送中心。但是，必须在关闭现在的仓库前对它们进行评估，而成本计算是以新设施为基础的。

配送概况：L 公司认为门店运送次数通常由门店决定。我们设想配送方式将是直送门店、整车和多店卸货的组合。这里的问题一般是门店劳动力协调的问题。L 公司建议采用一个特定的沟通计划以便实现协调。L 公司建议和P公司合作，尤其在优化“送货时间”（Delivery Window）、提高工具的利用率以及减少年度总费用等方面。

城市内部和内环线的门店夜间配送是必需的。L 公司赞成对这些门店延伸其配送，这意味着能更好地利用L公司的运输工具，节省P公司的费用。

运输工具：通过子合同承包作为可变成本支持专一的L公司车队，提供运输工具，L 公司将提供灵活的运作能力，满足运量变化的需要。在运量增加期间，L 公司将增加子合同车队的百分比，维持固定费用的最低比例，同时确保服务质量。

5. 物流费用的计算

下面表 12-9、表 12-10 分别列出了运作费用的固定和可变部分。

两种价格可供选择，一种是租赁仓库，另一种自建仓库。

表 12-9 租赁仓库

（单位：元）

	9月（5周）	10月（4周）	11月（4周）	12月（5周）
总固定成本				
仓库租赁成本				
可变成本				
仓库临时劳动力				
通信费用				
仓库消耗				
仓库营运成本				
运输营运成本				
子合同				
管理费				
税收				
总可变成本				
间接费用、管理费和税收				
总成本				

表 12-10　自建仓库

（单位：元）

	9 月（5 周）	10 月（4 周）	11 月（4 周）	12 月（5 周）
总固定成本				
仓库租赁成本				
可变成本				
仓库临时劳动力				
通信费用				
仓库消耗				
仓库营运成本				
运输营运成本				
子合同				
管理费				
税收				
总可变成本				
间接费用、管理费和税收				
总成本				

9~10 月固定费用的增加，是由结合 P 公司预测业务量的增加与资产和资源的增加所导致的。假设以 12 月作为年固定费用的基础月份，如果业务量超过预测量或者发生其他变化要求增加固定成本或资源，L 公司在实现基础月份的固定费用后，将参与 P 公司的任何固定费用增加计划。费用收取建议是固定的，当对成本结构在 12 个月后已较好地理解后，可根据单位价格计算（可变）。

6. 实施

起始实施费用分开计算。表 12-9 和表 12-10 显示了在运作的头 12 个月起始实施费是怎样发生的，这些数字是以完成起始实施所需的资源为根据的。费用总量可能发生变化，以更好地反映运量的增长。

总实施费用：　××元

7. 灵敏性分析

表 12-11、表 12-12 中包含以 12 月为基础业务量的 75%~125%的可变成本灵敏度分析，但该表没有列出构成可变成本的具体项目。表中的分析假设固定成本不变。根据分析，理想的固定成本和可变成本分别大约占 80%和 20%。如果基础的量变化要求运作做较大变化，它对任何长度的时间移动了固定成本的比例，那么，固定成本的资产和资源相应地必须调整。例如 1、2、3 月以 125%基础量运作，可能需要增加固定成本组成，可以使固定成本有必要增加。

表 12-11　固定成本包括仓库租赁

基础量百分比	75%	90%	100%	110%	125%
新的 12 月的量					
总固定成本					
总可变成本					
固定成本百分比					
总成本					

表 12-12　固定成本不包括仓库租赁

基础量百分比	75%	90%	100%	110%	125%
新的 12 月的量					
总固定成本					
总可变成本					
固定成本百分比					
总成本					

问题讨论

1. 该超市物流系统的改进方案，主要通过哪些方面的改进来提高系统的效益？

2. 物流系统设计中包括哪些部分？

3. 作为第三方物流公司，与超市公司建立怎样的关系？

第13章

企业物流组织

◆ 引导案例

某纸品生产商生产和销售各种纸制品，包括包装纸、购物袋、卫生纸、餐巾纸等，销售量很好。

公司的组织机构是分别围绕营销与生产目标而设置的。由于营销部门和生产部门缺乏协调，销售人员虽很少了解生产计划安排的情况，但常常会向客户承诺在他们需要的时候可以送货。一旦在需要交货的日期不能交货，销售部门就会为订单向生产部门施加压力，生产部门很难安排。而有一些订单到达生产部门时，已经过了交货日期。生产计划的经常性调整，使得机器的启动费用很高。催得不急的订单往往会拖得很久，生产部门经常会承受巨大压力。由于供求之间缺乏协调，越来越多的客户表示不满，有些客户已经威胁要中止业务关系。

物流管理近年来在企业已变得越来越重要，特别是物流在战略上的重要性已越来越被人们所认识。有许多因素促使企业注重物流过程管理。但是，对物流问题的重视并不能自动地转变成物流的效率与效益。企业只有以创新的方式来整合与重组物流过程，才有机会在物流领域中取得改进的机会。组织变革有支持的积极因素，但也常遇到阻力。在一个公司中，传统的“部门”并不欢迎变革，有时甚至对变革极度抵制。传统的部门一般注重保护本部门的原有权力，对可能带来整个公司生产进步的策略，并不积极地寻找或实施。挑战不仅仅来自组织内部的阻力，物流管理者也必须认识到并没有一种组织方式在所有的条件下都是最佳的。经营环境在不断变化，因此物流组织结构也必须是可变的，或许一定程度上组织应该是“虚拟的”。现代企业面对很大的竞争压力、市场和供应趋于全球化、更多地采用同步的物流与制造系统，以及“拉式”物流响应。所有这些因素都需要企业对计划和管理物流过程的方法进行较大改进。

本章将讨论以下几方面的内容

- 可选的物流组织方案
- 企业所面临的基本问题和机会
- 物流组织的演变
- 典型公司的物流组织

13.1 传统的功能管理与过程管理的区别

直到20世纪50年代，传统的功能管理所采用的组织结构还主要是一种，即直线功能制结构，这种结构以工作为中心进行组织设计，这既带来了优点，又带来了缺点。

这种结构的优点是：

- 工作职责明确和工作结构稳定；
- 能集中专家力量，取得劳动分工效益；
- 能将专业领域的最新思想引入组织；
- 专业化发展，促进各专门领域，如市场营销、生产制造、信息技术、人力资源管理等取得最佳运作的途径。

但这种结构也有许多缺点：

- 组织建立在命令和控制基础上，指令自上而下传达，却不能自下而上反馈。但现代社会变化快速的环境要求企业建立一种根据实际情况，随时可以修订计划的、灵活的、具有反馈能力的组织结构。
- 组织中的每个人，包括高层的功能管理人员，很难理解整体的任务并把它同自己的工作联系起来。各部门强调自己工作的重要性，不断产生摩擦、误会、派系等不良现象，只有为数极少的高层管理者在从事信息联系和协调等使组织整体运转的工作。
- 这种组织目光是“向内”而不是“向外”的。因为组织内部的原因建立起了工作岗位和工作流程，内部的体系比顾客需求更加重要，这使得组织结构更加不灵活。
- 传统功能管理思想是基于劳动分工、员工及管理人员往往只会注重功能活动，而忽视功能活动的结果，这样经常会产生大量的功能活动相互牵制，从而需要大量的协调活动，造成管理人员的增多和管理成本的上升。

从传统功能管理向过程管理思想的转化起源于全面质量管理（TQM）。20世纪70年代以日本为先导的全面质量管理开始强调过程思考和过程改善。日本的质量专家认为只要过程管理好了，输出的产品和服务质量自然是好的。由于全面质量管理将过程改进的重点放在某一个功能范围内，有时甚至改进的是多余的、不需要执行的环节，这种费尽心机提高局部环节的效率是不可能对企业总体性能起很大影响的。“见树不见林”是全面质量管理的一大缺点。另外，全面质量管理很少涉及信息技术，即使有所涉及，也通常是在制造业中提高过程控制系统。而且，信息技术的作用也仅仅是用于自动化，没有用过程思想来真正发挥信息技术的威力。这使许多企业领导认为信息系统虽然在某些局部环节的处理上（如工资计算、账务处理、统计报表等）提高了效率，但对整个企业的经营业绩并无很大的影响。相反，由于添置设备、支付开发费用和日常运行维护费用，增加了企业的负担。

到了 20 世纪 80 年代中期和末期，许多大公司，特别是美国和欧洲的一些大公司开始重新思考信息技术和企业行为，以及它们之间的关系。今天的信息技术已经超越了时间和空间的限制，为企业各种事物处理流程的重新设计和实现提供了良好的支持，为过程的彻底改善提供了可能。这些思想的共性在于把关注的焦点由过程的某一功能扩展到整个跨功能的过程，以信息技术和组织调整为整个过程变化的推动力，最终取得过程绩效的巨大改善。传统功能管理与过程管理的区别见表 13-1。

表 13-1　传统功能管理与过程管理的区别

	功能管理	过程管理
关注重点	内部体系	过程及其输出
问题产生的原因	员工	过程
对员工的态度	成本	资源
员工对工作的态度	做自己的工作	知道对过程的贡献
衡量对象	个人	过程
改进对象	人	过程
上级对下级的态度	控制	激励
企业文化	不信任任何人	所有人都休戚相关
发现问题后的态度	谁犯了错	是什么使得错误发生的
工作目的	为老板工作	为顾客工作

13.2　物流组织的演变

自 20 世纪 60 年代以来，物流管理已从只注重分散的物流功能，发展到越来越注重物流过程的整合。随着 21 世纪的到来，强调物流活动全部整合的思想更加流行，当前综合物流管理与综合供应链管理已成为一个方向。表 13-2 和表 13-3 是对传统物流系统与现代供应链方法的比较。

传统的物流活动分散在各个部门。表 13-2 列出了这些活动，它们分散存在于公司的营销、财务和制造等部门中。这些活动中的某些方面的管理有时很有效，但并没有任何内部机制来保证它们之间的整合和协调，以便真实地做出最佳物流决策。许多公司内部，由于组织是纵向的结构，抑制了贯穿全公司的决策的制定，很难达到物流管理过程的整合。

表 13-2　公司中传统的物流活动

活动与目标＼部门	营销部门	财务部门	制造部门
功能领域和活动	客户服务 需求预测 仓库选址 产品运输 仓储	订单处理 通信 采购 存货政策制定 资金预算（仓库、工厂和其他物流资产）	存货控制 物料搬运 零件与服务支持 工厂选址 包装 原材料运输 生产计划
目标	较高的存货水平 分散化的仓储 高频率、短生产周期 快速反应 在线信息处理	较低的存货水平 减少仓储点 注重成本 最恰当的信息系统	较长的生产周期

表 13-3　物流的功能领域及其包含的活动

功能领域	活　动
网络设计与设施的配置	配送中心计划、配送中心管理、工厂选址
通信和信息	订单处理、需求预测、生产计划
运输	进货运输、出货运输、国际运输、选择运输工具、选择运输方式、公共运输与自有运输
存货	采购、原材料存货、在产品存货、成品存货配件、服务支持、退货处理
仓储包装与物料搬运	仓储管理、仓储计划、物料搬运、包装、废品处理

随着物流组织正式化的发展，公司开始从综合功能的角度考虑物流。表 13-3 列出了一些功能，并把它们分成五种综合功能：网络设计与设施配置、通信和信息、运输、存货、仓储包装与物料搬运。尽管目前这种物流组织具有重要的战略地位，但是随着对物流过程的认识，需要建立新的、更具创造性的物流组织。

13.2.1　物流组织的发展

根据美国物流管理协会（CLM）的研究，物流组织的发展可以大致分为三个阶段。

第一阶段，企业注重对产成品运输和仓储的管理，除这两个活动的协调之外，整个定位为可操作性，没有一点整合的迹象。

第二阶段，目标是把成品配送和原材料运输的控制整合起来。这是一种管理方向，它把单个活动看成综合配送的一个部分，如运输、仓储、存货、顾客服务等，这些方面的决策常需要营销和生产部门进行合作。

第三阶段，考虑整个物流过程的整合，包括产品物流与物料管理活动相联系的整个活动中所做出的决策的协调。它的具体重点转向了战略问题，如公司总的物流、营销、作业战略，还转向注重根据企业的外部环境的变化做出相应反应的能力。

第一阶段基本上只是创造降低单个物流活动的成本的机会，并没有别的更多考虑。第二阶段把顾客服务和订单处理明确地整合起来，并能够方便地提供综合性服务，服务的改进最终能导致收入的增加。尽管到了第三阶段增加利润的余地扩大了，但是第三阶段主要还具有战略利益，因为它包括存货和资产的减少等，资产的生产率和利用率都提高了，因此，对投资的回报产生积极的影响。

13.2.2 当前物流组织的趋势

根据美国物流管理协会的调查，物流能力比较强的公司，它们把物流作为与对手竞争的武器来获得和稳住顾客。这些公司的物流组织结构有下列特征：

- 物流组织比较正规化；
- 高层经理负责物流管理；
- 物流组织以“流”定位，鼓励适当的物流重组；
- 强调物流的集中控制；
- 管理范围超出传统的物流活动；
- 强调满足顾客和创造物流价值。

13.3 企业中的物流组织

企业的物流组织一般由下列人员组成：

1）高层物流经理。

2）直接从事物流作业的操作人员，包括负责采购、生产计划、提供顾客服务，以及配送中心、运输、自有车队中的人员。

3）公司及部门物流管理人员，这些管理人员一般在前面提到的某项活动之下。他们可能作为物流组织中独立的人员组成，也可能由不断变化的人员组成。后者只投入一部分时间从事某项工作（例如，设计一个新的配送中心，或设计一个新的信息系统）。

为使物流组织有效地发挥作用，公司必须保证对每一个层次上的物流责任能有效地管理，而且公司为物流功能配备人员时，必须满足三个要求：

第一，公司必须把每项工作的定位精确化与规范化，包括工作名称、汇报关系、职责范围、执行方式。

第二，公司应将在物流领域所需的技能编成目录，并对在各个不同工作岗位人员的技能要求及其满足程度进行评价。员工在物流领域的先前经验是很有用的，但公司对许多高层的物流管理人员应考虑多项物流功能领域的背景和经验，因为当这些人试图成功地协调各种物流活动和跨功能的信息流时，往往需要思维开阔，并有远见。

第三，无论在什么时候，公司都应尽可能地将人员的工作与人员的能力搭配得当。这就需要在对工作的描述与所需技能上具有相互交叉和灵活性，以调整工作内容和名称以适合于人员的能力和技能。当发现人员能力明显的不足或多余时，公司才考虑增加人员或重新安排人员。

物流的组织结构包括一个组织的各方面关系及权力沟通的内部模式。组织结构的两个重要组成部分是权力和沟通的正式渠道和沿这些渠道的信息和数据。然而在实际中，许多公司的组织结构提供的是限制而非便利。所以，传统的说法“结构跟随战略”具有重要的适用性。

考虑到商业环境的快速变化，尤其是它对物流的影响，物流组织必须具有尽可能大的灵活性，以应对变化。第三方物流提供者具备很强的灵活性，因此，具有很强的发展潜力。

根据美国密执安州立大学的研究，物流组织的构造有三个战略阶段。

（1）*以过程为基础*

以过程为基础的结构，强调把物流活动作为增值链来管理。这个战略强调物流作为一个综合系统，应在效率方面取得成绩，大约60%的公司物流组织具备这种特征。

（2）*以市场为基础*

以市场为基础的结构强调：① 代表各个商业单位或产品组织向顾客联合发货。② 通过发票来协调销售和物流的效率。

在这类公司中，物流和销售很可能在组织上是相互交叉的。这种战略在收到的回复中占到30%。

（3）*以渠道为基础*

以渠道为基础的结构强调对那些与顾客、销售商和供应商相连活动的管理的效率。采用这种战略的公司对存货的位置特别重视。采用这种战略的公司大约占10%。

13.4 物流组织的类型

物流组织可以有许多种分类方法，包括功能与部门、集中和分散、活动和过程、纵向和横向、正式和非正式，等等。还有许多种方法可以用来区分物流组织，试图指出哪一种分类方法最好是不可能的。

本节重点挑选几种主要的物流组织类型，作为代表进行讨论。它们是功能性组织、物流服务部门和过程定位组织。有关物流组织集中和分散问题将另做讨论。

13.4.1 功能性组织

图 13-1 是一个单一功能的物流功能组织，几个功能性物流活动的主管向负责物流的副总裁汇报工作，负责物流的副总裁又向总裁汇报工作。虽然对物流主管来说，向公司总裁汇报比向负责物流的副总裁汇报更有利。通常，由物流副总裁向副总裁或负责作业或营销的高级副总裁汇报。

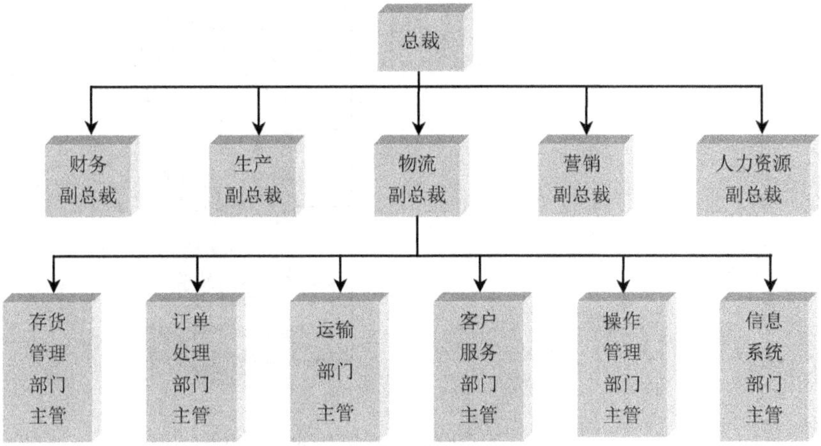

图 13-1 功能性物流组织

典型的情况是物流一线和二线的主管和经理向物流副总裁汇报，一线管理包括日常物流管理有关的决策。典型的横向活动包括运输管理、存货控制、订单处理、仓储和包装。二线活动为横向活动提供信息、咨询以便做出正确的决策。二线活动包括物流网络设计和设施的配置、战略计划、顾客服务战略和成本分析。不管一线和二线活动的功能构成怎样，必须认识到为了保持效率，一线活动必须从二线活动中获得专门指导及发展方向上的指导。同样地，从二线活动获得的效率还受到横向管理合作程度和提供的信息的影响。

根据主要产品类别，一个公司可能细分为几个部门，每个部门都有各自的物流功能。图 13-2 给出了一个例子，每个物流组织都服务于各自的产品部门。正像人们预料的那样，这种方法较易导致物流工作的重复，因而促使公司为把相关的物流活动集中起来，而采取适当的战略。本章后面将讨论物流活动的集中程度及其影响因素。

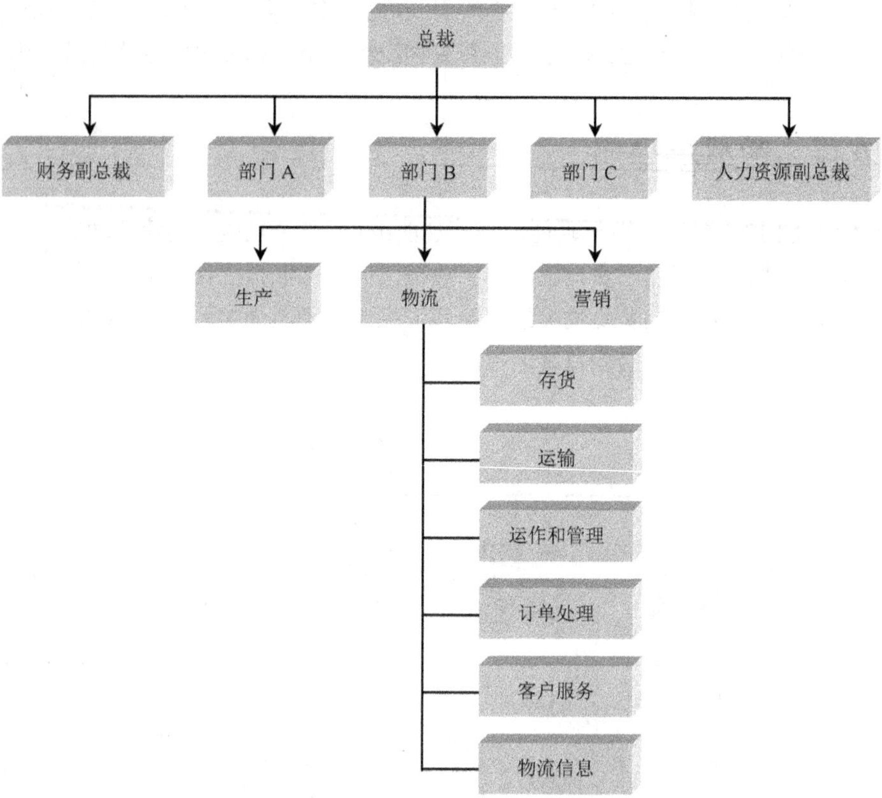

图 13-2　分部门的物流组织

13.4.2　物流服务部

建立物流服务部的战略，把物流提高到公司部门同等重要的地位上。例如，某一公司成立了一个供应链服务部门，公司的组织结构如图 13-3 所示。

该公司是一个专门从事医药供应、工具以及诊断设备的高度分散性生产企业，它建立了一个公司供应链管理组织，该组织提供为多部门的供应链活动与 14 个生产部门的联系。由于这方面努力的成功，该公司于后来又建立了一个新的操作部门：供应链服务部，该部门对所有的供应链服务负责，包括配送管理和战略、合同管理和折扣处理、订单执行、存货管理、产品配送、国际配送服务、运输、开发票、信用控制等。该部门为公司的 14 个国内外部门提供这些服务，并为公司的顾客提供唯一的服务。这个新的操作部门对董事会负责。

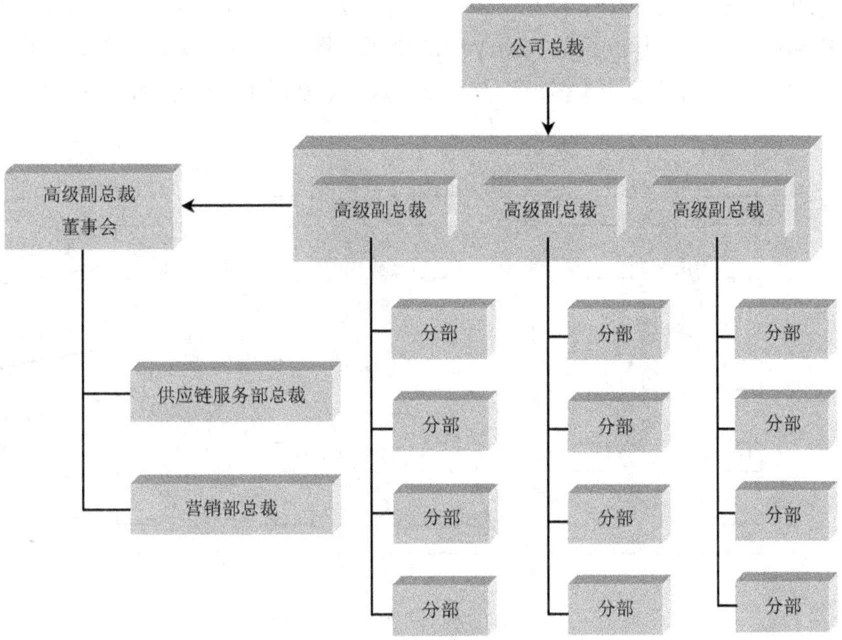

图 13-3　公司物流组织的结构

尽管图 13-3 不能够明显地反映出来，但供应链服务部门在许多方面是独特的。第一，该部门除了执行一系列传统功能以外，主要强调减少那些多余的或对公司或其他合作伙伴不能增值的活动。例如，该部门对价格的观点是：更强调从供应链中运行的重新设计的成本，而较少强调费用。第二，这个部门为公司的内部顾客、外部配送人员及最终顾客提供物流信息技术和财务服务。第三，该部门包括市场所需的涉及整个公司范围的专业知识，并提供全部渠道的服务。就像其他部门是产品或市场战略提供者一样，该部门是服务战略提供者。第四，该部门注重顾客需要以及任何通过物流或其他供应链服务来满足这些需要。产品推向市场所需的步骤适用于供应链服务能力的发展。

13.4.3　以过程定位的组织

依据主要业务程序而建立的组织结构已经得到了重视。实际上，注重过程有助于避免以有关功能和活动为基础的组织缺乏远见。另外，注重过程很容易把物流组织真正推向综合物流和综合供应链管理。正像物流服务部门有助于提高物流的地位和作用一样，注重物流过程能大大促进物流活动的整合和协调。

有多种方法来识别主要物流过程，例如，可以采用三个重要的物流过程：订单管理过程、补充过程和综合生产和配送战略过程。图 13-4 是一个注重与系统、计划、运输和作业的过程相联系的物流组织的例子。图中描述了每一个要素及其与公司产品群（A 至 E）和客户要求（客户满意、物流成本、及时准确送达和注重客户）之间的关系。

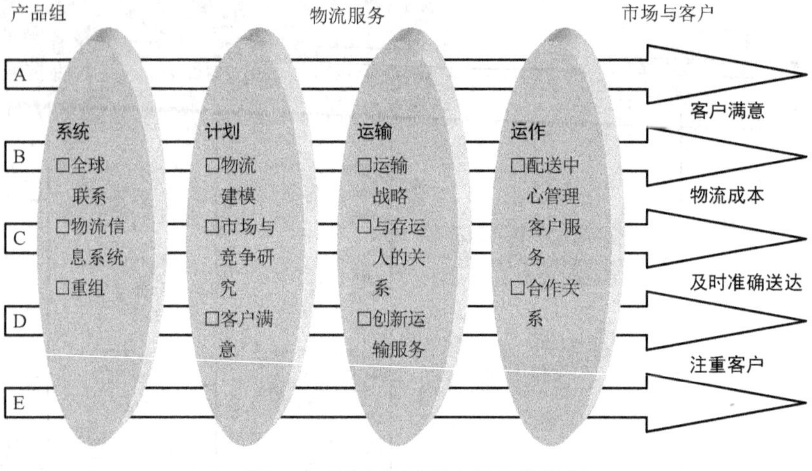

图 13-4　以物流过程定位物流组织

过程定位的趋势要求重新考虑和组建传统的组织。大多数专家觉得传统的命令和控制系统已没有多大用处，而逐渐被扁平的、倾向于过程的结构所代替。传统的组织系统在以信息为基础的竞争环境中不是最好的操作方法。

13.5　物流绩效的衡量

13.5.1　物流绩效的目标

对于物流组织方式已经确定的公司来说，必须不断检查和评估该物流组织的效率。特别对于通过组织的改革来促进公司完成其既定目标的情况，信息反馈是必要的。

组织结构不是永恒不变的，不断改革才是组织的特征。外部环境的变化、新技术的发展、公司战略计划和目标的改变等，都会要求物流组织结构进行改革，物流经理必须认识到这些变化，从而改革物流组织，以便达到公司和物流的目标。

检查物流组织绩效情况可以有几种不同方法。一般来说，可以通过将物流组织的输出与各种既定的物流目标进行比较而得出，这些目标可以采取不同的形式，但它们都与成本、生产效率和服务有关。

（1）成本标准

公司可以制定各种物流功能的成本目标，例如每公斤成本、每票货成本或每份订单的成本。例如，某百货店向顾客收取25元的家具、器具类商品的运费，这笔运费成为店家衡量实际物流服务成本的目标。如果实际运输费用超过了这笔费用，店家就在运输服务上遭受了损失。这超出的费用就减少了打入产品的正常利润。成本会计报告会提醒店家注意到这种情景，在运输服务方面存在问题。物流经理可以通过分析商店的运货操作及生产行为来找出问题的根源，并采取适当的措施。

（2）生产率标5准

生产率标准是厂家的单位投入产出的数量，或称为投入产出率。衡量产出率可以是运输吨、装卸吨、完成订单或交运量，投入包括劳动时间、雇员及卡车数、仓库容量。通过分析每班运输量，百货店的物流经理发现目前交运率为每班4.7，而前一年的交运率为11.8。结论很明显，增加每班交运数量，生产率的提高会降低每批的交运成本。

真正的问题在于为什么每班运量比上年降低？为解决这个问题，物流经理组织了包括物流管理人员、驾驶员、装卸工在内的质量信息交流会。在交流会议上，物流经理指出生产率低下的问题，驾驶员及装卸工分析并指出了生产力低的原因和解决方法，于是物流经理通过购买设施，改进货物装卸方法解决了问题。但并不是所有的生产力低下的问题都能如此容易地解决。

（3）服务标准

在竞争激烈的全球化市场上，物流服务质量日趋重要，商家把服务质量定为：及时、准确、一致和无货损。卖方的服务水平会产生一定的竞争优势（或劣势），而服务水平也是买方（特别是工业品生产的买方）做出采购决策的标准。

我们还是来看百货店的例子，该店出售购自某国厂家的服装。因为该服装非常流行，百货店在其零售渠道中一度经历了缺货的状况。当顾客购买了竞争品牌服装时，缺货造成了利润损失，在商店订货与收到订单之间要花费60天。

通过研究国际运输状况，物流经理发现这样的运输需要24天，而从港口到商店中的陆路卡车运输要8天，在剩下的28天里，货物就躺在其厂家或港口的仓库里。加强与厂家的联系以及起用位于港口的新中继仓库，可以把途中仓储缩至4天，因而全程仅需36天。改进的销售监控系统能使物流经理准确预测服装的需求，这些措施减少了缺货现象及利润的损失。

13.5.2 物流管理中的绩效评价

公司一般可以用下面三个方面的标准对物流管理进行评价：操作管理能力，解决问题能力及项目管理能力。

（1）操作管理能力

这项标准考虑的是经理日常物流操作的能力，以及达到公司新确定的服务质量、生产率及各方面的目标的能力（包括预算）。

（2）解决问题能力

这要求发现问题并采取创新方法来达到增收节支、改善服务等目的的能力，同时也要求物流经理有洞察改进的机会，以及避免问题发生的能力。

（3）项目管理能力

这指的是构架并管理为解决问题或改进物流过程的项目的能力。同时，公司也应该根据经理带动下属及发展他们的技术及管理能力来对物流经理进行评价。公司也应该根据单个雇员的生产力，利用率及表现来评价物流经理的成功程度。

本章小结

物流组织是一个关联组织，公司把大量注意力转向怎样最好地组织物流过程。物流组织的形成和发展分三阶段：操作定位、管理定位、战略定位。许多因素表现了物流组织的特点，包括正规的物流组织及其部门负责人、物流组织的流程、注重顾客满意和创造服务价值。

在物流组织的形成中，有几个物流结构必须考虑，围绕主要物流过程来组织是一项战略，该战略有许多优点。物流运作有集中化的趋势，但要客观地评价集中与分散。

有几种方法来衡量物流操作和物流管理，如成本标准、生产率标准、服务标准。物流通过效率、效果和差别化来创造顾客价值。

◆ 物流窗口 13-1

一个物流经理的岗位责任与绩效标准

某公司对物流经理建立的绩效标准如下。

1）在本年度保持 4 个月的仓储水平，在 2 年时间内减少至 3 个月的水平。

2）客户服务水平：

- 常规产品项目保持 92%可得率；
- 在收到订单后 5 天内交付。

3）在本年度保持物流操作费用为销售收入的 35%。

4）减少运输费用（包括自备车队），目标为：

- 本年度不超过销售收入的 2.5%；
- 下一年度不超过销售收入的 2.4%。

5）货损率减少到销售收入的 1%。

6）订单处理保持 98%的准确率。

7）员工更新率保持在每年 10%。

8）取得或超越总体顾客满意目标。

该物流经理的岗位责任如图 13-5 所示。

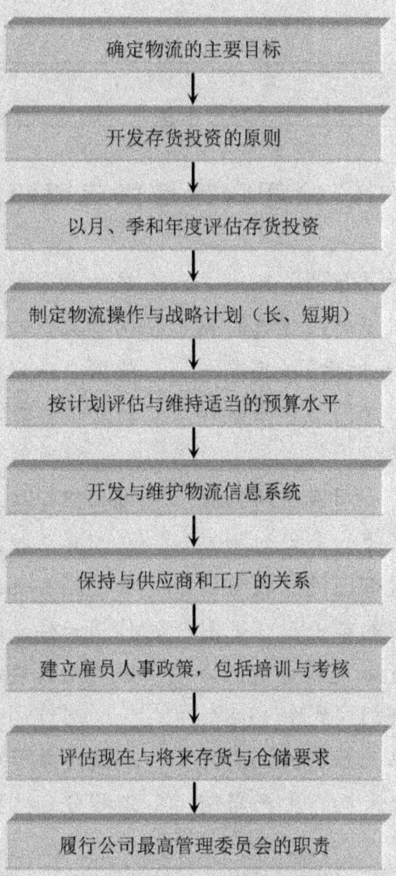

图 13-5　某物流经理岗位责任

练习题

1. 传统的功能性管理与当前倡导的过程管理有什么区别？
2. 物流组织的发展可以大致分为几个阶段？
3. 当前物流组织有哪些趋势？
4. 企业物流组织一般由哪些人员构成？
5. 为了有效地进行物流组织工作，对配备人员有哪些要求？
6. 物流组织构造发展的三个战略阶段是什么？
7. 物流组织可以有些什么类型？各类型物流组织的特点是什么？
8. 物流组织趋于集中还是分散？各有什么好处？
9. 如何设置物流组织？

◆ 案例讨论

G公司物流与供应链组织优化

1. 公司物流与供应链组织现状

公司的物流与供应链组织是按传统的职能（功能）分工（见图13-6所示）。其中供应部、生产中心和营销中心分别负责原材料物流、生产物流和销售物流。

从功能整合的角度看，公司目前的物流与供应链组织还处于较低层次，表现为物流部门整合的范围有限，物流部门没有成为独立的部门，相当于功能集中的第一步（见图13-7），即把销售物流集中于物流服务部。物流还没有成为一个独立的部门（见图13-8），也没有发展到功能整合的第三步（见图13-9，设立供应链物流总监，整合采购、生产与销售物流的运作与计划）。

另外，从流程角度看，注重流程整合的方法是随着计算机的应用及普及发展的。传统的命令和控制系统已逐渐被扁平的、更倾向于流程的结构所代替。传统的组织系统（功能型）在以信息为基础的竞争环境中不是最好的运作方法。

注重流程有助于避免以功能和活动为基础的组织缺乏远见；注重流程很容易把物流组织真正推向物流整合与供应链管理；正如物流服务部门独立有助于提高物流的地位和作用一样，注重流程能大大促进物流与供应链活动的整合和协调。

通过调查，公司供应链流程管理的整合程度与效率现状不容乐观，按供应链的八个流程分，主要的流程现状见表13-4。

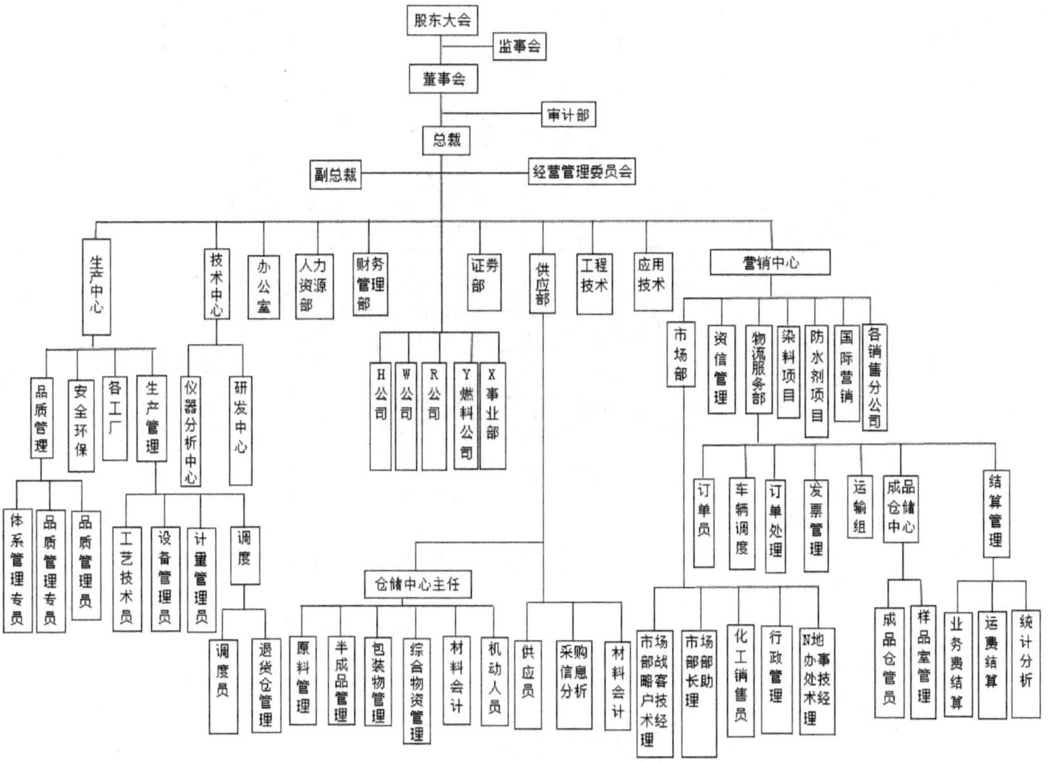

图 13-6　G 公司的物流相关部门

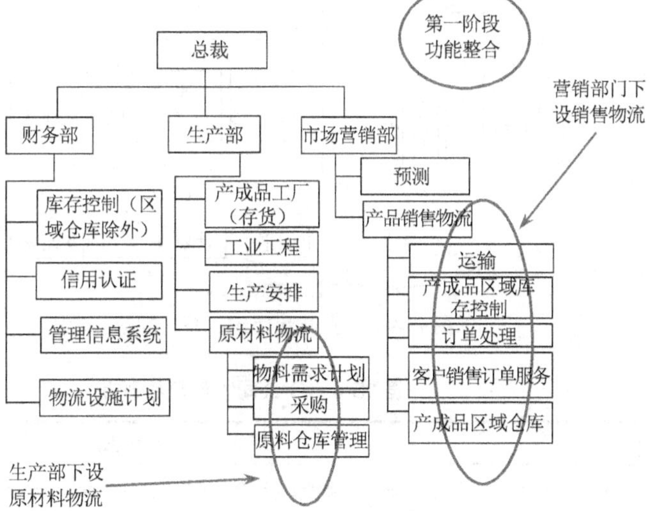

图 13-7　企业物流组织：功能集中的第一阶段

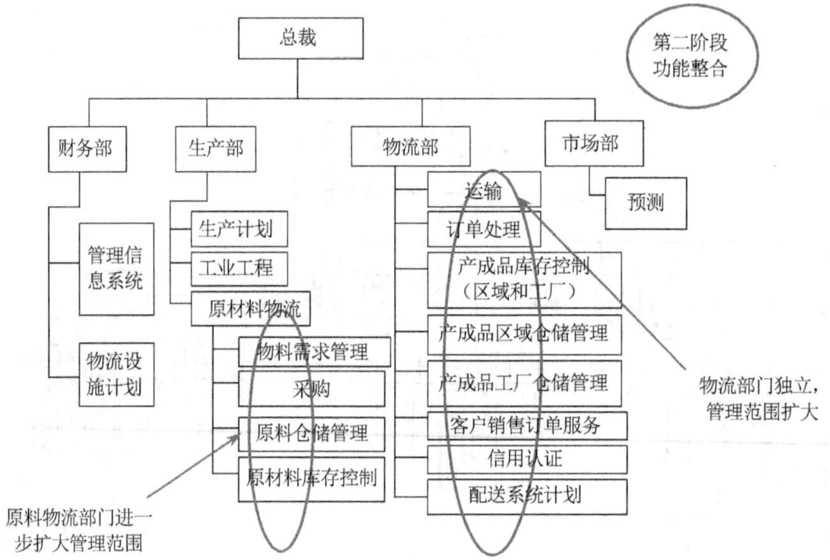

图 13-8　企业物流组织：整合的第二阶段

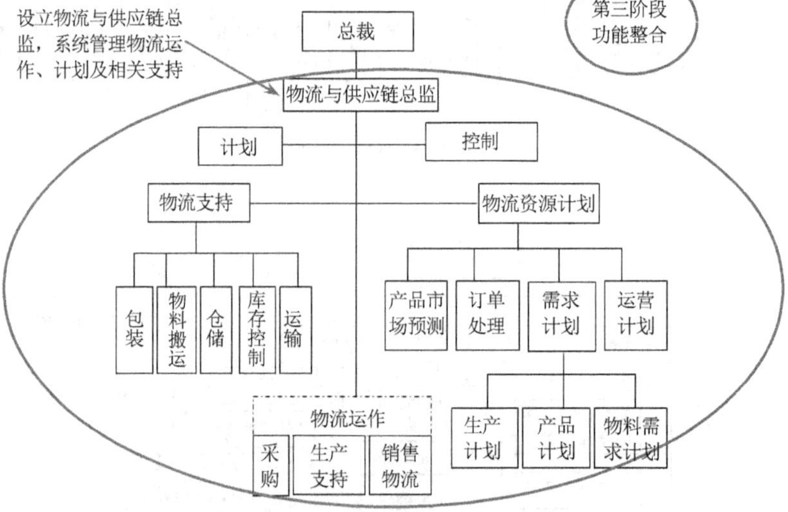

图 13-9　企业物流组织：整合的第三阶段

表 13-4　G 公司物流流程现状

供应链流程	主要现状
需求管理流程	基本缺失，预测没有整合市场前端的动态信息、缺少修改调整步骤
客户关系管理流程	基本缺失，客户信息由业务员掌握，没有上升到公司层面
销售订单执行流程	时间长，信息不准，终端服务较差

续表

供应链流程	主要现状
客户服务管理流程	客户投诉流程不闭环
生产流管理流程	流程时间较长，部门协调性较差
采购管理流程	与供应商关系较松散，计划不准确，供应商交货期较长
退货流程	源头审核缺乏，环节多，内外处理混合进行
供应链计划流程	预测与生产计划及采购不协调，各环节缺乏沟通渠道

2. 公司物流与供应链组织调整方案

（1）设立独立的物流部

公司目前的物流部设立在营销中心下面，主要负责订单处理与产品的配送，包括外设办的管理。从调查的情况来看，产品物流配送在公司还有很大的提升空间，并对销售与扩大市场份额能够起到积极的作用，因此建议加强产品物流配送的管理，具体方法是物流部门上升为独立的部门，从功能整合的第一阶段发展到第二阶段（物流部门的独立）。

物流部门的独立，具有以下的好处：

① 进一步加强物流配送，控制物流的总成本，提高物流配送的服务水平，根据对销售业务员的调查，与主要竞争对手相比，公司对客户的物流配送服务水平并不存在优势。

② 物流配送能力加强，能够有力支持营销与销售，扩大市场份额，特别是具有潜力的外地业务开发。

③ 物流部独立，有利于整合仓库运作与管理、叉车工的管理。如果物流在营销部门下，整合其他部门的仓库与叉车管理有一定难度。

④有利于加强对物流部门的考核。目前物流部门的绩效，基本不影响营销部门的绩效，因此得不到重视。

⑤ 营销部门负责该负责的功能。由营销部门专业地解决营销相关的功能，如需求预测等。

物流部独立后的功能定位包括以下几条：

① 物流部成为独立部门，其部门在业务上与供应、生产、营销平行，剥离与物流无关的业务，包括预测、结算等。

② 物流部的功能是加强公司对客户的物流配送服务，整合公司内部物流资源与管理，包括仓库、装卸（叉车）。

③ 物流部主要下设订单管理、仓库管理、运输管理、装卸（叉车）管理四个功能部门，如图 13-10 所示。

根据物流部门的功能，部门在物流服务上的考核应该包括 3 个指标：物流成本，对客户服务的质量，生产率。物流客户服务已经制定了物流服务的标准。

(2) 设立供应链总监，加强供应链流程管理

供应链流程整合的管理，主要通过设立流程负责人，每个流程有专门的流程负责人进行跨部门的协调，其中个别供应链在一个部门内部基本可以协调。

供应链流程整合的实施关键是流程负责

人作用的发挥，特别是跨部门流程，需要流程负责人从整个流程的高度进行协调与管理，并对流程的持续改进与优化负责。

从水平流程层面，供应链组织（供应链总监及计划与绩效团队）对各流程负责人建立起管理关系（包括绩效考核），及指导关系（包括预测与库存规划等具有难度的需要总体规划的关键供应链计划），如图 13-11 所示。

这样，公司的供应链管理组织实际上就形成了一个矩阵式的管理架构。

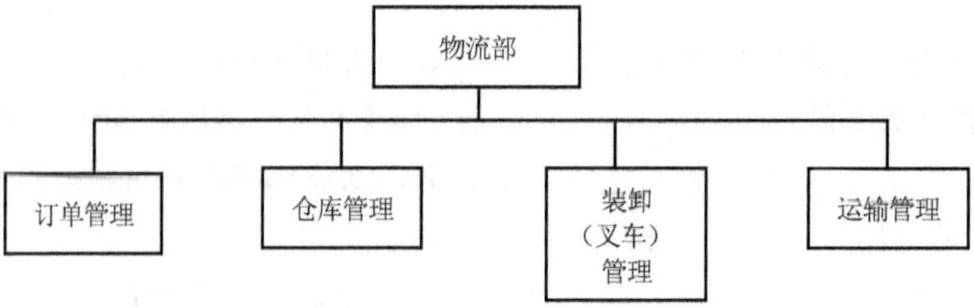

13-10　设立独立的物流部门

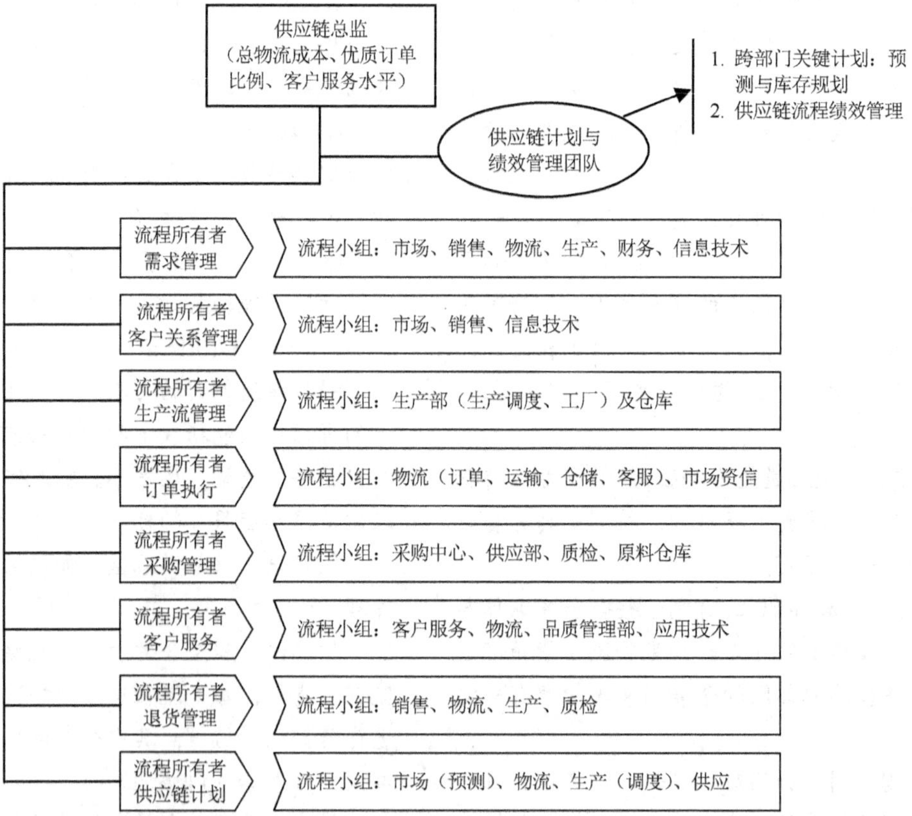

图 13-11　供应链总监对水平流程的管理

供应链总监，下设供应链计划与绩效管理团队，负责跨部门的供应链计划。其中包括预测与合理库存规划，因为这两项工作在很大程度上需要在一定的跨部门高度进行，该团队的成员可以由目前的经营管理委员会担任。有些公司取名为物流或供应链委员会，一般包括运输部门、仓储部门、采购部门、存货计划部门、客户服务部门、生产部门、信息技术、财务部门。

供应链计划与绩效管理团队成员最好每月有一次例会，协调供应链活动的计划与执行过程。

供应链总监的功能：

① 对供应链整体绩效负责(包括供应链总成本、优质订单比例、客户服务水平)；

② 负责公司内部供应链的协调，包括生产、销售、供应、物流等部门；

③ 负责供应链八大流程的绩效，对流程负责人在跨部门流程协调中提供支持。

对供应链经理的任职资格：

① 具有总体与跨部门管理的意识与能力；

② 具有强势的协调与指挥能力；

③ 熟悉物流、生产、供应部门业务（最好有相关业务经验)；

④ 具有一定的供应链计划专业知识，熟悉预测与合理库存管理。

可以从公司具有管理能力的中高层管理人员中选拔，经过一定的专业培训，主要是供应链管理理念与方法、预测、合理库存等方面的培训后上岗。

问题讨论

1. 请评价 G 公司在优化前的内部物流组织的整合状况

2. 请评价 G 公司在优化前的供应链流程整合状况

3. 注重流程整合比注重功能整合更加利于把物流组织真正推向物流整合与供应链管理，为什么项目还是以功能整合起步？

4. 优化后，G 公司设立了独立的物流部门及供应链总监，他们的职能定位应该如何确定？

第14章

物流网络整合

◆ 引导案例

T公司是一家制鞋商。制鞋商一直都是根据每次发货的货量对零售商销售力进行评估，因此往往是百货商店比那些专卖流行服装鞋帽的小商店更早地拿到了订货，然而事实却是那些小规模的商店才真正是T公司业务增长的主要来源。两年前，T公司意识到了这个问题，开始改变传统运作模式。

T公司取消了传统上的一次性大批量发货的方式，开始以周为单位，向每位客户实施两次或者两次以上的发货。企业通过对库存货物进行自动跟踪，创建发货账单，使得对小批量订货的处理效率和大批量订货同样高。

与此同时，T公司的物流重新设计也对其他的运作环节产生了影响。传统的由一个部门负责接受订单，另一个部门负责对客户信用情况核实的运作方式已经被上述二者的合并模式所取代。如今，订单通过网络，可以更快、更准确地传送到生产环节。

T公司还通过网络和客户联系，允许商店将订单自动传送到电脑中。这样，企业有望在销售每增加25个百分点的条件下，销售额增加一倍。因此，由于对传统的运作模式进行改进，T公司保持了顶尖鞋业制造商的地位。

对企业物流经理来说重组物流系统是一项新的挑战。由于物流运作变化很快，用过去的经验建立和集成新的物流能力会遇到困难。所以，成功与否取决于计划人员能否把重要因素进行量化，并形成一种符合逻辑的、可行的行动计划。对物流整合基础理论的深入理解，则是形成整合战略的基础。

本章将讨论以下几方面的内容

- 物流设施网络规划
- 设立仓库设施的因素
- 以总成本为标准的网络整合
- 物流战略规划

14.1 物流设施网络计划

在陆上运输出现前，大多数商业活动主要依赖水路运输。早期的商业活动集中在港口城市，陆上运输服务既昂贵速度又慢。如今，运输系统已经成为一个集铁路、水运、空运、高速公路和管道运输于一体的高度发达的运输网络。各种运输方式使得服务客户的物流系统有了多样的选择，也正是各种经济的运输方式为建立面向客户的、有竞争力的设施网络提供了机会。

从物流计划角度来看，运输把在地理意义上分散在各地的生产场所、存储场所和市场销售场所联结成了一个完整的体系。物流系统设施指对材料、在制品、产成品进行物料处理或者存储的设施。因此，所有的零售商店、成品仓库、制造工厂和材料储备仓库，都是物流网络中的设施。物流系统设施的选择及整个设施网络的选择都代表着企业竞争的能力，并反映出与成本有关的物流决策。

工厂设施有时需要几年的时间才能完全投入使用。而与此形成鲜明对比的是，一些仓库设施具有相当高的灵活性，它们能很快地投入使用。而对零售设施位置的选择受到营销、竞争条件影响。下面主要讨论仓库选址，物流经理面临的选址决策中，有关仓库网络的选择是最常遇到的决策。

14.2 设立仓库设施的因素

仓库是在物流系统中为了降低总成本和提高客户服务质量而设立的。

仓库为生产进行储存和分类，为运作过程创造价值。专门用于材料和零部件存储的仓库通常被称为面向供应的仓库；用做支持市场分拨运作的仓库通常被称为面向需求的仓库，该仓库往往与生产、市场分拨的具体战略直接相关。

根据物料处理和库存处理的要求，仓库提供面向供应商或者客户的专业化服务。支持生产的仓库一般位于工厂附近，支持销售的仓库则位于整个服务区域内的市场中。

信息技术、电子采购及基于反应机制的商业战略，这三者的有机结合极大地改变了仓库的使用方式。因此，面向采购、生产或者市场分拨的仓库，在经济合理化和作用上都表现出不同。

14.2.1 支持采购因素而设立仓库

仓库协助采购，使总成本降到最低。经验丰富的采购经理早就意识到要想达到交货成本的最低化，必须将采购价格、数量折扣、支付条款和物流运作有机地结合起来。为了节约交易成本和改善工作关系，绝大部分企业已经减少了供应商的数量。这些供应商可以在运作中与企业的供应链融为一体，其主要目的在于消除浪费，减少重复和非计划的冗余环节。

为了提高运作效率，在制定采购计划的时候，要重点考虑产品的生命周期。企业与供应商保持战略关系尤为重要，这种关系体现在产品生命周期的整个过程中，体现在从新产品的开发、原材料的处理、产品的储存和回收的各个方面。在整个寿命周期中，考虑的重心是仓储对采购的作用。越来越多的与采购有关的增值服务被“解放”出来，正是这种增值服务促使生产商和供应商之间进行密切的合作。同时，整个商业界，开始呈现出以快速反应机制为基础的商业战略发展趋势。这种战略促使供应商对增值服务的参与度进行了有效评估，最终形成新型的结构关系，诸如一级供应商和主要服务商。供应品的季节性特点、降价时的采购量、生产高峰期的快速补给量都将是仓储环节的重要决策因素。

采购因素的影响，使得仓库的作用发生了变化。传统意义上的仓库是用做储存原材料和零部件的，而如今这些仓库设施还用在对物料的分类和排序作业等方面。在许多企业里，物料价格中的服务拆分促进了对仓储环节实施外包的要求，高效的仓库服务正逐渐由第三方供应商来提供，之所以这样做就是要在整个供应链运作网络中，消除重复的配置和物料处理，使物料和零部件的流通畅通无阻。

14.2.2 支持生产因素而设立仓库

准备运送给客户的产成品一般在生产仓库里进行组合，以便实施集并运输。这种集并运输与单票运输的做法不同。生产仓库的主要优势在于它能以一张发票的形式按整车运输的费率，为客户提供各类产品。因此，在选择核心供应商时，要考虑其是否具有集并运输的能力。

众所周知的例子包括通用食品、强生、卡夫食品、金佰利和纳贝斯克食品公司等企业的仓库网络。例如，强生公司的生产仓库也被用来做支持医院和消费品市场，其功能就是为一系列不同的企业提供集货整合服务。其结果就是，使用同一辆运输工具发货、以出具单一发票的方式，为客户提供了不同企业的品种各异的产品。金佰利公司在各个工厂的生产线上生产出了品种多样的产品，并以规模效益的方式进行生产，这些产品被暂时放置在生产仓库中，接到订单后，产品在仓库内进行组合、装载。在纳贝斯克食品公司，仓库就定位在各个烘烤点附近，所有产品在各地的仓库里都有一定量的库存，随时为客户提供全面的运送服务。

14.2.3 支持客户服务因素而设立仓库

支持客户服务的仓库通过向批发商和零售商提供花样繁多的产品库存来创造价值。距离客户较近的仓库可以通过增加集并运输的货量和缩短到货时间，以使运输的成本降到最低。仓库所支持的市场分销的区域大小取决于服务速度、平均订单货量以及单位运输成本。大部分支持客户服务的仓库都是被第三方物流服务提供者作为公共仓库或者合同仓库进行运作的。不管是谁在运作仓库，都是利用仓库设施向客户提供品种多样的库存产品以及补货作业。如果仓库能够提供具有竞争性的服务或者在成本上具有优势，那么它的存在就具备了合理性。

1. 快速补货

传统上的支持客户服务的仓库为大量的生产商和供应商提供多样化的产品，零售商店通常没有能力直接从生产商那里订购大量库存。常见的零售补货运作是通过出售不同生产商产品的批发商来进行的。

在食品和大众消费品行业中，支持客户服务的仓库较为普遍。现代食品分销仓库通常坐落在零售商店附近，由于地理上的便利，集并的产品可以从这个中心仓库迅速地对零售商店的库存进行补充。支持客户服务的仓库为终端客户或者零售商进行快速补货提供了最为廉价的方式。

2. 基于市场的按订单组装模式

支持客户服务的仓库网络的设计直接与库存的配置战略有关。支持客户服务的仓库的建立是针对未来市场的预期需求进行库存配置的。这意味着，为了满足客户对到货时间的要求，企业要在某种程度上要依靠预期库存来缓冲。在产成品制成后，企业如何对库存进行配置取决于企业采取计划生产模式还是按订单组装模式（Assemble To Order，ATO）。在 ATO 模式中，零部件一般都堆放在仓库中，以便在接到客户订单之后，在仓库中立即进行客户化的生产或者装配作业。

ATO 模式在许多根据市场需求对仓库进行定位的运作中被越来越多地采用，这与集中式的生产地点形成了鲜明的对照。在主要市场附近所进行的组装作业在利用延迟运作取得收益的同时，也避免了长距离直送发货所发生的高成本和长时间等不利之处。

14.2.4 建立仓库的合理性

当位于供应商、生产商和客户之间的仓库为物流运作带来了服务或者成本优势时，在物流系统中，仓库的存在就具备了合理性。从运输经济学的角度来考虑，成本优势来源于仓库中的货物集并。然而货物集并通常需要库存对客户化的 ATO 模式提供支持。另外，货物集并和分类还可以在没有前期库存的情况下，通过建立流水作业设施来完成。这种运作有效地把仓库从一个货物储存设施转变为货物组合设施。当然，在某些情况下，企业也会把库存存储和持续的库存流动合理地结合起来，从而更加有效、经济地为客户提供服务。从整合管理的角度来看，物流系统设计的主要问题就是：企业应该建立多少仓库和建立什么样的仓库，这些仓库应该放在何处，这些仓库应该提供什么服务，这些仓库应该服务于哪些客户等。对于一个生产性企业来说，网络设计首先从企业的营销战略开始，然后进入生产和采购计划。在零售企业和批发企业中，网络设计的框架覆盖了从采购到支持客户服务的全部问题。

14.3 以总成本为标准的网络整合

运输和库存等经济性因素将决定企业初步的仓库设施网络。下面讨论涉及运输与存货的权衡及这两种成本的综合考虑，并找出总成本最低的网络。

14.3.1 运输经济性因素

获得经济的运输服务的关键原则有两个：一是数量原则，是指各票货物的运送量应该和承运人合法使用运输工具的运输量相当；二是递减原则，是指货物应该被运输到尽可能远的地方。这两个原则是指运输环节中的固定成本可以在尽可能多的货量和尽可能远的距离两个方面上进行分摊。

1. 以成本为标准设立仓库设施的合理性

一个仓库是否合理，基本经济原则是考察这个仓库是否具有集货和组织集并运输的功能。由于集并运输而形成的成本节省就为建立仓库提供了经济基础。

图 14-1 说明了设立仓库合理性的基本经济性原则。其中 P_L 为产地，W_L 为指定市场区域内的仓库位置，纵坐标上标有 Pc 的点表示与零担运输（C）、整车运输（A）相关的物料搬运和运输成本。斜线 AB 表示从 P_L 工厂到 W_L 仓库的整车运输成本（在本例中假设运输与距离成正比例关系）。纵坐标的 W_L 处标有 W_C，表示仓库运作和库存持有的成本。标有 D 的直线反映了从仓库到在市场区域 Ma 到 Ma' 的客户的运输成本。斜线 CD 反映了从工厂到位于 Ma'的边界线之间的客户的零担运输成本。阴影部分的区域表示的是通过集并仓库来发送货物低于直接运输的那部分成本。

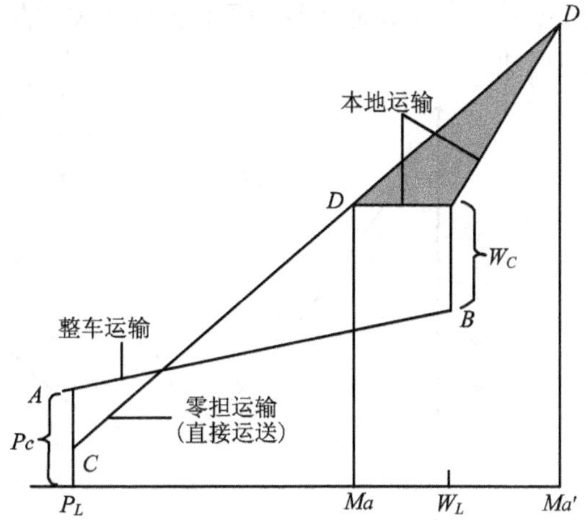

图 14-1　基于运输成本的仓库设施的经济合理性

2．网络运输成本的最小化

总的来说，通常在下列情况下，会把仓库添加到整个物流网络中：

$$\sum\frac{P_{\overline{V}}+T_{\overline{V}}}{N_{\overline{X}}}+W_{\overline{X}}+L_{\overline{X}}\leqslant\sum P_{\overline{X}}+T_{\overline{X}}$$

式中　$P_{\overline{V}}$——批量运输的操作成本；

$T_{\overline{V}}$——批量运输的运输成本；

$W_{\overline{X}}$——平均每票货物的仓储成本；

$L_{\overline{X}}$——平均每票货物的本地送货（配送）成本；

$N_{\overline{X}}$——每个批量运输所含平均的单票运输的数量；

$P_{\overline{X}}$——平均每票货物的操作成本；

$T_{\overline{X}}$——平均每票货物的直接运输成本。

这个公式唯一的局限就是要有足够大的发送量来对每个仓库设施的固定成本进行抵消。只要仓储和本地运输的总成本不高于直接发送货物的运输成本，那么相对于原来的运作方式来说，额外的仓库设施的建立和运作就可以在经济性上具有其合理性。

图 14-2 显示了在物流运作网络中运输成本和仓库数量的大致关系。在最初阶段，随着仓库数量的增加，运输的总成本相应地减少。当仓库设施数量的扩张超过了货物

集并的最大值限度时，仓库数量越多，每个仓库所承担的集并运输货量越少，运输的总成本就会相应增加。

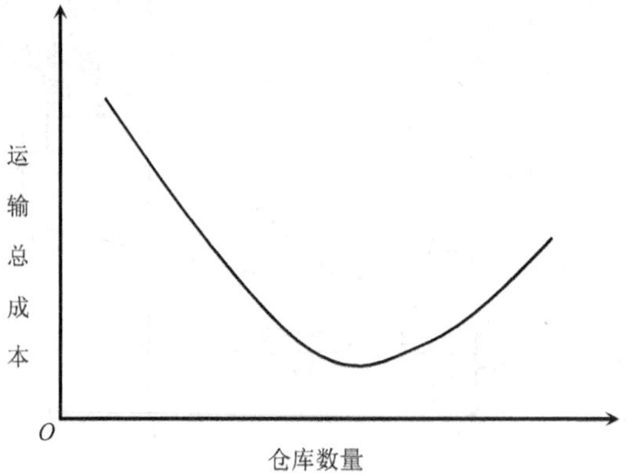

图 14-2　仓库数量与运输成本的函数

14.3.2　存货经济性因素

物流系统中存货水平的高低与仓库设施的数量有关。存货配置计划的考虑变量是周期时间（performance time），虽然周期时间的一个因素是运输，但是存货经济性的关键因素是周期时间。在物流系统中，对存货的事先配置可以提高服务的响应时间。事先配置也会增加总的系统存货，导致成本与风险增加。

1. 基于服务的仓库的合理性

仓库设施网络中的存货包括基础库存、在途库存和安全储备库存。对于整个物流网络来说，计算平均库存的公式为：

$$I = \sum_{i=1}^{n} \frac{Q_s}{2} + S_i + I_T$$

式中　I——整个网络中的平均库存；

n——网络中运作周期的数量；

Q_s——由当期的下标标记的运作周期的订货量；

S_i——由当期的下标标记的运作周期的安全储备库存；

I_T——在途库存。

基础库存　库存量的增加对于基础库存的影响并不是很大。基础库存是由生产和运输的批量所决定的，即取决于支持计划生产运作或者装配所需的“不连续”的订货数量。这个批量不会随着仓库数量的变化而变化。因此，基础库存与物流系统中仓库的数量没有关系。

在途库存　在途库存是运输工具中的库存。在运输中，这种存货可以视为一种可用承诺，但是不能使用。在途库存意味着它可以以预订的形式或通过在订单管理系统中以库存抵押的方式对客户进行承诺。随着在物流运作网络中运作周期数目的进一步增加，预期的影响就是这些现存的运作周期中的在途库存的量逐渐减少，其原因就在于整个运作网络的在途时间减少了。图 14-3 中，假设一个单件产品在 A、B 市场出售，并且目前正在由仓库 X 负责供货。假设平均每日 A 市场的销售额为 6 个产品单位，B 市场为 7 个产品单位，A、B 市场的每个运作周期所持续的时间分别为 6 天和 10 天。

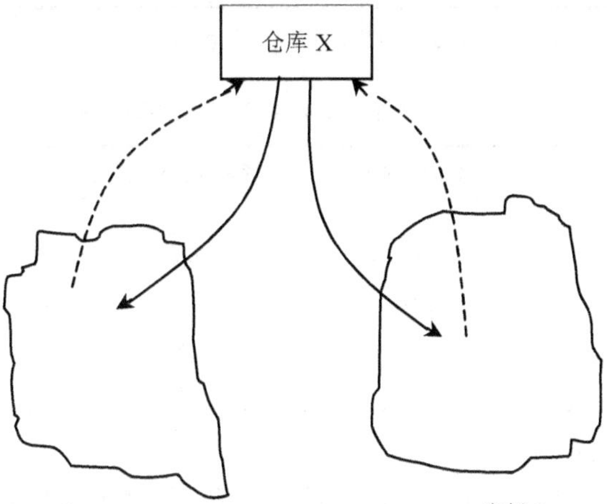

图 14-3　物流网络：2 个市场、1 个仓库

在所有的因素都保持不变的情况下，如果再增加一个仓库，在途库存会发生什么样的变化呢？表 14-1 提供了一个分析结果的总结。通过分析，市场 B 的运作周期从 10 天减少到 4 天，第二个仓库的增加将物流网络中的在途库存从 53 个减少到 32 个。第二个仓库的出现并没有在产品分销方面造成额外的运作周期。然而，在进货物流方面，在新仓库中储存的每一件产品都需要供应商进行补货。假设每个仓库都拥有全部的产品品种，每添加一个仓库，对物流网络进行补给的运作周期的数量都会相应地增加。

尽管库存补给的需求在增加，但由于满足客户需求所需要的时间减少了，整个网络的平均库存水平随着新仓库的添加而减少。假设仓库 X 同时由 4 个厂家供货，这 4 个厂家各自的运作周期和预测的平均结果如表 14-2 所示。

为了进行比较，假设所有仓库产品的单位价值均为 5 元，如果只使用一个仓库，平均在途库存为 2 835 个产品单位，那么全部在途库存的价值总共为 14 175 元。

表 14-1　在不同的物流网络下的在途库存

平均每日销售额的预测值	市场区域	只使用仓库 X 的情况	2 个仓库同时使用的情况		
			仓库 X	仓库 Y	总和
6	A	36	36	—	36
7	B	70	—	28	28
	A+B	106			64
	$\overline{l_a}$	18			18
	$\overline{l_b}$	35			14
	$\overline{l_a}+\overline{l_b}$	53			32

注：l_a——市场区域 A 的平均库存，l_b——市场区域 B 的平均库存。

表 14-2　1 个仓库、4 个工厂物流结构下的在途库存

生产厂家	运作周期时间	预测的平均销售量	在途库存	$\overline{I}$
A	10	35	350	175
B	15	200	3 000	1 500
C	12	60	720	360
D	20	80	1 600	800
	57	375	5 670	2 835

注：$\overline{I}$——平均在途库存

表 14-3 表明了添加仓库 Y 之后的情况，同时使用 2 个仓库的物流运作网络下的平均在途库存减少到了 2 248 个产品单位，库存价值为 11 240 元。这样，尽管工厂到仓库的补给线路增加到了 4 个，但是平均的运输时间由于总共补给时间的缩短而缩短了。

表 14-3　2 个仓库、4 个工厂物流结构下的在途库存

生产厂家	运作周期时间	预测的平均销售量	在途库存	$\overline{I}$
仓库 X				
A	10	20	200	100
B	15	100	1 500	750
C	12	35	420	210
D	20	30	600	300
	57	185	2 720	1 360
仓库 Y				
A	5	15	75	38
B	8	100	800	400
C	6	25	150	75
D	15	50	750	375
	34	190	1 775	888
仓库 X、Y 总计	91	375	4 495	2 248

注：$\overline{I}$——平均在途库存。

增加仓库通常会缩短总的在途运输时间，同时降低了库存。不同情况结果会有区别，必须详细分析每个设施网络，才能确定平均在途库存的影响。理解这种关系的关键要记住，尽管要求的运行周期的数量增加了，但是总运输时间减少了。但是存在一个限制条件，在运作周期的数量逐渐增加的同时，运输时间减少了，这也会增加交货时间的不确定性。随着运作周期数目的增加，潜在的运作错误会增加，这种潜在的影响可以通过安全储备库存来弥补。

安全储备库存 安全储备库存是由于对销售和运作周期的不确定性，在基础库存和在途库存的基础上产生的。销售上的不确定性与客户需求有关；运作周期的不确定性与补充仓库库存所需要的时间有关。安全储备就是在库存补给的过程中避免出现意料之外的缺货情况。从安全存货的角度来看，增加仓库将造成平均库存量的增加。这样一来，整个物流运作网络的不确定性也会增加。具体表现在以下两个方面：第一，随着运作周期时间的减少，在补给过程中的销售量也会减少，因此，缩短运作周期的时间可以降低安全储备的量；第二，一个市场的闲置库存可以用来满足其他市场对安全储备的需要。

表 14-4 根据 3 个市场月销售量的概况，从市场组合和市场分隔两个方面说明这两种情况。这 3 个市场组合时候的平均销量为每个月 22 个产品单位，在 6 月销量远远高出平均值，达到了 29 个产品单位，也就是高出平均值 7 个单位。如果运作的目标是完全避免缺货情况的发生，那么就需要 7 个单位的安全库存。

表 14-4 3 个独立市场及组合而成的市场销售概况

月份	所有市场的总销售量	每个市场的单位销售量		
		A	B	C
1	18	9	0	9
2	22	6	3	13
3	24	7	5	12
4	20	8	4	8
5	17	2	4	11
6	29	10	5	14
7	21	7	6	8
8	26	7	7	12
9	18	5	6	7
10	24	9	5	10
11	23	8	4	11
12	23	12	2	9
总销售量	265	90	51	124
平均月销售量	21.1	7.5	4.3	10.3
多于平均值的值	7	4	3	4

市场 A、B 和 C 的平均月销售量分别为 8、4 和 10 个产品单位。超过需求预测的最大值的是市场 A 的 12 月的 12 个产品单位超出 4 个产品单位；在市场 B，这个值出现在 8 月，为超出 3 个产品单位；在市场 C，则出现在 6 月，超出 4 个产品单位。在市场分隔的情况下，整个运作网络需要 11 个产品单位的安全储备，而在只有一个仓库的情况下，7 个产品单位的安全储备可以服务于整个市场，在使用 3 个仓库的情况下，整个系统需要多增加 4 个产品单位的安全存货。

这个简化了的例子说明了在物流网络中仓库数量的增加对安全储备的影响。关键之处在于安全储备的增加是由市场区域内的种种不确定因素无法整合而引起的，其结果就是需要由特殊的安全储备来适应地区需求的变化。

2．物流网络存货成本的最小化

图 14-4 概括了在物流网络内部仓库数量的增加对平均库存的整体影响。平均在途库存和物流网络中的仓库数量之间存在着线性关系。平均在途库存的减少由曲线$\overline{l_t}$表示。

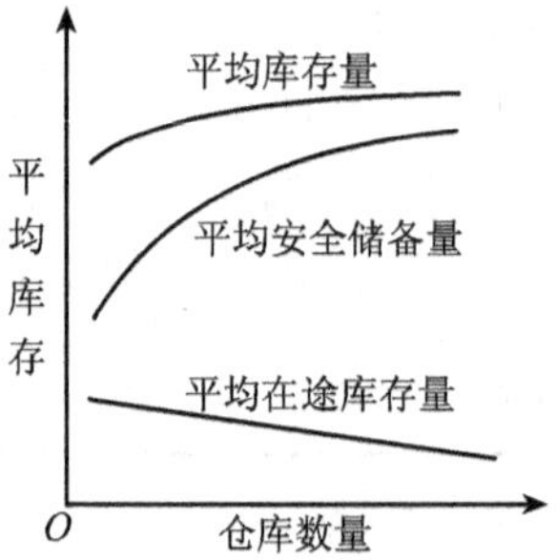

图 14-4　仓库数量和平均库存的函数关系

曲线$\overline{l_{ss}}$（平均安全库存量）随着仓库数量的增加而上升。平均库存曲线$\bar{l}$受到安全储备和在途库存二者的总影响。观察结果显示，安全储备库存决定着在途库存。对于整个物流网络来说，平均库存量等于安全储备量加上订货量的一半以及在途库存量。因此，在同样的需求和同样的客户服务目标下，库存总量随着仓库数量的增加，增加的速度逐渐减慢。

14.3.3　仓库网络总成本

降低物流总成本是物流整合的目标之一。图 14-5 表示相关的总成本与仓库数量的关系。从图中可以看出，当仓库数量为 8 的时候，运输总成本最低；库存成本曲线随着仓库数量的增加而上升；而当仓库数量为6的时候，物流网络总成本最低。

图14-5揭示了一个平衡取舍关系。即物流网络总成本曲线最低点不在库存总成本曲线的最低点，也不在运输总成本曲线的最低点。而是库存成本和运输成本整合之后的最低点。在实际操作中，很难对物流总成本的各个方面进行精确的衡量和确定。因此，进行物流网络总成本分析时，需要考虑许多方面的因素。库存成本与运输成本之间存在着相当大的平衡取舍关系。例如，在没有安全储备的情况下，总成本最低值应该位于或者接近于最低运输成本值。

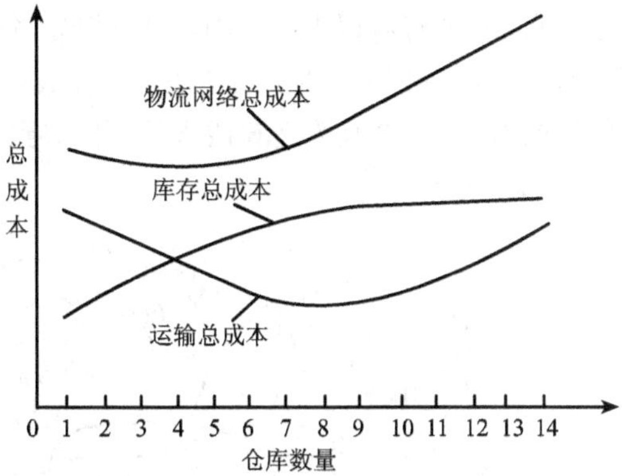

图14-5 物流网络总成本与仓库数量关系

14.4 物流战略规划

为了确定物流战略，对服务水平和物流成本进行系统评估是很有必要的。具体做法主要包括：首先，初步构造一个总成本最低的物流运作网络；其次，在最低成本的前提下，对提供的服务的可行性和运作能力进行衡量；再次，对成本和服务水平进行敏感性分析；最后，完成物流战略的规划。

14.4.1 成本的最小化

寻求最低总成本的一个方法是设计最低的固定成本和可变成本的物流系统网络。最低总成本的确定就是要在各个成本之间进行权衡取舍。图14-5在基本关系上向我们展示了最低总成本与仓库数量的关系。与最低成本直接相关的客户服务水平是由企业的安全储备政策和客户到仓库的距离决定的。与最低总成本系统设计相关的客户服务水平被称为临界服务水平。

14.4.2 临界服务水平

为了提高客户服务水平，对与最低总成本相关的客户服务水平进行衡量是非常有必要的。把客户服务水平的提高建立在先进的订单录入和处理系统上，把仓库的运作建立在标准化作业上，把运输时间的减少放在最低成本的基础上，都是十分常见的。例如，如果安全储备的目标是在不确定的情况下，达到97.75%的绩效水平，那么我们就要预计，在100件订购商品中大约有98件将必须按照规定的条件交货。

由于成本在地理区域上有着很大的不同，任何既定的仓库设施的服务区域将会在大小和形状方面有所差异。图14-6所示的是在总运输成本相同的情况下，各个地区的仓库服务区域的分布情况。3 个仓库运输成本的不同导致服务区域呈现出不规则的分布。3 个仓库分别用 X、Y 和 Z 表示。

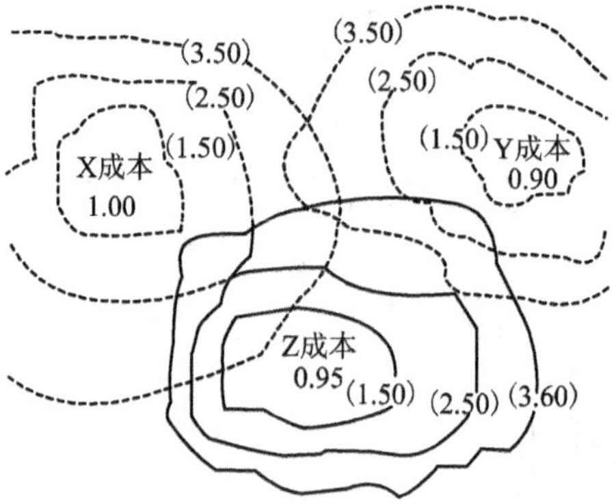

图 14-6　服务区域的决定：三点最低的成本系统

图14-6的例子有两个基本假设：（1）它是基于一个平均订单的销售，因此运出的物流成本等于平均值。如果订单货量呈现出在平均值附近波动，那么，服务区域的边界就会随着发货批量的变化而变化；（2）交货时间是根据距离来估算的，而在途库存的估算则是建立在交货时间的基础上的。

规划物流战略是为了获得物流最低成本，这个事实并不意味着临界客户服务水平很低。在一个最低成本的系统中，从客户下达订单到最后送达总需要的时间平均要比一个绩效水平经过改进过的网络所耗费的时间要长。因此，一个仓库的建立是基于最低成本的考虑，那么它更倾向于建立在客户需求高度集中的区域。

14.4.3 服务敏感性分析

一个物流系统实际的绩效水平是通过能否持续达到服务标准来进行衡量的。物流战略规划的下一步就是测评客户对临界服务的适应程度，临界服务为服务敏感性分析提供了基础。服务水平可能因为其他情况的出现而受到影响，这些情况是：① 仓库数量的变化；② 运作周期的改变；③ 安全储备的改变。

1. 仓库数量的变化

为了说明仓库的数量和服务时间之间的关系，我们需要设定一个重要的衡量参数，那就是在某个特定的时间段内所满足的客户需求百分比。

如表 14-5 所示，我们将重点讨论以下情况：

首先，拓展性的服务是一个递减函数。例如，前 5 个仓库为 42%的客户提供 24 小时的服务，如果加倍增长到 84%，需要 14 个仓库，也就是还要额外增加 9 个仓库。

其次，运作时间间隔较长的服务与时间间隔较短的服务相比，更容易达到较高的服务水平。例如，2 个仓库在 96 小时内能提供 76%的服务，而在 48 小时内只能提供 44%的服务。

最后，随着每一个新仓库添加到物流网络中，相关的总成本也跟着增长。

表 14-5 仓库的数量对特定时间段内的服务能力的影响

仓库数量	运作周期时间（小时）		需求的百分比（%）	
	24	48	72	96
1	15	31	53	70
2	23	44	61	76
3	32	49	64	81
4	37	55	70	85
5	42	60	75	87
6	48	65	79	89
7	54	70	83	90
8	60	76	84	90
9	65	80	85	91
10	70	82	86	92
11	74	84	87	92
12	78	84	88	93
13	82	85	88	93
14	84	86	89	94

物流经理需要估算增建仓库对库存的影响。不确定性和库存之间的关系被称为业务量效应，该业务量效应可以利用平方根法则进行估算，平方根法则最初是由迈斯特提出来的，他指出，添加仓库引起的安全库存与一个比率相等，这个比率等于新仓库数量的平方根除以现有仓库数量的平方根。

例如，假设一个经理想要估算从一个仓库系统转换为两个仓库系统的库存反应。使用平方根法则，一个企业中有两个仓库的安全储备量可以估算为：

$$S_2 = \frac{\sqrt{N_2}}{\sqrt{N_1}} \times S_1$$

$$= \frac{1.41}{1.00} \times S_1$$
$$= 1.41 \times S_1$$

式中　S_2——N_2 个仓库的安全储备量；

S_1——N_1 个仓库的安全储备量；

N_2——新配置下的仓库数量；

N_1——现有配置下的仓库数量。

第二个仓库的增加对库存会产生相应的影响，预计将会在安全储备上增加 141 个百分点。表 14-6 显示了一定范围的仓库的变化对安全储备水平的影响。虽然平方根法则对于库存预测的计算十分有效，但是它仍然需要一些与需求相关的假设条件来对其精确度进行改进。首先，仓库数量变化或者产品需求的变化必须接近于实际的需求水平，具体地说，如果目前有两个仓库，它们必须与实际的需求水平相当。其次，每个仓库之间的需求变化相互独立，毫无关联。最后，平方根法则要求每个仓库的需求基本上要符合正态分布。如果不考虑这些假设条件适当与否，平方根法则是一个有效的评估物流网络中增建仓库对库存的影响的好方法。

表 14-6　仓库数量的变化对安全储备水平的影响

仓库数量	安全储备水平
1	97
2	141
3	175
4	203
5	229

2. 运作周期的改变

通过对运作周期的某些方面进行改变，可以改变客户服务速度，改进服务质量，比如运用电子化订货和优质快速的运输模式。但是通过缩短运作周期来提高服务质量，将会增加可变成本；与之形成鲜明对比的是，通过增加仓库的数量来提高服务水平将会增加固定成本，并且降低整个系统的灵活性。

因此，优质快速的运输成本和最低水平的运输成本之间的矛盾往往会导致企业倾向于使用大批量运输。这样一来，如果订货量非常巨大，物流经济就倾向于通过一个仓库或者一个集并运作站点来对一个市场区域提供服务。

3. 安全储备的改变

改变服务水平的一个较为直接的方式就是对安全库存进行改变。在整个物流系统中增加安全储备，将会使平均库存成本曲线上扬。为了提高客户服务水平，企业的每个仓库中的安全储备都要增加。

14.4.4 确定战略

建立物流战略的最后一步就是对成本收益进行准确的评估。为了说明这个问题，我们来讨论一个例子，假设公司目前的系统对于60小时之内所收到的订单可以满足至少90%客户的95%需求，并且目前的系统需要使用5个仓库的网络，才能以最低的总成本来满足这些目标。而企业的营销部门相信企业完全可以在24小时之内满足90%客户的97%需求。因此，管理部门需要对成本进行仔细的评估。

图14-7向我们展示了如何对这个方案进行评估。

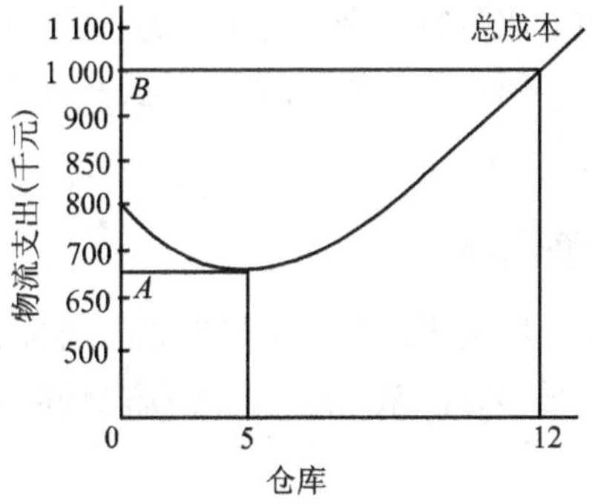

图14-7　5个仓库和12个仓库分销系统的总成本比较

如图14-7所示，要在24小时之内满足90%客户的97%需求，以最低成本达到服务标准需要配备 12 个仓库，通过 A 点和 B 点之间的距离发现，企业在物流成本上每年多投入 320 000 元左右。

为了确定企业的整体物流政策，管理者需要在一定范围内对战略决策进行多方面的考虑。除了最低成本因素外，企业至少还有 4 个其他的战略模式可供选择：最大限度的服务水平、利润的最大化、最大化的竞争优势和最小化的资产配置。每一个战略模式都推出了各自独特的物流网络设计框架。

1．最大限度的服务水平

实际上，最大限度的服务水平模式很少被企业采用。该模式把重点从成本方面转移到了服务水平和送货绩效方面。从服务于同一客户群体的最低成本系统到最大限度的服务水平系统，总成本发生了巨大的变化。为了提供最大限度的服务水平，需要使用高度可靠的运输方式，仓库的数量也可能会因为使用优质运输服务而减少。

2．利润的最大化

绝大多数企业都希望通过物流系统的设计实现利润的最大化。一般来说，仓库离客户越远，物流成本通常就越高。成本的增加不仅仅是由于距离方面的因素，还与客户群的密度有关。如图 14-6 所示，仓库最外围客户所能提供的赢利空间如果为零的话，那么企业进一步扩展服务区域，就根本没有利润可言了。在理论上，只有当边际收入与边际成本相当的情况下，才进行扩展服务区域。回头看图 14-5，在正常情况下，收支平衡的点通常是在总成本曲线的最低成本点的右边，因此，作为第一近似值的利润最大化系统，有望下降到位于 6~10 个仓库的位置。

表 14-5 以量化的形式向我们显示了为现存客户提供的 14 个仓库的服务能力。增加仓库而取得的实际收益在不同情况下会产生不同的结果。但是总体看来，依靠增加仓库的数量所获得的服务收益会出现下降的态势。每增加一个仓库所增加的物流成本反映了提高送货速度所产生的额外成本。这种对运作成本的估算使得企业更有效地对服务进行分析和评价。

3．最大化的竞争优势

在特殊情况下，物流系统设计中最理想的战略是寻求最大化的竞争优势。在物流系统中，可以通过很多方法来改进现行系统以获得竞争优势。在这里我们列举以下两个例子。

局部服务 即在企业自身能力有限的情况下，首先最大限度地满足主要客户（给企业带来最高利润的客户）的需求。

为了进一步说明问题，我们假设某一个企业是一个典型的大营销商，它承诺在 24

小时内为42%的客户提供服务。而这个企业的客户群体中20%的客户占据着企业80%的产品份额，并且这批主要客户分别处于75个不同的送货地点。因此，这个企业战略定位的关键就是这75个不同的送货地点是否在42%的客户群体中。而某个客户被包含在这42%的客户群体中的概率仅有0.5。针对另外0.5概率的主要客户，我们通过局部服务的方法进行满足。局部服务可能会进一步提高总成本，减少短期利润，但是在长期利润方面，却可以取得实质性的进展。

合理性的高成本仓库 另一个应用措施是建立经济的、合理的高成本仓库。该方法只适合小型企业。由于大型企业比较僵化，其价格往往很不灵活，并且大企业不愿触及这样的地方化市场，他们集中精力于主要市场的开发，而小型企业正好可以根据地方市场独特的成本和需求，对营销和物流系统进行调整，同时，可以引进小规模的设施或者创建直接的物流系统来服务于本地市场。这对于小企业来说无疑是一个机遇。

4. 最小化的资产配置

在物流系统中运用最小化的资产配置是企业最后一个物流战略。公司如果想获得最大灵活性，可以使用公共仓库和公共车队等。这个方法与为获得规模经济而增加资本相比，该战略的物流总成本会更低，所产生的风险也更小，更重要的是更具有灵活性。

因此，从设计物流系统的角度来看，最低总成本和相关的临界服务为保证成本/服务敏感性分析提供了一个理想的平台。

本章小结

物流网络设计的推动因素是整合采购、生产和客户服务战略的要求。在这些相互关联的战略框架中，整合的物流需求是通过总成本分析及成本与服务的权衡确定的。这些能力通过企业的设施网络加以体现，其中最重要的是仓库设施。仓库设施建立的合理性是通过评估它对降低成本、改进服务水平或者同时降低成本与改进服务水平的贡献。

运输和存货经济性是物流网络设计中两个重要的考虑因素。当寻求最低成本的时候，运输解决物流空间上的问题。集并运输是在物流网络设计中增加仓库设施的理由。库存中引入了物流的时间层次。在需求量不变的情况下，随着仓库数量的增加，平均库存相应地增加。总成本的分析为物流、生产和采购成本的整合提供了一个框架，因而总成本分析为物流网络的整合提供了依据。

总成本分析在实际中有一定困难。首先，许多重要的成本并不能很容易地被衡量，在标准会计系统下是没有报告的。其次，需要考虑的候选方案非常多。

一个物流战略的规划要求根据向客户提供服务的水平对总成本进行评估。根据可得性、运作能力和绩效水平对物流服务水平加以衡量。每项服务的最终实现直接关系到企业对整体物流网络的设计。为了在整个企业一体化过程中达到物流运作支持的最高水平，向客户提供的服务就应该向着边际成本等于边际收入的方面努力。

服务政策的规划始于对最低总成本系统设计的明确和分析。根据管理上所规定的库存可用性的目标，我们可以确定与最低成本设计相关的服务能力。这种服务水平被称为临界服务水平。为了对最低成本设计进行修订，我们使用了敏感度分析。服务水平可以通过以下 3 个方面加以改进：① 仓库数量的调整；② 运作周期的调整；③ 安全库存的调整。

练习题

1. 物流系统中，对增加仓库设施的合理性是什么？
2. 为什么在物流系统中随着仓库数量的增加，运输成本会出现降低的情况？为什么在物流系统中随着仓库数量的增加，库存成本会相应增加？
3. 用自己的话回答：库存的位置效应是什么？它与在途库存、安全库存有什么不同之处？
4. 在表 14-5 中，为什么客户服务水平的增长速度对位于仓库更远的客户来说提高得更快一些？在物流系统设计中，这种关系的含义是什么？
5. 改进客户服务的 3 种方式分别是采用快捷和具有更持续性的运输、更高的库存水平以及增加仓库数量，请你讨论这 3 种方式有什么不同之处。
6. 在物流系统设计中，最小总成本政策和短期利润最大化政策之间有什么不同？
7. 请你指出，通过什么方式可以把灵活的分销运作纳入物流系统设计中，从而使客户服务的绩效水平得以提高。

第15章

物流成本与控制

◆ 引导案例

美国Marine Corps的业务流程重构

美国Marine Corps是美军部队下属的一个分支。该军团的作战中心位于加利福尼亚，是世界上最为重要的军事训练中心之一。该作战中心每年要培训大概1/3以上的美海军力量。作为军事系统，Marine Corps的后勤工作就变得十分重要，物流成本控制也成为其重点问题之一。

美国国防部对其所有的军事服务进行过检查，主要目的是降低成本，把节省下的费用用于武器装备的现代化改造。他们可以把一些服务外包给商业供应商。在确定哪些服务可以外包给商业供应商之前，Marine Corps首先要清楚有关的作业成本。因此，Marine Corps的物流部邀请KPMG顾问公司设计具有竞争力的作业流程。

KPMG顾问公司采用作业成本法（ABC法）对Marine Corps的物流成本进行了分析，模拟了Marine Corps物流作业中的18个功能领域，包括设备维护、财务管理、福利补贴、通信和数据资料操作等。Marine Corps采取了KPMG所提出的建议，进行了业务流程再造（BPR）。

本章将讨论以下几方面的内容

- 物流成本的分类方法，如何计算物流成本
- 对物流成本各组成部分的分析
- 对物流成本进行控制的几种方法

15.1 物流成本概述

物流成本是指从原材料供应开始一直到将商品送达到消费者手上所发生的全部物流费用。然而，在传统上，物流成本的计算总是被分解得难以辨认。由于物流成本没有被列入企业的财务会计制度，制造企业习惯将物流费用计入产品成本，商业企业则把物流费用与商品流通费用混在一起。因此，无论是制造企业还是商业企业，不仅难以按照物流成本的内涵完整地计算出物流成本，而且连已经被生产领域或流通领域分割开来的物流成本，也不能单独真实地计算并反映出来。换句话说，任何人都无法看到物流成本真实的全貌，了解其可观的支出。

物流成本之所以难以计算，主要是由于物流成本具有隐含性特征。物流成本中，有不少是物流部门无法控制的。如保管费中就包括了由于过多进货或过多生产而造成积压的库存费用，以及紧急运输等例外发货的费用。

从销售方面看，物流成本并没有区分多余的服务和标准服务的不同。如物流成本中多包含促销费用。

物流成本之间存在权衡规律。在物流功能之间，一种功能成本的削减会使另一种功能的成本增多。因为各种费用互相关联，必须考虑整体的最佳成本。

物流成本研究的目的是要将混入其他费用科目的物流成本全部抽取出来，使人们能够清晰地看到潜藏的物流成本，以便挖掘潜力，降低成本。

1. 物流成本

物流成本是指产品空间位移（包括静止）过程中所耗费的各种资源的货币表现，是物品在实物运动过程中，如包装、装卸搬运、运输、储存、流通加工、物流信息等各个环节所支出的人力、物力、财力的总和。据资料显示，美国和加拿大公司物流成本构成情况如表 15-1 所示。

表 15-1　美国和加拿大公司物流成本构成情况

成本内容	美国公司（%）	加拿大公司（%）
客户服务与订单及清关	8	8
仓储	25	25
运输	37	36
管理	9	8
库存搬运	21	23

2. 基本会计概念

物流所采用的会计概念同制造业生产成本核算所用的会计概念是相同的。功能成本分析是成本界定的先决条件。尽管物流活动是按照功能的不同来组织进行的，如库存、运输、订单处理和存货。但实际上很多公司却并不按照功能来划分成本，而是粗略地进行“自然”账户分类，即划分为工资、折旧、管理费用等。

自然账户是在公司的损益表和收支平衡表上划分成本、进行财务报表时所使用的。例如，不论是为生产、销售、物流还是财务所支付的工资，所有的工资支出都会被划归到工资账户，在报告期末全部列示在财务报表上。其他自然账户还有租金、折旧、销售费用、管理费用和利息费用。一般公司不可能在自然账户中为诸如仓储、运输这样的物流成本单独列示，它们被归并到不同的部类中，如管理费用、销售费用等。

成本按功能分类，主要是满足成本核算的需要，帮助会计人员正确分析各项成本的性质和用途，归集成本资料，确认产品成本和期间成本，最终按配比原则和权责发生制原则正确计算损益。同时，这种分类也有利于分析成本的具体构成，为成本管理服务。

现在已经出现了一种趋势，尤其是在运输上，摒弃权责发生制概念，把一个期间的成本同另一期间的收益相匹配，这就使我们难以确定物流费用，难以控制成本，也难以进行权衡分析。各公司必须分析自身物流活动，以确定有意义的功能账户分类。以下我们将解释物流部门要用到的一些基本会计概念，包括成本分类、成本计算和总成本分析。

15.2 物流成本分类

物流活动是按功能的不同来组织进行的，如运输、仓储、订单处理等，但大多数企业使用自然账户划分成本。物流成本无法单独列示，它们包含在不同的成本部类中，如管理费用、销售费用、制造费用等。因此，辨清物流成本的工作很艰巨，要从各自然账户（如工资、折旧、管理费用、销售费用等）中仔细剔出。在此基础上，根据物流成本的不同性质，可再行分类。进一步划分成本可以向管理者提供更多对决策产生影响的细节问题。

1. 可控成本与不可控成本

成本从是否可以控制的角度，可以划分为高度可控成本、低度可控成本和不可控成本。这样划分，各个经理只需负责针对功能范围内的可以控制的成本做出有效决策。一般来讲，可控成本是指在会计期间内责任单位可以采取措施进行调整的成本。可控成本与不可控成本的划分，有利于区分成本控制责任。

2．固定成本与变动成本

成本的变动通常是由业务量的变动引起的，因此理解物流成本性态需要在成本和适当的业务量间搭起一座桥梁。变动成本很大程度上随业务量而变，固定成本则不受业务量变化的影响。变动成本如存货搬运装卸费等，固定成本如运输、仓储部门经理工资等。图 15-1 描绘了固定成本与变动成本性态及其变动。

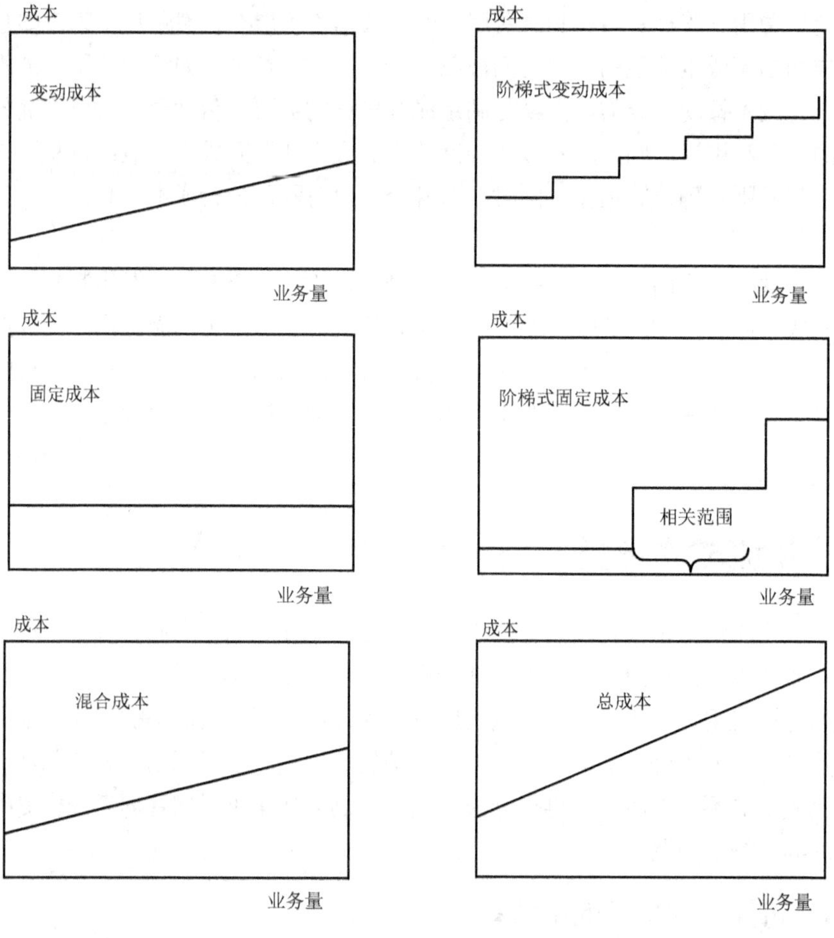

图 15-1　成本性态图示

混合成本既包括固定成本又包括变动成本。如仓库人工费用作为混合成本，其中完成常规工作量需 5 名员工，这 5 名员工的工资属固定成本；若业务量超出 5 名员工这一基本配置能力范围，那么加班工资或雇用临时工的费用就属于变动成本。

阶梯式变动成本和阶梯式固定成本在相关范围内保持不变，当物流业务量超过相关范围时，其发生额会突然呈现跳跃式上升，然后在业务量新的增长范围内，其发生额又保持不变，直到另一个新的跳跃。从总趋势看，其发生额是变动的，但在业务量的某些区间内，则是固定的，呈阶梯状。两者的主要区别在于梯度的大小。

要进行有效的计划与控制，就要把成本划分为固定成本和变动成本两部分，以便于管理者制定决策。

3．实际成本与机会成本

会计的稳健性、保守性要求运用当期实际成本，或使用历史成本分摊。实际成本是由实际发生的交易产生的成本。机会成本是指在备选方案中做出具体选择时，因放弃其他交易而牺牲的可能获取的价值量。机会成本并非一般意义上的成本，它并不构成企业的实际支出，也无须记入账册，在损益表中不体现机会成本，但它却是正确进行决策时必须予以考虑的现实因素。为此，对管理决策的制定而言，必须考察实际成本和机会成本。

4．相关成本与沉没成本

相关成本指企业进行决策时应当充分考虑的各种形式的未来成本，它不包括任何不受决策影响的成本。不发生变动的成本是沉没成本。叉式起重机在购买后其价格即成为沉没成本。在决定出售该叉式起重机时，引致的所得税为相关成本，而最初购买价与售价及所得税差额为“沉没”掉的成本，无法挽回。沉没成本不等同于固定成本。

15.3 物流成本的计算方法

成本的类别并不是辨认、划分成本的唯一方法，成本计算方法本身也同样可以提供有用信息。本章所讨论的两种方法既可以单独使用，也可以相互结合使用。

1．标准及标准成本法

标准成本法以两部分来记录成本，标准成本或预期成本加上实际发生的、与该标准偏差的那部分成本。该方法广泛应用于制造成本的有效控制上，但却极少有公司应用到物流配送活动中。如果决定采用标准成本，就要对物流营运情况做系统回顾，从而制定出达到预期产出的最有效方法，确定标准。会计、物流和工程人员必须协同工作，运用时间与动作研究、效率研究和回归分析，为不同物流中心成本的不同作业水平提出一系列弹性预算。可以为存货拣选、装卸、收货、补充库存、堆垛和包装商品之类的仓储作业设定标准。另外，标准成本还成功应用到订货、运输甚至事务功能中。

当然，并非所有物流成本都要设定标准。管理部门应当选择运用标准成本，将标准应用到需要不断关注成本控制的低效领域。

2. 完全成本法和变动成本法

完全成本法，也称分摊成本法、吸收成本法，是一种产品成本计算法。它首先应将生产某种产品所发生的各种消耗，包括直接材料、直接人工和制造费用，不管它们是变动的还是固定的，全部计入产品成本，当产品出售时，再转入销售成本，然后得出企业的收益。所以说，完全成本法计算的产品成本包括变动成本和固定成本。

变动成本法，或称边际成本法、增量成本法、直接成本法，在计算收益时，只将生产某种产品所发生的耗费中的变动成本，例如直接材料、直接人工和变动制造费用等计入该产品的成本，而将固定费用全部作为期间费用，计入长期损益，所以，产品成本只包括变动成本。尽管变动成本法不符合会计准则的要求，因而还不能用来编制对外财务报告，但它对企业内部的管理，包括决策、控制和业绩考核等都带来了很大的方便，因而已成为企业内部管理的一种主要方法。

在以上所介绍的两种方法的基础上，各公司还可以根据实际需要采用以下四种不同的成本计算方法。

（1）实际完全成本法

直接物料和直接人工的实际成本 + 预定变动制造费用和固定制造费用

（2）标准完全成本法

直接物料和直接人工的预定成本 + 预定变动制造费用和固定制造费用

（3）实际变动成本法

直接物料和直接人工的实际成本 + 预定变动制造费用（不含固定制造费用）

（4）标准变动成本法

直接物料和直接人工的预定成本 + 预定变动制造费用（不含固定制造费用）

15.4 总成本分析

一般来说，物流总成本（TLC）包括运输成本、存货成本、仓储成本、订单处理和信息成本、批量成本：

TLC = 运输成本 + 存货成本 + 仓储成本 + 订单处理和信息成本 + 批量成本

其中的各组成部分将在下一节中加以分析。显然，上述物流成本存在相互作用、相互制约的关系。物流供应链成本管理不是降低某一环节的局部成本费用，而是应当在满足一定顾客服务水平的基础上追求物流总成本最低，实现利润最大化。这就需要用系统整合的观点分析和控制物流成本，因此，我们引入总成本分析法。盈亏平衡分析和根据资金成本所做的分析（货币时间价值技术）是物流中经常用到的决策工具。

1. 盈亏平衡分析

盈亏平衡点是销售额恰好弥补变动成本和固定成本之和的点，如图 15-2 所示。当各种不确定性因素（如投资、成本、销售量、产品价格、项目建设期等）发生变化时，可能会影响管理部门决策的经济效果。若管理部门要决定是否应将客户服务水平从 90%提高至 95%，就需要清楚要增加多少销售额才能达到盈亏平衡。如果无法实现足够的销售额增长，那么就不应提高服务水平。

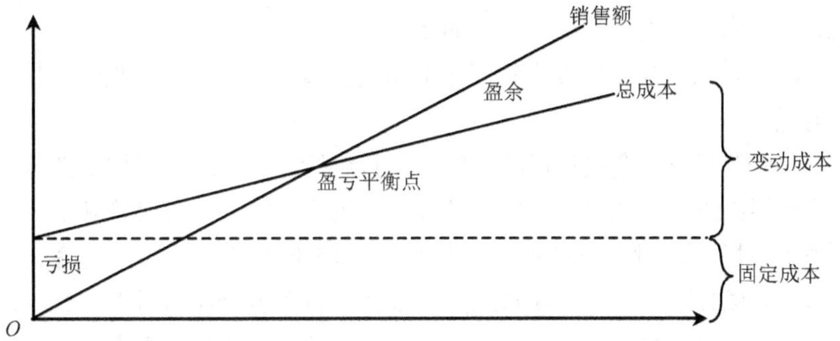

图 15-2　盈亏平衡分析

2. 资金成本

所谓资金成本，是企业取得和使用资金而支付的各种费用，包括资金占用费和资金筹集费用，它是投资决策的有效工具。一般而言，一个项目的投资回报高于资金成本，就值得进一步考虑该项投资。资金成本的概念在不断地演化发展，在这里，我们介绍三种简单的资金成本计算法。

（1）简单资金成本

最简单的计算方法是考虑企业从单一渠道筹资，即银行贷款，计算公式如下：

资金成本＝利息率（1–所得税率）/（1–筹资费率）

（2）加权平均资金成本

加权平均资金成本也称综合资金成本，是公司各种来源资金成本与该资金来源占全部资金比重的乘积之和，其计算公式为：

资金成本＝Σ各种渠道筹资的资金成本 × 从该渠道所筹资金占资金总数的比例

（3）机会资金成本

机会成本是把资金投入其他方面，而非投入目前考虑的项目时可能产生的报酬率。对于大多数决策而言，机会资金成本对既定决策的重要性要远远大于已经发生的实际资金成本的重要性。如果公司资本有限，利率下限就是由于机会成本的原理所产生的边际投资回报率。下面举例说明机会资金成本。

设一家公司为获取资金支付了10%的成本，由于资金有限，公司最近边际投资减少，而该边际投资预计年回报率达15%。对该公司而言，投资决策的利率下限为15%，尽管资金成本仅为10%。这意味着相关货币时间价值是由公司意料中的最有利的投资回报来衡量，并非是最初获得该笔资金所支付的价格。当然，15%的利率下限在对其进行全面解释的情况下也可以指定为公司的资金成本。

投资回报根据内部报酬率（IRR）来计算决定。IRR 是可预见的合理的现金净流量额贴现为初始现金流出所依据的比率。

尽管有人主张应当接受任何产出超过货币成本的项目，我们还是要谨防短期行为的出现。

一些公司可能会根据风险高低对项目进行划分，或者根据所能获知的反映风险水平的回报率来区分项目。可以把各项目分为高风险、中等风险和低风险三类。高风险性项目包括：① 对新产品进行的投资，因为市场对新产品的接受情况难以预测；② 工厂新设备的投资，因为如果技术进步很快，设备就会在短时期内过时作废。预期高风险项目的回报率税后大约是25%，中等风险项目的税后回报率要达到18%，而低风险项目包括仓库投资、自有车队投资和存货投资，其税后回报率预计要达到10%。如果公司不愿冒风险，就要把因存货减少而节约的资金用于另一项低风险投资上。

15.5 物流成本的分析

总成本分析是进行一体化物流管理的关键。单项物流活动成本降低必定导致其他部分成本增加，处理不当，甚至有可能导致总成本上升。例如，减少配送中心的数目，只在少数几处中心集结货物当然会减少存货储存成本，但却可能使运输成本显著增加。或是由于服务水平下降使销量下滑，这势必影响最终总利润。运用总成本分析法可以有效管理和实现真正意义上的成本节省。

营销组合之一，渠道或客户服务是物流系统的产出。客户服务是物流与需求创造的界面，物流是营销中的需求供给部分。客户服务不仅影响营销组合中的渠道因素，还影响着产品价格。产品可得性和订货周期可用以区分产品，而且如果顾客愿以高价获取优质服务，它们还影响到市场价格。物流成本被加到了产品成本当中，如此一来，公司在制定价格时必然要对其进行考虑。图15-3列示了成功实施一体化物流所要求的成本权衡图，这也是传统上的物流与市场关系的描述。以下将以它为模型，依次讨论物流中有关的各组成成本。

1．顾客服务水平

与顾客服务水平相关的成本包括：因当前销售需求无法满足而产生的实际损失，以及由于未满足需求致使部分客户流失而损失的未来利润现值。对大多数公司而言，这两部分成本是很难计量的。因此，公司的目标就应转变为在既定顾客服务水平下使其他物流成本总和实现最小化。

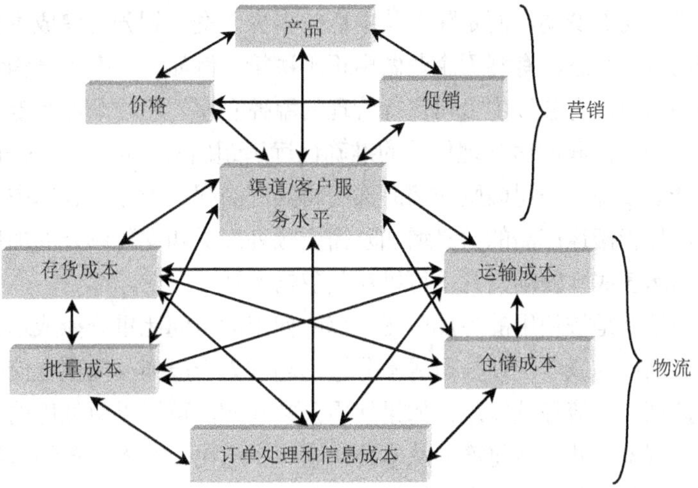

图 15-3　物流和营销成本权衡

注：营销目标为将资源分配给营销组合，使公司长期利润最大化。
物流目标为总成本最小化（客户服务目标既定）。
总成本＝运输成本＋仓储成本＋订单处理和信息成本＋批量成本＋存货成本。

通过提供较高水平的物流客户服务可以取得竞争优势，因此，把客户服务看成一个可以增加显著价值的“产品”，是具有潜在利益的。但必须认识到，超过必要量的物流服务则会有碍于物流效益的实现。在正常情况下，我们可以通过顾客服务水平提高所带来的整个系统成本的增加和销售额的增加判断成本可收回的程度。

2．运输成本

在所有物流成本中，所占比率最高的是运输费。通常运输成本占物流总成本的40%以上，因此，在总成本分析中，最为重要的是严格控制在运输方面的开支，加强对运输的经济核算。运输成本可以根据运费单来确定，也可以从企业自备车队运输的有关会计账目来核定。可以对运输业务设立标准成本。例如，一家公司应用某套计算机系统，该系统对20 000条线路和8种不同的运输方式采用标准收费和标准线路的形式。由排列组合分析可知，有多达30万种组合。同时，该系统还会定期更新。不论身处何地的运输应用者都可以从计算机上获得最佳的运输方式。显然，该系统为企业提供了运输绩效的衡量标准。

3. 仓储成本

仓储成本包括由于仓储设施数量变化而发生培养的所有费用。有时，仓储成本被很不合理地划归到存货成本中。应该分清仓储成本和存货成本，大多数仓储成本不随存货水平变动而变动，而是随存储地点的多少而变。划分仓储成本和存货成本可以更好地辨清成本性态，有利于企业做出正确决策。例如，一家生产销售成品药同时兼营包装物的公司，有若干由公司自行管理的温控仓库。温控仓库是专为成品药所设计建造的，其安全性和库房管理作业的准确性远远超出另一项产品——包装物所需。为充分利用仓库设施，公司鼓励非药品部门将其产品存放于这些仓库中。仓库运营成本基本固定，尽管搬运产品的数量增加时需要额外雇员和支付额外的加班费，但由于仓库的构建与运营成本较高，几乎可以对其忽略不计。

公司策略是按使用的各部门在仓库中使用的空间比重分摊成本。用于储存成品药的仓库其高昂的成本，使公司成本分摊远超过为一般商品提供仓储的公共仓库收取的费率。某部门物流经理发现，如果使用公共仓库，可以以更低廉的成本达到类似的服务水平。有鉴于此，他将产品从本公司仓库中运出，存入了该地区的公共仓库中。尽管公司配送中心搬运和储存的产品量明显减少，但是由于固定成本占据极大比重，结果，几近相等的成本分摊给了更少的其他使用公司仓库的部门。这引发其他部门也同样换用公共仓库以寻求各自较低的成本。其结果是公司仓储成本更加高昂了。公司仓储成本基本固定，不管仓库空间利用如何，该成本都不会有太大变动。非成品药部门转而利用公共仓库时，公司还得继续为自营的仓库支付大致相等的总费用，而且还要支付额外的公共仓库使用费。事实上，物流成本计算体系使得各部门物流经理以一种有损公司利益、增加公司成本的方式来工作。这一例子进一步肯定了理解成本性态的重要性。要区分开仓储成本和存货成本，这有助于公司做出正确决策。

4. 订单处理和信息成本

订单处理和信息成本包括发行订单和结算订单的成本、相关处理成本、相关信息交流成本。这仅仅包括随决策变动发生变化的成本。订单处理和信息成本中，固定成本所占比重较大，相对于一些先进的信息通信系统而言，人工环节越多，信息传递速度就越慢，也比较缺乏稳定性。管理者对这些成本进行估计的较好方法是订单处理部门总成本在过去两年中的变动部分（调整通货膨胀）除以订单处理数目的变动值。其他方法还有机械型时间与动作研究、回归分析等。在衡量各种订单处理方法的成本时，必须联系固定成本和可变成本来分析。

5. 批量成本

批量成本通常包括以下部分或全部成本：

- 生产准备成本；
- 转产导致生产能力丧失的部分；
- 物料搬运、计划安排和加速作业等。

6. 存货储存成本

存货成本只包括那些随存货量变动的成本。由于有些概念区分模糊，难以对其确定，我们可以把存货成本具体分为以下四类进行分析：资金成本、存货服务成本、储存仓位空间成本、存货风险成本。

（1）存货投资的资金成本

公司持有的存货成本关系到用于其他类型投资的资金，因而，公司的资金机会成本应当确切反映真正实际发生的成本。现行会计中使用以下几种方法计算存货成本：先进先出法、后进先出法、加权平均法、移动平均法、计划成本法、毛利率法、零售价法等。不论企业采用哪种方法计算存货成本，有一点是肯定的，存货越多，全部存货的资金成本也就越高。企业在存货上的投资影响到决策制定。

（2）存货服务成本

存货服务成本包括为持有存货而支付的税收与保险费。保险一般是买来担保特定时段一定产品的价值的。持有存货所缴税费直接和保险费率、存货水平之间存在严格的比例变动关系。

（3）储存仓位空间成本

一般要考虑四种仓库设施：工厂仓库、公共仓库、租用仓库和公司自有仓库。不论采用哪种设施，大部分成本，如租赁费、管理人员工资、安全保卫费和维修费用等是固定的。固定费用和已分摊成本与确定存货策略无关，不随存货量变动的成本不应归入存货成本中，而是在成本权衡分析中的仓储成本里。

（4）存货风险成本

存货风险成本有四种：陈旧成本、损坏成本、窃损成本、易地成本。

1）陈旧成本。这一成本是无法再按原价销售、不得不削价处理的单位成本之和。如果降价出售产品以免过时，陈旧成本就是产品的初始成本与其残值之差，或初始售价与降价后的售价之差。

2）损坏成本。损坏成本仅包括随存货量变动的损坏部分。运输期间发生的损失不包含在内，因为该损失的发生与存货无关。

通常我们无法明确与存货量相关的损坏失窃和易地成本到底占多大比重，所以有必要用数学方法确定这些成本与存货量之间存在的关系，可以用回归分析或绘制数据图确定。

3）窃损成本。很多公司认为存货失窃比现金盗用更难以管理与控制，这一成本更大程度上同公司的安全保卫措施相关。因此，最好是把窃损成本的大部分或全部记入到仓储成本账户下。

4）易地成本。易地成本是公司为避免产品陈旧过时，将其从一处仓储地运到另一仓储地所花费的成本。例如，在东部地区销售良好的产品未必在中西部同样销售良好。公司将产品运至销售地，虽然避免支出陈旧成本但却不得不支付额外的运输成本。通常，这笔成本不单独列出，而是包括在运输成本当中。在此情况下，可以用运费单上载明的有关数字来计算。易地成本是运输成本、仓储成本、存货成本等之间互相权衡后所做决策产生的。

计算存货储存成本的方法归纳如图 15-4 所示。

15.6 物流活动的成本控制

物流成本控制主要是运用成本会计的方法，对成本限额进行预定，将实际物流成本与这一预定成本限额加以比较，纠正存在的差异，提高物流活动的经济效益。面对物流成本控制这一挑战，企业的首要任务是应制定有效可行的计划。一份正式有效的计划一经制定，就可将实际运营情况与计划两相对照，从而得出应引起管理部门注意的变动差异。这项业务的展开并不要求企业为此对物流活动专门建立新的成本资料，因为大多数的数据已经以这种或那种形式存在了，只要对会计体系中的现有数据进行取舍，以满足物流功能所需即可。只有在不同的业务活动水平下制定不同的正常成本范围时，企业才能发现非正常成本额，并对其加以控制。总体上讲，可用生产率标准、标准成本和预算检验物流绩效，从而对物流活动加以控制。同时我们将介绍一种战略成本管理方法——作业成本法（Activity-Based Cost，ABC）。

1. 生产率、标准成本和弹性预算

（1）生产率标准

企业可以用生产率控制物流成本。生产率的衡量是非常直接的，现时也因此成为最简单的一种成本控制方法。

生产率＝产出/投入

例如，仓储作业可采用如下生产率：

本期存储订单量/本期收到订单量

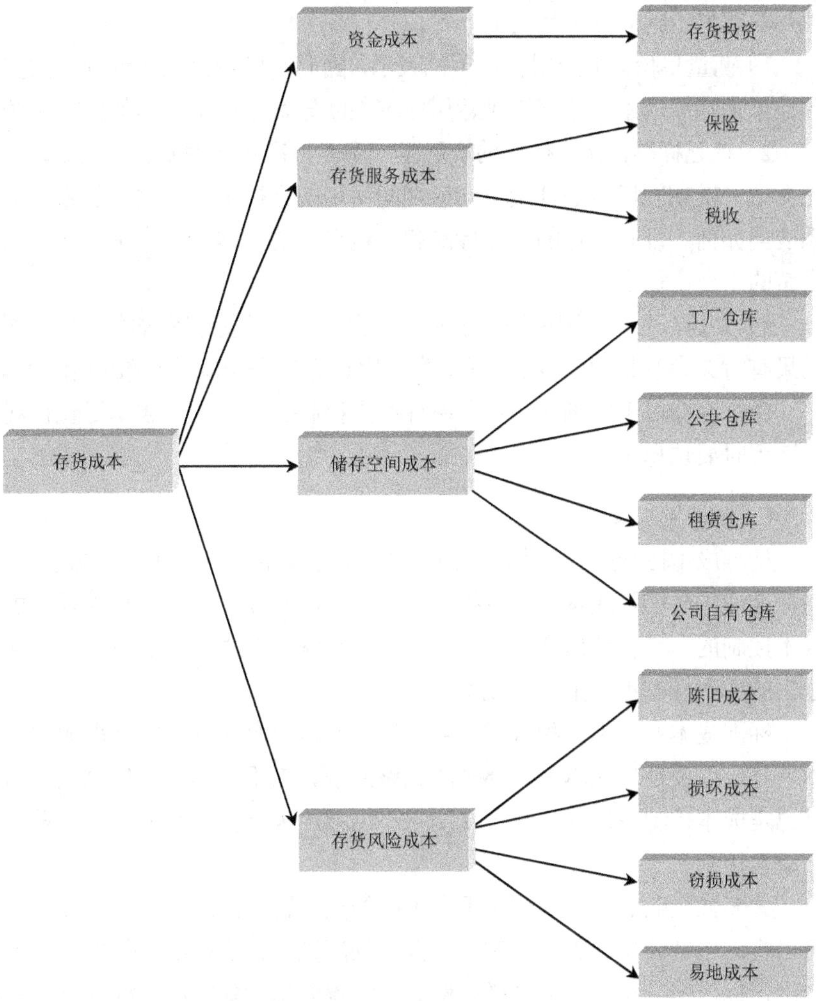

图 15-4　存货成本标准模型

本期存储订单量/本期平均存储订单量

本期存储订单量/本期直接工时数

运输作业的生产率：

运输的吨公里数/实际运输总成本

运至目的地的载货量/实际运输总成本

计算生产率所需的数据可以从相关的工人、设备、能源与财务等成本中得出。

大多数物流业务活动可采用生产率衡量法。尤其是在缺乏具有弹性预算的标准成本核算体系中，生产率更加有用，因为它们确实可以为运作效率提供指导作用。更进一步讲，这种简单直观的衡量方法很容易为经理和员工所理解。但该方法也不可避免地存在衡量上的一些不足之处：

1）衡量单位。由于用物理单位表示，因而难以得出低效性导致的实际货币损失和预计未来物流成本，这就很难运用成本判断导致生产率提高的任何系统变动。

2）缺乏标准。计算得出的实际生产率与标准生产率对比。例如，生产率衡量法可能会把一定期间运送的订货量同该期间所用的直接工时相比，但它并未说明二者的关系应当如何。没有一定的工作标准和一定形式的成本估计，是无法获悉有效运作应当具有的生产率标准。

3）失真。生产率衡量法几乎不对成本的固定部分和变动部分区分描述，这使计算结果有时会存在某种程度的失真。生产率计算的是资源的有效利用程度，而不是效率。

由于存在以上缺陷，用生产率标准来控制企业的物流成本尽管直观且易理解，但在运用时要选择进行。

（2）标准成本

标准成本控制相对于生产率而言是较为复杂的。标准成本是指事先制定标准成本，将标准成本与实际成本相比以揭示成本差异，对成本差异进行因素分析，并据以加强成本控制的一种会计信息系统和成本控制系统。它主要确定成本当属何类，而并非在过去的成本性态上预报未来成本。

标准成本并不是一种成本计算方法，而是一个包括制定标准成本、计算和分析成本差异，以及处理成本三个环节的完整系统。它不仅是会计信息系统的一个分支，而且也是成本控制系统的一个分支。它不仅被用来计算产品成本，更重要的是被用来加强成本控制。

大多数企业的管理部门对于在生产领域设置标准成本是极富经验的，稍加努力就可以将这些经验拓展到物流领域。但在物流领域设立标准可能更为复杂，因为物流的产出指标比生产领域更加多样。例如，设置分拣功能的成本标准时，最终可以是每笔订单的标准成本、每一订单系列的标准成本、每运输单位的标准，也可以是每次运输的标准成本。

图 15-5 列出了管理控制系统对标准的应用，它表明标准是如何从最初的调查、基本原理和管理人员经验中得出的。下面对系统各步加以解释。

标准一经确定，企业就必须将实际绩效与特定标准相比较，看其是否可接受。如果绩效是可接受的，则说明该管理运作系统必定处于控制之下，控制过程结束。

当然，绩效几乎不可能恰恰等于标准，二者一旦有所偏差，该程序就将差异处单独剔出加以分析。例如，标准可能是一个地区范围的运输预算额，如果实际耗费超出了预算额，管理部门就要运用差异分析看一下运输量和运输效率各自的标准。只有分析出差异来自于何处，才能顺利开展进一步的工作。

接下来的问题是，发现的差异是否大到足以认定其为显著的。可以运用严格的统计术语来解决，对标准设置质量控制限度。可采用标准偏差，也可以设定限度可在标准附近左右摆动。在后一种情况中，如果绩效超出标准，管理部门就应相应提高标准或予以相应嘉奖；而对低于标准的偏差，则应加倍注意。不管是如何做出评价的，差异要么是显著的，要么是不显著的。如果差异不显著，可以认定绩效是可接受的，控制过程结束。如果差异显著，下一步就应考虑是否采取措施。

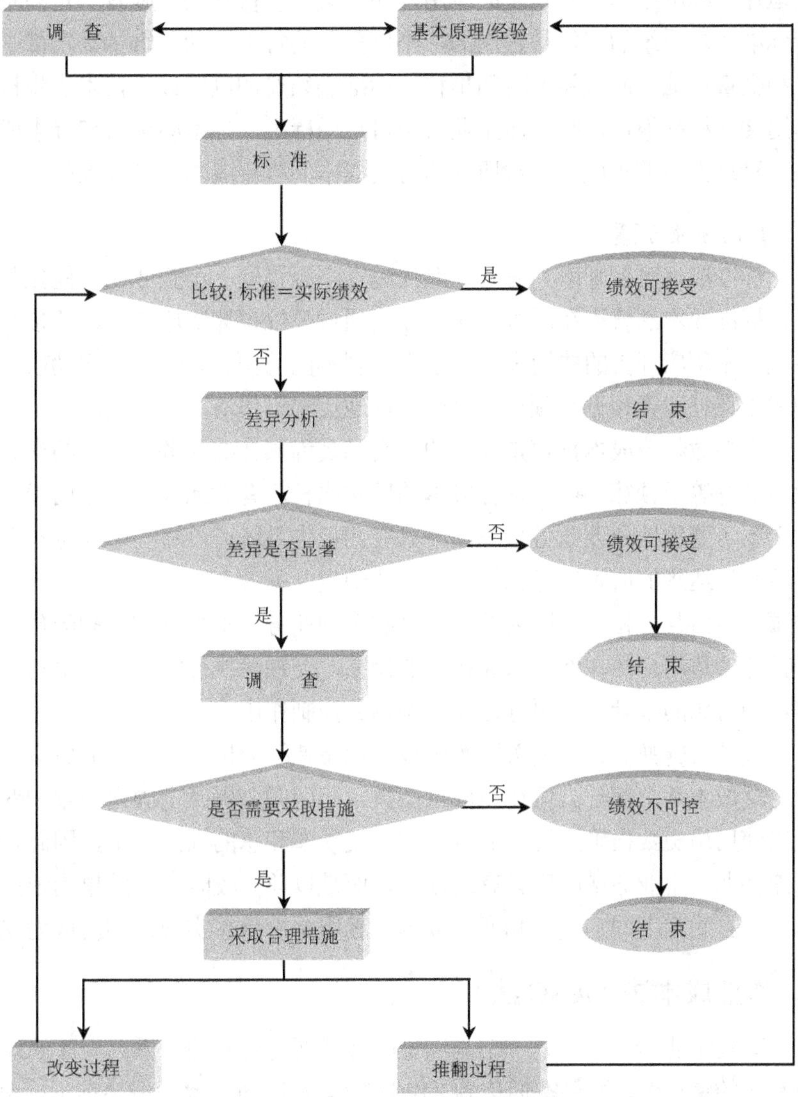

图 15-5　管理控制系统中标准的应用

对显著差异进行解释和分析时，我们可能无法判断可控制的偏差。如果无法做出判断，就不必采取，控制过程因而终止。如果需要采取措施，有两种主要方法。一个是标准错误，必须予以订正；一个是过程本身未得出结论，更改过程。回馈要返回到适当位置。若过程改变、标准不变，需要重新进行比较；若标准变动而过程维持不变，需从标准处重来一遍；也有可能过程与标准均发生变动，该系统就应从头再来。

管理部门从标准中得知业务运作的预期成本，通过比较确认是否发生过无效、低效运作。标准成本如此繁复的应用程序，必然使得它的实施有一定的难度。实施、维持标准成本系统的代价是较高的，不仅投入的每项劳动、每种物资都必须制定价格标准和数量标准，而且随着时间推移，标准必须要加以修订。技术进步持续加快的推动作用会使标准很快过时，而企业则宁可沿用标准，也不愿进一步寻求成本的降低。另外，管理人员调查成本差异所耗用时间成本的机会成本也是很高的。

（3）弹性预算

标准成本对控制所具有的一般优越性不容置疑。但企业在不能预测业务量的情况下，标准成本法就存在困难，这就需要通过弹性预算实施控制，即按照一系列不同业务量水平所应开支的费用和利润水平编制不同的预算。预算的成功取决于各业务单位的成本特征能否预见，预算是否能弹性地反映运作情况的变动。

大多数物流成本预算是静态的，它们是为预计的业务量所定的计划。如果实际的业务恰好等于预算，可以进行成本的现实比较，有效地控制。但由于季节因素和内在因素不可避免地导致业务量不同，只有在报告系统可以将实际成本与在同一业务量水平下应当达到的成本进行比较时，才能确定业务效率高低与否。因此在弹性预算中，按预算期内某一相关范围内的可预见的多种业务量水平确定不同的预算额，从而扩大了预算的适用范围，便于预算指标的调整，使预算执行情况的评价与考核建立在更加客观和可比的基础上，更好地发挥预算的控制作用。

成功实施弹性预算的关键在于成本性态特征分析，把所有的成本划分为固定成本和变动成本两个部分。可运用散点图技术和回归分析确定固定成本和变动成本。这些技术使用历史数据确定每一业务单位的变动率和总的固定成本，因此预计的成本标准可能并非一定业务量应当具有的标准，而是以前一段时期的结果为依据所估计出的成本。一旦确定下固定成本和变动成本，运用弹性预算实施控制就成为现实。

2. 作业成本法（ABC 法）

现代企业实际上就是一个为满足顾客需要而建立的一系列有序的作业集合体，这个有序的集合体，被专家们称为“作业链”。在高新技术制造环境下，大多数间接费用与产量的多少关系不大，而与作业量密切相关，并被各种成本动因所驱动。在这种情况下，为适应更高要求的成本核算与控制，作为一种全新的成本核算方法，可以应用到物流企业中。

所谓作业成本法，是指以作业为成本核算对象，通过成本动因来确认和计量作业量，进而以作业量为基础分配间接费用的成本计算方法。它以“作业”为基础，通过对作业和作业成本的计量，可以计算出相对准确的产品成本。同时，通过对所有与产品相关联的作业活动的追踪分析，可以为企业消除不增值作业、改进增值作业、优化作业链和价值链，以及实现顾客价值最大化，提供有用的会计信息，从而提高决策、计划、控制的科学性和有效性，最终达到提高企业的市场竞争能力和赢利能力的目的。

（1）作业成本法的计算

- 首先应分析物流过程中所发生的各种作业，确认作业中心。例如一个企业所发生的运输费用、仓储费用等受不同成本动因的影响，应分别设置不同的作业中心对这些成本集合。
- 对物流过程中的活动实施成本，例如工资、设备损耗费、租赁费等加以计算确定。
- 最后要确定作业动因，可以按产品、订单，也可以按客户所消耗作业的数量，将前面所计算的成本分配给实施这些活动所使用的相关产品、物流服务项目、订单或客户等。

作业成本法在物流中的成本计算程序见图 15-6。

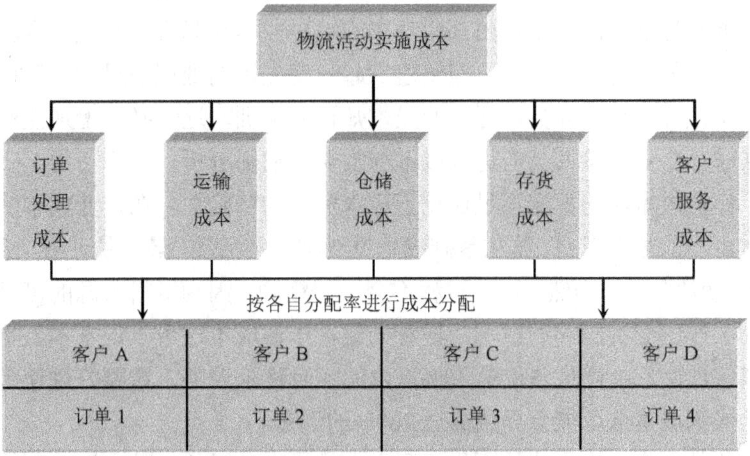

图 15-6　作业成本法计算流程

表 15-2 作为一个例子，显示了作业成本法如何区别于传统的成本计算方法。应当注意的是，作业成本法作为一种较为烦琐的成本计算体系，同传统成本计算方法相比而言，成本计算对象的数量增加了，程序更加复杂，加大了工作量。与此同时，成本计算的及时性要求也提高了。如果完全依赖手工计算是无法实现时效上的要求，因此

必须借助于计算机和有关账务处理的财务软件来进行，以保证成本计算的准确性、可靠性和及时性。

表 15-2　作业成本法与传统成本核算法的对比

单位：千元

传统成本核算法		作业成本核算法		备　注
项　　目	成　　本	项　　目	成　　本	
薪金	550	订单处理费	300	订单号
工资	580	库存	600	货运价值
货币贬值	250	拣选成本	300	订单系列号码
租金/电费/电话费	700	包装费	100	订单系列号码
维修费	100	装卸费	200	重量
燃料费	200	运输成本	500	客户的位置
总成本	2 580	客户配送	200	下降的数目
		客户联系费	380	订单系列号码
		总成本	2 580	

（2）作业成本法存在的不足

如前所述，作业成本法不但是一种较为先进的成本计算方法，为企业提供了相对准确的成本信息，也为企业进一步改进成本控制和战略性规划与决策提供了更为有利的依据和标准。而在企业内部成功实施这种成本核算方法必须配合较高的实施成本，投入一定的人力和物力。不但要建立起一套先进的处理信息的计算机系统，还要对参与成本核算的相关人员进行作业成本知识的培训，这势必会增加企业的支出。在采用此法时，企业决策人员应进行成本与收益的权衡分析，选择使用。

作业成本法的主要不足还在于成本资料的精确性。在作业成本法下，首先要收集真实可靠的数据资料，再从基础成本资料到业务活动，最后从业务活动到特定产品（或订单，或客户）。当然，这一过程不会十分精确，因为资料来源的可靠性与真实性会在实际工作中受到制约和影响。尽管如此，作业成本法可以说基本上是正确的，据西方资料统计，它会产生 5%或 10%以内的实际需求误差，这要好过使用过时的摊销成本法，摊销成本法可能会导致高达 200%的误差。

此外，作业成本法的不足还源于它是成本分摊的一种方法，而从定义来看，任何分摊成本的方法都是较为武断的做法。所以说，在实际应用作业成本法时，不可避免地会存在成本计算中的主观性因素。

作业成本法存在不足和局限性，但它使成本归集渠道多样化，更全面合理地将企业的作业成本进行分配。根据作业成本法提供的资料，管理者可以较直接地了解制造费用成本的细节，从而更有效地进行过程成本控制。所以说，在物流过程中运用作业成本法不失为一种合理有效的成本核算方法。在实际应用过程中，作业成本法可以以标准成本法为基础。

本章小结

本章对物流的成本进行了讨论。物流成本所用的会计概念类似于制造业生产成本核算，具体而言，物流成本可分为可控成本与不可控成本、固定成本与变动成本、实际成本与机会成本，以及相关成本与沉没成本。接下来介绍了物流成本的计算方法——标准成本法和完全成本法/变动成本法，它们可以相互结合使用。物流成本的分析主要用到的是盈亏平衡分析和资金成本的计算分析。

根据传统上的物流与市场关系的描述，成功实施一体化物流所要求的成本权衡图，依次讨论了物流中有关的各组成成本——在物流目标，即总成本最小化（客户服务目标既定）的情况下，运输成本、仓储成本、订单处理和信息成本、批量成本、存货成本各自包含的内容及其计算。

面对物流成本控制这一挑战，总体上讲，企业可用生产率标准、标准成本和预算检验物流绩效，从而对物流活动加以控制。同时一种更为实用且有效的战略成本管理方法——作业成本法也可以成功实施到物流企业中去。对三种不同的成本控制方法，本章既说明了各自的优点，同时也清楚地列出了它们的不足之处，企业可以根据具体实际情况加以选择应用。

练习题

1. 物流成本可分为哪些类型？这些不同的分类方法，对企业进行成本控制有何作用？
2. 如何计算物流成本？各种计算方法之间如何根据实际需要进行适当组合？
3. 如何进行盈亏平衡分析？盈亏平衡点是如何确定的？
4. 什么是资金成本？如何计算资金成本并对其进行分析？
5. 物流成本的各组成部分是如何构成和定义的？
6. 试述仓储成本与存货成本的区别。存货成本具体包括哪几部分内容？理解存货成本的标准模型。
7. 为何进行物流成本控制？有哪些成本控制方法？不同的成本控制方法各自具有哪些优缺点？
8. 如何将标准成本法和作业成本法结合使用，以实现物流成本的合理有效控制？

◆ 案例讨论

纳贝斯克食品集团公司的作业成本核算法

纳贝斯克（Nabisco）食品集团公司是一家以食品为主营业务的公司。它有5家经营公司，产品组合包括：坚果、麦片奶酥、A-1牛排调料、人造黄油、灰芥子和狗食饼干。据其1998年的财务会计报表可知，纳贝斯克集团的年销售额大约为26亿美元。其中，运输费用支出为1.05亿美元，仓储费用为3 500万美元，管理费用则为2 000万美元。

以往，纳贝斯克集团采用的是标准成本核算体系，划分成本的会计科目如下：

运输费用	向客户运送成本	5 300万美元
	仓库补货成本	5 200万美元
仓储费用	普通干货仓库	2 600万美元
	冷藏库	900万美元
管理费用	总部和区域公司	2 000万美元

纳贝斯克集团决定将传统的成本控制方法改变为作业成本法，对成本进行了如图15-7的转换：

纳贝斯克集团采用作业成本法将155亿美元的物流成本分摊到5家分公司不同的产品组合上。在实际应用中，运用了两大作业成本体系：

- 对变动成本采用的是高级、复杂的体系；
- 对管理费用则采取简单的核算体系。

下面是纳贝斯克如何对运输成本进行作业成本法核算的。

在运输成本核算中，重要的是要得出正确的运输费率。根据公司所提供的运输费用支付凭单，可以得出各种产品单位体积重量的运费率。例如，将产品从工厂A运至仓库1处，运费率计算如表15-3所示。

货物运送要经历两个阶段，一是从工厂到配送中心，一是从配送中心再配送到客户处。以上所计算的是第一个阶段的运输费率，按照此法，可逐一将所有相关的运输费率计算得出。无疑，计算过程是烦琐的，工作量之大必须借助计算机来完成。

接下来将运费分摊到不同的产品上。对于产品A，从有关库存A的单据中可得出如图15-8所示的相关信息。

据此，得出库存A所分摊的成本，如图15-9所示。

会计核算清单（万美元）	
工资	123
津贴	90
差旅费	80
总成本	293

作业成本（万美元）	
订单处理	75
客户服务	115
管理费	103
总成本	293

图15-7 成本转换

表 15-3　自工厂 A 运至仓库 1 的运输成本

	在总运输体积中所占比重（%）	运输成本分摊（美元）	单位体积重量（千克）	单位体积重量的运输费率（美元）
库存 A	30	150	80	1.88
库存 B	50	250	50	5.00
库存 C	20	100	90	1.11
合　计	100	500	220	2.27

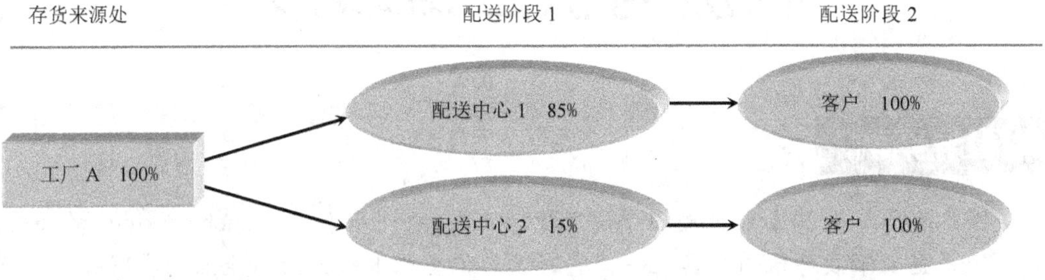

图 15-8　运费分摊

	库存来源处	配送阶段 1	配送阶段 2
	工厂 A（100%）	配送中心 1（85%）	客户（100%）
重量	100 000	85 000	85 000
单位成本		1.88 美元	2.20 美元
分阶段成本		159 800 美元	187 000 美元
			总成本　346 800 美元

图 15-9　库存 A 分摊的成本

按此方法，可依次得出各库存产品所分摊的成本。根据作业成本法提供的资料，纳贝斯克集团的管理者较直接地对制造费用成本的细节有所了解，从而更有效地对过程成本进行了控制。较以往使用的传统成本核算法，作业成本法的应用使纳贝斯克集团的成本控制效率提高了 13%。

问题讨论

1. 同传统的成本核算法相比，作业成本法的优越性在哪里？

2. 纳贝克斯可食品集团采用的作业成本法中有哪些方面尚待改进？

第16章

物流与供应链绩效

◆ 引导案例

美国施乐公司是20世纪北美最早使用标杆比较，也叫基准法（benchmarking）的公司。标杆管理是企业绩效评估的工具之一，它通过辨识全球本行业最好企业的实践并进行学习，制定适合本企业有效发展的战略。施乐公司首先确定自己需要标杆化的方面：物流配送部分，然后将L.L.Bean公司的仓库管理作为自己的标杆对象。通过向L.L.Bean公司的学习，施乐学到了一些看似简单、实际上却十分先进的管理方式。据施乐公司高层人员称，他们从L.L.Bean公司学到的东西使有关部门的生产率提高了3%~5%，总效率更是提高了10%。

施乐公司还选择了其他一些公司作为标杆化的学习对象：订单处理和应收款程序以美国快运为标杆；条形码处理以西屋公司为标杆；自动化库存控制以美国医院供应公司为标杆等。迄今为止，施乐已在近70个工作程序上运用了标杆化管理。

施乐公司的标杆化实践奇迹般地改变了生产过程，大大改善了公司的绩效。今天，施乐已将标杆化作为全公司范围的一项关键的实践性活动。标杆化也被其他企业效仿，成为一种流行的管理工具。

本章将讨论以下几方面的内容

- 整合供应链的绩效评估
- 与绩效评估相关的一种有效管理方法——标杆法

16.1 整合供应链的绩效衡量

对供应链总体绩效和效率的日益重视，要求从整合供应链角度进行绩效衡量的方法。整合供应链绩效衡量必须在企业功能领域及渠道之间是一致的与可比较的。如果缺乏供应链总体的绩效衡量，制造商对适当的客户服务的定义可以与零售商对适当的客户服务的定义完全不同。例如，制造商可能将订货时的可以发运的能力作为衡量服务的可得性的能力，而批发商则可能将承诺时的发运能力作为衡量服务的可得性的能力。在第一种情况下，制造商的服务能力的衡量是按照满足客户需求的发运能力来分等级的。而在第二种情况下，如果存货不够的话，批发商可以有一个额外的允诺日期，所以标准较低。下面介绍一个能用于整个供应链的总体衡量的方法。这个方法包括四种类型的衡量指标和监督体系，它既包括了衡量的结果，也包括对供应链的诊断。表16-1表示了该供应链总体衡量的方法。

度量指标反映了对有效的供应链管理必须加以监督的绩效。它按客户满意度与质量、时间、成本和资产进行分类，并对每一个指标同时按结果和诊断进行监督。结果指标着重于总过程的结果，如满足客户的过程和管理时间的过程。诊断指标着重于过程内的特定活动。衡量体系和特定的指标下面详细讨论。

表 16-1　整合供应链总体绩效衡量

结　果	诊　断
客户满意度与质量	
完美订单	按承诺日期发送
客户满意度	合理费用、退货和折扣
产品质量	回应客户询问的时间
时　间	
	采购、制造周期时间
备货时间	供应链反应时间
	生产计划
成　本	
总供应链成本	增值生产率
资　产	
现金周转时间	预测准确度
供应存货天数	存货老化
资产绩效	能力利用率

1. 客户满意度与质量

客户满意度与质量衡量了厂商所能提供的总的客户满意度的能力。以结果为基础的客户满意度与质量的衡量包括了完美订单的履行、客户满意度和产品质量。最初，完美订单定义为在规定的时间内，以准确的单证，在完美的情况下完成发送。客户满意度是通过对订单周期时间、完美订单要素，以及对订货状态和询问要求的反应能力等进行衡量得到的。

在用结果指标衡量整个过程的有效性时，通常同时衡量个别的活动也是有用的。表 16-2 列出和定义了对关键客户满意度的诊断。

表 16-2　关键客户满意度的诊断

- 按承诺日期发送：接承诺日期或提前完成订单的百分比
- 合理费用：以收入的百分比表示的平均合理成本
- 客户询问反应和解决时间：询问反应时间是在接到客户电话到联系合适的公司代表的时间。询问解决时间是彻底解决一位客户询问需要的平均时间

2. 时间

时间指标衡量公司对客户需求的反应能力。换句话说，从客户正式购买到客户得到产品需要多少时间？这个时间包括了订单接受到计划的时间、订单准备时间、送达客户的运输时间和客户接受货物的时间。有效控制时间的绩效要求从客户角度衡量总的过程，并分别衡量个别时间。表 16-3 列出和定义了对关键时间的诊断。

表 16-3　关键的时间诊断

- 采购与制造周期时间：如果一开始无存货，那么它就是为制造一个可发运的产品累积的外在和内在备货时间
- 供给链反应时间：辨别市场需求有较大转移的理论时间，发现、重新计划需求和以 20%的幅度增加生产的内部转化的时间
- 生产计划：完成生产计划的平均实际频率（上下 5%）

3. 成本

供给链成本是第三类衡量指标，单个成本要素包括总的供给链费用。表 16-4 列出了主要的用于跟踪总的成本结果的供给链成本组成部分。诊断成本指标通过跟踪每位雇员的增加价值而集中在人力资源的生产率上。增值生产率定义为总的公司价值增值收入减去从外部得来的原材料的价值，以公司总的工资额的比例表示。

表 16-4　供给链成本组成

A．订货完成成本	B．原料取得成本（仅指生产原料）
1．新产品投入和维持	1．货物管理和计划
2．客户订货产生	2．供应商质量工程
3．订单录入和维持	3．原材料运费和税费
4．合同与项目管理	4．接受货物
5．安装计划	5．质量检验
6．订单履行	6．部件工程

续表

7. 配送	7. 工具
8. 安装	
9. 客户会计	
C. 总的库存持有成本	D. 与物流有关的财务和管理信息系统成本
1. 资本机会成本	1. 财务
2. 收缩	2. 管理信息系统
3. 保险和税收	3. 供给链支持成本
4. 过时	
E. 制造劳动力和库存间接成本	
1. 直接劳力	6. 租赁费用
2. 间接劳力	7. 工厂占有
3. 制造和质量工程	8. 设备维持
4. 信息系统	9. 外在支持
5. 废料和返修	10. 环境

4. 资产

最后的量度集中在资产利用上。因为物流管理是针对相当大的资产，包括库存、设施以及设备等，所以整合的绩效测量必须融入一个资产因素。资产量度基本上集中在特定资产水平支持下的销售量水平。以结果为基础的资产量度测量现金到现金的周期时间、库存的供给天数，以及资产的绩效。测量现金利用效率的现金到现金的周期时间，是将使用 1 元原材料转化成为 1 元的最终产品所需要的理论时间。从现金到现金的周期时间会因购买原材料而发生的支付，或因快速向顾客交付而从顾客那里收款而减少。

库存供给天数衡量存货速度或周转率。供给天数定义为按现有活动水平为基础的，以工厂产成品和所有的营业区域库存换算成销售的日历天数。销售增长而相应的存货不变，结果是存货周转率提高，这意味着在没有附加的存货持有成本的条件下，也能获取额外的利润。

最后的衡量集中于总的资产利用上。资产定义为销售额与总资产的比率，它受到当前资产的利用率和拥有量的双重影响。表 16-5 列出和定义了对关键的资产的诊断。

表 16-5 关键的资产诊断

- 预测精确度：使用最近三个月期间平均的产品预测精确度
- 库存老化：由于存货价值降低而招致的费用，用平均总库存价值百分比表示
- 能力利用：当前总的可利用能力的百分比，即当前的实际生产量除以 7 天运作、每天 24 小时取得的生产量

本节提供的是一个衡量跨越供给链的综合绩效和跨越组织确定基准的方法。尽管这并不是唯一的方法，但它正被组织倡导并已经广泛接受。这些衡量方法对任何综合衡量计划来说都是重要的特征，即清晰的定义和一致性。

16.2 物流作业质量检测实践：标杆化

在物流绩效评定的实践中，一个有效的方式就是开发一个竞争性的标杆程序，以此作为物流绩效的评定标准，使之成为企业的努力方向。这同上一节最后一部分的客户服务中的 KPI 是关联的。因为，KPI 作为一系列指标，它是需要有一个标准的，那么这个标准究竟该如何设定，这就是本节所要讲述的内容。标杆管理是企业绩效评估的工具，它是一种辨识世界上最好的企业实践并进行学习的过程。通过辨识最佳绩效及其实践途径，企业可以明确本企业所处的地位、管理运作以及需要改进的地方，从而制定适合本企业的、有效的发展战略。本节将重点讨论与标杆管理相关的一系列内容。

16.2.1 标杆化和物流

企业标杆管理方法是由施乐公司于 20 世纪 70 年代末首次创新应用于自身的仓储管理中，后经美国生产力与质量中心进行了系统化和规范化。标杆化是一个持续的过程，用来衡量产品、服务和活动是否能抵抗本公司的最大竞争对手或那些处于领先地位的公司带来的竞争。它以最强的竞争企业或那些行业中领先和最有名望的企业在产品、服务或流程方面的绩效及实践措施为基准，树立学习和追赶的目标。通过资料收集、比较分析、跟踪学习、重新设计并付诸实施等一系列规范化的程序，将本企业的实际状况与这些基准进行定量化评价和比较，分析这些基准企业达到优秀绩效水平的原因，并在此基础上选取改进本企业绩效的最佳策略，争取赶上和超过对手，成为优中之优。标杆化是一个积极的、具有挑战性的程序，它能够改变企业功能领域的运作以及成本，其目的是增强竞争优势。

物流是实施标杆化最早的业务领域之一。最早的一篇关于标杆化的文章刊登于《哈佛商业评论》上。从那时起，标杆化被广泛接受并予以实践。使标杆化引起人们注意的是美国物流管理协会（Council of Logistics Management），在该会的年度会议上，标杆化成为一个重要的议题。

作为标杆化管理始创者的施乐公司，它随时准备与全球各地的同业相互竞争。它在复印业务领域上的确是领先的，但是在公司管理及其他方面，它并非是该行业的最佳实践者。因此在参观过 L.L.Bean 公司的卓有成效的仓库管理之后，施乐公司将 L.L.Bean 公司的仓库管理作为目标，对其自身的仓储管理予以重新调整和改善，收效巨大。

16.2.2 标杆化的类型

有四种不同的标杆管理方式：内部标杆化、竞争性标杆化、功能性标杆化和一般性标杆化。每一种标杆化方式都具有各自不同的优点，同时也会产生特有的效果。

1. 内部标杆化

内部标杆化是最简单且易操作的标杆管理方式之一。在部门组织设置复杂的大公司中，辨识内部绩效标杆的标准，确立内部标杆管理的主要目标，可以做到企业内部信息共享。实施内部标杆化应当看做标杆化的开端，它对实施标杆化起到了一个领航的作用。

例如，施乐总公司的营销部门想通过设置客户服务小组来迅速且有效地处理客户提出的问题和要求。问题的关键是如何确定最优的组织结构和实施运作系统。经过考查，营销部门发现施乐公司设于加拿大的分公司在这方面的实践成果是最优的。因此，营销部门通过实施标杆化来设置了施乐加拿大客户信息中心。

当然，由于单独执行内部标杆化的企业往往持有内向视野，容易产生封闭思维，因此在实践中，内部标杆化应当与外部标杆管理结合起来使用。

2. 竞争性标杆化

竞争性标杆化是同最好的竞争对手的工作进行比较。竞争标杆管理的目标是与有着相同市场的企业在产品、服务和工作流程等方面的绩效与实践进行比较，直接面对竞争者。有时候，发现竞争性标杆化和内部标杆化之间的区别能够确认本公司的优势和劣势。

这类标杆管理实施的困难之处在于要知道竞争对手的实践活动，而除了公共领域的信息容易获得外，其他关于竞争企业的信息一般而言是较难获得的。

3. 功能性标杆化

功能性标杆化是以行业领先者或某些企业的优秀功能运作为标准进行的标杆管理。被标杆的企业不一定是同行业的，但通常它们在功能领域中的实践做法被认为是最好的。由于不存在直接的竞争关系，因此合作者往往较愿意提供和分享技术与市场信息。不足之处是费用高，有时难以安排。

4. 一般性标杆化

如果一个企业开始关注质量问题，实施全面质量管理的话，那么一般性标杆化就会为企业带来较上述几种方式更大的效益。已经取得的调查结果表明，当把关注的重点投向工作流程时，标杆化往往会产生最大的回报。所以，一般性标杆化有时也可以称为流程标杆管理。可以说，相似的工作流程存在于很多的业务活动中，因此，这种类型的标杆化不受特定行业的限制。

虽然这种标杆化方式被认为是最有效的，但也是最难进行的。它一般要求企业对整个工作流程和操作有很详细的了解。

上述的四种标杆方法通常按以上的顺序被标杆管理成熟度不同的企业逐一采用。

16.2.3 标杆化的基本原则

实施一项标杆化活动，需要首先了解以下基本原则。

一是要了解自身的业务和业务中存在的优势与劣势。只有对自己有全面认识，才能正确执行标杆化，对实际工作进行恰当的事前、事中以及事后的成效测评。

二是了解行业领先者及竞争对手，只有了解了它们的优劣势，企业才能认清自身的竞争力。

三是使用适当的标杆方式，学习最优者，获得优势并超过标杆对象。

四是与合作者进行有效沟通，取得管理上的支持。具体来讲，包括以下几方面：

- 愿意与合作者分享信息；
- 避免讨论定价或竞争性的敏感成本等方面的内容；
- 不向竞争者索要敏感数据；
- 未经许可，不分享所有者信息；
- 选择一个无偏的第三者，在不公开企业名称的情况下来集成和提供竞争性数据；
- 不用标杆数据向外界贬低竞争者的业务活动。

16.2.4 标杆化的实施阶段和步骤

标杆化的实施分成 5 个关键的阶段，共有 11 个步骤，如图 16-1 所示。下面我们对这五大阶段进行简单的介绍。

1. 对标杆管理进行计划

成功的标杆化首先要对本公司的功能领域有充分的了解，然后选出最需要改进的功能领域部分。要确定最需要标杆化的功能领域，就需要揭示出该项功能领域目前正面临的问题，这些问题主要集中在客户所关注的问题上，包括服务水平、成本、客户期望等。接下来就要确认能够提供具有借鉴、比较价值信息的公司或部门。它们可能在本行业，也可能处于其他行业领域；它们在要标杆化的方面都应该是世界顶级做法的企业或部门。

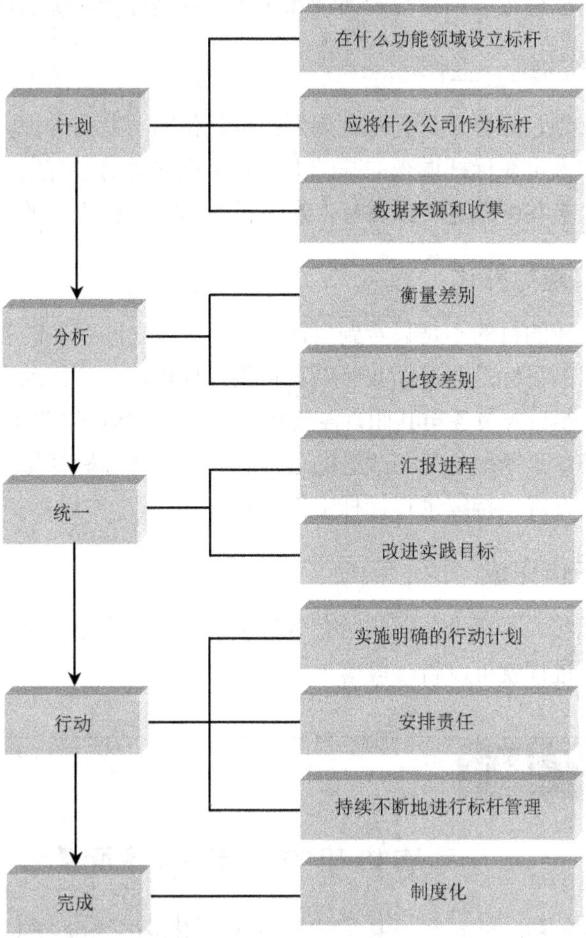

图 16-1　标杆化实施阶段

在计划阶段，收集信息无疑是一项必备的工作。标杆所需的信息有两大来源：原始调查和二手资料。二手资料的获取主要以公共途径取得，如专家咨询、公共出版物、研讨会、因特网等。这些公开化的信息在使用过程中应有所保留，注意去伪存真，防止在实施标杆时被一些信息所蒙蔽。在条件适宜时，可选择实施原始调查。显然，实施调查需要较大的资金、时间与人力的投入，且难度较大。几种典型的方式主要包括：

顾客反馈、电话访谈、查询服务、电视广播、外部的咨询公司和对标杆对象公司的实地调查。

2．分析阶段

在对标杆管理进行了全面计划后，要将上一阶段获取的信息进行加工。对自身和外部标杆对象进行各项参数的衡量和比较，这是分析最优工作实践的基线。

3．标杆化的统一工作

做出计划、分析后，会总结规划出标杆化的一系列进程。将这一进程告知学习人员，使相关人员在标杆调查的基础上，对标杆化的前景有所认识。仁者见仁，智者见智，学习人员共同改进实践目标，最终得到标杆比较工作的统一认识。

4．具体实施标杆化

标杆比较的目的不是只看到自己同标杆对象之间存在的差距，或他们做事如何比自己强，它的目标是改进绩效。要真正将标杆化落实到行动上，定期对工作成果进行测评。标杆参与人员各司其职，各负其责。此外，标杆化并不是一件一劳永逸的工作，它是一个持续不断地学习与改进的过程。因此，实施标杆化的公司必须始终跟踪当前行业的最新发展，持续进行标杆工作实践。

5．标杆工作完成

当最优实践贯穿于公司的所有事务中时，可以说标杆化方法已被制度化了，公司的标杆工作进程就可以告一段落了。

◆ 物流窗口 16-1

泛欧供应链结构及其职责

一家跨国的快速消费品制造商在从事一项范围甚广的组织改变计划，其中一部分内容就是调查它的供应链活动在整个欧洲区域不同的管理方式。该公司已经建立起一个全国范围的网络，但它意识到，在这次组织变动中，还可以获取更大的利益。公司想看一下在不同的行业领域中，相同的功能性管理有何差距，这主要包括：

- 职责分工；
- 总部管理与地方管理；
- 面向客户的运作上的支持；

- 信息系统；
- 执行管理和改变管理。

一家咨询性公司此时作为中介人参与进来，开始进行标杆化的进程。一开始，讨论得出了一份基本文件，随后就根据这一文件整理出一份调查表，这份调查表可以用以进行面对面的访谈。他们确定了一些潜在的标杆化合作伙伴，对这些公司进行了接触。这些公司后来参与到访谈调查中来，对所有的参与者采用的是相同的访问程序，以确保一致性。调查得出的结论被加以汇总，然后进行分析，得出了关键性的比较结果。随后，一份总结性的报告分发给了所有参与者，并将报告提交给这家快速消费品制造商的管理层。

这项工作使得公司的管理层可以比较相似企业在职责和结构等方面是如何进行不同的发展的。根据比较结果，公司同两家最感兴趣的企业进行了面对面的有关标杆化的会晤。会晤结果提出了对整个欧洲区域进行供应链职责与结构整改的部分建议。建议得到接受，并开始逐步加以实施。

本章小结

本章介绍了整合供应链绩效评估的方法，这是强化物流与供应链作业表现最直接的方法。在具体介绍时，提出了几种可供物流经理采用的报告形式，然后介绍了与绩效测评和提高绩效密切相关的一种新型管理工具——标杆化管理。内部标杆化、竞争性标杆化、功能性标杆化和综合性标杆化，每一种标杆化方式都具有各自不同的优点，同时也会产生特有的效果。它们的实施步骤大致可以分为五步：计划、分析、统一、行动和完成。

练习题

1. 整合供应链绩效衡量可以从几个方面进行？
2. 什么是标杆化？实施标杆化对物流工作的意义是什么？
3. 标杆化的种类有哪些？各自具有的优缺点是什么？
4. 标杆化的基本原则是什么？
5. 简述标杆化的实施过程。

◆ 案例讨论 1

C公司物流与供应链绩效管理体系建立

1. 公司物流与供应链绩效管理体系现状

(1) 按功能(职能)的绩效体系

目前，公司制定了按子公司、事业部、一级部门编制的绩效指标与目标。公司目前的物流与供应链组织还没有达到较高程度的整合(包括按功能的整合与按流程的整合)，物流与供应链管理相关功能与流程分散在不同部门，主要包括营销中心(物流服务部)、生产中心及供应部。

这三个部门当前具有各自部门的绩效指标体系，还没有整合的物流与供应链绩效指标体系，部门中涉及的物流与供应链绩效体系梳理如下：

① 营销中心。营销中心作为公司的一级部门，与物流相关的绩效是“服务保障”，目前的考核采用定性的2个方面：

- 建立并完成物流配送信息化运作体系并有效实施(未实施不得分)；
- 建立物流质量/成本月度审视制度和内部分析报告，重新选定物流承运商(未实施不得分)。

以上2项绩效要求只是一个笼统的定性要求，并未建立具体的指标。

营销中心下设物流服务部，作为二级部门，物流服务部目前相关的绩效指标如表16-6所示。

从表16-6中可以看出，物流服务部门作为二级部门，设立了订单处理、运输成本、仓库(成品库)管理等物流绩效指标，主要问题是：

- 作为营销中心的二级部门，其绩效的高低，没有与一级部门营销中心的绩效挂钩，因此未受到重视；
- 绩效指标不全，缺失重要的物流服务质量指标，如完美订单率、订单执行周期等对客户非常重要的绩效指标；
- 成本导向(运费占销售比重控制在1.4%以下)。

② 生产中心。生产中心作为一级部门的考核指标如表16-7所示。其中包括成本、服务、质量等涉及功能部门的物流相关指标。生产中心下属二级部门包括工厂及质量检验部门，也有相应的成本、服务及质量指标。

生产中心与供应链(生产部分)的质量、成本与时间相关的指标情况是：① 产品质量要求99%。② 成本，全年完成目标利润(降本额)≥850万元。③ 缺少时间考核(生产流流程时间)。(该指标对缩短交货期具有意义，目前该流程的时间没有考核，特别是对当天生产的产品没有当天入库，会影响供应链整个流程的时间。)

③ 供应部。供应部也作为公司的一级部门，主要包括采供及仓储中心(原材料与半成品)。绩效考核指标如表16-8所示。考核指标包括成本(财务)方面、质量(采购与仓库管理)。但是，缺乏对供应商交货周期时间的考核指标。

表 16-6　物流服务部的绩效指标

绩效指标	标　　准
销售订单处理	订单准确率 100%，差错一次扣 0.2，导致送货错误一次扣 1 分
运输成本	降低物流成本，运费占销售比例控制在 1.4%以下，占销售比例每减少 0.01%，加 0.6 分，每增加 0.01%，扣 0.6 分
仓库（成品库）管理	账实准确率为 100%，一只产品不准确，则扣 0.5 分；发货准确 100%，差错 1 次扣 1 分；单车 90% 装车时间小于 1 小时，一站式装卸率大于 40%，一个指标不达标扣 2 分
包装桶回收管理	包装桶回收的地区和客户回收率大于 88%，一个百分点降低扣 0.2 分，增加加 0.2 分
产品提货回单的管理	提货单目标为 100%，以审计部抽查统计数据为准，每降低 1%扣 1 分
发票管理	部门人员造成发票错误一次扣 0.1 分，以营销部（客户）投诉来评价
销售预测和库存	做好和市场部确定销售预测和合理库存的工作，有书面或电子销售计划和合理库存数，缺一月扣 0.2 分
年末存货	年末存货少于 2 300 万元，在此基数上每增加 50 万元扣 0.2 分，减少 50 万元加 0.1 分

表 16-7　生产中心的绩效考核指标

指标名称及权重	评价目标及标准
安全环保（20 分）	全年不发生重大安全环保生产事故 全年发生安全生产小事故≤3 起 全年无职业病发生 全年三废处理符合法律法规要求
降本增效（20 分）	全年完目标利润（降本额）≥ 850 万元 全年万元产值水耗、标煤耗不超过化工事业部下达指标
生产保障（20 分）	全年责任断货≤12 次（接到补货通知次日 8 时起 25 小时内不能交付的） 年底积压品≤250 吨（积压品按制度定义） 全年产品库存资金月平均≤2 200 万元 全年公司立项技改任务全部顺利完成，主要设备完好率≥96% 全年计量器具周检率≥98%，周检合格率≥98%，通过 AA 级计量认证
质量改进（20 分）	全年产品一次合格率≥99%，产品合格率≥99.5%，半成品合格率≥98.5% 全年不发生重大质量事故（质量损失超过 10 万元以上的事故） 深入推进 QC 活动，全年完成 QC 课题≥30 个 持续改进三合一管理体系，顺利通过体系外审
队伍建设（10 分）	全年劳动生产率提升≥10% 全年万元工资产量提升≥10% 年度培训计划完成率≥75% 全年骨干员工离职率≤5 人
公共管理（10 分）	借助专业力量，进行生产管理创新，实现生产系统低成本、高效率运行 严控部门四项费用，业务招待费下降 20%，管理费用符合公司预算要求

表 16-8　供应部（一级部门）绩效指标与标准

指标名称及权重	评价目标及标准	标准权重	评价及考核方案
财务指标（60 分）	采购降低成本≥1 200 万元	15	每降低成本 100 万元加 1 分，每增加成本 100 万元减 1 分
	年底应付款余额≥6 000 万元	10	降低 100 万元扣 0.5 分，提高 100 万元加 0.5 分
	承兑汇票支付率≥84%（不包括防水剂项目部采购的原材料）	10	降低 0.2%扣 0.2 分，提高 0.2%加 0.5 分
	应付款周转次数≤9.3	5	每增加 0.2 次扣 0.2 分，每少 0.2 次加 0.2 分
	月均原材料库存余额≤3 500 万元（不包括经公司领导审批同意的囤货发生金额和防水剂项目部采购的原材料）	5	每提高 100 万元扣 0.5 分，每降低 100 万元加 0.5 分
	存货周转率≥8.66 次	5	每增加 0.1 次加 0.2 分，每少 0.1 次扣 0.2 分
	年末估价入库额≤300 万元（不包括防水剂项目部采购的原材料）	5	每提高 50 万元扣 0.5 分，每降低 50 万元加 0.5 分
	积压原材料≤60 吨	5	每提高 5 吨扣 0.5 分，每降低 5 吨加 0.5 分
材料采购（22 分）	全年因供应部原因发生断货影响生产≤6 次	8	每增加一次扣 0.5 分，每减少一次加 0.5 分
	引进合格新供方 50 家	8	每增加 5 家加 0.5 分，每减少 5 家扣 0.5 分
	每月 10 日提交月度原材料行情分析报告	4	每迟一天扣 0.2 分/次，未提交报告扣 1 分/次
	不合格原材料处理反馈时间≤2 天	2	超过一日扣 0.2 分/次
仓库管理（8 分）	严格执行采购材料先进先出	2	以体系组每月检查为准，不符合一项扣 0.2 分
	账物符合率达到 100%	2	以财务部抽查为准，不符合一项扣 0.2 分
	危险化学品和废弃物管理符合规定，确保无安全和环境事故	2	以各项检查为依据，每发现 1 次扣 0.2 分，发生事故不得分
	仓库现场管理达到 5S 要求	2	以体系组和办公室检查为准，发现严重达不到要求扣 0.2 分/次
公共管理（10 分）	按公司计划提交制度机制创新方案，并组织实施	5	未按计划提交方案，扣 0.2 分/天；按实际实施情况酌情加减分
	严控四项费用，业务招待费下降 20%，管理费用符合公司预算要求	5	四项费用合计超过 1%扣 0.2 分，管理费用合计超过 1%扣 0.2 分，不设下限

供应部与供应链的质量、成本与时间相关的指标情况是：①质量，全年因供应部原因发生断货影响生产≤6 次。② 成本，采供降本≥1 200 万元。其他还有原材料库存方面的指标，仓库管理的指标等。但是，供应部原材料物流指标考核体系，缺少对供应的时间（前置期）的考核，目前总的来说，供应商的供应前置期是偏长的。

通过以上分析，可以把公司目前的按功能部门的物流与供应链绩效体系问题归纳如

表 16-9 所示。

（2）按物流与供应链流程的绩效体系

公司目前还是以传统的功能管理方式为主，并且功能的整合有限（尚处于第一阶段的功能整合），物流与供应链流程整合是一个新的整合方向，公司在这方面的工作尚未展开，还没有建立流程负责人及绩效管理体系，没有进行跨职能部门的流程管理。公司目前在供应链流程管理还存在较多的问题，包括流程缺失、流程不完善及流程效率低等。表 16-10 是通过调查对公司主要供应链流程绩效管理的评估。

表 16-9　公司按功能部门的供应链绩效体系存在的问题

部　门	质量指标	时间指标	成本指标
物流	优质订单比例等主要指标缺失；相关功能部门指标不全，如订单输入、订单挑拣、运输等	没有明确的交货周期考核，交货期长	—
生产	—	没有明确的流程时间考核，产品入库慢	—
供应	供应商优质订单比例指标缺失，供应商订单履行率缺失	供应商订单前置期，或称为交货周期考核缺失，交货周期较长	—
整体供应链（内部）	订单履行率没有完整记录与统计	没有明确的供应链周期时间考核，供应链周期长	总体供应链成本考核缺失

表 16-10　公司主要供应链绩效管理现状

流程目录	流程现状	流程绩效体系
需求管理流程	基本缺失	缺失
客户关系管理流程	基本缺失	缺失
销售订单执行流程	时间长，对客户的服务较差	不全
客户服务管理流程（1） 客户投诉处理	不闭环	不全
客户服务管理流程（2） 物流配送跟踪	基本缺失	不全
生产流管理流程	时间长，部门协调较差	不全
采购管理流程	与供应商关系较松散，交货期较长	不全
退货管理流程	环节多，时间长	不全
供应链计划流程	基本缺失	不全

2. 公司物流与供应链绩效体系的主要问题与改进空间

（1）主要问题

综上所述，公司在物流与供应链绩效体系方面的问题包括功能绩效体系不全及流程绩效体系的缺失。

① 功能（部门）绩效管理体系的主要问题：

- 一级部门对物流的重视程度不够；
- 有些绩效的考核为定性指标，不易把握；
- 二级部门的指标（分析）部分重要指标缺失；
- 二级部门指标与一级部门不能衔接，不能反映物流的重要性。

② 公司流程绩效管理的问题首先是流程管理本身缺失，然后是流程绩效体系缺失：

- 流程本身缺失，或部分缺失；
- 流程没有优化；
- 流程缺乏负责人；
- 流程没有建立持续改进机制；
- 流程绩效体系没有建立。

（2）改进空间与思路

公司物流与供应链绩效管理体系的改进，首先是梳理部门绩效体系，完善主要功能部门的物流与供应链绩效体系，包括物流、供应及生产部门。然后在流程梳理与优化的基础上，建立流程绩效体系。

同时，注意功能绩效体系与流程绩效体系的衔接与一致。

（3）物流与供应链绩效体系的标准

绩效体系与评估标准是：个人及所处的内部组织的目标与企业目标一致，即以最低的物流与供应链总成本满足客户的需求，通过物流与供应链增值，实现股东价值最大化。

3. 公司物流绩效体系的改进方案

根据对公司目前的绩效体系问题分析，公司需要在物流功能绩效体系、供应链流程绩效体系等方面，进行系统的设计与构建，以保证供应链流程与物流功能达到较高的水平，支持公司整体战略。具体需要设计与构建的物流绩效体系包括：

- 功能部门的绩效指标体系，主要涉及物流、供应、生产部门。
- 供应链流程的主要绩效体系，对8个供应链流程及流程负责人的考核体系。
- 供应链流程辅助绩效指标体系，为保证各供应链主要流程绩效指标体系的实现，流程相关部门与岗位需要建立相应的绩效考核指标［标准作业程序（SOP）的配套岗位绩效指标］。

对公司功能（职能）部门指标的改进，提出以下建议：

- 物流部门绩效考核，需要加强对客户订单履行率及订单履行周期的考核。
- 供应部的绩效考核，需要加强对供应商订单履行周期（前置期）及订单履行率的考核。
- 生产部门的绩效考核，需要加强对生产过程时间（包括生产后的入库）的考核。

对本项目确定的8个主要供应链流程建立质量、时间及成本的考核指标如表16-11所示。

除了8个供应链流程的主要指标（反映供应链的质量、时间与成本），对每个流程所涉及的部门及岗位，需要设立辅助指标。

表 16-11　公司供应链流程的主要指标

主要流程	质　量	时　间	成　本
需求管理流程	预测准确率	及时递交规定表格	流程成本控制
客户关系管理流程	准确把握及时更新（建立客户关系管理的第一阶段目标是把分散在基层业务员的客户动态信息，提供流程上升到公司层面进行系统管理与支持）		
销售订单执行流程	按订单的数量与质量交货的比例	从下达订单到接收货物的时间（交货时间）	销售物流成本占总成本的比例
客户服务管理流程	客户对服务满意的比例	客户投诉处理时间	流程成本控制
生产流管理流程	生产过程中的产品缺陷率	从生产订单下达到产品入库的时间	生产成本占总成本的比例
采购管理流程	供应商按订单数量和质量供货比例	供应商送货的准时率（采购提前期）	采购成本占总成本的比例
退货管理流程	账务处理比例	从同意退货开始到给客户开发票	流程成本控制
供应链计划流程	订单履行率	库存每年周转的次数	库存成本占总成本的比例
整体供应链	完美订单率	总周转时间	总物流（供应链）成本

问题讨论

1. 请评价 C 公司总体的按功能的物流与供应链绩效管理体系状况。

2. 请分析公司具体的各功能部门的物流与供应链绩效管理体系存在的缺陷。

3. 请分析 C 公司具体需要设计与构建的物流绩效体系包括哪些。

4. 请分析 C 公司具体的按功能（职能）的绩效体系如何改进。

◆ 案例讨论 2

M 公司采用矩阵式绩效评估方法

M 公司的基本组织机构如图 16-2 所示。

公司物流管理部下设三个主要的职能部门：库存计划与控制部，储运部和采购部。库存计划与控制部负责全国的成品库存控制与调动，以及公司的产出计划和 MRP 部分。储运部门负责公司所有的成品、原材料的实物运输和存储及进出口业务。采购部负责供应商的选择、商务谈判及原材料价格的确定以及采购订单的执行。

公司决定尝试采用矩阵式的绩效评估方法。其主要有下述基本原则：

- 副总裁级以下的每个员工（含副总裁）的年终绩效评估将来自两个主要方面：50%来自公司的整体效益，50%

来自员工的个人业绩表现（或其部门的业绩表现）。

- 衡量员工的个人业绩表现（或其部门的业绩表现）时，要尽可能地量化。
- 量化的指标为 5~7 个。
- 5~7 个个人业绩衡量指标（或部门业绩衡量指标）中，要有两个指标来源于该员工或部门的业务所影响的其他员工或部门的业绩衡量指标。
- 每个指标所占的权重，在每个员工以及员工之间，根据业务要求可有所不同。
- 对于各个指标的考核，按 5 个档次：0%，50%，100%，150%和 200%完成，并事先要制定相对应的计量办法。

首先，在前一年度的第四季度，公司的管理团队（总裁和副总裁）经过充分的讨论，确定了各业务管理部门（和相对应的副总裁）在下一年的主要业务目标领域。其中，物流管理部门的业务考核领域有：库存水准控制、原材料成本控制、储运费用的控制、服务水准的保持、销售业绩的增长和生产制造成本的控制等。继而，有关这些业务考核的主要指标及比重被确定下来，见表 16-12。有些领域的考核用一个指标是不够的，在表 16-12 中，对服务水准的考核就选用了订单完成率、缺货率和过期货物比例三个指标。

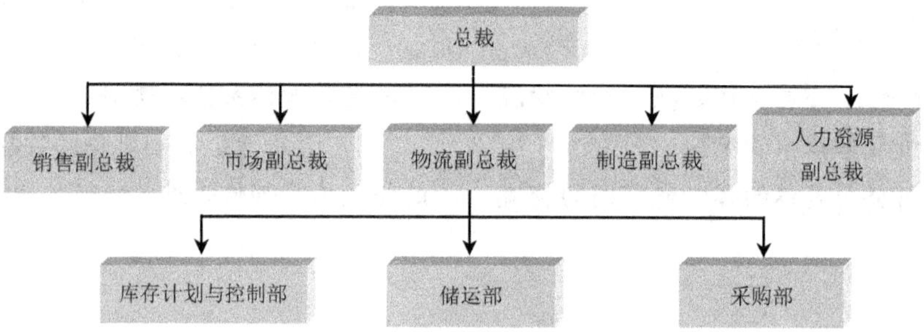

图 16-2 M 公司基本组织机构

表 16-12 物流管理部门的业务考核

考核指标	比例（%）	指标描述
库存水准	25	全公司的库存天数平均不超过 4 周
原材料成本	25	原材料成本占成品成本的比例由 56%下降到 52%
储运费用	15	储运费用占销售额的比例由 6.7%降到 5.5%
服务水准	15	
订单完成率	5	订单完成率不低于 98%
缺货率	5	缺货率不超过 2%
过期货物比例	5	过期货物比例不超过 0.5%

续表

考核指标	比例（%）	指标描述
人员培养	5	
经理级和主管级	3	50%以上的经理级人员和80%以上的主管级人员参加过5天以上的物流专业培训
职工	2	100%的职工参加3天以上的一般技能培训（由人力资源部组织）
销售业绩	10	销售业绩的增长（与销售部门的主要考核指标相同）
生产制造成本	5	生产制造费用的降低（与生产制造部门的主要考核指标相同）

另外，公司对物流管理部门的考核，也考虑到物流管理所直接影响的两个主要部门的业绩实现。如表16-12中，物流管理部门10%的业绩也将来自销售部门的业绩实现（如销售额的增长、销售费用的降低、零售客户数目的增加、市场份额的增加等）。同样，公司物流管理部门业绩表现的5%，还来自生产部门降低制造费用的努力。矩阵评估机制在此将会使相互影响的部门（比如，此例中的物流管理部门与生产部门、物流管理部门与销售部门）在市场工作中为相同的目标而努力。

进行矩阵评估的第二个步骤，是为每个衡量指标制定评估办法。公司的管理层意识到，一个较好的评估办法应尽可能地避免受到部门或个人短期行为的影响。

例如，衡量库存水准不应该仅仅用一个时间点（如年末）的数据，因为任何时间点上的库存水准都不会对公司的营运资金带来直接的影响。而较长时期（如一年）内的库存水准的一贯表现，才会对公司的营运资金带来影响。同时，如果采用几个时间点（如12个月末的库存天数）的简单平均数作为衡量指标，则有可能发生这样的情况：个别月份的库存水准奇高，而通过拼命压低其他月份的库存水准，使得一年下来的平均值能够达到指标。在第二年的实际操作中，公司决定对每周末的库存水准进行考核。对应一年里的52周的数据，则根据表16-13的标准，将物流管理部门的表现分为杰出、良好、一般、待提高和差五个档次。

又如，公司对于原材料成本和储运费用的考核，则是分别计算全年的总的原材料采购支出和储运支出占全年销售货物的成品成本的百分比。在制定评估办法时，公司曾考虑将业务目标直接定为节省的金额，如原材料成本支出节省800万元，但考虑到原材料支出或储运费用的支出，将会受到销售增减的直接影响。一年下来，如果销售量增加幅度大，则原材料采购量势必增大，那么固定的原材料成本节省目标将会很难比较。简单地将目标定为与上一年度的原材料采购总支出相比，对于采购人员来说就不太现实。而一旦销售下降，则原材料采购量势必减少，那固定的节省目标对应采购人员来说，又变成轻而易举的事。因此，公司最后认为，采用相对的比例（如采购成本占成品成本的比例）进行评估，能避免由于销售波动带来的对于目标的争议。虽然这也会存在一定的不平等，如销量下降带来的采购量下降，势必增加采购人员因采购规模的缩小而与供应商议价的难度。在某年的实际操作中，公司对物流管理部门的原材料成本指标和储运费用指标的考核办法，分别参见表16-14和表16-15。

表 16-13　库存水准的考核

得　分	档　次	指标描述
200%	杰出	全部 52 次的库存水准小于 4 周
150%	良好	库存水准大于 4 周的情况小于 8 次，没有库存水准超过 8 周的情况发生，超过 6 周的情况少于 3 次
100%	一般	库存水准大于 4 周的情况小于 8 次，没有库存水准超过 8 周的情况发生，超过 6 周的情况大于 3 次
50%	待提高	库存水准大于 4 周的情况小于 16 次，没有库存水准超过 8 周的情况发生
0	差	未满足上述情况

表 16-14　原材料成本的考核

得　分	档　次	指标描述
200%	杰出	原材料成本占产品成本的比例小于 50%
150%	良好	原材料成本占产品成本的比例为 50%~52%
100%	一般	原材料成本占产品成本的比例为 52%~54%
50%	待提高	原材料成本占产品成本的比例为 54%~56%
0	差	未满足上述情况

表 16-15　储运费用的考核

得　分	档　次	指标描述
200%	杰出	储运费用占销售额比例小于 5.5%
150%	良好	储运费用占销售额比例为 5.5%~5.8%
100%	一般	储运费用占销售额比例为 5.8%~6.2%
50%	待提高	储运费用占销售额比例为 6.2%~6.6%
0	差	未满足上述情况

一旦物流管理部门的绩效评估办法确定下来，公司的物流副总裁就要将部门（也是他自己）的这些指标分解到下面的各业务部门。在考虑各部门的指标时，公司的策略和业务重点将被考虑进去。

在制定库存计划与控制部的指标时，除了要考虑其自身的主要业务，还要根据矩阵式绩效评估的机制，制定出其他的一些考核指标。如表 16-16 中销售业绩表现、原材料成本、生产制造费用和储运费用等。而这些指标的考核，则主要取决于其他与该部门业务互相影响的业务部门的业绩表现。库存计划与控制时，如仅仅考虑自身的库存水准控制责任，则可能会通过采用快速的运输方式或非经济的批量运输，从而造成储运部门费用的上涨。甚至，有时为了提高反应速度而采取的增加库存点的手段，也可能造成储运费用的上涨。另外，生产制造费用的约束，使得计划人员在实际工作时不得不考虑频繁地改变生产计划或小批量的生产对生产制造费用的影响。

同样，在制定采购部的评估指标时，采

购部的行为对储运费用、库存水准、生产制造费用和新产品研发的影响也被考虑进去，见表 16-17。为了获得库存（原材料）水准的降低，采购部必须试图降低供应商的最小订单量。需要指出的是，许多公司的管理人员并不十分清楚采购部的行为对生产制造费用的影响，因为这种影响往往是间接的。很多采购人员认为，只要原材料符合公司的品质控制要求，同时材料价格满足直接采购成本的要求就算万事大吉了。难道就不能进一步提高了吗？试想，如果我们不仅仅停留在上述阶段，而进一步考虑原材料（或零部件）对生产制造成本的间接影响，如果同样质量、同样价格的原材料，却对生产部门的制造成本（有时先体现为生产效率的影响）有不同影响，我们会选取哪种原材料？毫无疑问，如果原材料的选择能使生产速度加快、原辅料的耗费减少、能源的使用减少，甚至人力资源的效率提高或需要减少，那么我们就肯定会选择这样的原材料。这就是之所以公司在制定采购部评估指标时，要考虑其与生产制造费用之间的影响。

表 16-16　库存计划与控制部的考核

考核指标	比例（%）	指标描述
库存水准	50	全公司库存天数（成品、原材料与半产品）平均不超过 4 周
服务水准	25	
成品缺货率	5	成品缺货率不超过 2%
原材料缺货率	5	原材料缺货率不超过 1%
订单完成率	10	订单完成率不低于 98%
过期货物比例	5	过期货物比例不超过 0.5%
储运费用	5	储运费用的降低（取决于储运部门的年终评估）
原材料成本	5	原材料成本的降低（取决于采购部门的年终评估）
生产制造费用	5	生产制造费用的降低（取决于生产制造部门的年终评估）
销售业绩	5	销售业绩的增长（取决于销售部门的年终评估）
人员培训	5	100%的职工参加过 3 天以上的一般技能培训（由人力资源部组织）

表 16-17　采购部的考核

考核指标	比例（%）	指标描述
原材料成本	50	原材料成本占成品成本的比例由 56%降到 52%
服务水准	25	
采购订单完成率	5	采购订单完成率不低于 98%
原材料缺货率	5	原材料缺货率不超过 1%
供应商原材料合格率	10	供应商原材料合格率不低于 99.5%
原材料采购周期	5	原材料采购周期减少 10%
储运费用	5	储运费用的降低（取决于储运部门的年终评估）

续表

考核指标	比例（%）	指标描述
库存水准	5	库存水准的降低（取决于库存计划与控制部门的年终评估）
生产制造费用	5	生产制造费用的降低（取决于生产制造部门的年终评估）
新产品研发	5	研发周期的缩短（取决于市场部与研发部门的年终评估）
人员培训	5	100%的职工参加过 3 天以上的一般技能培训（由人力资源部组织）

基于这样的思想，我们就不难理解公司评估采购部时，要考虑采购行为对储运费用的影响。公司的管理人员认为，采购行为将对储运费用有如下影响：

- 原材料的包装形式增加了仓库人员对卸货和验收的投入；
- 原材料的尺寸和堆放要求增加了仓库对空间的投入；
- 原材料特性对存储条件如温度、湿度的要求增加了仓库设施的投入；
- 在财务部门来调整费用科目的时候，由于进口原材料而产生的清关、提货（港口和机场的仓储费、检验 / 疫费等）、运输等费用均耗用储运部门的预算。

因此，储运费用的节省将成为采购部业绩评估的一部分，虽然比重不大。最后，公司对储运部矩阵式的绩效评估参见表 16-18。

表 16-18　储运部的考核

考核指标	比例（%）	指标描述
储运费用	40	储运费用占销售额的比重由 6.7%降低到 5.5%
服务水准	40	
订单完成率	15	订单完成率不低于 98%
配送时间	10	4 个主要城市的市内配送时间不超过 24 小时，其他城市不超过 36 小时
库存报告准确率	10	库存报告准确率不低于 99.5%
货物破损率	5	货物破损率不超过 0.05%
库存水准	5	库存水准的降低（取决于库存计划与控制部门的年终评估）
原材料成本	5	原材料成本的降低（取决于采购部门的年终评估）
销售业绩	5	销售业绩的增长（取决于销售部门的年终评估）
人员培训	5	100%的职工参加过 3 天以上的一般技能培训

在完成了储运部的主要业务（储运费用和服务水准）的同时，其他部门的相关业绩表现也要被考虑进来。我们知道，储运部门对各库存点的补足周期时间及不稳定性的降低（主要体现在运输时间），将会使库存计划与控制部门在设定各库存点的目标库存水准时，有更多的降低余地。而储运部与采购部的共同努力，将必然使得原材料价格（到仓库价）有所降低。实际操作中，公司的采购人员先对各种大宗的原材料进行成本分析，

找出其中从供应商到公司的运输费用的含量。储运部人员再根据自身业务（主要是成品运输）所覆盖的区域、线路，考虑运力的充分利用。对应自营车辆，在运送成品之后，如果没有回程成品货物，则可承担部分原材料的运输。而对应外租车辆，则可通过价格比较、集中运量、回程配载等手段，降低原材料的采购成本。

事实上，矩阵式的绩效评估办法，不仅仅局限在对部门或经理人员的考核，而可以一层一层地分解到主管，乃至每个员工。最后，表 16-19 给出了储运部经理的年终评估的示例。根据各个指标的评估方法对储运部经理的各项指标的完成情况进行打分，再乘以各项指标的比重，最后相加得到其总体表现。此例中，该经理的总体表现为良好（145%）。其他相关指标（库存水准、原材料成本和销售业绩）将直接来自其他部门（经理）的年终表现。

问题讨论

1. 公司采用矩阵式评估体系的主要目的是什么？

2. 矩阵式评估体系实施的原则是什么？

3. 从案例中，你能得到哪些启发？

表 16-19　储运部经理的年终评估

考核指标	比例（%）	指标描述	评估	得分（%）	加权得分（%）
储运费用	40	储运费用占销售额的比重由 6.7%降低到 5.5%	杰出	200	80
服务水准	40				
订单完成率	15	订单完成率不低于 98%	良好	150	22.5
配送时间	10	4 个主要城市的市内配送时间不超过 24 小时，其他城市不超过 36 小时	待提高	50	5.0
库存报告准确率	10	库存报告准确率不低于 99.5%	差	0	0
货物破损率	5	货物破损率不超过 0.05%	杰出	200	10.0
库存水准	5	库存水准的降低（取决于库存计划与控制部门的年终评估）	良好	150	7.5
原材料成本	5	原材料成本的降低（取决于采购部门的年终评估）	杰出	200	10.0
销售业绩	5	销售业绩的增长（取决于销售部门的年终评估）	一般	100	5.0
人员培训	5	100%的职工参加过 3 天以上的一般技能培训	一般	100	5.0
				总体表现	145

◆ 案例讨论 3

施乐公司的标杆比较

衡量企业绩效的方法之一就是以竞争对手为标杆。但是在实施竞争性标杆时会发现存在以下几个问题：一是与对手相比后发现，它们的实践并不值得借鉴与效仿；二是即使对手的实践活动值得运用到标杆中，可能你只能在绩效上无限接近竞争对手但却无法超越对方；三是一般而言，人们对于来自本行业外的新观念似乎更容易接受。

美国的施乐公司是 20 世纪北美最早使用标杆比较的公司。施乐公司发现，作为竞争性标杆的替代方法的非竞争性标杆化，可以借鉴使用任何行业领域中的相似功能的最佳实践，这能够有效帮助公司或部门取得竞争性的优势。施乐公司的一个最有价值的标杆化研究由它的物流配送部门实施，该部门负责有关存货管理、机器及零部件的仓储与运输活动。

施乐公司的物流配送部门的生产率年增长率历史上为 3%~5%。显然，这一数字不尽如人意，该部门的工作应当更有效率一些。那么物流配送部门将在哪里实施标杆化活动呢？下面源自 L.L.Bean 公司的标杆实践，是实施竞争性和非竞争性标杆管理的公司所应采取的第一步。

1. 计划阶段

（1）确定标杆化内容

施乐公司在以本行业领先者的最佳实践作为标杆后，在存货控制方面制定了一个新的计划系统。但是配送中心的经理日益感到行业发展变化带来的压力，因此，仓库管理被作为改进的目标。

经理们认为，在收货到出货的整个过程中，最大的瓶颈在于分拣领域。据此，配送中心决定将标杆重点放在仓库的作业效率上，尤其是对长期效率和作业业绩具有重要意义的物料管理方面进行标杆。

物料管理有一个新的技术，即自动存储和取货系统（AS/RS），这是一个有争论的领域。在纽约韦伯斯特已建立起一个储存原材料和零配件的 AS/RS 仓库，根据这一仓库，施乐的物流配送部门可以调查在产成品管理上应用 AS/RS 的成效。但评估显示，对于产成品应用 AS/RS，花费的初始固定资产投资得不到相应的回报。提高仓库的物料管理需要有一个不同的方法，但那是什么呢？

（2）确定最佳的竞争者

在确定了标杆内容后，正式的标杆活动开始了。施乐公司的物流配送部门想为物料管理过程确定一个最佳实践标杆对象，因此，它决定实施行业领先者的功能性标杆。物流配送部门安排了一个为期 6 个月的调查。而后来延长的时间则对外部资料进行了全面的调查，这其中包括物料管理和物流领域的商业杂志、相关领域的专家组、若干物料管理方面的咨询公司。外部资料的收集其目标在于发现仓储和物料管理领域中最新的发展态势和确立最佳实践的标杆对象。

在经过调查发现了最具有代表性的公司

后，施乐将它们的程序、系统、产品特征等制成表格，随后，研究者对实施标杆的最好的公司列出名单。准备好的初步报告详细记录了最新的信息，其中表明施乐内部操作和外部的标杆对象之间存在多大的差异。此外，报告还划分了职责权限。

就在这时，一篇关于物料管理的论文发表了，它介绍了L.L.Bean公司的仓库操作，集中讨论了以下几方面内容：①仓库仍然实行手工操作，但已经开始进行计算机系统的详细计划和最小化人工输入；②仓库没有实行自动化是因为客户订购的产品在大小、形状和重量上各不相同；③设计针对工作车间的全职工作人员，他们将对整个运作程序进行作业。

L.L.Bean公司的产品同施乐公司的零部件和供应品是不同的，但它们的专业配送是却很相似，两个公司都建立了仓库和配送系统用于管理在尺寸、形状和重量上多样化的产品。这种多样性使它们都不能使用AS/RS。

施乐公司物流配送部门的研究者将L.L.Bean公司确认为仓库和物料管理标杆化的最佳的代表者。

（3）数据收集方法

标杆研究小组随即决定使用私下的、专业的和访谈的方式作为数据的收集方法。主管标杆进程的经理首先对L.L.Bean公司配送部门的副经理做了一次访问，次年先后两次与其联系，以讨论标杆管理合作事宜。

参观运用过程的活动，安排于次年2月。施乐公司的标杆小组为此次参观访问做了大量的准备工作，包括制作调查问卷、讨论框架等。此次访问的主要内容有：与L.L.Bean公司配送副经理讨论那篇文章的有关内容，对目前和计划的案例的讨论，对工厂的参观。在参观过程中，与每个环节的负责人都进行了探讨。在探讨时间上做了周密而充分的计划，以确保信息和资料的充分交流。

2. 分析阶段

在完成大量的数据收集工作后，标杆小组进入了分析阶段。

（1）找出目前的竞争差距

标杆小组将参观访问中收集到的资料和信息加以整理写成报告，然后集中分析并描述L.L.Bean公司的实践与施乐公司内部的操作如何不同以及原因何在。

他们进行了实质上的分析以发现重要的差别和潜在的机会。分析显示，L.L.Bean公司的计算机导向活动范围要大于施乐公司的。分析结果进一步发展出行业最优实践，如表16-20所示。

L.L.Bean公司的配送中心有以下几项具体的活动：

- 按照速度的不同来安排物料，即在分拣顺序中，将分拣速度快的放在前面；
- 随机存储物料，以使仓库的空间利用率最大化，叉车的运距最小化；
- 将全天收到的订单进行分类和分发，以最小化分拣人员的移动距离；
- 按出错率建立奖惩机制，以提高效率；
- 提前核算运输成本以自动生成出库承运商名单；
- 根据条形码完成数据的自动获取。

L.L.Bean公司的计算机管理水平要比施乐公司的高。结果表明，与其他行业的最优实践相比，公司目前存在竞争差距，应重视这一点。

表 16-20　仓储方面的最优实践

运作步骤	行业最优实践
接收	在线接收输入，通过接收处的 CRT 对采购订单和相关内容进行协调
物料搬运	提前做安排，以使运距最小化
	通过货架设置和产品条形码，使分配率达到 100%
分拣	完整的在线分拣计划使分拣人员的工作路线最短化、集装箱利用率最大化
存货再定位	对存货自动进行再定位，和每天的订单速度相一致
分拣区域补货	从预先安排好的入口上货，从存货中自动补充分拣区域
装运	通过条形码扫描自动将分拣出的产品正确装运给码头上的承运商
	根据预先知道的重量和扫描结果自动进行运输单据的准备工作
其他准备	进行不同区域、不同人员的生产率和订单履行差错率分析
	根据交易的进行实时进行存货数据更新和仓库操作管理

（2）规划未来的工作

分析了施乐公司的内部操作与最优实践的竞争差距后，就需要清楚地将这些实践运用到施乐公司的操作中。

研究发现，L.L.Bean 公司的工作效率相当高，L.L.Bean 公司工人的分拣速度几乎是当时业内最有效率的仓库所计划的速度的 3 倍。表 16-21 比较了 L.L.Bean 公司和施乐公司在次年 2 月的实际数据。表中数据显示 L.L.Bean 公司的分拣操作要比施乐的更有效率，然而，L.L.Bean 公司的有关仓库操作在施乐中是不做的，如柔性产品的最终成形。所以说，应当对实施的领域进行理解，相关评估在表 16-22 中以简略的形式加以表示，其目标是获得反馈，对一个已知的方面做进一步的分析。这种分析能通过头脑风暴法和参与者所赋予的权重显示的接受程度来实施，然后据此采取正确的行动。

表 16-21　L.L.Bean 公司与施乐公司在分拣方面和仓库总体运作方面的比较

次年 2 月数据	L.L.Bean 公司	施乐公司
分拣		
订单数/人工日	550 个	117 个
产品系列数/人工日	1 440 个	497 个
件数/人工日	1 440 件	2 640 件
仓库总体运作		
订单数/人工日	69 个	27 个
产品系列数/人工日	132 个	129 个
件数/人工日	132 件	616 件

表 16-22　使用最终目标分析法获取标杆化

目前状况	最终目标状况
没有需要标杆化的意识	行业最佳实践得到承认
没有标杆化行动或不理解标杆法的几大步骤	整个组织都研究标杆化
不理解或误解行业最佳实践	全面理解标杆做法
不知道竞争差距	清楚目前做法和标杆实践的差距，既要明白差别在哪儿，又要明白二者是如何不同的
没有权进行实践	完全拥有实施权，并在贯彻方面有实际的步骤

3. 统一工作阶段

在统一工作阶段，标杆小组应首先交流他们的分析结果并设计未来的作业。

（1）交流分析结果

施乐公司的物流配送部门清楚，在研究过程中，开放式的交流是保证成功取得对行动计划的认可和成功贯彻计划的途径之一。在研究的最初阶段，施乐公司采用以下的战略方法来交流他们的分析结果：生产线经理的参与、部门副经理的参与、地区配送中心经理的参与、报告的传阅与上层管理人员的会晤。

（2）建立功能性目标

以 L.L.Bean 公司为标杆的做法，只是众多标杆化调查中的一个。总体来说，这些标杆化调查产生了一系列的综合目标和最佳操作表述。对 L.L.Bean 公司的研究开创了很多先例，在分析如何提高仓库物料管理的过程中，施乐将问题分为以下两个部分。

1）物流流程简化。这一运作目标是使物料流转的步骤最少化，同时使产品从接收入库到运送至客户处的距离最小。

2）运作管理。它决定了一旦完成上述流程设计，仓库运作应当如何进行管理的问题。它的目标是资源最小化，尤其是在人力资源的利用，订单的数量最大化方面。在某种程度上，有效的运作需要就决定了物料管理设计。

两方面只有加以结合才能有最佳的行业实践。流畅的流程是有一定好处的，但施乐公司对 L.L.Bean 公司的标杆研究，证实了公司有潜力获得比流畅的流程更多的益处。

L.L.Bean 公司以计算机为主进行的分拣活动融合进物流目标的相关报告中，每个最佳实践行为都成为要实现的目标。

4. 采取行动阶段

一旦确定了功能性目标，标杆小组就开始展开行动计划。

（1）展开行动计划

行动计划包括以下内容：首先成立一个专门的项目小组，将新的运作方案应用到流水线型的流程设计上；然后用计算机来进行订单的处理工作，把 L.L.Bean 公司的最佳实践行为融入到仓库的现代化设计上，这项工作应在标杆化活动的开始阶段就加以执行。其他的实践行为，如计算机分拣并没有加到这一设计中来。

（2）贯彻计划和控制结果

由于以往做法的程度和复杂性不容忽视，所以要起用项目小组来督促执行。

- 组织一个综合发展项目；
- 准备一份记录要求的文件，其中要记录 L.L.Bean 公司和其他标杆化合作伙伴的最佳实践；
- 要求卖主提供满足标杆化要求的建议；
- 根据标杆比较的计划和 L.L.Bean 公司的具体做法，在这两个不同的方面分别做监督和汇报；
- 建立各部门的目标，这些目标应同用于实施最佳实践的个别生产率计划一起做季度性评估；
- 对以部门和业务为单位的高层管理进行跟踪。

表 16-23 是一份监督图表摘要，用它可以快捷地指出标杆化的进程。

长期的预算建议中都包括有标杆化进程的报告。报告不仅仅说明了标杆化，也提出了实现标杆化的日期，这些是提交给上层管理者的物流计划中每年长期报告中的典型的一部分。这些报告也会在部门内的交流会上进行评估。

施乐公司对 L.L.Bean 公司的标杆经验表明，标杆化可以使一家企业真正实现绩效的提高、收益的增加。

问题讨论

1. 施乐公司为什么进行的是非竞争性标杆法？

2. 为什么施乐公司选择 L.L.Bean 公司作为标杆管理的合作伙伴？

3. 施乐公司当年对 L.L.Bean 公司进行参观访问时，遇到的最大的难题在哪里？

4. 施乐公司成功的标杆化管理给你以什么启示？

表 16-23　各业务单位的标杆化进程监督摘要

	业务			
	A	B	C	D
1. 零起点				
2. 确定生产量				
3. 选择标杆化合作伙伴				
4. 确定数据收集方式				
5. 数量化竞争差距				
6. 设计表现水准				
7. 交流心得				
8. 被认可的目标				
9. 贯彻标杆法				
10. 重新测定标杆				
11. 赢得管理共识				
12. 使标杆化制度化				
13. 达到领导地位				

第17章

物流价值的衡量与推广

◆ 引导案例

案例 1：有家大型耐用消费品制造商为其独立经销商实施了快递交付系统，使得客户可以在 48~72 小时内收到货物。公司的地区配送中心和送货车辆由第三方物流企业运作。在为改善财务绩效而实施经济增加值（Economic Value Added）评价指标之后，公司又将服务时间降低到 24~48 小时，同时公司放弃了原来的三家物流公司，转向另一家第三方物流公司。

案例 2：根据一家物流咨询公司的建议，一家大型的化工公司撤销了物流部门。咨询公司认为，在公司各部门均有物流职能的情况下，物流部门没有存在的必要。结果，公司物流副总裁和他的下属踏上了重新谋职之路。

在这两个案例中，物流提供的价值未被衡量和推广。在第一个案例中，公司销售人员没能说服客户认同物流的经济价值，即更高的库存周转率及由此所导致的单位产品的库存持有成本的降低，而且也忽视估计有多少销售量是由快速送货系统所导致的。在这种情况下，物流的价值既没有被外部客户所接受，也没有得到内部高层管理者的认同。

在第二个案例中，物流价值在公司内部的推广是失败的。公司的物流部门未能适当地展示自己对公司财务绩效的贡献和由此可见的存在价值。

本章将讨论以下几方面的内容

- 客户满意度与价值增值分析
- 总成本分析
- 获利能力分析
- 战略利润模型分析
- 股东价值

17.1 物流价值的衡量概述

根据客户的要求，企业正在给客户提供更多的增值服务，但仅仅列举向客户提供的增值服务是不够的，企业应具备衡量这些增值服务的能力，也就是要有对客户有意义的指标表示，由此客户会理解这些服务产生的财务收益。例如，客户可能在承认某企业提供更短的提前期、更好的订单满足率和更准时的产品和服务交付水平的同时，抱怨价格太高。这时企业为了说明额外价格的合理性，有必要将更好的客户服务转换成财务收益，如存货周转率的提高、库存持有成本的降低等来冲抵额外的价格。在一个公司的内部也是如此，公司的物流部门应适当展示自己对公司财务绩效的贡献，由此证明部门存在的价值。衡量价值的方法包括：

1．客户满意度。

2．客户的价值增值（CVA）。

3．总成本分析。

4．获利能力分析。

5．战略利润模型。

6．股东价值。

以下将详细描述每种方法。

17.2 客户满意度

客户满意度是财务术语中最难以定量化的，但客户满意度是一个关键的衡量指标，它使公司提供的服务与客户需求保持一致。通过对物流系统的投资，实现比竞争对手更高水平的客户服务，企业可以有效地、大幅度地提高市场份额，增加收入，对客户的财务绩效产生直接影响。然而更高的客户服务水平通常也会增加企业的成本。客户满意度衡量的优点在于：① 实施较为简单；② 能够使公司服务与客户需求保持一致。

对很多行业的研究表明对某个供应商给予较高评价的客户将更多地从该供应商处购买所需的产品，而且更有可能支付较高的价格。但也有一些供应商不能从改进的绩效中获利。尽管客户满意度是很好的指标，但是它不能表明公司向客户提供的服务的财务收益，本身也不足以在公司内部使人们承认物流的价值。将客户服务绩效和相关成本与收入及成本联系起来是非常重要的。否则，管理者可能只看到物流的成本，而对与一流的客户服务相联系的收入创造能力却视而不见。

17.3 客户价值增值

客户价值增值（CVA）是在营销学中诞生的概念，用于测量最终用户的价值。客户希望以好价格获得高质量产品，他们运用产品和服务属性来评价将收到的利益，所感觉到的收益除以所观察到的付出（相关成本与风险）就是预期的客户价值（见图 17-1）。

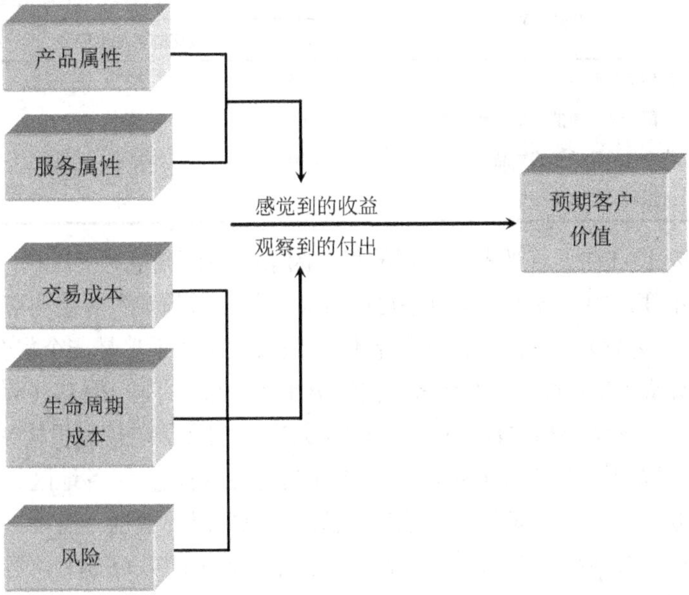

图 17-1　客户价值的构成

管理者提升客户价值的方法有两种：一是提高与产品或服务属性相关的质量；二是降低交易成本、生命周期成本或风险。产品质量和服务质量是支撑价格的基础。物流服务经常和产品的服务属性相联系，如送货至客户的及时性等。如果公司生产出低质量产品或提供较差的服务，则基于价值的价格就会下降。同样，给定产品和服务质量，则过高的定价将导致价值降低，销售就会受到影响。因而，从公司角度而言，关键在于找到增加产品价值的方法，使得价值增量所产生的溢价超过相应的成本增加。

客户价值增值是指公司提供的价值除以竞争对手提供的价值。那些比竞争对手给客户提供更高产品和服务价值的公司将获得更大的销量、更高的利润、更大的市场份额和更高的股东价值。朗讯、德州仪器等公司正是运用这一指标向客户提供比竞争对手更好的产品和服务。

$$\text{CVA}=\frac{\text{观察到的公司提供的价值}}{\text{观察到的竞争对手提供的价值}}$$

通常公司通过收集有关具体属性的详细数据来衡量 CVA。表 17-1 是某公司在确定订单执行客户满意度几个因素的绩效水平的例子。

表 17-1 某公司订单执行客户满意度调查

问题/属性	绩效得分（1 为差，5 为优）		
	公司	最佳的其他供应商	公司/最佳的其他供应商
在你需要时送货	3.35	3.32	1.01
获得全部订单的必要信息	3.67	无	—
收到你订购的正确物品	4.00	3.76	1.05
运送物品的整体质量	3.89	3.74	1.04

表 17-1 中，管理者将公司的每一因素与最佳竞争对手比较，但是，最佳对手并非一成不变。由于各个竞争对手可能各有所长，最佳竞争对手不可能每次都是同一个，它是许多竞争对手的优点的综合体。“最佳竞争对手”是一个集合而非单个供应商。

计算 CVA 的下一步是将比值得分乘以 100，并与 PIMS（营销战略的利润影响）数据库中的结果相比较。自 1975 年以来，SPI（战略规划机构）开发并维护了 PIMS 数据库以用于战略分析和研究。SPI 的会员公司提供了各地区、各国和国际市场的许多行业中成千上万家公司的详细信息，既包括财务数据，也包括竞争环境、客户、市场和经营等情况。PIMS 的分析单位是战略业务单位（SBU），每一业务是一个部门、一种产品线和母公司中的其他利润中心。数据库中的业务可被分成以下类别：① 耐用消费品；② 非耐用消费品；③ 资本品；④ 原材料和半产品；⑤ 零部件；⑥ 供应或消费品；⑦ 服务；⑧ 批发和零售配送。样本如表 17-2 所示。

如果公司得分超过最佳对手得分的 10%，则该公司属于“世界级公司”；PIMS 数据库中有 15%属于此类。超出比例在 3%~10%，则属于“高于平均”，25%的公司属于此类。数据库中的“平均”和“低于平均”的公司分别占 20%和 40%。

表 17-2 CVA 值的分布

级 别	CVA 值	企业比例（%）
世界级	>110	15
高于平均	103~110	25
平均	98~102	20
低于平均	<98	40

资料来源：PIMS 数据库

客户价值增值最后也集中于客户满意度的概念，作为衡量物流价值的指标有像客户满意度指标一样的局限。而且成为“世界级”的公司需要成本，这些CVA得分也是很难转化为客户的财务收益的，客户是否愿意支付额外的成本或增加购买呢？例如，公司要提高多少分才能使1%的提价显得正当呢？

17.4 总成本分析

此处总成本分析的目标是向客户表明与公司向其提供的更佳的物流服务有关的财务利益。如将供应满足率、等待时间和准时等绩效转化为存货周转优势，从而降低每单位库存的持有成本。供应商不是告诉客户公司的服务如何优于竞争对手，而是应向客户表明这种服务如何影响存货成本。例如一件物品的库存持有成本为36元，则与一次库存周转有关的成本为36元，再除以存货周转次数，即得到每单位的成本。如果公司提供更好的服务使客户存货周转6次，而其他供应商为3次，则每单位的库存持有成本分别为6元和12元，每单位节省的6元即可被作为向客户收取更高价格的依据。表17-3列出了总成本分析中可能包括的成本。

总成本分析是既可用于公司内部也可用于公司外部的物流绩效的一个物流衡量指标。物流成本是公司成本的重要部分，而物流资产也在公司资产中占据相当比例。因此降低与物流有关的总成本代表着为公司创造价值。总成本作为衡量物流价值的内（公司高层管理者角度）外（客户角度）衡量指标的缺陷在于忽视了收入含义。而且物流专家越是关注成本削减以证明其存在的必要性，管理者就越会简单地将物流当成一个成本削减的机会。如果物流专家希望其价值获得认可，总成本不是理想的衡量指标。

表17-3　总成本分析

购买价格，加上
运输成本
库存持有成本
与可选销售条款相关的成本
订货成本
接收成本
质量成本（退货等）
退货成本
其他成本（因情况而异）

17.5 获利能力分析

当供应商选择中存在收入含义时，采用细分市场赢利性分析是更佳的价值衡量方法。细分市场赢利性分析有助于管理者准确评价战略选择。例如，是增加还是取消某产品线，是否需要提高收入弹性很低的价格或降低产量很高的产品价格。由于客户服务水平影响客户购买水平，细分市场赢利分析不仅考虑了对成本的影响，也考虑了对收入的影响。因此，公司就可以将稀缺资源分配给高赢利的细分市场，退出或重组不赢利的细分市场。如表 17-4 所示，细分市场可以是 A、B、C 或 D。这里的问题是：客户从这些供应商的产品中获得了多少收入？

表 17-4　细分市场赢利分析：考虑所有资产的成本贡献法

	供应商 A	供应商 B	供应商 C	供应商 D
销售收入				
销售成本				
毛利润				
另外（减去）				
折扣				
市场开发基金				
位置津贴				
合作广告				
净利润				
可变营销与物流成本				
运输				
接受				
订单处理				
其他成本				
贡献利润				
可分配的非变动成本				
工资				
广告				
库存持有成本减去：				
应付账款费用				
其他成本				
可控利润				

细分市场赢利报告可用于分析公司提供给客户的价值建议的收入和成本含义。该方法可用于内部衡量物流对业务细分市场的赢利能力的影响，如客户、交易类型、地理区域、销售区域和产品。

17.6 战略利润模型

战略利润模型是衡量企业绩效的重要方法，它表明了资产管理和利润管理可以影响资产收益和净资产收益，进而影响股东投资收益和利润留存（见图 17-2）。之所以可以用这个方法来衡量物流价值，是因为物流管理以各种途径影响着企业的净资产收益率。图 17-2 列出了物流对净资产收益水平产生贡献的各种途径。

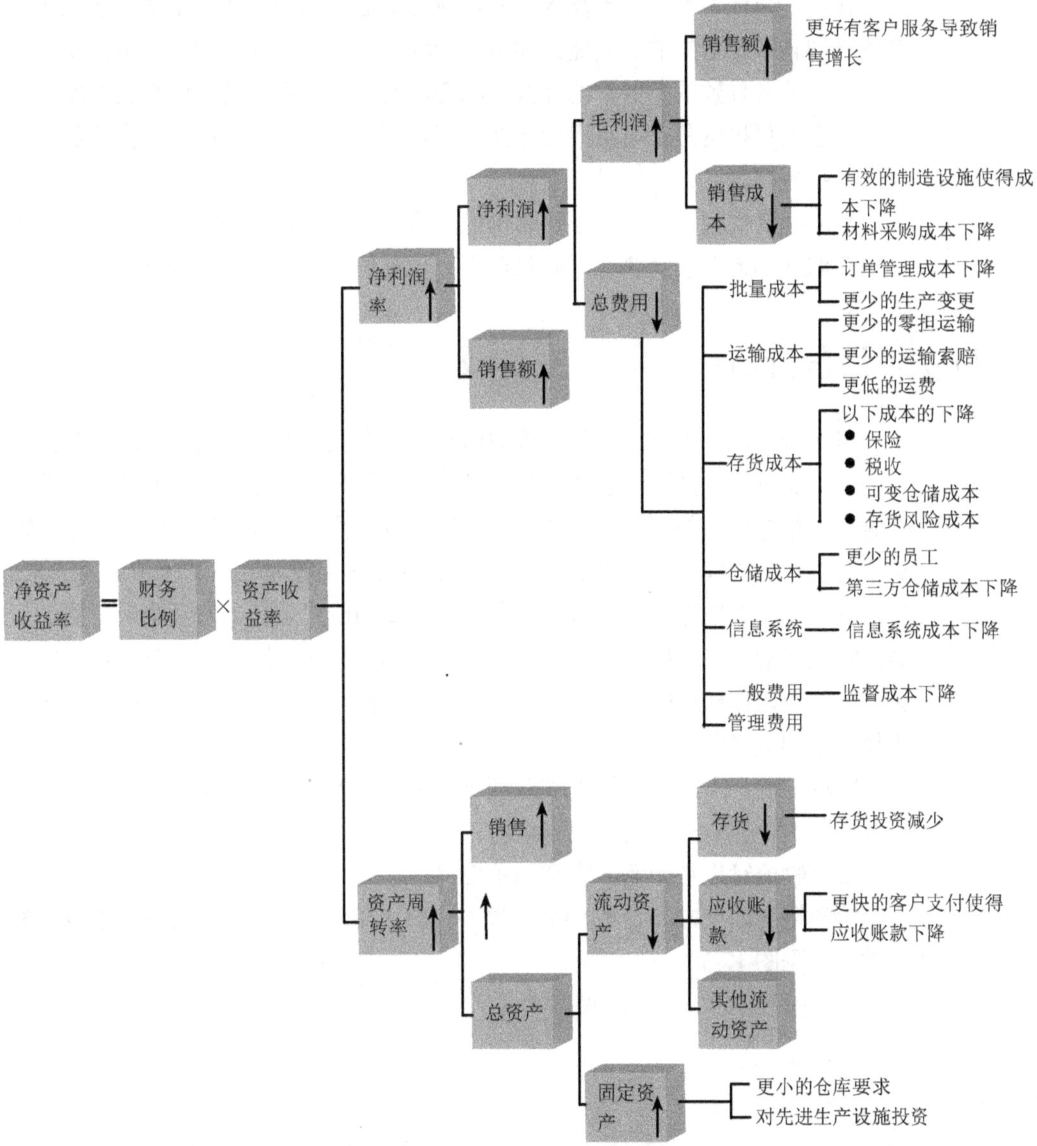

图 17-2　物流对净资产收益率的影响

首先，良好的物流管理（如提前期、存货的可得性、订单满足率等）会导致更高的价格、产量和产品更快地打入市场，从而带来更高的销售水平。

由于存货和应收账款减少，更多的资金可以投入制造设备，提高生产速度和效率（更低的劳动成本、物资耗费和能源消耗），从而降低销售成本。由于物流的改进，销售产品的成本也可能通过采购成本的降低而减少。通过改善物流的各个方面，可以实现总费用的下降。这些活动将会产生更高的赢利水平。

在资产负债表方面，更高水平的物流可降低流动资产和固定资产的水平，从而提高资产周转率。更高的赢利能力和资产周转率为资产收益率的提升提供了两大动力。这与偿还债务导致的负债率的降低相结合，又将导致更高的净资产收益率。

现金的再投资是公司常用的选择，因物流改善而减少资产所提供的现金，可以用于其他投资等。

战略投资模型可用于衡量物流价值并将其推广给客户。它向管理者表明了物流在公司获取成功方面的重要性，局限在于比较难估计物流在产生收入方面的作用。

17.7 股东价值

股东价值是一种可靠的且一致的用于分析企业价值和衡量各种战略和投资如何影响公司的总价值的方法，它建立在一条重要假设之上，即一项业务的价值等于其未来现金流量根据适当的资本成本贴现的现值。股东价值克服了传统财务指标的缺陷，承认了对货币的时间偏好和投资风险，是一种客观地将管理决策和价值联系起来的框架。

有关管理者应如何将公司绩效和股东价值创造联系起来的两个最主要学派是：莱波波特创建的股东价值分析（SVA）和斯特恩创建的经济增加值（EVA）。向客户展示公司的物流运作如何影响股东价值将成为评价物流财务效益的最终指标。这里主要运用经济增加值（EVA）方法。

EVA 通过绩效差——资本收益超过资本成本的差额（该差额乘以投资资本即为每一时期的 EVA）——来得出股东价值。

那么物流管理是如何影响 EVA 的呢？

物流可在四个方面影响 EVA：收入增长、经营成本削减、运营资本效率和固定资产效率（见图 17-3）。

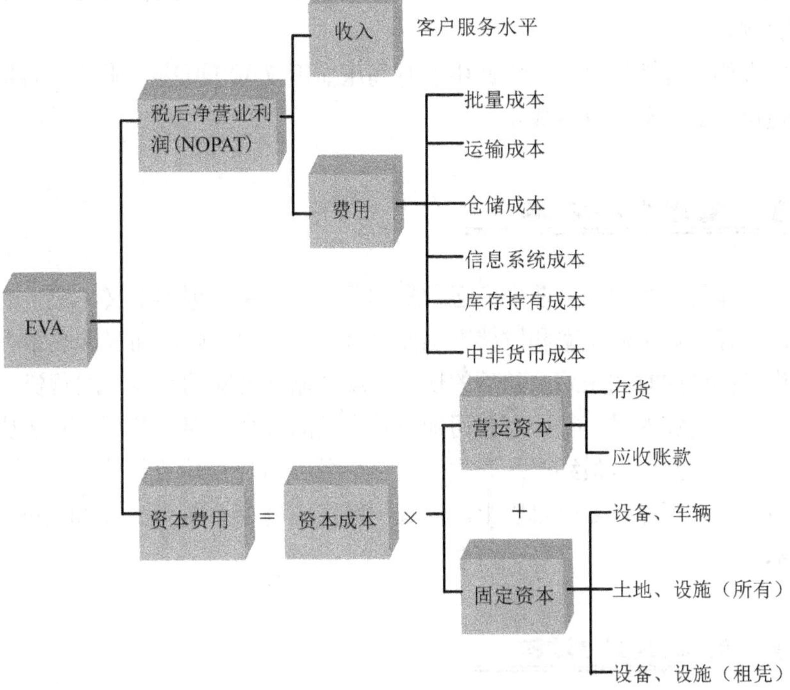

图 17-3　物流如何影响 EVA

17.7.1　收入增长

物流所提供的客户服务能够对销售量和保留客户产生重大影响。尽管计算销售量和服务之间的关系并非总是可能的，但是许多研究表明两者之间存在着正相关关系。“缺货”所产生的影响可能是非常惊人的。例如：康柏公司报告称，由于一种畅销产品在客户需要时供不上货，导致公司在 1994 年损失了 5 亿~10 亿美元的销售。

优质的客户服务（表现为可靠性和反应力）能增强客户忠诚度。有关资料表明，客户忠诚度越强，销售额就越高。特别是当客户愿意更多地转移到供应商处时，效果更为显著。

17.7.2　运营成本削减

通过物流削减运营成本的潜力是非常大的。在一个典型企业中，成本的很大比例是物流行为所驱动的。运输成本、批量成本、信息系统成本和库存持有成本的非货币要素必须加以考虑。通常，上游的物流成本在最终产品的供应链总成本中占有相当大的比例。

人们已经认识到，供应链中的时间压缩不仅可增强客户服务，而且可通过减少不创造价值的活动而降低成本。

17.7.3 运营资本效率

物流管理主要与企业中的运营资本要求相联系。根据定义，较长的供应链产生更多的库存。订单满足率和发票准确度直接影响应收账款，而采购政策影响现金流。通过供应链中的时间压缩及随后的现金一现金循环时间的减少，运营资本需求可大大降低。令人吃惊的是，很少有公司知道其产品的现金—现金循环时间（从支付现金购买物资和部件到出售最终产品并收回现金所经历的时间）。在许多制造行业中，现金一现金循环周期可能在6个月以上。通过削减供应链中不创造价值的时间，即可减少运营资本。

17.7.4 固定资产效率

物流本质上是“固定资产密集型”的活动。货车、配送中心和自动搬运系统都需要大量投资，因此常常会降低投资收益率。在传统的多级物流系统中，工厂仓库、地区性配送中心和本地仓库——它们都代表了大量的固定资本投资。

第三方物流蓬勃兴起的动力之一就是对降低固定资产投资的渴望。由于认识到资本投资的融资成本有时会高于所带来的收益，这日益推动了人们优化配送网络和生产设施的决策。

17.8 物流价值的推广

物流价值的衡量应从客户的角度出发，这一条至关重要。一旦物流价值被衡量了，就必须推广给客户。在这一阶段，必须确认在客户公司中，究竟是谁应收到有关信息，销售队伍必须找出合适层次的经理人员。

同时也必须认识到物流价值是一个动态的目标。供应商只能期望客户为优于竞争对手的服务支付额外的费用。随着竞争对手的进步，公司也必须改进服务。如果竞争对手能赶上的话，今年代表的增值服务到明年就未必如此。

此外，销售人员的作用也在不断变化。销售人员必须逐渐成为客户的顾问。就所销售的产品和服务而言，他们必须比客户更了解客户的业务，而且他们必须不断努力寻求为客户创造价值的新方法。由于这些原因，有关如何衡量和推广物流价值的知识应成为销售人员培训的必要部分。

在公司内部推广物流提供的价值是很关键的。客户满意度调查应被应用估计物流对收入的影响。物流绩效测评应考虑到物流对运营费用、运营资本、固定资产的影响。否则，物流组织及其计划将被置于危险境地。高层管理队伍中的每一位都必须了解物流是如何对公司股价做出贡献的。

本章小结

在公司中最常见的价值衡量方法是客户满意度。但是，它也是财务导向最低的方法，很少使客户支付额外的费用或以更高的采购量回报供应商。有时人们采用总成本分析，但是如果预期客户为增加价值的服务支付额外费用，则总成本分析就不是理想的供应商业绩测量指标。在组织内使用总成本分析来研究物流的价值反而强化了物流仅仅是成本中心的观点。在物流绩效与公司收入相关的情况下，总成本分析就失效了。

我们相信，股东价值是最全面的方法。有必要进一步研究如何才能衡量物流对股东价值的影响及与衡量相关的成本，确定物流对客户公司的价值和供应商公司的价值的影响有何成本与时间含义，根据价值对市场进行细分是否可行。另一要点是，价值是变动的目标，客户只为收到的价值增值支付额外的费用。如果竞争对手也在前进，则今年代表价值增加的东西明年未必继续如此。不断为客户寻求价值增加的新途径是公司永恒的任务。一旦完成了这一点，必须向客户展示他们所收到的价值。最后，还应向公司内其他部门的负责人展示这些为客户提供的价值如何增进了股东价值。

练习题

1. 为什么需要衡量物流为客户带来的价值？
2. 为什么客户服务与客户满意度的衡量是向客户提供价值的最常用的指标？
3. 在总成本分析、细分市场赢利分析、战略利润模型和股东价值中，哪种衡量方法最佳？
4. 从公司内部与外部，在进行财务导向的价值衡量时会遇到哪些可能？

案 例 C

案例 C1 某照明电器工厂物流的改革

案例分析背景

工厂 A 主要生产照明电器，合资前工厂已经濒临破产。合资以后，进行了大规模的组织机构和产品结构调整，特别是开展了行之有效的物流管理工作，使得该厂迅速扭亏为盈，并成为公司的物流管理典范。

合资以前，工厂采用的组织结构是常见的直线职能组织结构，由厂长统一领导生产科、供应科、销售科、人事科、财务科、质检科、设施科和行政科等职能部门，以及一车间、二车间、三车间和包装车间等基层单位。其中，生产科和销售科分别管理半成品仓库和产成品仓库，供应科管理原材料仓库并负责采购和销售活动中的主要运输工作，整个工厂的物流工作实际上由三者共同承担，如图 C-1 所示。

工厂的货物流与信息流流程如下。

在信息流的拉动下，该厂的物流活动主要分为厂内和厂外两大部分。厂外部分是通过提货单和送货单，利用供应科的运输能力，从供应商那里取得原材料并向客户运送产成品与外销半成品；厂内部分是根据公司总部销售组织与本厂销售科下达的生产计划与生产订单，由生产科安排相应的车间从仓库领取原材料、半成品，经过车间内部和生产线上的流动，完成加工制造，作为产成品和半成品运回仓库的过程。

根据不同的生产与物流阶段，该厂的货物流、信息流总流程可以进一步细化为采购、销售、仓库和生产等较小范围内的流程。例如，二车间的生产流程可以用图 C-2 表示，二车间从半成品仓库直接将灯丝和导丝领到车间，并领取灯泡玻壳到准备车间进行清洁工作，再转运至本车间，同时从原材料仓库领取玻璃管等原材料，经过生产线加工，制成灯泡成品，运往包装车间放置一定时间进行性能稳定后予以包装，然后再运往产成品仓库入库。

在旧的物流组织体制下，工厂 A 一直受到货物流、信息流不畅的困扰，流动资金严重积压，物流成本和生产成本居高不下，员工工作缺乏效率。主要表现在以下几点。

（1）物流职能分散，本位主义盛行，部门缺乏合作，人员过度膨胀

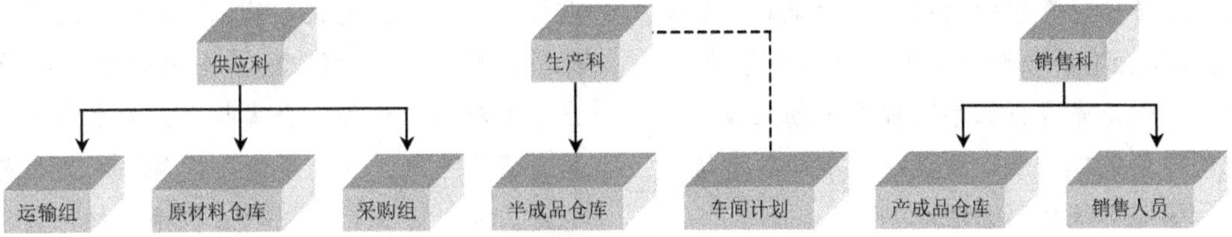

图 C-1　工厂物流工作相关的组织结构

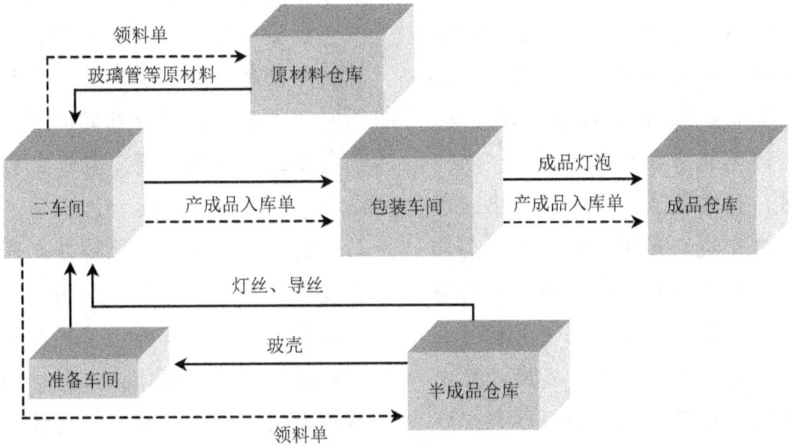

图 C-2　二车间货物、信息流流程

注：实线为货物流，虚线为信息流

该厂的生产科、供应科和销售科都涉及一部分物流活动，各部门往往各自为政。销售科为了完成客户的生产订单，要求生产科压缩对总部销售组织下达的生产计划的安排，总部销售组织则要求生产科尽可能满足自己下达的计划。生产科在总部和厂部两地销售组织的对立中，只有根据自身利益进行权衡，但生产科的计划主管对车间计划员无考核权，制定的生产计划不受车间重视，经常得不到认真执行。车间往往随意安排生产，不是超额生产，就是产量不足，一方面抱怨销售科订单太急，生产科计划不合理，另一方面又抱怨供应科原材料供应不及时。供应科为了保证供应，就不顾实际需求盲目大量进货，结果是部分原材料库存过多，另一部分又缺货，反而进一步影响生产的稳定。此外，定岗定员机制一直未能实现，仅三个仓库就有 70 多名员工，实际需求还不到一半。

（2）混乱的库存管理制约物流工作，物流路线冗长，物流活动主次不分

各种库存经常超标，使流动资金被大量占用，无法迅速周转，给企业带来了沉重的财务负担。低效率的物流活动又使运输、仓储、装卸搬运、包装等环节产生了许多不必要的浪费。在这两方面的共同作用下，产品成本自然大幅度上升。不仅如此，库存上的

时而过多、时而短缺制约了货物流的正常流动，货物流不畅又形成了进一步的库存滞留。例如，玻壳库存积压导致玻壳受潮生碱，厂方不得不在二车间下增设准备车间做清洁工作，物流路线被不合理地加长了。工厂本应以生产物流活动为主，却参与了过多的厂外物流活功，使用自身的运输设备和人员从供应商处提货和向客户送货，结果由于“野蛮装卸”等问题使物料破损率一直居高不下。

(3) 信息流动受阻，前后环节反馈迟缓，信息流和货物流不能有效配合

从货物流、信息流流程中可以看出，各部门之间的信息交流与反馈很少，而且周期过长，基本为一个月左右，这使得工厂的整体运作效率无法提高。同时，物流流动过程中往往没能伴随着完整、准确、及时的信息流，例如，车间与仓库之间的物料往来就经常存在单据不全的问题。

(4) 员工缺乏效率观念和责任感，依赖经验办事

各部门之间的不协调，往往源于员工不重视工作效率，无服务意识。许多人对下游环节的部门缺乏责任感，不能把他们当做“客户”来对待，比如，仓库收发工从来不肯把物料送至车间，而是要求车间领料人员自行取走。而且，工厂尽管创立多年，却一直没有一整套工作规范，所有员工都凭经验处理工作，随意性很强，很容易造成工作失误。

合资以后，工厂决定对物流组织结构、货物与信息流程、员工培训等多方面进行改革，努力解决上面存在的问题。通过改革，确实使工厂重新获得了竞争优势，伴随组织结构的变革，新的货物流、信息流流动过程与以前大不一样。仍然以二车间货物流、信息流细分流程图为例，如图 C-3 所示。高效的库存与仓储管理杜绝了玻壳等半成品或原材料保管不善的现象，准备车间的存在已是画蛇添足，同时，所有的包装工作全部在车间内完成，免去产成品入库前还要转运至包装车间的麻烦。从这一细分流程来看，货物流路线几乎缩短了一半，物流费用大大节约，降低了产品成本。

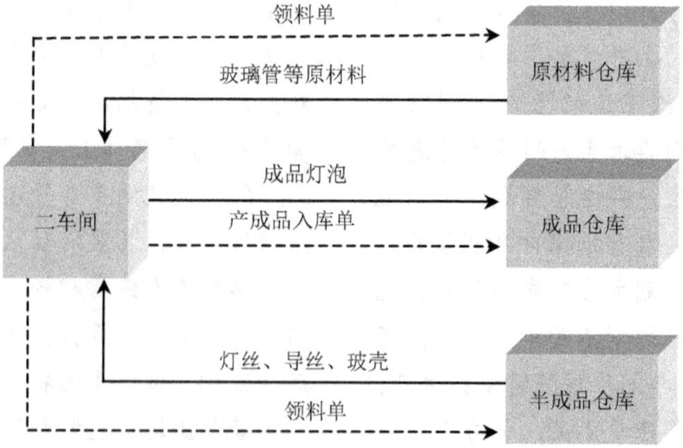

图 C-3　二车间货物流、信息流再造后的细分流程

注：实线为货物流，虚线为信息流

思考题

1. 对比二车间流程再造前与再造后的区别，在哪些方面进行了改变？达到的效果是什么？

2. 根据案例背景资料，请分析工厂 A 的组织结构与信息流程方面应该如何改革？

3. 仅有组织结构和货物流、信息流流程的改革还是不够的，如果员工即作为组织得以存在和工作流程得以实现的关键要素的人没有改变，改革不可能取得成功。那么，您认为可以从哪些方面着手，才能使得人的因素有实质性改变？

4. 以下二题任选一题

（1）进一步分析工厂可以从哪些方面进行改革，请说明改革的目的与期望结果。

（2）结合自己企业在物流方面存在的问题，谈谈该案例对自己企业物流改进的启发。

案例 C2　海尔：现代物流创造的奇迹

案例分析背景

海尔集团首席执行官张瑞敏在一次研讨会上谈起海尔为什么要搞物流时说："物流对海尔的发展非常重要，为此我们大约用了两年半的时间进行了物流的整合和改造。到目前为止，我们认为物流对企业的发展起了巨大的作用。"

海尔现代物流的起点是订单。企业把订单作为企业运行的驱动力，作为业务流程的源头，完全按订单组织采购、生产、销售等经营活动。从接到订单起，就开始了采购、配送、和分拨物流的同步流程，现代物流过程也就同时开始。由于物流技术和计算机管理的支持，海尔物流通过 3 个 JIT，即 JIT 采购、JIT 配送、JIT 分拨物流来实现同步流程。这样的运行速度为海尔赢得了源源不断的订单。目前，海尔集团平均每天接到销售订单 200 多个，每个月平均接到 6 000 多个销售订单，订制产品 7 000 多个规格品种，需要采购的物料品种达到 15 万种。由于所有的采购基于订单，采购周期减到 3 天；所有的生产基于订单，生产过程降到一周之内；所有的配送基于订单，产品一下线，中心城市在 8 小时内，辐射区域在 24 小时内，全国在 4 天之内即能送达。总的来说，海尔完成客户订单的全过程仅为 10 天时间，资金回笼一年 15 次（1999 年我国工业企业流动资本周转速度年均只为 1.2 次），呆滞物资降低 73.8%。

海尔改变了传统仓库的"蓄水池"功能，使之成为一条流动的"河"。海尔认为，提高物流效率的最大目的就是实现零库存，现在海尔的仓库已经不是传统意义上的仓库，它只是企业的一个配送中心，成了下道工序配送而暂时存放物资的地方。建立现代物流系统之前，海尔占用50多万平方米的仓库，费用开支很大。目前，海尔建立了两座自动化水平很高的现代化、智能化立体仓库，仓库使用面积仅为2.54万平方米。其中一座面积只有1.92万平方米，但其仓储功能相当于30万平方米的仓库。整个仓库实现了对物料的统一编码，使用了条形码技术、自动扫描技术和标准化的包装，没有一道环节会使流动的过程梗塞。

海尔的流程再造使原来表现为固态的、静止的、僵硬的业务流程变成了动态的、活跃的和柔性的业务流程。在海尔，所谓库存物品，实际上成了在物流中流动着的、被不断配送到下一个环节的“物”。

海尔从根本上打破了企业自循环的封闭体系，建立了市场快速反应体系。一是建立网上订单管理平台，全部采购订单均由网上发出，供货商在网上查询库存，根据订单和库存情况及时补货。二是建立网上支付系统。三是建立网上招标竞价平台，供应商与海尔一道共同面对终端消费者，以最快的速度、最好的质量、最低的价格供应原材料，提高了产品的竞争力。四是建立信息交流平台，供应商、销售商共享网上信息，保证了商流、物流、资金流的顺畅。集成化的信息平台，形成了企业内部的“信息高速公路”，架起了海尔与企业外部联系的桥梁，以信息替代库存，强化了整个系统执行订单的能力。海尔物流成功地运用电子商务体系，大大缩短了海尔与终端消费者的距离，为海尔赢得了响应市场的速度，扩大了海尔产品的市场份额。

海尔通过全球供应链参与国际竞争，扭转了企业以单体参与市场竞争的局面。海尔经历了三个发展战略阶段：第一阶段是品牌战略，第二阶段是多元化战略，第三阶段是国际化战略。在第三阶段，其战略创新的核心是从海尔的国际化到国际化的海尔，是建立全球供应链网络，支撑这个网络体系的是海尔的现代化物流体系。海尔在进行流程再造时，围绕建立强有力的全球供应链网络体系，采取了一系列重大举措。一是扩大国际供应商网络；二是扩大国际供应商的比重；三是就近发展供应商；四是请大型国际供应商以其高技术和新技术参与海尔产品的前端设计。

在抓上游供应商的同时，海尔还完善了面向消费者的配送体系，形成了快速的产品分拨配送体系、备件配送体系和返回物流体系。与此同时，海尔与国家邮政总局、中远集团和黄天百等企业合作，在国内调配车辆可达16 000辆。

海尔认为，21世纪的竞争将不是单个企业之间的竞争，而是供应链与供应链之间的竞争。谁所在的供应链总成本低、对市场响应速度快，谁就能赢得市场。一只手抓住用户的需求，另一只手抓住可以满足用户需求的全球供应链，这就是海尔物流创造的核心竞争力。

思考题

1. 海尔通过对物流进行整合和改造，取得了巨大的成功，结合本案例，你认为海尔主要是在哪些方面对物流进行了重组。

2. 本案例中提到海尔集团定制产品达7 000多个规格品种，需要采购的物料品种达15万种，如此众多的品种，你认为怎样才能实现零库存。

3. 为什么海尔把订单看做现代物流的起点和企业运行的驱动力？

4. 海尔通过实现市场化的订单经济，重塑了企业的业务流程，这与传统的以制造为核心的模式有什么区别？

案例 C3　某纸品生产商的物流组织

案例分析背景

某纸品生产商生产和销售各种纸制品，包括包装纸、购物袋、卫生纸、餐巾纸等，销售量很好。

公司的组织结构是分别围绕营销与生产目标而设计的。由于营销部门和生产部门缺乏协调，销售人员很少了解生产计划安排的情况，但常常会向客户承诺在他们需要的时候送货。一旦在需要交货的日期不能交货，销售部门就会为订单向生产部门施加压力，生产部门很难安排。而有一些订单到达生产部门时，已经过了交货日期。生产计划的经常性调整，使得机器的启动费用很高。催得不急的订单往往会拖得很久，生产部门经常会承受巨大的压力。由于供求之间缺乏协调，越来越多的客户表示不满，有些客户已经威胁要中止业务。

该公司拥有 5 个大型仓库，8 个主要承运商和 10 个互不相连的管理体系。广泛的分销网络提高了产品销量，在企业的市场成功中发挥了重要作用，但随着规模的不断扩大，销售与配送网络的管理也出现了一些问题，产生大量的库存，极长的备货期和频繁的缺货情况。企业发展不但要有新的管理理念，同时还要有先进的管理手段做支撑才能成功。而管理的现代化要求必须信息化，电脑必须网络化。只有如此，才能更快地实现管理和工作的信息化，加快企业的货物流和资金流，由此加强该公司的速度经济和网络的经济行为，提高公司的核心竞争力。因此，在立足现在，着眼未来的前提下，该公司的核心领导层一致认为，营销网络信息化管理是企业取得可持续发展的基本条件。为此，该公司做出了向信息化迈进的战略决策。同时，该公司还对物流网络作了重新设计，只保留一处仓库，其余的仓库全部关闭，这一仓库从为区域性客户提供服务转变为为全国客户提供服务。该仓库是全国“处理中心”，是该公司产品的“交换中心”。尽管这一举措可能会带来较高的运输成本，但该公司认为这一成本可以由效率的提高来弥补。实际上，由于采用单一仓库，减少了交叉运输，使运输成本降低。该仓库直接向各零售商店发货，备货期并未发生变化，但产品不再像以前那样在多个不同的地点处理而是只运一次。该公司采取重构措施除降低成本外，还在寻求机会提高服务的灵活性，计划在 24~48 小时之内向任何一处商店补充所供应的产品。

此外，公司还引进了 ERP 系统，但最初并没有取得预期的效果。公司领导层在对此做了深入的分析和研究后一致认为：ERP 是整合企业管理理念、业务流程、基础数据、人力物力、计算机硬件和软件于一体的企业资源管理系统。ERP借助现代网络通信技术，可以对整个集团的资源进行整合，实现集成化应用，建立企业决策完善的数据体系和信息共享机制。因此，必须把业务流程的优化重组与实施ERP有效地结合起来，否则只是用计算机代替原有的手工操作，ERP的功能难以全面发挥。通过对公司内部各职能部门的优化重组，建立跨职能团队，对公司内部的主要业务进行协调处理，并和ERP系统有效结合，ERP系统取得了很好的效果，公司的绩效有了明显提高。

思考题

1. 怎样解决该纸品生产商物流重组前的产品供求矛盾？
2. 结合本案例，请谈谈企业在引入ERP系统时，应注意的问题有哪些？
3. 使该公司的绩效发生明显提高的因素主要有哪些？
4. 你从本案例中受到了什么启发？

案例C4 A公司喷墨系列打印机的供应链

案例分析背景

A公司是全球著名的打印机的生产商，市场遍布全球。其喷墨系列打印机上市后成为公司最成功的产品，销售稳步上升。遗憾的是，随着销售额的上升，库存也不断上升，公司的配送中心的货盘上充满了喷墨系列打印机。更为糟糕的是，欧洲的分公司声称：为了保证各种产品的供货让用户满意，要进一步增加库存水平。来自欧洲、亚太地区和北美地区的生产部、物料部和配送部的代表们聚在一起讨论这个问题。但他们相互冲突的目标阻止了他们在同一话题上达成共识，每个公司有不同的解决问题的办法。生产部门不想卷入，声称这是“物料问题”，但又不时指责产品类型的持续增长，分销公司对预测的准确性不满。

A公司一直致力于成为打印通信设备领域中公认的世界级、低成本和高质量的产品供应商。公司成立了一个温哥华分部，负责喷墨打印机的设计和制造。制造部门早就意识到，要在打印机市场获得成功，需要快速的制造流程和大批量生产。如果还是当前的8~12周的制造周期和3.5个月库存，温哥华分部是注定要失败的。他们想从A公司内部寻找有关大批量流程的经验知识却没有找到。

喷墨打印机的供应商、制造商、配送中心、中间商和用户一道构成其供应链，如图C-4所示。

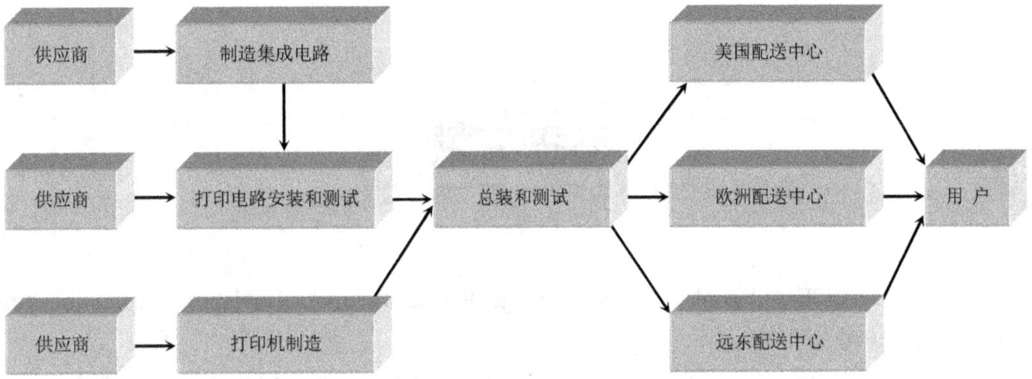

图 C-4　A 公司温哥华分部的供应链

工厂的制成品在发往各配送中心前为了满足不同国家语言和动力供应的要求，要进行包装和动力供应模块（适应当地电源和电源插座）的本地化。送出的产品通过海运运送到三个配送中心。从打印电路板安装到总装的整个生产周期大约是一周，从温哥华送到美国配送中心的时间大约是一天，而送到亚洲和欧洲要 4~5 周。

打印机行业竞争激烈，A 公司的中间商希望保持尽量少的库存，但是保持一定水平的最终用户可获得性，对它们而言也是很重要的。因此，A 公司面临越来越大的压力，作为制造商，它要在配送中心为中间商提供高水平的可获得性，公司希望能通过改善配送中心的运营方式来实现这一点。

要在整个台式喷墨打印机供应链中限制库存量的同时，提供所需要的服务水平，对于温哥华的管理者而言是一个很大的挑战。温哥华的生产组织经努力工作，在供应商管理方面，降低由于原料变动引起的不稳定性，并提高加工产量，降低工厂停工事件。已取得的进步是令人鼓舞的，但是改善预测的准确度仍是一大难题。

预测错误在欧洲特别大。某些国家需要的产品类型缺货，而其他类型的产品库存却不断增加，这样的事情经常出现。随着关于欧洲配送中心情况变糟的电话和传真越来越多，公司物料部门的项目经理也急切地渴望从其他同事那里获取有用的建议。

思考题

1. A 公司现在库存管理方面存在什么问题？怎样可以解决 8~12 周的制造周期和 3.5 个月库存这一问题？

2. 请问温哥华的供应链与传统的物料管理和控制的区别在哪里？

3. 从长期来看，你觉得可以采取什么措施来改善欧洲配送中心现存的问题？

4. 公司最后决定在欧洲配送中心采用延迟战略，请问这一战略应该怎样实施？

参考文献

[1] Coyle J J, Bardi E J, Langley J. The Management of Business Logistics. West Publishing Company, 1996.

[2] Bowersox D J, Closs D J, Cooper M B. Supply Chain Logistics Management. McGraw-hill Companies, INC., 2004.

[3] Chopra S. Supply Chain Management: Strategy, Planning, and Operation. London: Prentice-Hall International, 2001.

[4] Ballou R H. Business Logistics Management (4the edition). London: Prentice-Hall International, 1992.

[5] 罗纳德・H・巴罗. 企业物流管理：供应链的规划、组织和控制. 王晓东, 吴瑞娟, 译. 北京：机械工业出版社，2002.

[6] 詹姆士・R・斯托克, 道格拉斯・M・兰伯特. 战略物流管理. 绍晓峰, 等译. 北京：中国财政经济出版社，2003.

[7] 理查德・蔡斯, 等. 生产与运作管理：制造与服务. 宋国防, 等译. 北京：机械工业出版社，1999.

[8] 米歇尔, 等. 采购与供应管理. 张杰, 张群, 译. 北京：机械工业出版社，2001.

[9] 大卫辛奇, 等. 供应链设计与管理：概念、战略与案例研究. 季建华, 等译. 上海：上海远东出版社，2000.